경영을 넷플릭스하다

**경영을 넷플릭스하다**

지은이 이학연
펴낸이 임상진
펴낸곳 (주)넥서스

초판 1쇄 발행 2020년 3월 8일
초판 5쇄 발행 2020년 7월 10일

출판신고 1992년 4월 3일 제311-2002-2호
10880 경기도 파주시 지목로 5 (신촌동)
Tel (02)330-5500 Fax (02)330-5555

ISBN 979-11-6165-905-3 03320

저자와 출판사의 허락 없이 내용의 일부를
인용하거나 발췌하는 것을 금합니다.

가격은 뒤표지에 있습니다.
잘못 만들어진 책은 구입처에서 바꾸어 드립니다.

이 도서의 국립중앙도서관 출판예정도서목록(CIP)은 서지정보유통지원시스템 홈페이지
(http://seoji.nl.go.kr)와 국가자료공동목록시스템(http://www.nl.go.kr/kolisnet)에
서 이용하실 수 있습니다. (CIP제어번호 : CIP2020007899)

www.nexusbook.com

# Business
# Netflixing

## 경영을 넷플릭스하다

이학연 지음

**한 권으로 읽는 요즘 비즈니스**

넥서스BIZ

하늘에서도 든든한 버팀목이 되어 주시는 아버지,
언제나 헌신과 사랑으로 보살펴 주시는 어머니,
두 분께 이 책을 바칩니다.

프롤로그

## 새로운 세상의 비즈니스, 모두의 교양이 되다

　세상이 바뀌기는 했나 봅니다. 유명 유튜버가 강남의 건물주가 되었다는 뉴스도, 초등학생 장래 희망 순위에서 유튜버가 과학자를 제쳤다는 기사도, 이제 그다지 놀랍지 않습니다. 사무실도 직원도 없이 인스타그램 계정 하나만으로 육아용품을 팔아 '직장맘'일 때보다 더 많은 돈을 벌고 있다는 '창업맘'의 성공기도 심심찮게 들립니다. 방학을 맞아 고향에 내려가는 대학생들이 두 달간 에어비앤비로 원룸을 빌려 주고 등록금을 마련하기도 합니다. 어느덧 익숙해진 이 모습들에는 하나의 공통점이 있습니다. **기업이 아닌 개인이 비즈니스 세상의 주인공으로 등장했다는 점입니다.**

　한편으로 우리는 여전히 기업이 판매하는 상품의 소비자입니다. 그런데 소비하는 방식이 바뀌고 있습니다. 목돈을 마련하여 큰맘 먹고 자동차 한 대를 구입하기보다는, 월정액 구독 요금을 지불하며 기분이 내킬 때마다 서로 다른 자동차를 바꿔 가며 탑니다. 내 스타일에 맞는 신발을 찾아 백화점 매장 여러 군데를 헤매고 다니기보다는, 온라인 쇼핑몰의 인공지능 알고리즘이 추천한 운동화를 증강현실로 신어보고 구매합니다. 오프라인 서점에서 책을 고른 후, 온라인 서점에서 할인가로 결제하고는 현장에서 곧바로 책을 받아 가기도 합니다. **빠르게 변화하는 비즈니스 트렌드에 조금만 관심을 기울인다면, '호갱님'을 벗어나 '스마트 컨슈머'로 대접받을 수 있습니다.**

또한 우리는 비즈니스 현장에서 고군분투하며 회사의 미래 먹거리를 고민하는 기업의 한 구성원이기도 합니다. 이미 와 있는 건지, 언제 오는 건지, 진짜 오기나 하는 건지, 아무도 잘 모르는 것 같은데, 4차 산업혁명에 대비하지 않으면 살아남지 못한다며 전문가라는 사람들이 계속 겁을 줍니다. 가만 있기에는 불안한 회장님의 엉덩이가 들썩거립니다. 뭐가 됐든 대응 전략을 준비하라고 자꾸 압박이 들어오네요. 빅데이터, 인공지능, 플랫폼 비즈니스, 어디서 많이 들어 보기는 했는데, 대충 뭔지는 알 것도 같은데, 대체 이것들이 우리 회사랑 무슨 관계가 있는지 전혀 감이 잡히지 않습니다. 4차 산업혁명 유행도 지나가는가 싶더니 이제는 '디지털 트랜스포메이션(digital transformation)' 시대라며 또다시 생존 전략을 만들어 내라고 합니다. 사물인터넷, 공유경제, 구독경제, 이것들은 대체 또 무엇일까요? 4차 산업혁명과 디지털 트랜스포메이션은 대체 뭐가 다른 걸까요?

비즈니스 세상의 변화를 이해할 수 있는 안목이 모두에게 필요한 때입니다. 4차 산업혁명이 됐든 디지털 트랜스포메이션이 됐든, 버즈워드(buzzword, 명확한 합의와 정의가 없는 전문적인 어감의 유행어) 자체가 중요한 것이 아니라 그 속에 담긴 변화의 큰 그림을 이해할 수 있어야 합니다. 플랫폼 비즈니스, 공유경제, 구독경제는 경영학과 교수와 경영 컨설턴트만 입에 담을 수 있는 복잡한 전문 용어가 아닙니다. 빅데이터, 인공지능, 사물인터넷 또한 공대 교수와 엔지니어만이 이해할 수 있는 난해한 공학 기술이 아닙니다. 세상을 사는 데 있어서 TV 속 유행어를 적재적소에 구사하는 유머 센스도 필요하지만, 비즈니스 세상 속 유행어에 숨겨진 변화의 흐름을 파악하는 것 또한 새로운 세상을 살아 가기 위한 커먼 센스입니다. 요즘 비즈니스 세상에 대한 이해는 우리 모두가 갖추어야 할 '교양'이 되었습니다.

## 비즈니스 지식을 큐레이션하다

그런데 어디서부터 시작해야 할지 막막합니다. 일단 책부터 몇 권 읽어보기로 하고 대형 서점의 경제경영 코너로 달려가 봅니다. 하지만 베스트셀러 선반에는 '부의 어쩌고저쩌고'를 비롯해 온통 주식과 부동산 재테크 관련 책들뿐이네요. 신간 매대에서 '하버드 MBA 필독서'라고 쓰여진 책 몇 권을 들춰 보지만 도무지 책장이 넘어가지 않습니다. 딱딱한 번역투로 "변화하라", "혁신하라", "도전하라"는 잔소리만 가득합니다. 시중의 경영 서적은 해외 대가들이 자신의 이론과 경험을 복음처럼 전파하기 위한 경영 '지침서'가 대부분이니까요. CEO나 관리자에게는 훌륭한 바이블이 될지 모르지만, 그냥 요즘 비즈니스 세상이 어떻게 돌아가고 있는지를 알고 싶은 대부분 사람들에게는 그저 먼 나라의 이야기일 뿐입니다.

한쪽 구석으로 눈을 돌리니 '구독경제', '플랫폼', '블록체인' 등 요즘 뉴스에서 많이 듣던 '핫'한 토픽들을 한 권으로 알기 쉽게 써 놓았다는 책 몇 권이 눈에 띕니다. 처음에는 술술 읽히는가 싶더니, 뒤로 가면 갈수록 궁금하지도 않은 어려운 이야기들이 지루하게 늘어집니다. 알고 싶은 건 A와 B 정도인데, 책 한 권에 A부터 Z까지가 모두 들어 있으니까요. 앞부분 몇 장 읽겠다고 지갑을 여는 것이 선뜻 내키지 않아 슬그머니 책을 다시 내려놓고 맙니다.

전공 분야도 아니고 해당 분야의 종사자도 아니라면, 처음부터 다 알 필요는 없습니다. 정보의 과잉, 지식의 과잉 시대입니다. 모두 다 알 수는 없습니다. 일단은 얕지만 넓게 다양한 지식을 맛보고, 재미있고 유용한 주제를 발견한다면, 그때 가서 좀 더 깊게 파고들면 됩니다. 그러려면 방대한 지식의 바다에서 꼭 알아야 할 것들만 건져내 줄 누군가의 도움이 필요합니다. 박물관과 미술관에는 수많은 작품 속에서 가치 있는 전시품을 선별하여 관람객에게 내어놓는 멋진 일을 하는 사람들이 있습니다. 우리는 그들을 큐레이터(curator)라고 부릅니다. 알고 싶은 것도 많고, 알아야 할 것도 많은 요즘, 박물관의 큐레이터처럼 지식 큐레이터 역할을 해 줄 책 한 권이 있다면 꽤 도움이 되지 않을까요?

아, 그러고 보니 저희 집에도 훌륭한 큐레이터가 하나 있습니다. 미술품이나 지식을 큐레이션하는 것은 아닙니다. 수만 편의 영화와 드라마 중에서 내 취향에 꼭 맞는 작품을 선별하여 추천합니다. 바로, 넷플릭스입니다.

## 넷플릭스 보지만 말고, 넷플릭스하자

"라면 먹고 갈래요?" 영화 〈봄날은 간다〉에서 배우 이영애가 수줍게 던진 이 한마디는 마음에 둔 이성을 집으로 초대하기 위한 관용적 표현이 되었습니다. 미국에서는 이렇게 말합니다. "넷플릭스 보면서 놀다 갈래요(netflix and chill)?"

넷플릭스는 190여 개 국가에 1억 5,000만 명의 회원을 보유한 온라인 동영상 서비스 시장의 세계 최강자입니다. 전 세계 미디어 콘텐츠 산업의 지형을 OTT(over the top, 셋톱박스 없이 인터넷 스트리밍 방식으로 미디어 콘텐츠를 제공한다는 의미) 중심으로 재편한 장본인이기도 하죠. 그러나 **넷플릭스가 가져온 변화는 미디어 산업에만 국한되지 않습니다.** 1998년 조그만 온라인 DVD 대여 업체로 출발한 넷플릭스가 오늘날 OTT 공룡이 되기까지 거쳐 온 여정은, 숱한 모범 사례를 낳으며 다양한 산업으로 퍼져 나가 비즈니스 세상의 질서를 다시 쓰고 있습니다.

넷플릭스에서는 영화 한 편당 요금을 지불하지 않고, 매월 만 원 정도의 요금을 내고 무제한으로 영화를 시청합니다. 콘텐츠를 '구매(purchasing)'하는 것이 아니라 '구독(subscription)'하는 것이죠. 넷플릭스의 성공 덕분에 구독경제(5장)는 온갖 분야로 확산됩니다. 음원계의 넷플릭스(스포티파이, Spotify)도 있고, 패션계의 넷플릭스(렌트더런웨이, Rent-the-Runway)도 있으며, 피트니스계의 넷플릭스(클래스패스, ClassPass)도 있습니다. 넷플릭스라는 단어가 구독경제의 대명사로 자리 잡은 것입니다.

구독 모델을 앞세운 넷플릭스는 미국 DVD 대여 시장의 절대 강자로 군림하던 블록버스터(Blockbuster)를 파멸의 늪으로 밀어 넣습니다. 신생 기업이 새로운 기술이나 비즈니스 모델을 무기로 기존의 강자를 무너뜨리고 시장을 새롭게 재편하는 것을 파괴적 혁신(6장)이라 부르지요. 미국 실리콘밸리에서는 전통 기업이 신생 스타트업에 의해 침몰하는 상황을 'netflixed(넷플릭스당하다)'라고 말할 정도로, **넷플릭스는 파괴적 혁신의 아이콘이 된 지 오래입니다.**

넷플릭스가 블록버스터를 넘어설 수 있었던 또 하나의 중요한 비결은 개인 맞춤형 영화 추천 시스템에 있습니다. 인공지능 알고리즘이 수십억 건의 영화 평점 빅데이터를 바탕으로 고객이 좋아할 만한 영화를 콕 집어 큐레이션합니다. 취향을 저격당한 고객들은 계속 넷플릭스를 이용할 수밖에 없지요. **넷플릭스는 빅데이터(10장)와 머신러닝(11장)을 활용하여 비즈니스 가치를 향상시킨 대표 사례로 각인되어, 누구나 벤치마킹하고 싶은 선망의 대상이 되었습니다.**

넷플릭스는 더 이상 고유명사가 아닙니다. 검색할 때 '구글링'한다고 말하듯, 구독 비즈니스, 파괴적 혁신, 빅데이터 큐레이션을 의미하는 보통명사 또는 일반동사로 진화한 것입니다. 한 문장으로 '넷플릭스하다'의 의미를 모두 담아 볼까요?

"빅데이터로부터 숨겨진 기회를 발굴하여(SEASON3 비즈니스 지능), 기존과는 다른 방식으로 새로운 가치와 수익을 창출함으로써(SEASON1 비즈니스 모델), 치열한 경쟁에서 살아남아 시장을 지배한다(SEASON2 비즈니스 혁신)."

디지털 트랜스포메이션이라는 변화를 마주한 요즘 모든 기업이 공통으로 추구하는 바와 정확히 일치합니다. 다시 말하면, **'넷플릭스하다'는 곧 '디지털 기술을 이용하여 비즈니스를 혁신하다'입니다.** 이 책의 제목을 '경영을 넷플릭스하다'로 지은 이유입니다.

### 기술과 경영의 조각을 맞춰 비즈니스 퍼즐을 완성하다

넷플릭스의 성공 스토리에서 발견할 수 있는 또 다른 중요한 사실이 있습니다. 전통적으로 기업의 가장 중요한 자원은 노동과 자본, 즉 사람과 돈이었습니다. 그러다 보니 사람을 다루는 인사 및 조직 관리와 돈을 다루는 회계 및 재무 관리가 경영학의 핵심 분야로 자리 잡은 것은 자연스러운 일입니다. 하지만 넷플릭스의 혁신을 가능케 했던 주역은 결코 사람과 돈이 아닙니다. 남들이 하찮게 여기던 사용자 행위 '데이터'를 적극적으로 활용하고, 남들보다 앞서 맞춤형 추천 '기술'을 개발했기에, 구독 비즈니스라는 새로운 기회를 창출하여 시장의 왕좌를 차지할 수 있었던 것입니다. '데이터'와 '기술', 요즘 비즈니스 세상을 지배하는 두 가지 핵심 요소입니다.

빅데이터로부터 숨겨진 기회를 찾는 방법, 발견한 기회를 현실로 만들어줄 기술을 개발하고 관리하는 방법, 모두 공학(engineering)이 잘하고 해야만 하는 일입니다. 이 말인즉슨, **공학기술과의 융합 없이 경영학만 가지고는 요즘 비즈니스의 본질을 간파하고 새로운 가치를 만들어내는 것이 불가능하다는 것입니다.**

하지만 모두가 융합을 외치면서도 여전히 각자의 영역에만 머물러 있습니다. 문과 출신 관리자와 이과 출신 엔지니어는 각자의 눈으로 세상을 바라보고, 각자의 언어로만 이야기합니다. 온라인과 오프라인이 융합된 O2O 서비스(4장)로부터, 경영관리자는 플랫폼 비즈니스(3장)를 발견하고, 엔지니어는 머신러닝(11장)을 떠올립니다. 제품과 서비스가 융합된 서비스화(9장) 전략을 논할 때면, 경영 컨설턴트는 공유경제와 구독경제(5장)를 말하고, 개발자들은 사물인터넷과 클라우드(13장)를 이야기합니다.

둘 다 맞습니다. 하지만 한쪽만 알고 다른 쪽은 잘 모릅니다. 서로 빈틈없이 맞물려 있는 퍼즐인데, 각자 가지고 있는 조각만 가지고 퍼즐을 맞추다 보니 그림을 완성할 수 없습니다. 저는 그동안 기술과 경영, 두 세계의 경계에서 양쪽이 가진 조각을 면밀히 살펴보고, 이 조각들을 어떻게 연결해야 퍼즐을 완성할 수 있는가를 연구해 왔습니다. 덕분에 아직 완전하지는 않지만, 그래도 어느 정도 그 형체를 알아볼 수는 있게 되었습니다. 그동안 맞춰 왔던 공학기술과 경영학이 맞물린 요즘 비즈니스 세상의 큰 그림을 이 책을 통해 보여 드리고자 합니다.

그림은 총 21개의 조각(14개의 에피소드)으로 구성되어 있습니다. 경영전략 및 마케팅에서부터, 기술경영을 비롯하여 IT 및 데이터 사이언스 분야까지 매우 광범위한 영역을 넘나들기 때문에, 여러분의 배경지식에 따라 어떤 부분은 쉽고 어떤 부분은 어렵게 느껴질지도 모릅니다. 잘 아는 내용이라면 과감히 뛰어넘어도 좋습니다. 하지만 가능한 한 순서대로 읽어 보시기를 권장합니다. 1장부터 14장까지의 주제들이 연쇄적으로 이어지기 때문입니다. 그뿐만 아니라, **언뜻 보면 서로 관계가 없을 것 같은 각 주제들은 서로 물고 물리며 매우 복잡하고 긴밀하게 연결되어 있습니다.** 그 관계들을 한눈에 파악할 수 있는 그림이 뒷장에 제시됩니다. 일단은 어떤 주제들이 포함되어 있는지만 쓱 훑어 보고 지나가시면 됩니다. 지금부터 책을 읽어 나감에 따라 각 연결고리들의 정체가 하나씩 드러나게 될 것입니다. (연결고리들의 의미는 책의 마지막 부분에 요약되어 있습니다.)

혹시 '빈지 워칭(binge watching)' 또는 '정주행'을 해 보신 적이 있나요? TV 연속극을 매주 '본방사수'하면서 찔끔찔끔 감질 나게 드라마를 시청하는 것이 아니라, 한자리에 앉아 처음부터 끝까지 모든 에피소드를 한 번에 몰아본다는 뜻이죠. 오리지널 콘텐츠를 출시할 때 한 시즌 모든 에피소드를 통째로 공개하는 넷플릭스 덕분에 유행하게 된 콘텐츠 소비 방식입니다. 빈지 워칭이라는 어려운 말 대신 그냥 넷플릭싱(netflixing)한다고 표현하기도 합니다.

저는 방대한 비즈니스 지식의 풀(pool)에서 여러분이 꼭 보셔야 할 지식 에피소드 14편을 넷플릭스처럼 큐레이션하여 책 한 권에 담았습니다. 독자 여러분은 요즘 비즈니스 세상에서 벌어지는 흥미로운 이야기들을 한 권의 책으로 넷플릭싱하시면 됩니다. 정주행까지는 아니더라도, 침대에 비스듬히 누워 편안한 마음으로 넷플릭스를 시청하듯 이 책을 즐기셨으면 하는 바람입니다.

# 요즘 비즈니스 세상 한눈에 보기

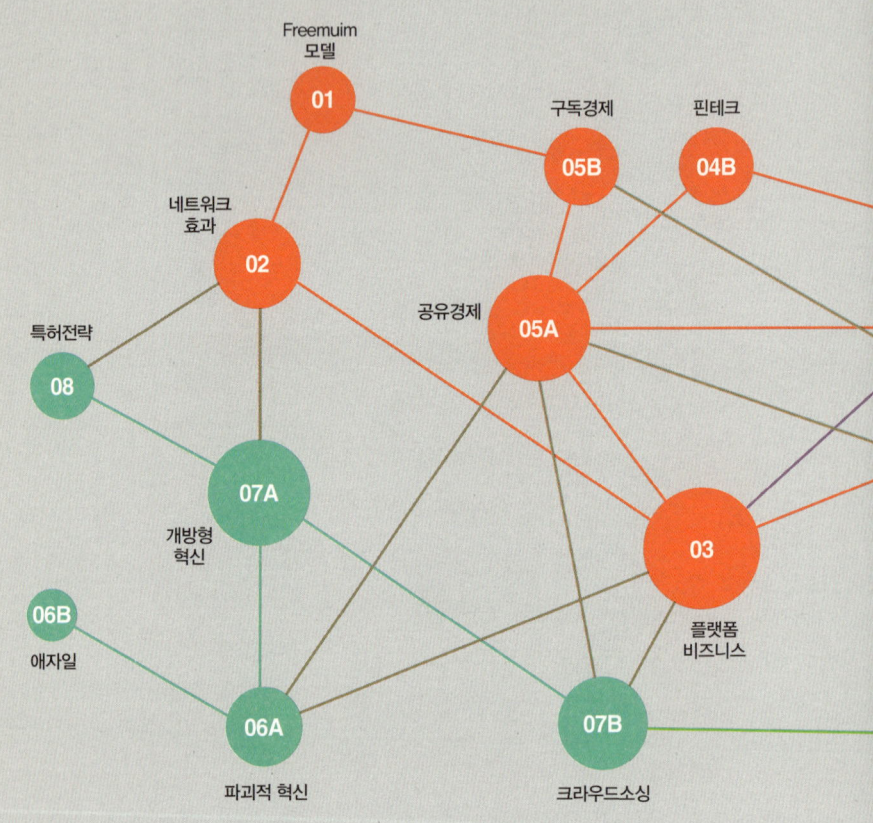

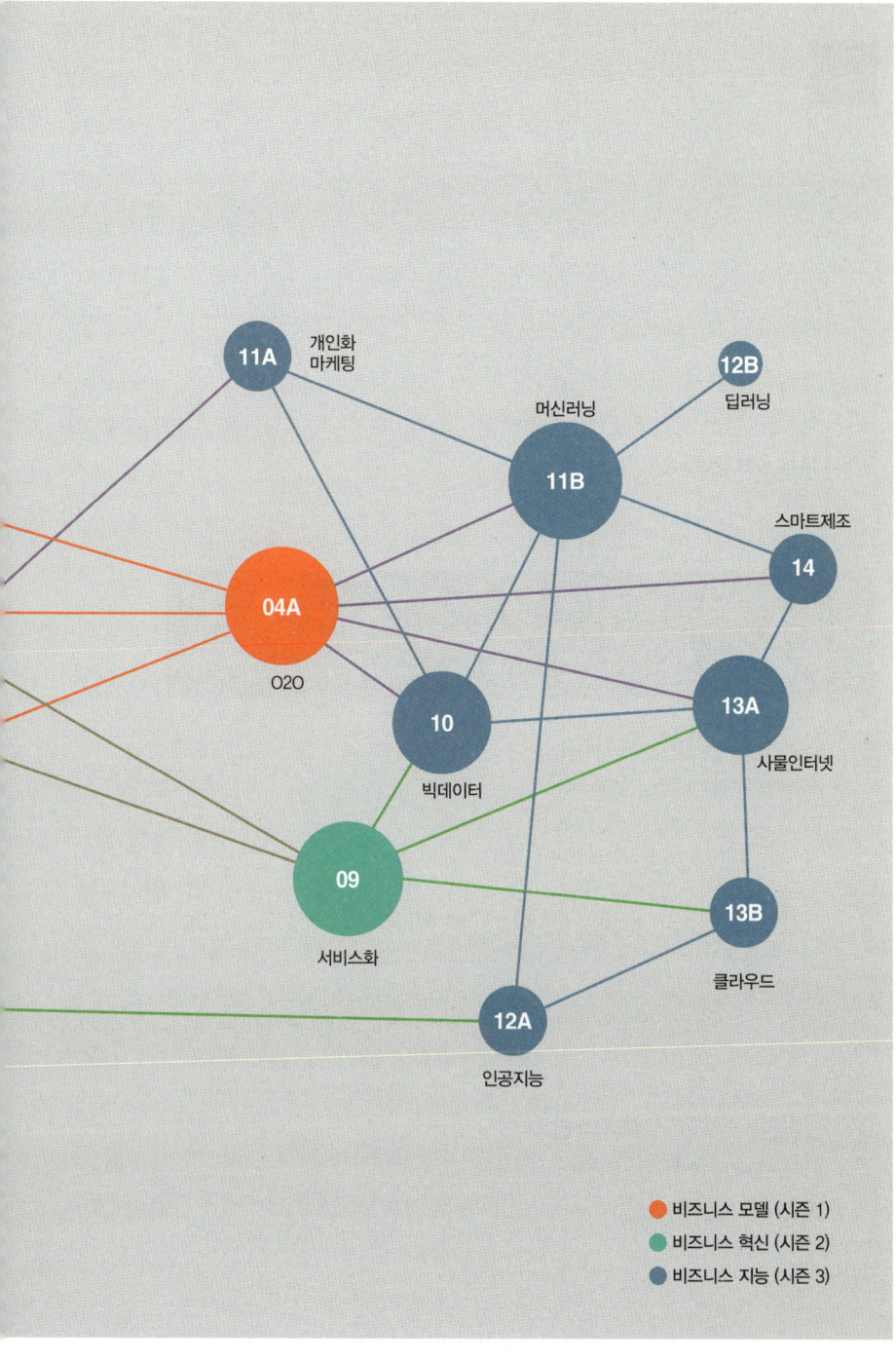

# 차례

프롤로그 | 새로운 세상의 비즈니스, 모두의 교양이 되다     007
요즘 비즈니스 세상 한눈에 보기     016

## SEASON 1
### 요즘 기업들이 돈 버는 방법
# 비즈니스 모델

**1 누가 요즘 돈 내고 게임 하니?**     025
공짜와 프리미엄의 결합, Freemium 모델

무료와 유료 사이, 아이러브스쿨과 프리챌 | 배보다 배꼽이 큰 질레트 모델, 배꼽이 없어도 되는 Freemium 모델 | 무료 고객은 늘어나야 한다

**2 카카오톡이 우리나라에서만 잘 나가는 까닭**     041
연결될수록 불어나는 가치, 네트워크 효과

네트워크 효과로 선순환 고리를 만들자 | 일등만 기억하는 더러운 세상 | 고객은 독재자를 좋아한다 | 스마트폰 교체 비용은 단말기 할부금이 전부가 아니다 | 휴대폰 번호는 바꾸면서 웹 브라우저는 못 바꾸는 이유

**3 신림동 내기 당구 최후의 승자**     062
온라인 세상의 만남의 광장, 플랫폼 비즈니스

세상의 모든 플랫폼은 두 갈래로 나뉜다 | 유튜브는 맞고 넷플릭스는 틀리다? | 교차 네트워크 효과가 전부다 | 닭과 달걀의 딜레마를 해결하는 방법 | '배민'으로 치킨을 시키면 닭다리가 빠진다?

### 4  교보문고에 가서 매번 할인을 받는 방법     086
#### 온라인과 오프라인이 뒤섞이다, O2O 서비스 (feat. 핀테크)

'클릭과 회반죽'에서 옴니채널과 온디맨드로 진화하다 | 쇼루밍에 대처하는 올바른 자세 | 아마존이 오프라인 서점을 만든 이유 | 원자의 세상과 비트의 세상의 경계가 사라지다 | 우버 택시는 더블이 가능하다? | 레몬을 레모네이드로 승화시키는 역경매 | 핀테크가 만들어 가는 O2O 세상

### 5  자동차 사지 말고 장롱 면허를 탈출하자     111
#### 소유하지 말고 경험하라, 공유경제와 구독경제

공유경제 비즈니스는 모순적이다? | 타다는 공유경제도 아니고, 카셰어링도 아니다 | 크라우드펀딩, 혁신적 아이디어의 요람 | 공유경제가 드리운 빛과 그림자 | 면도날과 꽃을 구독하라 | 명품과 맥주도 넷플릭스처럼 | 무제한보다 큐레이션이 중요하다

---

## SEASON 2
### 요즘 기업들이 살아남는 방법
# 비즈니스 혁신

---

### 6  최초의 스마트폰을 만든 회사가 스마트폰 때문에 망하다     143
#### 신생 기업이 전통 강자를 쓰러뜨리다, 파괴적 혁신 (feat. 애자일)

혁신과 발명은 한 끗 차이? | 가장 빨리 신제품을 사용하는 사람은 얼리어답터가 아니다 | 캐즘에 빠진 시티폰 | 파괴적 혁신은 성능이 나쁘다 | 살아남으려면 고객을 무시하라 | 코닥은 카메라 시장의 노키아 | 대기업도 스타트업처럼, 애자일과 린스타트업

### 7  데이터 과학자들의 종합격투기대회가 열리다     171
#### 개방과 협력으로 혁신하라, 개방형 혁신과 크라우드소싱

치킨 신메뉴는 깔대기를 통과하며 출시된다 | 신약 개발의 지름길, 개방형 혁신 | 연구하거나(R&D), 연결하거나(C&D), 인수하거나(A&D) | 이상과 현실의 괴리, 그리고 개방형 혁신 2.0 | 무너진 레고 블록을 다시 쌓은 사용자 혁신 | 시멘트공이 기름유출 사고를 해결하다 | 이제는 소셜 개발 시대

**8  삼성은 정말 애플의 특허를 베꼈을까?** 　　　　　　**198**
충성 없는 기술 전쟁의 필승 무기, 특허전략

소맥잔이 특허가 될 수 있을까? | 국제특허는 없지만 국제특허출원은 있다 | 디자인과 게임도 특허가 가능하다 | 며느리도 모르는 영업비밀 | 구글이 모토로라를 인수한 이유 | 특허 괴물을 물리치고 특허 덤불을 헤쳐라 | 테슬라는 왜 특허를 무료로 공개했을까?

**9  애플의 경쟁자는 삼성이 아닌 넷플릭스** 　　　　　　**224**
제품이 서비스로 바뀌는 마술, 서비스화

서비스의 반대말은 제품이 아니다 | 더 이상 복사기를 판매하지 않는 제록스 | 모든 것의 서비스화, XaaS | 자동차 제조업체, 모빌리티 서비스 기업으로 변신하다 | 아마존과 카카오는 제조기업? | 이름값을 못하는 IBM

# SEASON 3
## 요즘 기업들이 기회를 찾는 방법
# 비즈니스 지능

**10  넷플릭스를 전적으로 믿으셔야 합니다** 　　　　　　**251**
비즈니스 가치를 요리하는 식재료, 빅데이터

빅데이터 시대가 저물어 간다? | 음악 예능계 부동의 1위 프로그램은? | TV프로그램 화제성을 측정하는 방법 | 이제는 예측 분석이다 | 〈하우스 오브 카드〉의 성공은 예견되어 있었다

**11  그녀의 임신 사실을 마트는 알고 있다** 　　　　　　**270**
고객 한 명 한 명을 정조준하라, 개인화 마케팅 (feat. 머신러닝)

기계나 인간이나 공부법은 똑같다 | 지도학습은 함수를 만드는 과정 | 롱테일을 두껍게 만드는 방법 | 영화 추천 잘해 주면 10억 원을 줍니다 | 어장 관리를 하려면 나무를 심어라 | 보험 사기꾼이 머신러닝에 무릎을 꿇다

**12  우리 이제 영어공부 그만해도 될까요?** 　　　　　　**296**
AI가 선사하는 새로운 기회, 인공지능 비즈니스 (feat. 딥러닝)

규칙이냐 경험이냐, 기계에게 지능을 심는 방법 | 퍼셉트론에서 딥러닝까지, 인공신경망의 역사 | 스마트폰 카메라로 정보와 지식을 찍다 | 우리 집에 같이 사는 개인 비서 | 콜센터 직원이 된 유인나 | 한국-서울+도쿄 = 일본 | 위조지폐범과 경찰의 싸움을 통해 최신 패션 스타일을 만들다

### 13 스마트한 세상은 스마트한 인간을 원치 않는다　　　326
**연결하고 접속하라, 사물인터넷과 클라우드**

유비쿼터스는 대체 어디로 사라진 것일까 | 스마트홈과 스마트시티, 유토피아 혹은 디스토피아 | 지구상의 모든 모래 알갱이에 이름을 붙이자 | 컴퓨팅 자원을 서비스화하다 | 아메리카노를 먹듯 컴퓨팅 서비스를 즐기다 | 컴퓨터를 엣지 있게 쓰는 방법

### 14 현실판 심시티가 공장에 온다　　　349
**똑똑한 공장이 만드는 나만의 제품, 스마트 제조**

제조업의 영원한 딜레마, 대량생산과 맞춤화 | 개인화 생산의 서막이 열리다 | 3D 프린팅으로 만드는 세상에 하나밖에 없는 자동차 | 증기기관, 전기, 컴퓨터, 그리고 가상물리시스템 | 디지털 트윈, 제조 공정을 리허설하다 | 공장을 엑스레이로 투시하자

**에필로그 | 융합의 시대, 기술의 눈으로 경영을 그리다　　　372**
**요즘 비즈니스 키워드 자세히 알기　　　378**

참고 문헌　　　382

SEASON 1

요즘 기업들이
돈 버는 방법

## 비즈니스 모델

제품이나 서비스를 돈을 받고 파는 것이 전부였던 과거에는 굳이 비즈니스 모델이라는 말을 사용하지 않았습니다. 그러나 인터넷이 등장하고 전자상거래가 확산되면서 전에 없던 다양한 비즈니스 모델들이 우후죽순 탄생합니다. 바야흐로 모바일 세상이 도래하면서 비즈니스 모델들은 더욱더 변화무쌍하게 진화하고 있습니다. 아무런 자원 없이도 생산자와 소비자가 만날 수 있는 플랫폼만을 조성하여 수익을 내는가 하면, 온라인 공간과 오프라인 공간을 수시로 넘나들며 고객과 접촉합니다. 소비자들은 제품을 직접 소유하기보다는 여럿이 공유하여 사용하거나 월정액 사용료를 내며 구독하기도 합니다. 요즘 기업들이 돈 버는 방법입니다.

01
▼

## 누가 요즘 돈 내고 게임 하니?
### 공짜와 프리미엄의 결합, Freemium 모델

게임에 빠진 아들을 나무라던 엄마마저 중독되었던 전설의 게임, 애니팡을 기억하시나요? 2012년 출시된 애니팡은 하루 이용자 수 1,000만 명, 동시 접속자 수 200만 명이라는 전무후무한 기록을 달성하며 국민 게임으로 등극합니다. 지하철 안의 모든 사람이 고개를 푹 숙인 채 동물 얼굴만 맞추고 있었습니다. 조용한 버스 안에는 동물이 터질 때마다 나는 '팡팡' 소리만이 가득했죠. 그때부터였던 것 같습니다. 게임을 즐기는 장소가 집이나 PC방에서 지하철과 버스로 바뀌었습니다. 모바일 게임 세상이 도래한 것입니다.

 게임의 무대만 바뀐 것이 아닙니다. 게임을 즐기기 위해 치러야 하는 대가도 바뀌었습니다. 오락실에서 500원짜리 동전을 넣든, 용산전자상

애니팡 인앱 구매

가에서 게임 CD를 사든, 어둠의 경로로 불법 다운로드를 하지 않는 이상 게임을 하려면 돈을 내야만 했죠. 하지만 평소 연락도 하지 않던 친구와 헤어진 애인에게 뜬금없이 하트를 보낼 수 있는 용기만 있다면 온종일 공짜로 애니팡을 즐길 수 있었습니다.

    요즘은 공짜 모바일 게임이 널려 있습니다. 공짜라고 수준이 낮은 것이 절대 아닙니다. 거의 모든 게임이 앱스토어에서 다운로드 버튼을 누르기만 하면 스마트폰에 설치가 됩니다. 하지만 '진짜' 무료는 아니죠. 공짜라고 하니 일단 입문은 했지만, 하다 보면 슬슬 짜증이 납니다. 강력한 캐릭터와 화려한 아이템을 보유한 유저를 만나면 속수무책으로 당하기 일쑤입니다. 더 좋은 무기와 마법이 간절합니다. 몇 판만 더 하면 친구를 누르고 주간순위 1위로 올라갈 수 있는데 하트가 없습니다. 더 이상 초대할 친구도 없습니다. 버티고 버티다가 결국 아껴 뒀던 문화상품권을 꺼내어 충전하고 아이템을 구매하게 됩니다. 이른바 '현질'을 계속하다 보면 게임 CD 한 장을 샀을 때보다 출혈이 몇 배나 커집니다.

앱스토어에 올라온 게임들에는 대부분 '인앱 구매(In-App Purchasing)'라는 꼬리표가 붙어 있습니다. 게임 앱을 다운로드하는 것은 공짜이지만, 아이템이나 게임 머니가 필요하면 앱 내 유료 결제를 해야 한다는 뜻이죠. 이처럼 **기본 기능은 무료로 제공하되, 추가 기능 또는 고급 기능을 유료로 판매하여 수익을 올리는 방식을 Freemium 비즈니스 모델이라고 합니다.** 아파트 분양권에 붙는 프리미엄(premium)의 오타가 아닙니다. Freemium은 무료를 뜻하는 'Free'와 웃돈을 뜻하는 'Premium'을 합친 말이죠. 용어 자체는 생소할지 모르지만, 사실 여러분은 이미 게임 말고도 수많은 Freemium 서비스를 이용하며 모바일 라이프를 즐기고 있습니다. Freemium 비즈니스 모델에 대해 본격적으로 이야기하기 전에, 비즈니스 모델의 개념부터 짚고 넘어가겠습니다.

## 무료와 유료 사이, 아이러브스쿨과 프리챌

저는 스타트업을 대상으로 보조금을 지급하거나 투자 여부를 결정하는 회의에 심사위원으로 종종 참여하곤 합니다. "우리 회사는 최첨단 인공지능 기술과 사물인터넷 기술을 이용하여, 세계 최초로…." 열정과 패기로 똘똘 뭉친 청년들이 자신감 가득한 목소리로 본인들이 개발한 기술에 대한 자랑을 한 보따리씩 풀어놓습니다. 그러나 미안하지만 그 기술이 얼마나 우수한지는 그렇게 궁금하지 않습니다. 시간도 얼마 없는데 기술 얘기만 듣고 있을 수는 없습니다. 어쩔 수 없이 발표를 중단시키고 딱 하나의 질문을 던집니다. "그래서, 비즈니스 모델이 뭔가요?"

비즈니스 모델, 뭔가 거창하게 들릴 수도 있지만 쉽게 얘기하면 무엇을 팔아서 돈을 버는가를 말합니다. 조금 더 고급스럽게 표현하면 고객들에게 어떤 가치를 제공해서(value proposition), 어떻게 수익을 창출하는가(revenue generation)를 의미합니다. 가장 보편적인 비즈니스 모델은 '판매(sales)' 모델입니다. 제조 기업은 사람들이 원하는 물건을 직접 만들어 팔아서 돈을 법니다. 서비스업에서는 물건이 아니라 용역, 즉 노동력을 팔아서 돈을 받습니다. 미용실에서는 헤어디자이너가 커트해 주고 요금을 받고, 병원에서는 의사가 치료해 주고 진찰료를 받는 것이지요.

과거에는 비즈니스 모델이라는 말을 거의 사용하지 않았습니다. 대부분의 비즈니스가 물건이나 서비스를 돈을 받고 파는 형태였기 때문에, 딱히 구분할 필요성을 느끼지 못했으니까요. 그런데 인터넷이 발전하고 전자상거래(electronic commerce)가 출현하면서 새로운 비즈니스 기회가 생겨나기 시작했습니다. 온라인을 통해 지금까지 만날 수 없었던 고객에게 접근할 수 있게 되었고, 예전에는 불가능했던 방식으로 새로운 가치를 만들어내기 시작합니다. 과거에는 존재하지 않았던 새로운 형태의 비즈니스 모델들이 우후죽순 출현합니다. 온라인 비즈니스 또는 e-비즈니스라는 이름으로 말이죠.

1990년대 후반에서 2000년대 초반까지 불었던 e-비즈니스 열풍은 가히 폭발적이었습니다. 서점에서는 하루가 멀다 하고 e-비즈니스 관련 신간이 쏟아져 나왔습니다. 대학에서는 너나 할 것 없이 e-비즈니스 과목을 개설하고, 심지어는 e-비즈니스 학과를 만들기도 했습니다. 새로운 기회를 포착한 수많은 사람이 너도나도 벤처기업을 창업하여 e-비즈니스에 뛰어들었습니다. 벤처 붐이 일어난 것이죠.

새로운 비즈니스 모델로 금방 많은 돈을 벌 수 있을 것이라는 장밋빛 환상이 사람들을 유혹했습니다. 하지만 급하게 타오른 불은 빨리 꺼지게 마련입니다. 순식간에 닷컴 버블이 걷히면서 e-비즈니스에 뛰어든 수많은 벤처기업이 모래처럼 사라져 버립니다. 2000년대 초반 닷컴 버블이 꺼진 데에는 다양한 요인들이 복잡하게 얽혀 있지만, 근본적인 원인은 생각했던 것보다 e-비즈니스 기업들이 돈을 벌지 못했다는 것입니다. 인터넷의 출현으로 새롭게 생겨난 비즈니스 모델들은 생각만큼 잘 작동하지 않았습니다. 지속적이고 안정적인 수익을 내는 데 대부분 실패한 것이죠. "회원 수가 곧 돈이다"라는 막연한 생각만 가지고 가입자 확보에만 열을 올리는 바람에 대부분의 서비스가 무료로 제공되었습니다. **사용자는 많이 확보했지만, 그다음에 어떻게 돈을 벌 것인가는 아무도 몰랐던 것입니다.**

이러한 한계가 가장 극명하게 드러난 비즈니스 모델이 바로 가상 커뮤니티(virtual community) 모델입니다. 가상 커뮤니티는 사람들이 서로 교류를 하는 온라인 공간을 말합니다. 가상현실과는 상관없습니다. 그냥 지금의 SNS(social network service)라고 보면 됩니다. 오프라인에서 직접 만나지 않고도 시공간을 뛰어넘어 비슷한 흥미와 다른 배경을 가진 사람들과 활발히 교류를 할 수 있게 해 준 가상 커뮤니티는 인터넷이 우리에게 준 새로운 선물이었습니다.

2012년 tvN에서 방영된 드라마, 〈응답하라 1997〉을 보셨나요? 주인공 윤윤제(서인국 분)의 형으로 나오는 윤태웅(송종호 분)은 아무리 생각해도 정말 사기 캐릭터입니다. 그는 대입 학력고사 전국 수석을 차지하고도 동생 뒷바라지를 위해 부산의 한 사범대로 진학해서 교사가 됩니다. 동생을 사법고시 수석 합격까지 시킨 그는, 홀연히 학교를 그만두고 동창생을 찾아주는 커뮤니티 '아이라이크스쿨'을 만들어 벤처사업가로 대단한 성공을 거두게 됩니다. '아이라이크스쿨'의 실제 모델은 1999

년 서비스를 시작하여 한 달 만에 1만 명의 회원을 확보한 '아이러브스쿨'입니다. 졸업한 학교 이름과 연도를 입력하면 인터넷상으로 동창생을 찾아주고, 소식이 끊긴 동창생들이 옛 추억을 나눌 수 있도록 해 주는 전형적인 가상 커뮤니티 모델을 채택한 서비스입니다.

아이러브스쿨은 역사상 최단 기간에 500만 명의 회원을 확보하였고, 당시 가장 큰 포털 사이트였던 다음(Daum)보다 더 많은 일일 방문자 수를 기록하기도 했습니다. 덕분에 온라인 모임이 오프라인으로 이어지는 훈훈한 광경도 많았지만, 추억으로 남겨 둘 걸 괜히 만나서 아름다운 추억이 깨졌다거나, 미처 말하지 못했지만 예전에 좋아했다는 때늦은 고백이 부적절한 관계로 이어져 가정이 파탄 났다거나 하는 웃지 못할 사건들도 많았습니다.

그러나 아이러브스쿨은 얼마 못 가 쇠락의 길로 접어듭니다. 회원 수는 급격하게 늘어났는데, 서버를 충분히 확보하지 못하는 바람에 속도가 느려지고 접속이 안 되기 일쑤였습니다. 회원 수는 많았지만 뚜렷한 수익 모델이 없다 보니 지속적인 투자가 뒤따르지 못했던 것입니다. 결국 실망한 가입자들이 대안으로 옮겨간 곳은 프리챌(Freechal)이라는 또 다른 가상 커뮤니티 사이트였습니다.

프리챌은 2000년 출시되자마자 6개월 만에 100만 명의 사용자를 확보하며 화려하게 데뷔하였습니다. 컴맹이라도 마우스 클릭 몇 번만으로 커뮤니티를 만들 수 있었고, 첨부할 수 있는 파일 용량도 매우 컸습니다. 당시 대학생이던 저도 학과, 동기, 친구, 동아리, 동문회, 심지어는 수업 조 모임까지 가입된 커뮤니티만 20개가 넘었습니다. 요즘 사람들이 아침에 눈을 뜨자마자 스마트폰으로 SNS를 가장 먼저 확인하는 것

아이러브스쿨과 프리챌 홈페이지

처럼, 당시에는 인터넷 익스플로러를 켜면 가장 먼저 하는 일이 프리챌에 접속해서 새 글을 확인하는 것이었습니다. 폭발적인 성장을 거듭한 프리챌은 110만 개의 동호회, 가입자 1,000만 명을 거느린 거대한 사이트가 되었고, 외국 회사로부터 100억 원이 넘는 투자도 받았습니다.

하지만 역시 확실한 수익 모델은 없었습니다. 배너 광고와 아바타 판매를 통해 어느 정도 수익을 내기는 했지만, 100만 개가 넘는 동호회 서비스를 유지하기에는 턱없이 부족했죠. 막다른 골목에 도달한 프리챌은 매우 위험한 실험을 합니다. 월 3,000원의 사용료를 받겠다고 선언한 것이죠. 사실 생각해보면 그리 비싼 금액은 아니었습니다. 운영자만 한 달에 3,000원을 내면 다섯 개의 커뮤니티를 운영할 수 있었으니까요. 그러나 무료 서비스를 당연시 여기던 사용자들에게는 그냥 칼 없는 강도일 뿐이었습니다. 게다가 돈을 내지 않으면 커뮤니티를 바로 폐쇄해버리겠다고 압박을 하자, 사람들은 또다시 이삿짐을 꾸리기 시작했습니다.

때마침 피난처로 급부상한 곳이 있으니, 바로 싸이월드(Cyworld)입니다. 싸이월드는 아예 기존 프리챌 커뮤니티 게시판을 그대로 옮겨주는 서비스까지 제공하여 프리챌 동호회들이 매우 쉽게 이주할 수 있도록 도와줬습니다. 물론 싸이월드는 미니홈피 서비스로 더 유명하지만, 싸이월드의 급격한 성장에 프리챌의 유료화 정책이 한몫한 것은 분명합니다. 당황한 프리챌은 급히 유료화 정책을 번복하였지만, 이미 새로운 보금자리에 정착한 사용자들은 다시 돌아오지 않았습니다. 회원 수가 급격하게 줄어든 프리챌은 결국 2011년 파산에 이릅니다.

참 어렵습니다. 아이러브스쿨처럼 공짜로 서비스를 제공하면 아무리 회원이 많아도 사업을 지속하기 어렵습니다. 프리챌처럼 조금이라도 돈을 내게 하면 회원들이 떠나갑니다. 그렇다고 광고를 많이 유치하면 지저분하다고 싫어합니다. 대체 어떻게 해야 할까요? 회원을 최대한 많이 확보하면서도 공짜로 서비스를 제공하며 돈을 벌 수 있는 방법은 없을까요? 이러한 고민 끝에 무료로 고객을 끌어들이면서도 수익을 낼 수 있는 획기적인 비즈니스 모델이 탄생하였으니, 그것이 바로 Freemium 모델입니다.

## 배보다 배꼽이 큰 질레트 모델, 배꼽이 없어도 되는 Freemium 모델

Freemium 모델보다 훨씬 오래전에 출현한 비슷한 비즈니스 모델이 하나 있습니다. 질레트(Gillette) 모델입니다. 여러분이 알고 있는 그 면도기 브랜드, 질레트가 맞습니다. 아주 오래전의 면도기는 본체와 면도날이 일체형으로 되어 있었습니다. 면도날이 무뎌지면 다시 숫돌로 갈아서 쓰곤 했죠. 여러 번 갈아도 견딜 수 있도록 면도날을 두껍게 만들다 보니 면도가 깔끔하게 되지 않습니다. 무엇보다 면도날을 자주 갈아야 했기에 번거로웠죠.

미국의 코르크 병마개 세일즈맨이었던 킹 질레트(King Gillette)는 무뎌진 면도기로 면도를 하다가 기발한 생각을 합니다. 면도날이 무뎌지면 숫돌에 갈지 말고 그냥 버리고 새로 쓰면 어떨까? 면도날을 끼워 쓰고 다 쓰면 새것으로 교체하는 면도기가 1903년 처음 출시됩니다. 질레트의 갈아 끼우는 면도날은 제1차 세계대전 중 미국 병사들의 개인용 장비로 정식 채택되면서 남성의 필수품이 되었고, 100년이 더 흐른 지금도 여전히 우리는 면도기에 면도날을 갈아 끼워 사용하고 있습니다.

그런데, 면도기가 비싼가요, 아니면 면도날이 비싼가요? 면도기 자체는 얼마 안 합니다. 심지어 대형마트에서 면도기를 무료로 나눠주는 이벤트도 종종 볼 수 있습니다. 비싼 것은 면도날입니다. 질레트는 면도기로 돈을 버는 것이 아니라 면도날을 팔아서 돈을 버는 것이죠. 면도기는 잃어버리지 않으면 계속 쓸 수 있지만 면도날은 사용할수록 무뎌지기 때문에 지속적으로 교체해야 합니다. **면도기와 같은 기본 아이템(basic item)은 무료 또는 매우 저렴한 가격으로 판매하는 대신, 면도날처럼 기본 아이템을 사용하기 위해 필요한 보완 아이템(complimentary item)을 비싸게 팔아서 수익을 내는 비즈니스 모델을 질레트 모델이라고 합니다.** 면도기와 면도날 모델(razor and blade model)이라고 부르기도 하죠.

질레트 모델은 면도기뿐만 아니라 우리 일상 속에서 매우 쉽게 찾아볼 수 있습니다. 예전에는 너무 비싸서 가정에 두고 쓰기에는 부담스러웠던 컬러 레이저 프린터가 요즘에는 10만 원대로 구입이 가능합니다. 그러나 처음에 내장된 토너를 다 쓰고 새로운 토너로 교체할 때, 검정, 빨강, 파랑, 노랑으로 구성된 4색 정품 토너를 사려면 100만 원이 넘지요. 가정이나 사무실에 캡슐 커피 머신을 구비하는 경우가 늘었습니다. 커피 머신 자체는 그렇게 비싸지 않습니다. 그러나 매번 커피 캡슐을 사는 데 들어가는 비용은 만만치 않지요. 축구 게임 〈위닝 일레븐〉으로 유명한 소니의 콘솔게임기 플레이스테이션은 사실 원가 이하에 판매되고 있습니다. 게임기만 놓고 보면 팔 때마다 손해가 나는 구조입니다. 대신 소니는 게임 타이틀 한 개가 판매될 때마다 게임 제작사로부터 일정 비율의 수수료를 받아 수익을 올리고 있습니다.

Freemium 모델은 질레트 모델과 비슷합니다. 기본 기능은 무료(free)로 제공합니다. 단 추가 기능 또는 고급 기능을 활용하기 위해서는 추가 비용인 프리미엄(premium)을 지불해야 합니다. Freemium 모델을 성공적으로 활용한 대표적인 예는 개인용 클라우드 서비스를 제공하는 드롭박스(Dropbox)입니다. 드롭박스는 모든 고객들에게 2G의 가상 저장 공간을 무료로 제공합니다. 누구나 회원 가입만 하면 사진과 동영상, 문서 파일을 자유롭게 저장하여 어디에서나 열어볼 수 있습니다. 그런데 사진이 매우 많거나 모든 문서를 클라우드에 보관하는 사람들은 2G로는 부족합니다. 더 많은 공간을 필요로 하는 고객들은 한 달에 만 원 정도의 추가 요금을 지불하면 무려 1,000배나 더 많은 2TB의 용량을 사용할 수 있습니다.

유튜브(YouTube)도 2017년 유튜브 레드(현 유튜브 프리미엄)를 출시하며 Freemium 모델을 채택했습니다. 누구나 무료로 모든 유튜브 영상을 볼 수 있지만, 시청 전에 강제로 광고를 봐야 합니다. 광고가 싫으면 유튜브 프리미엄에 가입하여 광고 없이 동영상을 감상할 수 있지요. 동영상을 미리 다운로드해 놓은 뒤 오프라인에서 볼 수도 있고, 화면이 꺼져도 계속해서 음악을 들을 수 있는 기능이 프리미엄 고객에게 제공됩니다.

해외여행이나 출장을 자주 가는 사람들은 비싼 로밍 요금 때문에 스

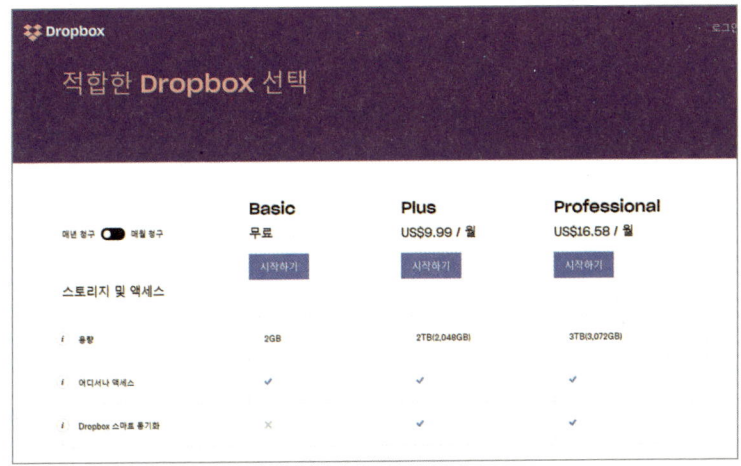

드롭박스는 무료로 2GB를 제공하지만, 플러스 요금제에 가입하면 2TB 및 추가 기능을 제공한다

카이프(Skype)를 이용하는 경우가 많습니다. 인터넷 전화 서비스인 스카이프는 스카이프 앱을 이용한 음성 및 영상 전화를 무제한 무료로 제공합니다. 그러나 스카이프를 통해 휴대전화나 유선 전화로 전화를 걸기 위해서는 요금을 지불해야 합니다.

비즈니스 SNS이자 구인·구직 서비스인 링크드인(LinkedIn)은 아이러브스쿨, 프리챌과 같은 커뮤니티 비즈니스 모델을 기초로 하고 있습니다. 그러나 링크드인은 전 세계 5억 명의 회원을 확보하고도 승승장구하고 있습니다. 가상 커뮤니티 모델에 Freemium 모델을 접목시켰기 때문입니다. 링크드인에 가입하여 자신의 프로필을 올리고 동종 분야에 종사하는 다른 전문가들과 네트워킹을 하는 비용은 무료입니다. 그러나 구직 정보를 열람하거나 구직 솔루션을 제공받는 프리미엄 서비스를 이용하기 위해서는 비용을 지불해야 합니다.

요즘 Freemium 모델을 채택하고 있는 모바일 서비스는 너무 많아서 일일이 열거하기도 어렵습니다. 지금 스마트폰을 켜고 앱스토어에 접속해 보시기 바랍니다. 게임뿐만 아니라 다양한 카테고리에 속한 대부분 모바일 앱들에 '인앱 구매(안드로이드)' 혹은 '앱내 구매(iOS)'가 표시되어 있음을 확인할 수 있습니다. 구글 플레이스토어 매출의 98%, 애플 앱스토어의 경우 95%가 Freemium 모델을 채택한 앱으로부터 발생하고 있습니다. 어느새 Freemium 모델은 사실상 모바일 비즈니스 모델의 표준이 된 것입니다.[1]

여기서 잠깐, Freemium 모델이 기본적인 것은 무료로 제공하고 추가적인 것을 판매하여 수익을 창출하는 것을 말한다면, 앞에서 설명한 질레트 모델과 대체 무슨 차이가 있을까요? 두 모델은 매우 유사해 보이지만 결정적인 차이점이 존재합니다. 면도기는 면도날 없이는 쓸 수 없습니다. 레이저 프린터는 토너가 없으면 무용지물입니다. 그러나 드롭박스는 기본으로 제공되는 2G만으로도 유용할 수 있습니다. 밤낮으로 열심히 게임에 열중한다면 현질 없이도 높은 승률을 기록할 수 있습니다. 즉, 질레트 모델에서의 보완 아이템은 제품이나 서비스를 사용하기 위해 반드시 갖추어야 할 필수 아이템인 반면, Freemium 모델의 추가 기능은 굳이 없어도 사용하는 데 문제는 없다는 점에서 차이가 있습니다.

**무료 고객은 늘어나야 한다**

Freemium 모델이 흥행하게 된 비결은 명백합니다. 초기에 막대한 마케팅 비용을 지불하지 않고도 많은 고객을 끌어들일 수 있다는 점이죠. 아이러브스쿨과 프리챌이 처음부터 많은 회원을 보유할 수 있었던 이유도 공짜였기 때문입니다. 재미있고 유용할 것 같은 앱이 눈에 띄어도 당장 결제를 해야만 다운로드가 가능하다면 주저하기 마련입니다. 그러나 공짜라면 일단

써 보고 필요 없으면 안 쓰면 그만이죠. 아무리 좋은 서비스라고 하더라도 직접 경험해보지 않으면 알 수 없습니다. 일단 공짜로 경험을 시켜 주어야 나중에 추가 기능을 판매하여 수익을 창출할 수 있는 기회가 생기는 것이죠.

그런데 사람들이 기본 기능만 사용하고, 추가 기능을 쓰지 않으면 어떡하죠? 사실 대다수의 고객은 추가 기능을 쓰지 않고 기본 기능만을 사용하는 무료 고객들입니다. 실제로 국내 모바일 게임 전체 사용자 중 100원이라도 결제를 한 유료 사용자는 5%도 채 되지 않습니다. 그런데 과연 회사는 남는 게 있을까요?

오프라인 서비스 중에는 Freemium 모델을 찾아보기 어렵습니다. 기본 백반은 공짜로 주고, 불고기를 먹는 손님에게만 밥값을 받는 식당이 있다고 합시다. 금세 소문이 나서 손님들로 문전성시를 이루겠지만, 얼마 안 가 망하게 될 것이 불 보듯 뻔합니다. 고객 한 명 한 명에게 백반을 제공해 줄 때마다 식자재 비용이 발생하니까요. 그러나 **대부분의 온라인 서비스는 한 명의 새로운 고객에게 서비스를 제공하는 데 추가 비용이 거의 들지 않습니다. 경제학에서는 이를 '한계비용 제로(zero)'라고 합니다.** 한계비용(marginal cost)은 추가적으로 하나의 제품을 생산하는 데 들어가는 비용 또는 한 명의 고객에게 서비스를 제공하는 것에 들어가는 비용을 말합니다.

여러분이 새로운 모바일 게임에 가입해서 24시간 내내 게임을 한다고 해도, 게임 회사가 여러분 때문에 추가적으로 지불해야 하는 비용은 0입니다. 물론 처음에 게임을 기획하고 개발하고 서버를 구매하기 위해서는 막대한 비용이 들어갑니다. 그러나 일단 게임 서비스가 시작되면, 사용자가 1만 명일 때와 1만 1명일 때의 비용에는 차이가 없습니다. 한

계비용이 0이 되는 것이죠(고객수가 일정 수준 이상으로 늘어나면 서버 증설 비용 등의 추가 고정 비용이 계단식으로 증가하기는 합니다).

무료 고객을 서비스하는 비용은 거의 들지 않지만, 무료 고객이 창출하는 보이지 않는 가치는 생각보다 훨씬 큽니다. 향후 유료 고객으로 전환될 수 있다는 가능성도 물론 중요하지만, 무료 고객은 존재만으로도 훌륭한 자원입니다. 그 이유는 바로 네트워크 효과(network effect)라고 부르는 현상 때문입니다. 네트워크 효과는 요즘 비즈니스를 이해하는 데 너무 중요한 개념이라 다음 장에서 더 자세히 다루도록 하고, 여기서는 간단히만 얘기하겠습니다. **같은 제품 또는 같은 서비스를 사용하는 사람이 많으면 많을수록 사용자들이 느끼는 가치가 증가하는 현상을 네트워크 효과라고 합니다.**

요즘 대부분의 게임은 소셜 게임(social game)입니다. 친구들과 한 팀이 되어 상대팀과 싸우거나 친구들과 서로 대결을 합니다. 혼자 하는 게임은 재미가 없습니다. 친구들이랑 경쟁하지 않고 애니팡을 혼자서만 했다면 그렇게 열심히 했을까요? 배틀그라운드나 리니지를 하는데 매번 같은 사람들하고만 싸우면 재미가 있을까요? 같은 게임을 즐기는 사람들이 많으면 많을수록 게임은 더 재미있습니다. 대결할 유저들이 많다는 소문을 듣고 새로운 유저들이 더 가입합니다. 유저들이 많아지니 게임 회사는 더 다양한 아이템과 시나리오를 지속적으로 개발합니다. 그러면 새로운 유저들이 더 찾아오겠죠. 선순환이 발생합니다.

많은 유저들이 같은 게임을 즐기다 보면 승부욕이 발동합니다. 경쟁에서 이기고픈 유저들은 마구마구 현질을 하고 강력한 캐릭터와 아이템으로 무장합니다. 덕분에 승률은 높아지고, 게임할 맛이 납니다. 계속해서 결제를 하고 아이템을 구매하게 되겠죠. 그런데 만약 대부분의 유저가 유료 결제 고객이라면 어떨까요? 모두가 최고의 캐릭터와 아이템을 보유하고 있다면 게임이 재미있을까요? 계속 아이템을 확충해도 이기기가 어려워지면 더 이상 아이템을 구매할 의욕이 떨어질 것이고, 급기야 게임을 그만하게 될 겁니다.

따라서 게임 회사 입장에서는 게임을 위해 많은 투자를 한 충성도 높은 고객들이 계속해서 게임을 즐길 수 있도록 도와줄 수 있는 또 다른 고객들이 필요합니다. 바로 초라한 아이템으로 열심히 싸우다 장렬히 패배해 줄 수 있는 대다수의 무료 고객이죠. 무료 고객을 충분히 확보해야만 헤비 유저(heavy user)들로부터 결제를 이끌어낼 수 있습니다. 실제로 게임 회사의 대부분의 매출은 극히 일부의 헤비 유저로부터 발생합니다. 구글 플레이에서 제공되는 게임들의 경우, 100만 원 이상 결제하는 0.15%의 고결제 유저가 결제한 금액이 전체 매출의 40% 이상을 차지하고 있습니다.[2]

그런데 반대로 생각해봅시다. 여러분은 절대 유료 결제를 하지 않는 무과금 유저입니다. 공짜라고 해서 게임을 해 봤더니 번번이 지기만 한다면 어떨까요? '돈 없으면 안 되는 더러운 세상'을 비난하며 게임을 그만 둘 가능성이 큽니다. 즉, 무료 기본 기능이 제공하는 가치가 충분하지 않다면 무료 고객을 확보하기가 어렵습니다. 따라서 게임 회사들은 무과금 유저도 열심히만 노력한다면 어느 정도 승리의 기쁨을 맛볼 수 있는 아름다운(?) 세상을 만들어 주어야 합니다. 그러나 한편으로는 전혀 아이템을 구매하지 않는 무과금 유저의 승률이 너무 높다면 그것도 문제입니다. 아무도 결제를 하려고 하지 않을 테니까요. 따라서 게임 회사들은 무료 고객이 누릴 수 있는 보편적인 혜택과 유료 고객이 얻을 수 있는 차별적인 혜택 수준의 적정선에 대해 항상 고민하게 됩니다.

이러한 고민은 Freemium 모델을 채택한 모든 서비스에 공통적으로 적용됩니다. 드롭박스가 기본 용량을 2G가 아닌 50G를 제공한다면 더 많은 사용자를 확보할 수 있을 것입니다. 그런데 50G 정도면 꽤 쓸 만하기 때문에, 무료 용량이 2G였을 때 요금을 지불하고 추가 용량을 구매한 사람들이 더 이상 유료 서비스를 이용하지 않을 수도 있습니다. 기본 기능이 지나치게 만족스럽다면 사용자로 하여금 추가 기능을 구매하도록 유도하기가 어렵습니다. 그렇다고 기본 기능이 별 다른 매력이 없다면, 애초에 충분한 무료 고객을 모으기도 어렵습니다. 따라서 **Freemium 모델의 성공여부는 무료로 제공되는 기본 기능과 유료로 제공되는 추가 기능을 어떻게 나눌 것인가에 달려 있습니다.** 초기에 많은 고객을 확보하는 것도 중요하지만, 궁극적으로는 무료 고객을 유료 고객으로 전환시켜야만 지속적인 수익 창출이 가능하니까요.

… 대표적인 거짓말 중의 하나가 장사꾼의 "밑지고 판다"입니다. 그런데 이제는 진실로 믿어줘야 할지도 모르겠습니다. Freemium 모델이 확산되면서 일단 밑지고 시작하는 기업들이 많아졌기 때문입니다. 기업들이 초기 손해를 감수하면서까지 공짜로 고객을 유혹하는 이유는 다음 장에서 다룰 네트워크 효과 때문입니다. 어느 정도 수준까지만 고객을 확보하면, 네트워크 효과가 급속히 커지게 되어 가만히 있어도 고객들이 찾아옵니다. 요즘 비즈니스 세상은 네트워크 효과를 선점하느냐 하지 못하느냐에 따라 승부가 갈립니다. Freemium 모델은 단시간 내에 충분한 고객을 확보하여 네트워크 효과를 선점할 수 있는 매우 효과적인 전략이 될 수 있습니다. 요즘 Freemium 모델이 대세가 된 이유입니다.

## 02

# 카카오톡이 우리나라에서만 잘 나가는 까닭

**연결될수록 불어나는 가치, 네트워크 효과**

카카오톡은 대한민국 국민 메신저입니다. 국내 스마트폰 사용자의 95% 이상이 가입되어 있고, 매일 8억 건이 넘는 메시지가 오고 갑니다. 2010년 3월 처음 서비스를 시작한 카카오톡은 1년 만에 무려 1,000만 명의 가입자를 끌어들였습니다. 우리나라가 세계에서 가장 빠른 스마트폰 확산 속도를 기록할 수 있었던 일등 공신은 카카오톡이라고 해도 과언이 아닙니다. 스마트폰을 산 김에 카카오톡을 사용한 것이 아니라, 카카오톡을 쓰기 위해 스마트폰을 장만한 사람들이 대부분이었기 때문이죠. 카카오톡은 어떻게 그렇게 빨리 많은 사용자를 확보할 수 있었을까요?

당시만 해도 한 건당 20원이 부과되는 문자메시지(SMS)는 은근한 부담이었습니다. 쌓이고 쌓이면 통화료보다 더 많은 요금이 청구될 수도 있기 때문에, 한 개의 메시지 안에 띄어쓰기도 하지 않은 채 빽빽이 내용을 담아 보내고는 했지요. 지금처럼 'ㅋㅋ', 'ㅇㅇ'와 같은 짧은 메시지를 보내는 것은 일종의 사치였습니다. 따라서 무선인터넷망을 통해 무제한으로 공짜 메시지를 보낼 수 있는 카카오톡의 출현은 상당히 획기적이었죠. 하지만 이것만으로는 부족합니다. 만약 카카오톡의 출현에 겁을 먹은 통신사들이 SMS를 전면 무료화했다고 한들, 파죽지세로 성장 중이던 카카오톡을 견제할 수 있었을까요?

저는 카카오톡이 출시되자마자 즉시 가입했지만, 한동안은 거의 사용하지 않았습니다. 아니 사용할 수 없었습니다. 몇 안 되는 스마트폰 사용자들을 제외하고는 카카오톡을 통해 연락을 주고받을 사람이 없었기 때문이죠. 이때만 해도 카카오톡의 가치는 SMS에 비해 훨씬 부족했습니다. 조금씩 시간이 지나면서 공짜 메시지에 혹한 지인들이 하나둘 카카오톡 친구 목록에 출현합니다. 사흘에 한 명씩 늘어나더니, 하루에 한 명, 하루에 세 명으로 점점 속도가 붙습니다. 누군가는 친구들이 단톡방을 만들어 자기들끼리만 채팅을 하는 것을 보고는 왕따가 될까 두려워 가입을 합니다. 손주가 재롱부리는 동영상을 매일 받아볼 수 있다는 자식들의 권유로 연세가 지긋하신 어르신들까지도 스마트폰을 장만하고 카카오톡에 가입합니다. 눈 깜짝할 사이에 1,000만 명이 가입했지만 2,000만 명, 3,000만 명으로 늘어나는 시간은 그보다도 짧았습니다.

요즘은 카카오톡만으로도 대부분의 지인들에게 연락을 할 수 있다 보니, 광고 문자만 가득한 SMS를 이용할 일이 거의 없습니다. 스마트폰 홈 화면에 SMS 앱이 사라지고 카카오톡 앱이 그 자리를 대신한 지 오래입니다. 현재 카카오톡이 우리에게 주는 가치의 크기는 지인들 중 극히 일부에게만 메시지를 보낼 수 있었던 출시 초기와는 비교할 수 없을 만큼 차이가 납니다. 그때나 지금이나 카카오톡의 핵심 기능은 변한 것이 없는데도 말이죠. 이처럼 **어떤 기술이나 서비스의 사용자가 많아질수록 개별 사용자가 얻을 수 있는 가치가 더욱 커지는 현상을 네트워크 효과(network effect)라고 부릅니다.** 카카오톡이 짧은 시간에 국민 메신저로 등극할 수 있었던 비결은 그저 네트워크 효과 덕분입니다.

그런데 사실 카카오톡은 우리나라에서만 국민 메신저일 뿐, 세계 시장에서는 명함을 내밀지도 못 합니다. 페이스북의 왓츠앱(What's App)이나 네이버의 라인(Line)과 같은 다른 모바일 메신저가 해외에서는 훨씬 인기가 많습니다. 우리나라에서는 가장 잘 나가는 카카오톡이 왜 다른 나라에서는 고전을 하고 있는 걸까요? 이 질문에 대한 정답 역시 네트워크 효과로 설명이 가능합니다.

## 네트워크 효과로 선순환 고리를 만들자

전화가 전 세계에 딱 한 대가 있고, 여러분이 그 전화를 가지고 있다고 생각해봅시다. 전화의 가치는 어느 정도일까요? 세상에 하나밖에 없는 물건을 소유하고 있다며 으스댈 수는 있겠지만, 전화 그 자체만으로는 아무런 쓸모가 없습니다. 전화를 걸 곳이 없으니까요. 누군가 또 한 사람이 전화기를 샀습니다. 이제 전 세계에 전화가 두 대가 되었네요. 다행히 전화를 받아 줄 사람이 생겼지만, 오직 여러분과 그 사람만이 통화가 가능합니다. 연결 고리가 1개밖에 없는 것이죠. 그러나 전화가 세 대가 되면 연결 고리가 3개로 늘어나고, 다섯 대가 되면 10개로 늘어나며, 열두 대가 되면 66개의 연결 고리가 생깁니다. 전화를 가진 사람의 수가 늘어남에 따라 연결 고리의 수는 급격히 늘어납니다.

이른바 메칼프의 법칙입니다. 이더넷(Ethernet)을 발명한 미국의 로버

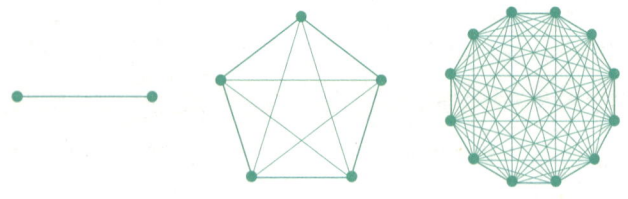

전화 2대에는 연결고리가 1개, 5대에는 10개, 12대에는 66개가 존재

트 메칼프(Robert Metcalfe)는 특정 네트워크의 가치는 네트워크에 연결된 노드(node)의 제곱에 비례하여 증가한다고 주장했습니다. 즉, 전화 네트워크가 가진 가치는 전화 가입자(노드) 수가 증가함에 따라 기하급수적으로 증가합니다. 가치가 증가함에 따라 사용자들이 더 늘어납니다. 사용자가 늘어날수록 전화의 가치는 또다시 가파르게 증가합니다. 지속적인 선순환(positive loop)이 발생하는 것이지요.

네트워크 효과가 위력을 발휘하는 대표적인 예는 이름 자체에 '네트워크'가 들어가 있는 SNS(social network service)입니다. 세련된 디자인에 최첨단 기능을 갖추고 사용도 편리한 새로운 SNS인 '인스타크랩'이 새롭게 출시되었다고 합시다. 얼리어답터를 자처하는 누군가가 남들보다 앞서 인스타크랩에 가입을 하고 활동을 시작합니다. 파인다이닝 프렌치 레스토랑의 코스 요리 사진을 하나하나 다 찍어 '인생 맛집'이라며 공유합니다. 고급 리조트 해변의 선베드에 누운 채로 발등과 바다가 함께 보이는 사진을 찍어 '나를 위한 선물'이라는 제목으로 포스팅합니다. 그러나 부러워해 줄 사람이 없습니다. 댓글은 커녕 좋아요를 눌러주는 사람도 없습니다. 그렇다면 SNS가 아니라 그냥 일기장일 뿐이죠.

제아무리 최첨단의 최신 SNS라고 하더라도 하트를 눌러 줄 사람이 없다면 아무 소용없습니다. 사람들이 싸이월드에 가입한 것도, 페이스북에 가입한 것도, 인스타그램에 가입한 것도, 그곳에 가야 친구들이 있고, 나에게 관심을 가져주는 사람들이 있으며, 내 말에 귀 기울여주는 팔로워들이 존재하기 때문입니다. 페이스북은 서비스 개시 후 처음 1억 명의 회원을 확보하는 데 4년 반이 걸렸지만, 7억 명에서 8억 명으로 1억 명이 늘어나는 데에는 불과 3개월이면 충분했습니다. **사용자가 1억 4,000만 명일 때 페이스북의 시장 가치는 40억 달러였는데, 사용자 수가 10배 증가한 14억 명이 되었을 때의 시장 가치는 50배가 넘는 2,000억 달러 이상이 되었습니다.**[3]

네트워크 효과가 발생하는 데에는 종종 보완재(complementary goods)가 중요한 역할을 담당합니다. 보완재란 어떤 제품 또는 서비스를 사용하기 위해 필요한 다른 상품을 말합니다. 면도기의 보완재는 면도날입니다. 필름 카메라의 보완재는 필름이고요. 그러나 이들은 한 회사가 제품과 보완재를 함께 생산하기 때문에 네트워크 효과와는 별 상관이 없습니다. 반면, 콘솔 게임기와 그 보완재인 게임 타이틀은 서로 다른 회사가 만듭니다. 플레이스테이션은 소니가 만들지만, 플레이스테이션용 게임 타이틀은 외부 업체들이 개발합니다. 보완재가 다채롭고 풍부해야 본 상품의 가치가 더 올라갑니다. 10개의 게임만 할 수 있는 콘솔 게임기와 1,000개의 게임을 할 수 있는 게임기의 가치는 비교할 바가 안 됩니다.

이제는 경영학 교과서의 고전이 되어 버린 VCR(videocassette recorder) 표준 전쟁은 보완재가 얼마나 중요한지를 알 수 있는 대표적인 사례입니다. 흔히 '비디오'라고 불렸던 VCR의 보완재는 영화 비디오테이프이죠. 극장이 아닌 집에서 보고 싶은 영화를 보고 싶을 때 볼 수

VCR 표준 전쟁에서 맞붙었던 VHS와 베타맥스

있게 해 주었던 VCR은 당시로서는 매우 혁신적인 제품이었습니다.

소니가 1975년 베타맥스(Betamax) 포맷을 출시하면서 처음으로 비디오가 세상에 등장합니다. 1년 후 마쓰시타가 VHS(Video Home System) 포맷의 비디오를 출시하였지만, 당장은 상대가 되지 않았죠. 먼저 출시되었거니와 화질도 뛰어났던 베타맥스는 초기 시장을 거의 독점하다시피 합니다. 많은 기업들이 소니에게 베타맥스 기술을 쓸 수 있게 해 달라고 요청했음에도, 소니는 독자적인 행보를 고집합니다.

반면 후발 주자인 마쓰시타는 기술료(royalty)만 내면 누구나 VHS 포맷을 가져다 쓸 수 있도록 하였습니다. 덕분에 삼성, 럭키금성, 대우, 아남과 같은 국내 업체들도 VHS 방식의 비디오를 생산할 수 있었던 것이죠. VHS 사용자들이 조금씩 생겨나기 시작합니다. 베타맥스용 비디오테이프만을 제작했던 영화 제작사들이 우선은 인기 영화 위주로만 VHS용 비디오테이프를 출시하기 시작합니다. VHS 방식으로 볼 수 있는 영화가 조금씩 늘어나자, VHS의 가치는 점점 증가하게 되고, 이는 더 많은 사람들로 하여금 VHS 포맷의 비디오를 구입하게 만들었습니다. 보완재가 늘어나니 사용자가 늘고, 사용자가 늘어나니 보완재가 늘어나는 선순환 고리가 형성된 것이죠.

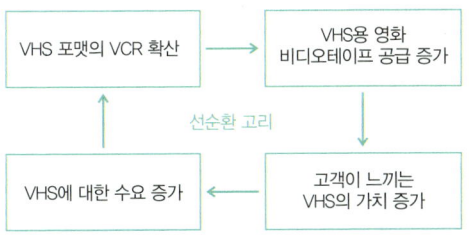

VHS 선순환 고리

어느 순간 VHS 점유율이 베타맥스를 뛰어넘게 되자, 영화 제작사들은 이제 VHS 위주로 비디오테이프를 공급하게 됩니다. 베타맥스로 볼 수 있는 영화는 점점 줄어드는 반면, 거의 모든 영화를 VHS로 볼 수 있다 보니 VHS 사용자는 계속 늘어갑니다. 결국 VHS가 비디오의 표준으로 자리 잡게 되었고, 1998년 소니는 해외 수출용 베타맥스 생산을 중단하기에 이릅니다.

## 일등만 기억하는 더러운 세상

사용자가 늘어남에 따라 네트워크 효과가 점점 위력을 발휘하게 되고, 어느 순간 가속도가 붙기 시작하면 걷잡을 수 없을 정도로 커집니다. 사용자가 많을수록 얻을 수 있는 가치가 더 크다 보니, 사람들은 자연스럽게 더 많은 사용자가 있는 곳으로만 몰리게 됩니다. 가만히 있어도 사람들이 알아서 찾아옵니다. 초기에는 여럿이 경쟁하다가도 어느 하나가 먼저 일정 수준의 사용자 수를 확보하게 되면, 그때부터는 혼자 치고 나가기 시작합니다.

이 시점이 이른바 '티핑 포인트(tipping point)'입니다.[4] 이제부터는 부익부 빈익빈이 심화됩니다. 경쟁 서비스 이용자들도 사용자 수가 많아 더 큰 가치를 제공하는 서비스로 이동합니다. 네트워크 효과는 반대로 작용할 때 더 무섭습니다. 경쟁 서비스는 사용자들이 하나둘 줄면서 네트워크의 가치가 감소합니다. 네트워크의 가치가 줄어드니 남아 있던 사용자들마저 떠나고 맙니다. 하나의 승자(winner)만이 살아남고, 나머지 패자(loser)들은 시장에서 내쫓깁니다. 단 하나의 승자만이 시장을 지배하는 승자 독식(winner takes all) 시장이 필연적으로 출현하는 것이죠. 한때 개그콘서트 유행어였던 '일등만 기억하는 더러운 세상'이 도래하는 것입니다.

네트워크 효과가 발생하지 않는 전통적인 산업의 경우 여러 기업이 시장을 나눠 갖는 경우를 종종 볼 수 있습니다. 예를 들어 자동차 시장에서는 현대, 폭스바겐, 도요타, GM 등 몇 개의 회사가 세계 시장을 나눠먹고 있지요. 그러나 네트워크 효과가 크게 작용하는 디지털 산업에서는 대부분 승자 독식이 이루어지고 있습니다. PC 운영체제는 마이크로소프트 윈도우, 검색은 구글, 동영상 스트리밍은 유튜브, 숙박 공유는 에어비앤비가 그 주인공입니다. 전 세계가 하나의 시장으로 통합된 요즘, 승자 독식의 범위는 어느 한 국가가 아니라 전 세계입니다.

그런데 국가별로 승자가 다른 경우도 존재합니다. 대표적인 예가 모바일 메신저 시장입니다. 국가별로 1등 모바일 메신저는 서로 다릅니다. 앞에서 이야기했듯이 국내에서 압도적인 점유율을 차지하고 있는 카카오톡은 다른 나라에서는 인기가 없습니다. 세계 시장 점유율은 10위 밖입니다. 일본, 태국, 대만 등지에서는 라인(Line)이 압도적입니다. 중국에서는 텐센트가 운영하고 있는 QQ와 위챗(WeChat)이 자기들끼리 1, 2위를 다투고 있습니다. 전 세계에서 가장 많은 사용자를 가지고 있는 메

국가별 1위 모바일 메신저(2018년 12월 기준). 카카오톡은 한국에서만 1위다 [5]

신저는 왓츠앱(What's App)입니다. 페이스북 메신저까지 품에 안은 왓츠앱은 대부분의 국가에서 1위 자리를 내어 주지 않고 있습니다. 이처럼 국가별로 1등 메신저가 다른 이유는 무엇일까요?

모바일 메신저를 통해 연락하는 대상은 대부분 같은 나라에 살고 있는 지인들입니다. 글로벌화로 인해 지구촌 모두가 한 가족이 되었다고들 하지만, 서로 얼굴도 이름도 모르는데 어떻게 가족인가요. 국경을 초월하여 다양한 국가의 사람들과 관계를 맺고 있는 사람도 물론 있지만, 대부분의 사용자는 그저 가족, 친구, 동료 등 같은 국가에 거주하는 사람들과 연락하는 것이 일반적입니다. 다른 나라 사용자가 얼마인가는 그다지 중요하지 않은 것이죠. 다시 말해, **모바일 메신저 사용자 네트워크는 국가별로 분절되어 존재하기 때문에**(국가 간 연결이 매우 느슨하기 때문에), 네트워크 효과가 효력을 발휘하는 범위가 한 국가 내로 제한되는 것입니다. 전 세계 사용자 수만 놓고 보면 왓츠앱이 카카오톡보다 훨씬 많은 가치를 지니고 있음이 분명하지만, 우리나라 사람들에게는 카카오톡이 주는 가치가 훨씬 클 수밖에 없습니다.

네트워크 효과가 발생한다고 해서 반드시 단 한 명의 승자만이 존재하는 것은 아닙니다. 온라인 오픈 마켓은 네트워크 효과가 매우 크게 작용하는 시장입니다. 구매자가 많아야 판매자도 많아지고, 판매자가 많아지면 구매자가 더 늘어납니다. 국내 오픈 마켓 시장에는 11번가, G마켓, 옥션, 쿠팡 등이 공존하고 있습니다. 많은 사람들이 하나의 오픈 마켓만을 사용하기보다는 최저가 검색을 통해 그때 그때 가장 저렴한 곳에서 구매를 합니다. 사용자들이 여러 서비스를 동시에 사용하는 것을 멀티호밍(multi-homing)이라고 합니다.

멀티호밍이 가능한 이유는 각 서비스들이 차별화된 영역을 보유하고 있거나, 서로 다른 네트워크를 제공하기 때문입니다.[6] 많은 사람들이 네이버와 구글을 동시에 사용합니다. 맛집을 찾거나 뉴스 검색을 할 때는 네이버를 쓰지만, 전문 정보를 찾을 때면 구글을 사용합니다. 친구들과의 소통은 페이스북으로 하되, 동종 분야에서 일하는 사람들과의 네트워킹은 링크드인을 사용합니다. 국내에 있는 가족 및 친구들과 메시지를 주고받을 때는 카카오톡을 쓰지만 해외에 있는 친구 및 동료들과의 연락은 왓츠앱을 이용합니다. 멀티호밍이 이루어지기 위해서는 사용자가 여러 개의 서비스를 동시에 사용하는 데 들어가는 시간과 비용이 크지 않아야 합니다. 또한 서비스별로 네트워크 효과를 유발시킬 수 있을 만큼의 충분한 사용자를 확보하고 있어야 하겠죠.

## 고객은 독재자를 좋아한다

승자 독식 현상은 사용자에게 좋은 것일까요? 나쁜 것일까요? 학교에서 배운 바에 따르면 '독점'은 나쁩니다. 어느 한 기업이 독점을 하게 되면 공급량을 좌지우지하며 멋대로 가격을 올릴 수 있기 때문이죠. 따라서 많은 국가들은 반독점법을 제정하여 독점을 방지하는 데 힘쓰고 있습니다. 그런데 승자 독식이 과연 그렇게 나쁜 것일까요?

사실 우리는 승자 독식 덕분에 많은 혜택을 보고 있습니다. 지인들 대부분이 카카오톡을 쓰고 있기 때문에, 스마트폰에 카카오톡만 설치하면 됩니다. 만약 국내 모바일 메신저 시장에서 카카오톡과 라인, 왓츠앱이 비슷한 점유율을 가지고 있다면, 세 가지 앱을 다 깔고 어떤 이에게는 라인으로, 또 다른 이에게는 왓츠앱으로 메시지를 보내야 합니다. 많은 사람이 발표 자료를 만들기 위해 MS 파워포인트를 사용합니다. 모두가 파워포인트를 사용하니까 동료들과 파워포인트 파일을 주고받으며 공동 작업을 할 수 있습니다. 회의실의 PC에는 어디에나 파워포인트가 깔려 있어서 따로 프로그램을 설치하거나 장비를 준비하지 않아도 됩니다. 만약 파워포인트와 함께 프레지(Prezi)나 키노트(Keynote) 같은 다른 프레젠테이션 프로그램들의 점유율이 비슷하다면, 우리는 세 가지 프로그램을 다 설치해야 할 뿐만 아니라 각 프로그램 사용법을 별도로 익혀야 할 것입니다. 승자 독식 덕택에 단 하나의 표준만이 존재하기 때문에, 우리는 '호환성' 측면에서 많은 혜택을 보고 있는 것입니다.

승자 독식은 사용자뿐만 아니라 보완재를 개발하는 업체들에게도 바람직합니다. 여러 표준이 존재하면 동일한 서비스를 각각의 표준에 맞춰 별도로 개발하고 관리해야 합니다. PC 운영체제가 윈도우 말고도 여러 종류가 함께 쓰인다면, 소프트웨어 개발 업체는 각각의 환경에 맞는 서로 다른 프로그램을 개발해야 합니다. 하나의 표준이 존재할 때보다 훨씬 많은 시간과 비용이 들어갈 수밖에 없겠죠. 이러한 장점은 다시 사용자에게로 돌아옵니다. 개발업체의 개발 단가가 저렴해지면, 판매가격이 저렴해질 수도 있고, 더 다양한 보완재를 만드는 데 투자할 수도 있습니다. 보완재가 다양해지면 그 제품의 가치는 더욱 올라가고, 그러면 또 다시 더 많은 고객이 몰려듭니다.

이처럼 **승자 독식은 호환성이 향상되고 풍부한 보완재 공급이 이뤄질 수 있다는 측면에서 긍정적입니다.** 사용자도 좋고, 보완재 개발 업체도 좋습니다. 그러나 제품의 다양성이 사라지고 선택 폭이 줄어든다는 독점의 근본적인 문제점은 항상 존재합니다. 그래도 다행인 것은 온라인 비즈니스에서는 독점 기업들이 횡포를 부리기 쉽지 않다는 점입니다. 마음대로 가격을 올릴 수 없습니다. 독점의 비결은 남들보다 빨리 티핑 포인트에 도달하여 네트워크 효과를 내 편으로 만들었기 때문이지, 결코 비슷한 성능을 보유한 경쟁자가 없어서가 아닙니다. 독점 기업이 마음대로 가격을 올리게 되면, 사용자들이 한두 명씩 떠나게 될 것이고, 사용자 수가 줄어들면 가치가 하락할 것이며, 이는 또다시 다른 사용자들의 이탈을 불러와 다른 기업에게 승자의 자리를 내주어야 할 것입니다.

앞서 살펴본 프리챌의 사례가 전형적입니다. 처음부터 많은 사용자를 확보하여 강력한 네트워크 효과를 발생시킴으로써 시장을 독식하였지만, 갑작스러운 유료화 정책으로 인해 고객들이 썰물처럼 빠져나갔습니다. 굳이 프리챌이 아니어도 비슷한 서비스가 도처에 널려 있었으니까요. 사람들이 프리챌을 사용했던 근본적인 이유는 빠른 속도도, 멋진 디자인도, 다양한 서비스도 아닙니다. 그냥 많은 사람들이 그곳에 있었기 때문이었습니다.

## 스마트폰 교체 비용은
## 단말기 할부금이 전부가 아니다

네트워크 효과를 등에 업고 승자가 되면 그다음부터는 식은 죽 먹기입니다. 가만히 있어도 사용자들이 늘어나고 가치가 커집니다. 사용자들보고 나가라고 해도 나가지 않습니다. 특정 제품 또는 서비스를 오래 사용하면 할수록 다른 것으로 바꾸기가 어렵습니다. SNS에는 그동안 올려놓은 사진과 글, 좋아요와 댓글들이 가득합니다. 1년 동안 거금을 써 가며 공들여 키워 온 게임 캐릭터를 버리기는 쉽지 않습니다. 이미 파워포인트에 익숙해져 있는데, 이제부터 프레지를 이용하여 발표 자료를 만들기는 어렵습니다.

이처럼 **사용자가 특정 제품 및 서비스에 종속되어 빠져나오기 어려운 현상을 잠금 효과(lock-in effect)라고 합니다.** 초기에는 네트워크 효과를 발생시켜 사용자들을 최대한 많이 끌어들이는 데 노력했다면, 이후로는 잠금 효과를 최대한 크게 만드는 데 주력해야 합니다. 네트워크 효과에 잠금 효과까지 가세하게 되면 그때부터는 땅 짚고 헤엄치기입니다. 아무것도 하지 않아도 사람들이 스스로 찾아오고, 한 번 사용하기 시작하면 스스로를 가두어 다른 데로 가지 않으니까요.

누가 시키지 않아도 사람들이 스마트폰을 바꾸면 가장 먼저 하는 것은 카카오톡을 설치하는 일입니다. 더 뛰어난 기능과 편리한 인터페이스를 제공하는 새로운 메신저가 출현한다고 하더라도, 우리는 이미 카카오톡에 감금되어 새로운 메신저로 옮겨갈 수 없습니다. 언젠가 연말연시에 사용량이 너무 많아 카카오톡이 먹통이 된 적이 있었습니다. 답답한 차에 소녀시대가 출현한 광고에 홀려 다음의 마이피플 메신저를 설치했습니다. 하지만 곧 좌절하고 말았죠. 메시지를 받을 수 있는 사람이 아무도 없던 겁니다! 많은 이들에게 가입을 권유해 봤지만, "굳이 왜? 귀찮아, 싫어"라는 똑같은 대답만 돌아올 뿐이었습니다.

라인은 네이버가 만든 모바일 메신저입니다. 네이버는 명실상부 대한민국 국민 포털입니다. 모바일 세상이 도래하기 전 PC 시대에 국내에서 가장 많은 사용자를 확보한 서비스는 네이버였습니다. 그런데 어째서 라인은 일본과 동남아 국가에서는 잘 나가지만, 국내에서는 기를 못 펴고 있을까요? 사실 라인은 국내 사용자 확보에 그다지 큰 노력을 기울이지 않았습니다. 이미 많은 사람들이 카카오톡에 잠금되어 있었기 때문에, 아무리 매력적인 서비스를 제공한다 한들 잠금 효과를 풀기 어렵다는 것을 알고 있었던 것이죠.

그러나 영원한 승자는 없습니다. 어떤 이유로 잠금 효과가 감소하거나, 잠금 효과를 상쇄할 만한 매력적인 혜택이 주어진다면, 사람들은 족쇄를 벗어버리고 새로운 곳으로 이동하게 됩니다. 승자 독식은 여전하지만, 그 주인공이 바뀌게 되는 것이죠. **잠금 효과가 크다는 것은 곧 전환 비용(switching cost)이 크다는 것입니다. 전환 비용이란 기존의 것을 포기하고 새로운 것을 선택할 때 감수해야 하는 비용을 말합니다.** 새 제품을 사기 위해 지불해야 하는 구매 비용(purchasing cost) 이외에도 다양한 측면에서 전환 비용이 발생합니다.

2년 약정 기간이 만료되어 현재 사용 중인 구형 아이폰을 교체하기로 마음먹었다고 합시다. 아이폰 신제품을 살까, 이 기회에 갤럭시로 바꿔 볼까, 폭풍 검색을 통해 최신 제품을 싹 다 훑습니다. 블로거들이 올려놓은 리뷰도 정독하고, 유튜브로 언박싱(unboxing) 장면도 시청합니다. 고민 끝에 새로 나온 갤럭시 노트를 사기로 결정했습니다. 그런데 휴대폰 가격이 천차만별이네요. 통신사에서 나오는 지원금, 휴대폰 가게에서 나오는 지원금, 요금제에 따른 지원금이 다 다릅니다. 어떤 통신사를

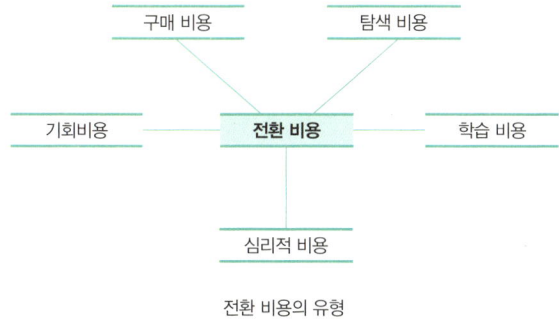

전환 비용의 유형

선택할지, 어디에서 살지, 요금 할인을 받을지 기계값 할인을 받을지, 또다시 결정 장애에 빠집니다. 이처럼 새롭게 구매할 제품과 서비스에 대해 알아보고 비교하는 데 드는 시간과 노력은 탐색 비용(search cost)입니다.

좀 더 알아 보니 번호 이동을 하게 되면 훨씬 가격이 저렴하네요. 그런데 통신사를 바꾸게 되면 10년 가까이 이용한 덕분에 받고 있던 장기 고객 할인 혜택을 포기해야 합니다. 가족들과 함께 묶여서 받고 있던 요금 할인도 더 이상 받을 수 없습니다. 기회비용(opportunity cost)을 지불해야 하는 것이죠. 기회비용은 실제로 현금이 지출되는 비용이 아니라, 어떤 선택의 대가로 포기해야 하는 기회나 이익을 뜻합니다.

드디어 최신 갤럭시 노트가 배송되었습니다. 그런데 아이폰만 쓰다가 갤럭시를 사용하려고 하니 쉽지 않습니다. 버튼 종류도 다르고, 화면 구성도 다릅니다. 계정도 새로 만들어야 하고, 안드로이드 앱 사용법도 익혀야 합니다. 한 일주일 정도 사용해 보고 나서야 비로소 익숙해집니다. 새로운 제품과 서비스를 사용하기 위해 쏟는 시간과 노력은 학습 비용(learning cost)입니다.

한편 아이폰, 아이패드, 맥북, 애플워치를 보유한 애플의 광팬들에게는 아이폰만이 혁신의 결정체입니다. 이들에게 있어 아이폰을 버리고 갤럭시로 넘어간다는 사실은 상당한 굴욕이자, 스티브 잡스 형님에 대한 엄청난 배신입니다. 굴욕감과 배신감을 견뎌내야만 비로소 전환이 가능합니다. 이는 심리적 비용(psychological cost)에 해당합니다.

**휴대폰 번호는 바꾸면서
웹 브라우저는 못 바꾸는 이유**

전환 비용이 커지면 커질수록 승자의 지위는 더욱 확고해집니다. 제아무리 우수한 성능을 가진 새로운 대항마가 출현한다 한들, 기술적 우수성만으로는 네트워크 효과와 잠금 효과로 쌓아올린 승자의 아성을 무너뜨리기에는 역부족입니다. 후발 주자가 기존의 승자를 누르고 새로운 승자로 등극하기 위해서는 과연 어떻게 해야 하는 것일까요?

정답 자체는 간단합니다. '가치 > 전환 비용'의 부등식을 만족시키면 됩니다. 지불해야 하는 전환 비용보다 더 큰 가치를 제공하면 되는 것이죠. 2009년 이후 많은 사람들이 피쳐폰에서 스마트폰으로 갈아탈 수 있었던 것은, 스마트폰이 주는 가치가 비싼 단말기 요금과 새로운 사용법을 익히는 학습 비용의 합보다 컸기 때문입니다. 말도 안 되지만, 라인이 사용자들에게 메시지를 한 건 보낼 때마다 10원씩 주겠다고 했다면 대부분의 사람들이 카카오톡에서 라인으로 갈아타지 않았을까요? 하지만 스마트폰과 같은 획기적인 혁신이 아니라면, 단번에 전환 비용보다 더 큰 가치를 제공하는 것은 사실상 쉽지 않습니다. 그렇다면 방법은 하나, 전환 비용 자체를 낮추는 것입니다.

2004년 우리나라 통신 시장에는 획기적인 변화가 있었습니다. 당시 이동통신 시장을 지배하고 있던 SKT의 독점적 지위를 약화시키고 자유로운 경쟁을 통해 소비자들의 편익을 증대시키겠다는 목적으로 '이동전화 번호이동성' 제도가 도입된 것입니다. 그때만 해도 휴대전화 번호의 앞 세 자리는 통신 회사마다 고유 번호가 주어져 있었습니다. SKT는 011, KT는 016, LGT는 019와 같은 식이죠. 따라서 통신사를 변경하게 되면 전화번호가 바뀔 수밖에 없었습니다. 이 문제를 해결하기 위해 등장한 것이 번호이동성 제도입니다. 통신사를 바꾸더라도 앞자리를 그대로 쓸 수 있게 한 것이죠. 번호를 바꾸지 않아도 되니 지인들에게 일일이 바뀐 번호를 알려줘야 하는 번거로움이 사라졌습니다. 절차적 전환 비용이 0이 된 것이죠.

번호이동성 광고 포스터

　심리적 전환 비용 또한 낮아졌습니다. 당시 각 회사의 번호는 그 자체로 브랜드화 되어 있었습니다. 특히 SKT의 011은 고급 브랜드라는 인식이 강했습니다. 일부 사용자들은 '011 부심' 때문에 타사로 이동하는 것을 꺼려했죠. 하지만 번호이동성 제도가 시작되면서 상대적으로 저렴한 요금제를 사용하고자 SKT 가입자들도 움직이기 시작합니다. 011 번호를 유지하면서 통신사만 바꾸면 되니까요. 이후 3G가 도입되면서 통신사와 관계없이 번호를 010으로 통일한 것도 번호의 브랜드화를 봉쇄함으로써 심리적 비용을 낮추기 위함이었습니다.

웹 브라우저 시장 점유율 (동영상: 2009–2019 점유율 변화)

여러분들은 인터넷에 접속할 때 어떤 웹 브라우저를 쓰나요? 인터넷 출현 초기 웹 브라우저 시장은 1994년 출시된 넷스케이프 내비게이터(Netscape Navigator)가 완전히 장악하고 있었습니다. 인터넷이 급격히 확산되기 시작한 것, PC의 용도가 업무용에서 인터넷 서핑용으로 바뀐 것도 넷스케이프 덕분이었습니다.[7] 웹 브라우저 시장의 잠재력을 파악한 마이크로소프트가 뒤늦게 인터넷 익스플로러(Internet Explorer)를 출시했지만, 당장은 넷스케이프의 상대가 되지 않았습니다.

그러나 마이크로소프트가 윈도우 95에 익스플로러 4.0을 끼워 팔기 시작하면서 판세가 바뀌기 시작했습니다. 윈도우를 설치하면 익스플로러가 함께 설치되니 굳이 넷스케이프를 따로 다운로드할 필요가 없어진 것이지요. 게다가 넷스케이프는 유료였던 반면에, 익스플로러는 무료였습니다. 대안 탐색 비용과 구매 비용을 0으로 만들었기 때문에 전환 비용을 대폭 줄일 수 있었고, 익스플로러는 2000년대 초반 웹 브라우저 시장을 독점하게 됩니다.

하지만 한때 세계 시장의 90% 이상을 장악했던 익스플로러는 승리에 취해 성능 업그레이드에 큰 신경을 쓰지 않았습니다. 새롭고 편리한 기능을 제공하기보다는 과거 기술 지원에만 급급했습니다. 이 틈을 타고 구글의 크롬(Chrome)이 대안으로 급부상합니다. 빠른 속도와 군더더기 없는 기능을 내세워 익스플로러를 위협하기 시작했습니다. 그러나 아무리 크롬이 매력적이라고 하더라도, 익숙한 익스플로러를 버리고 크롬으로 갈아타기는 쉽지 않았습니다. 새로운 브라우저 사용법을 익히는 학습 비용도 문제였지만, 그동안 저장해 놓은 즐겨찾기 목록이 눈에 밟혀 쉽사리 발걸음이 떨어지지 않습니다. 이에 크롬은 익스플로러의 즐겨찾기 목록을 그대로 크롬의 북마크로 이식해 주는 기능을 제공함으로써 전환 비용을 줄일 수 있었습니다.

물론 즐겨찾기 자동 이식이 크롬이 웹 브라우저 전쟁에서 승리하게 된 결정적인 이유는 아닙니다. 보다 결정적인 이유는 사람들이 인터넷 접속을 위해 주로 사용하는 도구가 PC에서 스마트폰으로 바뀌었기 때문입니다. 스마트폰 OS 점유율 1위 안드로이드를 보유한 구글은 안드로이드용 크롬을 출시하여 PC와 스마트폰을 쉽게 연동시켜 주는 기능을 제공합니다. 누구나 지메일(gmail) 아이디로 로그인만 하면 PC와 모바일 간에 즐겨찾기, 방문기록, 캘린더, 연락처 등이 동기화가 되어 언제 어디서나 동일한 사용자 환경을 누릴 수 있게 되었습니다. 그러다 보니 크롬을 사용하면 할수록 잠금 효과가 더욱 커집니다.

하지만 국내에는 아직도 인터넷 익스플로러를 사용하고 있는 사람들이 많습니다. 크롬으로 바꾸기 귀찮아서가 아닙니다. 많은 인터넷 서비스들이 익스플로러에 맞춰서 개발되었기 때문에 다른 브라우저에서 제대로 작동하지 않아 울며 겨자 먹기로 사용하고 있는 것이죠. 그 주범은 바로 액티브 X입니다. 액티브 X는 서비스 제공자의 편의성 향상 측면에서는 유용한 기술일지 모르지만, 사용자 입장에서는 참으로 짜증이 나는 기술입니다. 웹사이트에 접속해서 뭐 좀 하려고 하면 자꾸 뭔가를 설치하라고 하고, 실컷 진행하다 또 설치를 클릭하면 처음으로 다시 되돌아가기를 계속합니다. 대체 어쩌라는 것일까요? 게다가 액티브 X는 PC를 악성코드에 감염시키는 주범이기도 합니다. 2015년도에 정부 차원에서 액티브 X 퇴출 계획을 발표했지만, 여전히 많은 금융 및 공공 서비스가 액티브 X 환경에서 돌아가고 있습니다. 어쩔 수 없이 익스플로러를 써야만 하는 것이죠. 액티브 X가 우리나라 사용자들의 전환 비용을 크게 만들었기 때문에 아직도 많은 사람들이 익스플로러에 잠금되어 있는 것입니다.

SNS 역시 전환 비용이 상당히 큰 서비스입니다. 사용자들이 그동안 올려놓은 사진과 댓글, 사람들과 주고받은 정보가 쌓여 있기 때문에 이를 포기하고 쉽사리 다른 곳으로 이동하기가 쉽지 않습니다. SNS를 사용하면 할수록 전환 비용이 커져 가는 것이죠. 그러나 사진과 글들을 그대로 옮길 수 있다면 얘기가 달라집니다. 앞서 얘기한 바와 같이 싸이월드는 프리챌 커뮤니티에 있던 모든 게시물을 쉽게 옮겨올 수 있게 하여 프리챌 회원들의 갈아타기를 도와주었습니다. **후발 주자라 하더라도 고객들이 지불해야 하는 전환 비용의 구조를 면밀히 파악하고, 이를 줄일 수 있는 구체적 방안을 마련한다면, 기존의 승자를 끌어내리고 새롭게 왕좌를 차지할 수 있습니다.** 기능을 향상시키고 서비스를 확장하기 위해 들이는 노력을 전환 비용을 낮추는 데 쏟는 것이 어떨 때는 더 현명한 전략이 될 수도 있습니다.

… 아날로그 세상에 F=ma라는 절대 법칙이 있다면, 디지털 세상에는 네트

워크 효과가 있습니다. 네트워크 효과를 이해했다면 요즘 비즈니스 세상이 돌아가는 원리를 절반 정도 알았다고 해도 무방합니다. 특히 다음 장에서 다룰 플랫폼 비즈니스에서는 네트워크 효과가 거의 전부입니다. 그런데 그 양상은 조금 더 복잡합니다. 네트워크 효과가 서로 교차되기도 하고 나쁜 쪽으로 작용하기도 합니다. 네트워크 효과의 심화 과정, 플랫폼 비즈니스로 넘어갑시다.

## 03
▼

# 신림동 내기 당구 최후의 승자
### 온라인 세상의 만남의 광장, 플랫폼 비즈니스

PC방과 스크린 골프장이 확산되면서 인기가 주춤했던 당구장이 다시 활기를 찾고 있습니다. 제가 대학생 때 자주 갔던 신림동의 한 당구장에는 동네를 주름잡던 쟁쟁한 선수들이 항상 1번 당구대에서 내기 당구를 치고 있었습니다. 보통은 친구들과 만나기로 약속을 하거나 함께 당구장을 가는 경우가 대부분이지만, 이 선수들은 그냥 당구장을 방문합니다. 눈이 오나 비가 오나 항상 그곳에는 내기 당구를 함께 칠 수 있는 누군가가 있다는 것을 알고 있으니까요. 내기 당구에서 돈을 잃는 선수와 돈을 따는 선수는 그날그날 컨디션과 운에 따라 다르지만, 적어도 한 명은 하루도 거르지 않고 매일 돈을 땄습니다. 바로 당구장 사장님이죠. 사장님은 내기 당구에 참여하고자 하는 사람들에게 당구장이라는 개방된 플랫폼을 제공한 것이고, 그 대가로서 게임비를 받은 것입니다.

당구장하면 빠질 수 없는 것이 짜장면이죠. 선수들이 짜장면을 주문하면 사장님이 중국집에 전화를 걸어 주문을 합니다. 한 군데에서만 시키지 않습니다. 당구대 옆에 걸려 있는 열 개가 넘는 중국집 메뉴판을 보고 손님이 골라서 시킬 수 있습니다. 그러다 보니 중국집 간에 치열한 경쟁이 벌어져 짜장면 두 개만 시켜도 군만두 서비스가 나오곤 했었죠. 아마 월말이면 짜장면 한 그릇당 500원 정도의 수수료를 정산해서 받았던 것으로 기억합니다. 당구장 사장님은 당구장 손님과 외부 음식점을 연결하는 또 다른 종류의 플랫폼 사업자의 역할을 수행한 것입니다.

이처럼 **서로 다른 그룹의 참여자들이 상호작용할 수 있는 공간인 플랫폼을 조성하여 수익을 거두는 비즈니스 모델을 플랫폼 비즈니스라고 부릅니다.** 당구장뿐만이 아닙니다. 플랫폼 비즈니스는 오프라인 세상에서 이미 오래전부터 성행해 왔습니다. 쇼핑몰은 상점과 고객을 만나게 해 줍니다. 신문은 독자와 광고주를 연결합니다. 신용카드는 가맹점과 회원 간의 거래를 도와줍니다.

플랫폼의 주 무대가 오프라인에서 온라인으로 이동하면서 연결의 잠재력이 폭발하게 됩니다. 쇼핑몰의 상점들은 11번가, G마켓과 같은 오픈 마켓 플랫폼에 입점하여 온라인으로 고객에게 상품을 판매합니다. 신문을 대신해서 구글, 네이버와 같은 검색 플랫폼이 검색어를 매개로 광고주와 사용자를 연결합니다. 신용카드 없이도 카카오페이, 네이버페이와 같은 모바일 간편결제 플랫폼이 가맹점과 회원의 거래를 성사시킵니다. 과거에는 물리적·사회적 거리로 인해 만날 수 없었던 참여자들이 개방된 온라인 공간에 한데 모여 새로운 가치를 만들어내고 있습니다. 바야흐로 플랫폼 세상입니다.

## 세상의 모든 플랫폼은
## 두 갈래로 나뉜다

플랫폼이라는 단어는 만능입니다. 아무 데나 가져다 붙여도 말이 됩니다. 온라인 플랫폼, 모바일 플랫폼, 고객 플랫폼, 개발 플랫폼, 광고 플랫폼, 소셜 플랫폼, 미디어 플랫폼, 콘텐츠 플랫폼, 공유경제 플랫폼 등. 이제 그만하겠습니다. 플랫폼이 붙지 않은 곳을 찾기가 더 어려울 지경이니까요. 플랫폼이 여러 가지 뜻을 지니고 있기 때문이기도 하지만, 왠지 폼 나는 단어이다 보니 유행에 휩쓸려 뜻도 제대로 모른 채 여기저기 가져다 붙이는 경우가 많습니다. 플랫폼 비즈니스에 대해 이야기하기 위해서는 먼저 플랫폼의 정확한 의미부터 짚고 넘어가는 것이 좋겠습니다.

플랫폼(platform)하면 떠오르는 것은 기차역 승강장입니다. 승강장의 역할은 무엇인가요? 역을 오가는 수많은 기차들이 같은 승강장에 정차했다 떠나기를 반복하고, 타는 승객과 내리는 승객이 함께 승강장을 이용합니다. 즉, 승강장은 여객 운송 서비스를 제공하기 위해 활용되는 '공통 기반'입니다. 한편, 승강장은 오고가는 기차와 승객들이 만나는 장소입니다. 기차를 타는 승객들과 내리는 승객들이 서로 마주치는 곳이기도 하죠. 만남과 헤어짐을 노래하는 가사에 기차역 플랫폼이 자주 등장하는 이유는 승강장이 '만남의 장소'이기 때문입니다.

이처럼 플랫폼은 여러 가지 의미를 내포하고 있기 때문에, 다양한 분야에서 저마다 다른 뜻으로 쓰이고 있습니다. 제조업과 IT 산업에서의 플랫폼이 서로 다르고, 공학과 경제학에서 말하는 플랫폼은 또 다릅니다. 플랫폼의 종류는 셀 수 없이 많기 때문에 이들을 하나하나 구분하는 것은 쉽지 않습니다. 하지만 기차역 승강장의 역할로부터 유추하여 플랫폼이라고 부르는 것들을 크게 두 가지 유형으로 구분할 수는 있을 것 같습니다.

첫 번째는 **공통 기반으로서의 플랫폼입니다.** 일찍이 제조업에서는 제품 플랫폼(product platform)을 도입하여 신제품을 설계하고 생산해 왔습니다. 자동차 제조업체가 신차를 설계할 때 모든 것을 처음부터 새로 만들지는 않습니다. 파워트레인, 서스펜션, 스티어링 등 자동차가 구동하기 위한 필수 요소들로 구성된 기본 뼈대인 플랫폼을 먼저 만듭니다. 플랫폼을 다양한 모델에 공통적으로 적용하되, 뼈대에 붙이는 살을 바꿔 새로운 자동차를 설계하는 것이죠. 쏘나타 DN, 제네시스 G80, K5 모두 현대·기아자동차의 3세대 플랫폼에서 파생된 자동차들입니다. 다양한 모델에 동일한 플랫폼을 공통으로 적용함으로써 개발 비용은 물론 양산 비용을 절감할 수 있죠.

서비스업에는 서비스 플랫폼(service platform)이 있습니다. 카카오톡이 대표적입니다. 'for kakao'가 붙은 모바일 게임들은 카카오톡 환경에서 돌아가는 게임입니다. 안드로이드와 iOS 같은 스마트폰 운영체제 플랫폼 위에 카카오톡 플랫폼이 존재하기 때문에 '플랫폼 위의 플랫폼'이라고도 합니다. 하지만 실제로 카카오톡을 통해서 게임하는 것은 아니죠. 카카오톡 아이디로 로그인을 하고, 카카오톡 친구 목록을 활용하는 것뿐입니다. 즉, **서비스 플랫폼에서 중요한 것은 서비스 그 자체가 아니라 서비스를 사용하고 있는 고객입니다.** 좀 어려운 말로 사용자 기반(installed base)이라고 부릅니다. 카카오톡이 보유한 엄청난 규모의 사용자 기반을 공통으로 활용할 수 있기에 많은 게임업체들이 막대한 수수료를 지불하고도 카카오톡 플랫폼에 자사의 게임을 태웁니다. 게임뿐만이 아닙니다. 카카오 쇼핑, 카카오 헤어샵, 카카오 주문하기 등 다양한 서비스가 카카오톡이라는 플랫폼을 토대로 제공됩니다.

IT 분야만큼 플랫폼이라는 단어를 많이 쓰는 곳도 없습니다. PC와 스마트폰은 그 자체로 하드웨어 플랫폼입니다. PC의 윈도우, 스마트폰의 안드로이드와 같은 운영체제, 자바(Java)와 파이썬(Python)과 같은 프로그래밍 언어 등은 소프트웨어 플랫폼입니다. 하드웨어와 소프트웨어를 합쳐서 컴퓨팅 플랫폼이라고 부르기도 하죠. 컴퓨터 사용자와 개발자들이 공통으로 활용하는 기반 환경을 뜻합니다. 요즘은 필요할 때마다 접속해서 사용하는 클라우드 플랫폼으로 컴퓨팅 환경이 바뀌어가고 있습니다. (클라우드는 13장에서 자세히 다룹니다)

두 번째 플랫폼의 유형은 **'만남의 장소로서의 플랫폼입니다.'** 많은 참여자들이 한데 모여 가치를 생성하고 소비하고 교환합니다. 참여자의 역할은 크게 두 가지입니다. 하나는 가치를 만들어내는 생산자이고, 다른 하나는 가치를 사용하는 소비자입니다. 그래서 플랫폼을 양면 시장(two-sided market)이라고 부르기도 하지요. 이때 생산자와 소비자 사이에 어떤 가치가 교환되느냐에 따라 소셜 플랫폼, 게임 플랫폼, 결제 플랫폼 등 다양한 이름이 플랫폼 앞에 붙게 됩니다.

경우에 따라서는 생산자와 소비자의 경계가 명확하지 않을 수도 있습니다. 인스타그램 사용자들은 자신의 사진을 올리는 콘텐츠 생산자이기도 하지만, 다른 이들의 사진을 보고 하트를 눌러주는 콘텐츠 소비자이기도 합니다. 생산자와 소비자가 아닌 다른 유형의 참여자가 존재할 수도 있습니다. 기차 승강장에 우동 가게도 있고 광고판도 부착되어 있듯이, 인스타그램에는 기업들의 공식 계정도 있고, 타임라인 속에 뜬금없이 출현하는 광고의 광고주도 참여합니다. 따라서 요즘은 양면 시장이 아닌 다면 시장(multi-sided market)이라고 부르는 것이 일반적입니다. 즉, 플랫폼은 다양한 유형의 참여자들이 서로 긴밀하게 상호작용하

는 하나의 비즈니스 생태계(business ecosystem)를 형성하게 되는 것이죠.[8]

이번 장에서 다루는 '플랫폼 비즈니스'는 두 번째 유형에 해당합니다. 참여자들이 만날 수 있는 장(場)을 만들어서 돈을 버는 것이죠. 이 경우 플랫폼 '안'에서 가치가 교환됩니다. 반면 첫 번째 유형에서는 플랫폼 '위'에서 가치가 생산됩니다. 플랫폼은 제품을 만들거나 서비스를 제공하기 위한 토대일 뿐입니다. 실제 돈을 벌어다 주는 것은 최종 고객에게 전달되는 제품과 서비스 자체입니다. 두 유형의 비즈니스 모델이 전혀 다른 것이죠. 그럼에도 불구하고 흔히 '플랫폼 기업'이라고 부를 때는 둘 다를 포함합니다. 비즈니스 모델과 상관없이 플랫폼을 소유하고 있기만 하면 플랫폼 기업이라고 부르는 것이죠. 그러나 다시 강조하지만 이번 장의 주제인 '플랫폼 비즈니스' 모델은 두 번째 유형에만 한정됩니다. 즉, **플랫폼 기업이라고 해서 모두 플랫폼 비즈니스를 하는 것은 아니라는 말입니다.**

이제 어느 정도 구분이 되시나요? 하지만 우리를 더 헷갈리게 하는 것은 두 가지 유형의 플랫폼이 서로 맞닿아 있기 때문일 겁니다. 구글의 안드로이드는 스마트폰을 사용하기 위한 공통 기반이기도 하지만, 안드로이드 앱마켓은 앱 개발자와 앱 사용자를 연결해 주는 만남의 장소이기도 합니다. 카카오톡은 다양한 종류의 서비스들을 제공하기 위한 공통 기반이지만, 그 기반 위에서 배달 음식점과 주문 고객을 연결시켜 주는 카카오 주문하기, 미용실과 고객을 연결시켜 주는 카카오 헤어샵과 같은 플랫폼 비즈니스들이 제공되고 있는 것이죠.

## 유튜브는 맞고 넷플릭스는 틀리다?

생산자와 소비자가 만나 가치를 교환하는 공간을 플랫폼이라고 정의했습니다. 그런데 사실

생산자와 소비자가 존재하지 않는 시장이 있나요? 과연 플랫폼 생태계는 무엇이 다른 것일까요? **플랫폼과 대비되는 전통적인 비즈니스 모델을 파이프라인(pipeline)이라고 부릅니다.**[9] 먼 바다 속에서 채취한 원유는 길고 긴 파이프라인을 따라 정유소까지 한 방향으로 흘러갑니다. 전통적 비즈니스 모델도 이와 비슷합니다. 한쪽 끝에 공급자가 있습니다. 생산자는 원재료를 공급자로부터 조달받아 제품을 생산한 후 유통업체에게 넘깁니다. 그러면 다른 쪽 끝에 위치한 소비자가 등장하여 제품을 구매합니다. 강의 상류(upstream)에서 하류(downstream)로 물이 흐르듯이 한 방향으로만 가치가 전달되는 것이죠. 그래서 선형 가치사슬(linear value chain)이라고 부릅니다. 반면 플랫폼 비즈니스에서 가치는 한 방향으로 흐르지 않습니다. 생산자와 소비자가 상호 작용을 하는 과정에서 가치가 생성되어, 양방향으로 주고받게 되는 것이죠.

아마존(Amazon)은 플랫폼 비즈니스의 대명사입니다. 하지만 그 시작은 전형적인 파이프라인이었죠. 아마존은 1995년 인터넷 서점이라는 새로운 비즈니스 모델로 세상에 모습을 드러냅니다. 하지만 오프라인이 아닌 온라인을 통해 책을 판매한다는 것만 달랐을 뿐, 출판사(공급자)로부터 책(제품)을 구매하여 고객에게 판다는 점은 전통적인 서점과 다를 바 없었습니다. 여전히 선형 가치사슬에 의존하고 있었던 것이죠. 이후 음반, DVD, 의류 등 판매 제품의 종류가 늘어나긴 했지만, 여전히 '온라인 소매상'에 머무르던 아마존은 2000년 아마존 마켓플레이스(Amazon Marketplace)를 오픈하면서 플랫폼 사업자로 변신하게 됩니다. 아마존 내에 외부 업체들을 입점시켜 아마존 회원들에게 제품을 판매할 수 있게 한 것이죠. 아마존의 상품만을 판매하는 스토어에서 외부 소매업체와 고객을 연결시켜 주는 만남의 장소, 즉 오픈 마켓 형태로 진

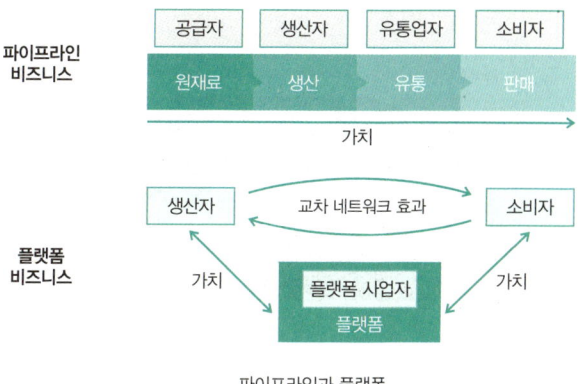

파이프라인과 플랫폼

화가 이루어진 것입니다.

  아마존은 종이책뿐만 아니라 전자책도 팝니다. 단순히 출판사에서 전자책을 공급받아 파는 정도가 아닙니다. 아마존은 전자책 리더기인 킨들(Kindle)을 만들어 팝니다. 하지만 킨들 자체만으로는 큰 의미가 없습니다. 더 중요한 것은 전자책의 저자와 독자를 연결하는 킨들 전자책 플랫폼입니다. 킨들 플랫폼에는 오프라인 서점보다 훨씬 많은 종류의 전자책이 올라와 있고, 전자책을 읽은 사람들의 생생한 리뷰가 존재합니다. 게다가 킨들의 다이렉트 퍼블리싱(direct publishing)을 이용하면 출판사의 도움 없이도 누구나 자신만의 책을 출간할 수 있습니다. 출간 전에 실시간으로 독자의 피드백을 받아 흥행 여부를 예측할 수도 있지요. 과거 파이프라인 모델을 채택한 온라인 서점 시절에는 출판사로부터 책을 구매한 후 고객에게 더 비싼 금액으로 팔아서 수익을 얻었다면, 지금은 출판사와 상관없이 저자들과 독자들을 연결하는 플랫폼을 제공하여 수익을 창출하고 있는 것입니다. 킨들은 그저 전자책 플랫폼을 활성화시키기 위한

킨들 다이렉트 퍼블리싱

하나의 도구일 뿐입니다.

유튜브와 넷플릭스를 모두 동영상 플랫폼이라고 부르지만, 사실 둘의 구조는 완전히 다릅니다. **유튜브는 전형적인 플랫폼 비즈니스입니다.** 크리에이터(생산자)가 콘텐츠를 만들고, 시청자(소비자)가 콘텐츠를 소비합니다. 구독과 좋아요를 누르면서 가치가 생성되고 교환됩니다. 누구에게나 개방되어 있습니다. 채널을 개설하고 스마트폰으로 대충 찍어 올리기만 해도 조회수와 관계없이 일단 생산자라는 명함을 달 수 있습니다. 초등학생 장래희망 1위에 선정될 정도로 유튜버 크리에이터가 고소득을 올릴 수 있는 이유는 물론 광고 덕분입니다. 광고주와 크리에이터, 시청자가 어우러져 가치를 교환하는 생태계를 조성함으로써 유튜브는 막대한 수익을 모회사 구글에게 선사하고 있습니다.

넷플릭스에도 콘텐츠 생산자인 영화사와 콘텐츠 소비자인 시청자가 존재합니다. 하지만 제작사와 시청자 간에는 직접적인 상호작용이 전혀 일어나지 않습니다. 시청자가 좋아요를 누른다고 해도 영화사에게 새로운 가치가 생기지 않습니다. 생산자 역할을 아무나 할 수 있는 것도 아

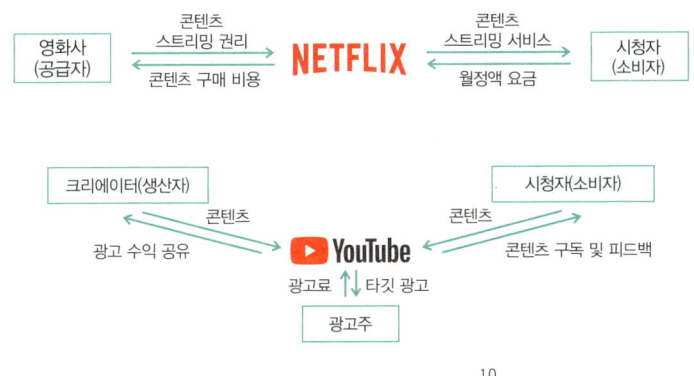

유튜브와 넷플릭스 비즈니스 모델 비교[10]

니지요. 넷플릭스 가입자들이 볼 수 있는 영화는 넷플릭스가 직접 선별하여 계약한 것들뿐입니다. 독립 영화사들이 영화를 올리고 싶어도 넷플릭스의 간택을 받지 않으면 불가능합니다. 넷플릭스는 영화 배급사와의 계약을 통해 콘텐츠를 공급받아 고객들에게 구독료를 받고 제공하는 유통업자일 뿐이죠. 어떻게 보면 비디오 대여점과 비슷합니다. 오프라인에서 한 편당 대여 요금을 받는 것이 아니라 온라인에서 월정액 요금으로 무제한 시청이 가능하다는 점만 다를 뿐이죠. 게다가 넷플릭스는 오리지널 콘텐츠를 직접 제작하여 곧바로 시청자들에게 제공하는 생산자이기도 합니다. 선형 가치사슬상에서 그 역할을 확장해 나가고 있는 것일 뿐, **넷플릭스의 비즈니스 모델은 파이프라인 비즈니스 그 이상도 이하도 아닙니다.**

파이프라인에서 플랫폼으로 비즈니스 모델이 진화하게 되면, 관리해야 할 대상도 달라지고 관리의 목적도 달라집니다. 파이프라인 비즈니스에서는 기업이 보유한 자원과 역량이 중요했다면, 플랫폼 비즈니스에서는 참여자들의 네트워크 자체가 핵심 자산입니다. 내부 생산자원을 최적화하는 것보다는 외부 상호작용을 극대화하는 것이 중요합니다. 파이프라인에서는 최종 고객에게 전달되는 가치만을 최우선으로 했다면, 플랫폼에서는 생산자, 소비자, 플랫폼 사업자로 구성되는 비즈니스 생태계의 가치를 모두 고려해야 합니다.[11]

예를 들어 봅시다. 에어비앤비(Airbnb)는 집을 빌려주는 호스트(생산자)와 빌려 쓰는 게스트(소비자)를 만나게 해주는 전형적인 플랫폼 비즈니스 모델을 채택하고 있습니다. 반면 힐튼(Hilton)과 하얏트(Hyatt)와 같은 기존의 호텔 체인들은 파이프라인 비즈니스 기업이죠. 호텔 체인에게는 어느 지역의 땅을 구매해서 얼마만큼의 비용을 들여 어떤 식으로 호텔 건물을 지을 것인지가 매우 중요합니다. 또한 직원들을 얼마나 뽑아서 어떤 대우를 해 주고, 어떻게 배치할 것인가가 중요합니다.

하지만 에어비앤비는 부동산 관리도 필요 없고 직원 관리도 안 합니다. 집을 빌려주고 돈을 벌고 싶은 호스트를 최대한 발굴하고, 저렴한 비용으로 하룻밤 묵고 싶은 게스트들을 가능한 한 많이 유치해서, 이들 간의 거래가 활발히 일어날 수 있도록 돕는 것이 중요합니다. 변화하는 수요에 따라 계약이 성사될 수 있는 적절한 가격을 제안해 주고, 눈속임을 하는 부정 참여자들을 솎아내 주는 것이 플랫폼 사업자인 에어비앤비의 역할입니다.

호텔 체인은 숙박 고객 만족도를 최우선으로 하지만, 에어비앤비는 숙박을 하는 게스트의 만족도뿐만 아니라 주인장인 호스트의 만족도도 고려해야 합니다. 호텔 체인은 게스트의 만족도만을 조사하지만, 에어비앤비에서는 호스트에 대한 평가뿐만 아니라 호스트가 게스트를 평가하기도 합니다. 매너 좋은 게스트를 안심하고 받을 수 있어야 호스트가 플랫폼에 계속 참여하고 싶어 할 테니까요.

## 교차 네트워크 효과가 전부다

기업 가치가 10억 달러가 넘는 스타트업을 유니콘 기업이라고 부릅니다. 이마에 뿔이 하나 달린 유니콘은 상상 속의 동물이죠. 생긴 지 얼마 되지도 않은 회사가 1조 원 이상의 가치로 평가받는 것은 상상 속에서나 가능했기에 그렇게 부릅니다. 유니콘 기업의 상당수는 플랫폼 비즈니스 기업입니다. 유니콘의 원조인 우버와 에어비앤비는 플랫폼 비즈니스의 원조이기도 합니다. 하지만 차량호출 플랫폼인 우버는 한 대의 택시도 소유하고 있지 않습니다. 숙박공유 플랫폼인 에어비앤비 역시 직접 소유한 호텔 하나 없이 유니콘이 되었습니다.

국내 유니콘도 마찬가지입니다. 토스, 배달의민족, 야놀자는 각각 금융, 배달, 숙박 분야의 플랫폼 비즈니스 기업입니다. 토스는 직접 발급한 은행 계좌 하나 없이 성장했습니다. 배달의민족은 직접 운영하는 배달 식당이 하나도 없습니다. 야놀자는 직접 소유한 모텔이 하나도 없지요. 이처럼 플랫폼 비즈니스 기업들이 단 하나의 자산도 없음에도 불구하고 방대한 자산을 보유한 기존의 파이프라인 기업들을 물리치고 급격히 성장할 수 있었던 비결은 무엇일까요? 정답은 또다시 네트워크 효과입니다.

클럽이 밀집한 홍대입구 부근을 지나가다 보면, "10시 이전 여성 입장료 무료, 칵테일 한 잔 서비스"라고 적힌 전단지를 볼 수 있습니다. 입장료와 술값으로 돈을 버는 클럽이 어째서 주류를 공짜로 제공할까요? 그것도 왜 여성에게만 공짜로 제공할까요? 혹시 성차별은 아닌가요? 여성들을 무료로 입장시키는 정책은 오래전부터 효과가 입증된 아주 훌륭한 플랫폼 비즈니스 전략입니다. 클럽에 여성 손님이 어느 정도 있어야 남성 손님이 찾아옵니다. 남성 손님이 많아지니, 더 많은 여성 손님들이 방문합니다. 여성 손님들이 많다는 소문을 듣고 새로운 남성 손님들이 물밀 듯이 쏟아집니다.

플랫폼 비즈니스는 전부 이런 식입니다. 유튜브에 재미있는 콘텐츠가 많아질수록 시청자가 많아집니다. 시청자가 늘어남에 따라 기대 광고 수익이 커지자, 더 많은 사람들이 크리에이터로 참여하여 콘텐츠를 공급합니다. 에어비앤비에서는 호스트가 게스트를 끌어들이고, 게스트는 호스트를 끌어들입니다. 우버 기사는 승객을 끌어들이고, 승객은 기사를 끌어들입니다. 오픈 마켓에서는 판매자가 구매자를 끌어들이고, 구매자가 판매자를 끌어들입니다.

이처럼 **플랫폼 비즈니스에서의 네트워크 효과는 반대편 그룹의 네트워크 크기에 영향을 받습니다.** 이를 교차(cross-side) 네트워크 효과라고 부릅니다.[12] 한 그룹의 참여자가 늘어나면 다른 그룹이 얻을 수 있는 가치가 증가하여 더욱 많은 참여자를 끌어들입니다. 더 많은 참여자가 플랫폼에 진입하면, **반대편 그룹이 느끼는 가치 또한 더욱 증가하는 것이죠.** 선순환 단계에 이르면 게임 끝입니다. 양쪽 그룹이 서로 경쟁하듯 참여자를 끌어들이게 되면서 플랫폼의 가치는 걷잡을 수 없을 만큼 커져 버립니다. 아무리 자금력과 인력이 풍부한 대기업이 뒤늦게 뛰어든다고 해도, 이미 탄탄하게 형성된 네트워크 효과를 이겨낼 재간이 없습니다. 플랫폼 기업의 핵심 자산은 제품도 서비스도 아닌, 참여자들의 네트워크 그 자체입니다.

교차 네트워크 효과가 항상 긍정적인 방향으로만 작용하는 것은 아닙니다. 부정적 영향을 끼치는 네트워크 효과가 발생할 수도 있습니다. 카카오택시의 예를 들어 봅시다. 카카오택시를 이용하는 승객들이 하나둘 늘어나는 것을 보고 택시 기사들도 재빨리 가입하기 시작합니다. 가

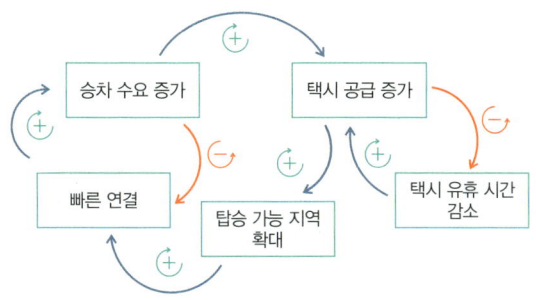

카카오택시의 선순환(+) 고리와 악순환(−) 고리

입된 택시가 많아지니 승객들은 더 넓은 지역에서 더 신속하게 택시를 잡을 수 있게 됩니다. 밤 12시 강남역 부근에서 택시를 못 잡아 발을 동동 구르던 사람들도 카카오택시를 이용하면 금방 택시를 잡을 수 있다는 소문을 듣고 너도나도 가입하기 시작합니다. 어느 순간 직접 택시를 잡는 승객보다 카카오택시로 호출하는 승객이 더 많아집니다. 주저하던 기사들도 어쩔 수 없이 가입하게 됩니다. 여기까지는 좋습니다.

그런데 카카오택시에 가입한 택시 숫자가 일정 수준을 넘어서자, 승객 유치 경쟁이 일어납니다. 원하는 지역으로 이동하는 콜을 받기가 쉽지 않습니다. 점점 콜 잡기가 어려워지자 택시 기사들은 티맵 택시로 이탈하거나 현장 승객을 태우는 데 주력하게 됩니다. 상대적으로 택시보다 승객이 더 많아지자, 이제는 승객들 간의 경쟁이 치열해집니다. 택시가 배정될 때까지 걸리는 시간이 길어지거나, 아예 잡히지 않는 경우도 빈번하게 발생합니다. 이런 상황을 몇 번 경험하다 보면 결국 타다나 티맵 택시와 같은 다른 차량호출 서비스를 이용하게 되겠죠. 부정적 네트워크 효과는 긍정적 네트워크 효과보다 더 무서운 속도로 확산됩니다. 따라서 플랫폼 사업자는 긍정적 네트워크 효과가 잘 작동할 수 있도록 초기에 많은 사용자를 끌어들이는 것도 중요하지만, 일정 수준의 네트워크가 갖춰지면 부정적 네트워크 효과가 발생할 낌새는 없는지 항상 주시해야 합니다.

**플랫폼 비즈니스의 유일무이한 성공 비법은 교차 네트워크 효과를 내 것으로 만드는 것입니다.** 누구나 알고 있는 정답이지만, 정답을 만들어가는 것은 쉽지 않습니다. 앞에서도 말했듯이 네트워크 효과가 존재하는 시장에서는 티핑 포인트만 넘게 되면 가만히 두어도 참여자들이 서로를 끌어들이기 때문에, 그때부터는 즐기기만 하면 됩니다. 따라서 단면 네트워크 효과만이 존재하는 시장에서는 처음에 손해를 감수하더라도 무료로 서비스를 제공하여 고객을 끌어들이는 원초적인 전략이 가능합니다. Freemium 모델이 효과적인 전략이 될 수 있는 것이죠.

그러나 교차 네트워크 효과가 핵심인 플랫폼 비즈니스는 그렇게 간단하지 않습니다. 공짜라고 해서 호기심에 플랫폼에 가입했다고 하더라도, 반대쪽 그룹 참여자가 충분히 확보되지 않았다면 얻을 것이 별로 없습니다. 금방 이탈하고 말겠지요. 양쪽 그룹의 사용자가 어느 정도 확보되어야만 교차 네트워크 효과에 의해 다른 쪽 그룹의 사용자를 끌어 모을 수 있습니다.

한쪽 그룹만이라도 이미 많은 참여자를 확보한 플랫폼 기업들은 새로운 플랫폼 비즈니스를 시작하기 수월합니다. 기존의 사용자 기반을 그대로 활용할 수 있으니까요. 카카오택시가 매우 짧은 시간 만에 많은 택시 기사를 유치할 수 있었던 것은 카카오톡이라는 거대한 사용자 기반이 있었기 때문입니다. 아마존이 마켓플레이스로 쉽게 전환할 수 있었던 것은 외부 상점들이 침을 흘릴 수밖에 없을 만큼 거대한 규모의 고객 풀을 이미 보유하고 있었기 때문입니다.

문제는 플랫폼 비즈니스를 처음 시작하는 스타트업입니다. 아무 고객도 없이 밑바닥부터 처음 시작하는 스타트업은 어떻게 시작해야 할까요? 어느 쪽 그룹을 먼저 끌어들여야 할까요? 한쪽 그룹이 충분히 확보되지 않은 상태에서 다른 쪽 그룹을 끌어들일 수 있을까요? 전형적인 닭이 먼저냐 달걀이 먼저냐의 문제(chicken and egg problem)입니다.

## 닭과 달걀의 딜레마를 해결하는 방법

닭 농장을 키워가는 방법은 둘 중 하나입니다. 처음부터 닭을 왕창 사서 한꺼번에 달걀을 많이 낳게 하거나, 닭과 달걀을 조금씩 확보해서 달걀이 닭이 되고, 닭이 달걀을 낳으면서 점차 농장 규모를 키워갑니다. **플랫폼의 딜레마를 풀기 위한 전략도 크게 두 가지입니다. 첫 번째는 어떻게 해서든 충분한 수의 한쪽 그룹을 먼저 플랫폼에 태운 후에 다른 쪽 그룹을 유치하는 것입니다. 두 번째는 양쪽 그룹을 동시에 조금씩 키워나가는 방법이죠.**

한쪽 그룹의 참여자를 먼저 유치하기 위해서는 당장 다른 쪽 그룹의 참여자가 없어도 누릴 수 있는 무언가의 혜택을 제공해야 합니다. 전통적인 플랫폼 비즈니스인 신문사를 생각해봅시다. 신문사는 독자들이 매달 내는 구독료만으로는 운영이 불가능합니다. 주 수입원은 광고를 실어주는 대가로 받는 광고료이죠. 하지만 독자들이 별로 없는 신문은 광고주에게 전혀 매력적이지 않습니다. 아무도 안 보는 신문에 돈을 들여 광고를 낼 광고주는 없으니까요. 그러나 독자들은 광고주가 없어도 상관없습니다. 사실 없는 것이 더 낫죠. 독자들이 필요로 하는 최신 뉴스와 유익한 콘텐츠만 제공되면 됩니다. 따라서 신문사는 양질의 콘텐츠를 생산하면서 무료 또는 매우 저렴한 가격으로 구독자를 최대한 많이 모집하는데 주력합니다. 구독자가 늘면 광고주는 자연스레 따라 붙습니다. 신문사가 광고 수입을 투자하여 양질의 정보를 제공하게 되면 더 많은 구독자를 끌어들이게 됩니다.

참여자를 끌어들이는 가장 강력한 인센티브는 뭐니 뭐니 해도 돈입니다. 간편결제 플랫폼인 페이팔(Paypal)은 신규 가입 고객에게 페이팔에서만 쓸 수 있는 현금 10달러씩을 지급하는 파격적인 이벤트를 실시했습니다. 페이팔 계정에 쌓인 10달러로 무엇을 살 수 있을지 잘은 모르지만 대부분 공짜로 주니 일단 가입을 합니다. 그러고는 돈을 쓰기 위해 페이팔 결제가 가능한 판매자를 찾습니다. 페이팔 결제를 요청하는 사람들이 많아지자, 판매자들은 너도나도 페이팔에 가입합니다.

구글은 안드로이드를 출시하면서 유용한 스마트폰 앱이 충분히 제공되어야 애플을 누를 수 있음을 알고 있었습니다. 그래서 10개의 카테고리별로 우수 앱 개발자들에게 총 500만 달러의 상금을 수여하는 대회를 개최하였죠. 막대한 상금 덕분에 초기부터 훌륭한 앱들이 안드로이드 마켓에 쏟아져 나왔습니다.

인센티브가 꼭 현금일 필요는 없습니다. 미국의 오픈테이블(OpenTable)은 식당 예약 플랫폼의 최강자입니다. 예약 가능한 식당이 많아야 고객을 끌어들일 수 있고, 예약 고객이 많아야 식당을 끌어들일 수 있습니다. 오픈테이블은 식당을 먼저 끌어들이기로 하고, 자체적으로 개발한 예약관리 프로그램을 식당에게 무료로 배포하기 시작합니다. 무료 예약관리 시스템이 꽤나 쓸모 있다는 소문을 들은 식당들이 하나둘씩 가입하기 시작합니다. 예약관리 프로그램을 사용하는 식당 수가 일정 수준에 도달하자, 오픈테이블은 이를 플랫폼 형태로 고객들에게 개방합니다. 고객들이 접속하여 온라인 플랫폼상에서 직접 식당을

테이블별 예약 관리가 가능한 오픈테이블의 예약관리 프로그램

예약할 수 있게 한 것이죠. 원하는 시간의 예약 가능 여부를 한눈에 확인할 수 있을뿐더러, 원하는 좌석까지 선택이 가능합니다. 오픈테이블을 이용하여 예약을 원하는 고객들이 많아지자, 가입하지 않았던 식당들도 어쩔 수 없이 가입하게 됩니다. 예약 가능한 식당이 많아지자 사용자 수는 더 증가합니다.

두 번째 방법인 양쪽 그룹의 참여자를 동시에 조금씩 유치하는 전략도 전통적인 플랫폼 비즈니스에서 찾아볼 수 있습니다. 세계 최초의 신용카드는 1950년 미국의 다이너스클럽(Diners Club)에 의해 탄생했습니다. 다이너스(diners), 즉 식사하는 사람의 클럽이라는 뜻이죠. 다이너스클럽의 창업자인 프랭크 맥나마라(Frank McNamara)는 뉴욕 맨해튼의 한 레스토랑에서 식사를 한 후, 밥값을 내려고 보니 지갑을 가져오지 않았다는 사실을 알게 됩니다. 다행히 아내에게 연락해 지갑을 전달 받아 곤혹스러운 상황을 면하기는 했지만, 또 이런 일이 없으리라는 법은 없습니다. 플라스틱 카드만 제시하면 돈 없이도 식사를 하고 지불은 월말에 한꺼번에 할 수 있으면 좋지 않을까? 문득 떠오른 아이디어를 실행해 옮기기 위해 맥나마라는 맨해튼의 14개 레스토랑을 일일이 찾아다

니며 설득에 성공합니다. 그러고는 친척
과 지인을 또다시 설득하여 5달러의 연
회비로 다이너스클럽 회원에 가입하도
록 권유했습니다. 200명의 회원, 14개
의 가맹점으로 시작한 신용카드 비즈니

1950년대 다이너스클럽 신용카드

스는 1년 만에 4만 2,000명의 회원, 300곳 이상의 가맹점을 확보하면
서 큰 성공을 거두게 됩니다.[13]

 소규모 시장(micromarket)부터 시작해서 점차 확대해 나가는 전략입니
다. 티핑 포인트까지 확보해야 하는 고객의 수가 적기 때문에 '지인 찬스'
와 같은 원초적이고 인위적인 방법이 통할 수 있습니다. 또한 시장 규모
가 작기 때문에 사용자들의 충성도가 높아져 훨씬 더 끈끈한 연결고리
를 만들 수 있습니다. 하버드 대학 커뮤니티로 시작한 페이스북은 소규
모 시장에서 성공하여 그 범위를 확장한 또 다른 대표적인 사례입니다.

 맥나마라처럼 발품을 팔며 일일이 설득을 하는 것은 어떻게 보면 무
식하지만 사실은 가장 효과적인 전략이 될 수 있습니다. 국내 부동산 스
타트업 직방(zigbang)은 전·월세를 찾는 임차인과 부동산 중개업소를
연결해주는 플랫폼입니다. 당연히 사업 초기에는 인지도도 없고 사용자
도 거의 없었습니다. 부동산 중개업소가 굳이 직방에 매물을 올릴 이유
가 전혀 없었죠. 부동산 시장의 고질적인 문제는 허위 매물이 많다는 점
입니다. 매물이 있다고 해 놓고는 직접 가보면 금방 계약되었다거나, 역
세권이라면서 지하철역까지 30분이 걸리는 경우도 허다합니다. 직방은
전 직원이 직접 원룸 주인을 찾아가 설득하여 실제 매물 사진을 찍고,
허위 정보는 없는지를 확인해서 플랫폼에 올렸습니다. 그러면서도 실제
계약은 중개업소에 맡겼기 때문에, 부동산 사장님들이 마다할 이유가

없었죠. 매물정보가 정확하다는 입소문이 나자 사용자들이 하나둘씩 늘어납니다. 직방을 통해 전셋집을 구하는 사람들이 많아지자, 이제는 부동산 사장님들이 먼저 나서서 직방에 매물을 올리게 됩니다.

한쪽 그룹의 참여자가 직접 다른 그룹의 참여자를 끌어들이게 하는 방법도 있습니다. 킥스타터(Kick Starter)는 세계 최대의 크라우드펀딩 플랫폼입니다. (크라우드펀딩에 대한 상세한 이야기는 5장에서 이어집니다.) 영화, 음악, 만화, 게임 등 문화 콘텐츠뿐만 아니라 첨단기술이 적용된 신제품 개발 프로젝트가 킥스타터에 소개됩니다. 펀딩 기간과 목표 금액이 함께 제시되지요. 관심 있는 사람들은 후원자가 되어 각 상품에 미리 투자를 할 수 있고, 펀딩이 성공하게 되면 다른 사람들보다 빨리, 저렴한 가격으로 해당 상품을 받을 수 있습니다. 그러나 목표 금액을 달성하지 못 하면 꽝입니다. 따라서 **펀딩을 원하는 개인이나 기업들은 목표액을 채우기 위해 지인들 또는 기존 고객들을 직접 설득하여 킥스타터에 가입하도록 유도할 수밖에 없습니다.** 가만히 앉아 있어도 생산자가 알아서 소비자를 끌어오게 되는 것이죠.

## '배민'으로 치킨을 시키면 닭다리가 빠진다?

교차 네트워크 효과를 통해 양쪽 그룹 모두 충분한 참여자를 확보했다고 하더라도, 이것이 곧바로 수익으로 직결되는 것은 아닙니다. 네트워크로부터 돈을 어떻게 버는가는 또 다른 이야기입니다. 플랫폼 기업들이 수익을 내는 주요 원천은 물론 광고입니다. 광고는 많은 사람들이 모이는 곳이면 언제든지 자연스럽게 따라오는 것이니까요. 구글과 유튜브, 페이스북과 인스타그램 모두 대부분의 수익을 광고로부터 얻고 있습니다.

그러나 온라인 플랫폼 비즈니스 기업들의 광고는 신문이나 TV 광고처럼 불특정 다수를 대상으로 하는 광고와는 차원이 다릅니다. 플랫폼을 소유한 기업은 고객이 어떤 키워드로 검색을 했는지, 어떤 상품을 몇 번 클릭했는지, 오래 머무른 웹페이지는 무엇인지를 모두 알고 있지요. 사용자마다 맞춤형 광고를 선별하여 적중 확률을 높입니다. 구글에서 공기청정기를 검색하다 유튜브에 들어갔더니, 공기청정기 광고가 나옵니다. 일주일 전에 쇼핑몰에서 살까 말까 고민하다 말았던 신발이 인스타그램의 타임라인에 계속 출현합니다. 이른바 개인화 마케팅입니다. (개인화 마케팅에 대한 자세한 이야기는 11장에서 이어집니다.)

광고를 제외한 플랫폼 비즈니스의 주 수입원은 참여자들에게 받는 사용료입니다. 참여자들끼리 만날 수 있는 판을 깔아주고 관리도 해 주었으니, 그 대가를 받는 것이죠. 당구장 사장님처럼 말입니다. 대가는 크게 두 가지 형태입니다. **거래가 이루어질 때 마다 건당 수수료를 받을 수도 있고, 사용량과 관계없이 일정한 금액의 정기 이용료를 부과할 수도 있습니다.**

"우리가 어떤 민족입니까"로 유명한 배달의민족은 배달음식점으로부터 두 가지 종류의 사용료를 모두 받았습니다. 하나는 월정액 광고료입니다. 홍보 목적이니 광고료라고 표현하지만, 플랫폼에 참여하기 위한 비용이므로 정기 이용료라고 보는 것이 더 적합합니다. 다른 하나는 주문량과 주문금액에 따라 지급받는 바로결제 수수료입니다. 현장에서 결제하는 경우는 별도의 수수료가 없지만, 배달의민족 앱에서 결제까지 할 경우에는 9% 미만의 수수료를 부과하였죠.

배달 음식점 업주 입장에서는 광고료는 어쩔 수 없다 치더라도 바로결제는 전혀 반갑지 않습니다. 똑같은 치킨 한 마리를 팔아도 남는 돈이

적으니까요. 그러다 보니 현장 결제를 하면 음료수를 서비스로 준다고 유혹하기도 하고, 바로결제를 하면 치킨 닭다리가 하나 빠진다는 루머 아닌 루머도 나돌았습니다. 무엇보다 영세 자영업자로부터 과도한 수수료를 착취한다는 비난이 거세지자, 배달의 민족은 과감한 결단을 내립니다. 바로결제 수수료를 없앤 것이죠.

물론 그 배경에는 요기요, 카카오 배달 등 다른 음식배달 플랫폼과의 경쟁이 심화된 것도 있지만, 당장 매출액의 30% 정도를 차지하고 있던 바로결제 수수료를 포기하

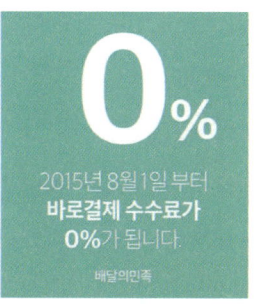

배달의민족 바로결제 수수료 폐지

는 것은 쉽지 않았습니다. 그러나 결과는 의외였습니다. 2015년 8월 바로결제 수수료가 폐지되자 더 많은 음식점이 가입했고, 그 덕분에 폐지 6개월 만에 주문 수가 85% 증가했으며, 폐지 다음 해에는 처음으로 흑자 전환에 성공한 것입니다.

이처럼 플랫폼 사용료를 어떤 방식으로 무엇에 대해 받을 것인가는 플랫폼 비즈니스 성패를 결정하는 매우 중요한 의사결정입니다. 각 거래 건에 대해 일정 비율 또는 일정 금액의 수수료를 부과하는 방식은 종량제(pay-per-use) 모델입니다. 별도로 가입비를 받지 않고, 실제로 거래가 이루어져야만 수수료가 발생하기 때문에 참여자들을 일단 플랫폼으로 끌어들이기는 쉽습니다. 그러나 **수수료를 회피하기 위해 참여자들이 플랫폼 밖에서 교환을 시도할 수 있다는 위험이 항상 도사리고 있지요.**

우버는 기사들에게만 20%의 수수료를 부과합니다. 11번가, G마켓 같은 오픈마켓의 경우 판매자에게만 10%가량의 수수료를 받습니다. 이처럼 한 쪽 그룹의 참여자에게만 수수료를 받으면 괜찮습니다. 하지만

에어비앤비는 호스트로부터 3%, 게스트로부터 최대 20%의 수수료를 받습니다. 양쪽 다 수수료를 내다보니 유혹이 생깁니다. 만족스럽게 숙박한 숙소에 또 방문할 기회가 생긴다면 어떨까요? 미리 호스트에게 전화번호를 받아 놓았다가 직접 예약하고 싶은 생각이 들지 않을까요? 게스트는 좀 더 저렴한 가격에 묵을 수 있고, 호스트 역시 수수료를 내지 않으니 더 많은 요금을 챙길 수 있으니까요. 따라서 플랫폼 사업자는 사용자들이 반드시 플랫폼을 통해서 거래할 수밖에 없는 구조를 확립해 나가야 합니다. 강제하기 어렵다면 인센티브 정책을 마련해야 하고, 외도를 시도한다면 페널티(penalty)도 치밀하게 설계해야 하는 것이죠.

매월 일정한 금액의 사용료를 지불하는 것은 구독(subscription) 모델입니다. (구독 비즈니스 모델은 5장에서 자세히 다룹니다.) **정보 접근성에 차별을 두는 경우 구독 모델이 주로 활용됩니다.** 링크드인은 기업 고객들에게 구직자 정보를 검색하고 채용 후보를 추천해주는 프리미엄 서비스를 제공하고 월정액 요금을 받습니다. 개인 고객들 또한 구독료를 내면 구직 정보를 열람하거나 회사별 연봉 정보를 검색할 수 있는 권한이 주어집니다. 데이팅 앱에 가입한 무료회원들은 이성의 사진과 거주 지역 등 기본 정보만을 볼 수 있습니다. 나이, 직업, 취향 등 보다 상세한 프로필을 확인하고, 원하는 이성을 추천받기 위해서는 월정액 유료회원에 가입해야 합니다. 이처럼 횟수와는 상관없이 정보 접근성을 대가로 구독료를 부과하는 플랫폼 비즈니스의 경우, Freemium 모델을 채택하고 있는 경우가 많습니다.

··· 플랫폼 비즈니스에 대한 이야기는 아직 끝나지 않았습니다. 생산자와 소비자의 실제 상호작용은 온라인 플랫폼에서만 이루어지는 것은 아닙니다. 만남의 주

선은 온라인에서 이루어지더라도, 실제 가치의 교환은 오프라인에서 이루어지는 경우가 많습니다. 우버 택시는 오프라인에서 운행이 이루어지고 에어비앤비를 통한 숙박도 오프라인에서 이루어집니다. 온라인 플랫폼이 오프라인의 공급자와 소비자를 연결시켜 주는 역할을 하는 것이죠. 바로 다음 장에서 다룰 O2O 서비스입니다. O2O는 태생적으로 플랫폼 비즈니스 형태를 띨 수밖에 없습니다.

# 04

# 교보문고에 가서
# 매번 할인을 받는 방법

**온라인과 오프라인이 뒤섞이다, O2O 서비스 (feat. 핀테크)**

인터넷으로 처음 책을 구매했던 때의 기억이 아직 생생합니다. 수업 교재를 사야 하는데 온라인으로 사면 더 저렴하다는 소문을 듣고 인터넷 서점에 회원으로 가입했습니다. 처음 해 보는 신용카드 온라인 결제도 무사히 마쳤습니다. 하지만 이내 불안에 휩싸였습니다. 진짜 책이 오기는 하는 걸까? 당장 다음 주에 필요한데 그전에 안 오면 어쩌지? 택배 기사님이 내 책을 가져가는 것은 아닐까? 지금 생각해보면 말도 안 되는 걱정이지만, 전자상거래가 막 시작되었던 그때는 그랬습니다.

 인터넷으로 주문한 책이 진짜 온다는 걸 알게 된 후부터 꼭 사야 하는 책은 대부분 인터넷 서점을 통해 구입하게 됩니다. 하루이틀 기다려야 하지만 오프라인 서점에서 사는 것 보다는 저렴하니까요. 하지만 종이 냄새 가득한 서점에 직접 가서 이것저것 들춰 보고 읽고 싶은 책을 발견하는 것은 온라인 서점에서는 경험할 수 없는 소소한 재미입니다. 약속 시간이 남아 잠시 들른 교보문고에서 《경영을 넷플릭스하다》라는 책을 발견합니다. 서문도 읽어

교보문고 바로드림 서비스

보고, 목차도 훑어보니 꽤 재미있을 것 같습니다. 바로 구매할까 하다가 인터넷 교보문고에 접속해보니 10%가 더 저렴하네요. 그런데 지금 온라인으로 주문하면 내일모레 도착 예정이랍니다. 당장 구매해서 오늘 밤에 읽는 대신 비싸게 살 것인가, 아니면 이틀 기다리는 대신 10% 싸게 살 것인가, 선택의 기로에 놓입니다.

과거에는 흔히 겪는 고민이었지만, 요즘은 알 만한 사람이라면 이런 고민을 하지 않습니다. 교보문고의 '바로드림 서비스'를 이용하면 되니까요. 마음에 드는 책을 발견하면 계산대로 가지 않고 스마트폰을 꺼냅니다. 모바일 교보문고에 접속하여 10% 저렴하게 결제한 후, 바로드림 지점을 현재 위치한 서점으로 지정합니다. 책을 들고 서점 내 바로드림 창구로 가면 바코드만 찍고 책을 가져갈 수 있지요. 오프라인에서 책을 고르고, 온라인으로 구입한 후, 오프라인에서 책을 수령합니다. **온라인과 오프라인이 연결되는 O2O(Online to Offline, 또는 Offline to Online) 서비스입니다.**

인터넷의 출현으로 온라인이라는 새로운 공간이 등장한 지도 상당한 시간이 흘렀습니다. 그때부터 지금까지 온라인과 오프라인을 연결하

고자 하는 시도는 꾸준히 이루어져 왔습니다. 그런데 이제 와서 O2O 라는 새로운 유행어가 인기리에 통용되고 있는 이유는 무엇일까요? e-비즈니스가 처음 등장했던 그 시절로 다시 거슬러 올라가 봅시다.

## '클릭과 회반죽'에서 옴니채널과 온디맨드로 진화하다

요즘은 e-비즈니스라는 말을 거의 사용하지 않습니다. 이제는 인터넷 또는 온라인과 무관하게 이루어지는 비즈니스를 찾기 어렵기 때문에, 굳이 e를 붙여서 구분할 필요가 없어진 것이죠. 그러나 e-비즈니스가 처음 출현했을 당시에는 기존의 오프라인 비즈니스와 온라인 비즈니스가 어떻게 다른지, 온라인 비즈니스의 장점이 무엇인지에 대해 사람들이 많은 관심을 가졌습니다.

오프라인 상점에서 물건이나 서비스를 판매하는 전통적인 비즈니스 모델을 '벽돌과 회반죽(Brick-and-Mortar)' 모델이라고 부릅니다. 말이 조금 어렵죠? 건물을 짓기 위해서는 벽돌을 쌓고 그 사이에 회반죽을 바릅니다. 벽돌로 만든 상점 건물에서 물건을 판다는 의미로 이름을 그렇게 붙인 것입니다. 그냥 오프라인 모델이라고 해도 될 텐데 굳이 왜 이렇게 어려운 비유를 사용했을까요?

전자상거래가 출현하면서 오프라인에서만 물건을 팔던 기업들이 온라인에서도 물건을 팔기 시작합니다. 오프라인 채널과 온라인 채널 모두에서 상품을 판매하는 비즈니스 모델을 '클릭과 회반죽(Click-and-Mortar)'이라고 불렀습니다. 여기서 클릭은 여러분이 떠올린 그 마우스 클릭이 맞습니다. 클릭만으로 주문을 하고 결제를 하는 온라인 비즈니스와 회반죽이 상징하는 오프라인 비즈니스가 통합되었음을 의미합니다. 벽돌의 브릭(Brick)과 마우스의 클릭(Click), 라임이 맞지요? 힙합 뮤지션들만 라임에 집착하는 것은 아닙니다. '클릭'과 라임을 맞추기 위해 굳이 오프라인 비즈니스를 '브릭(벽돌)과 회반죽'이라고 불렀던 것이죠. 한편, 순수한 온라인 비즈니스는 닷컴(dot-com) 모델이라고 칭했습니다. 온라인 비즈니스 기업들의 웹사이트 도메인이 대부분 .com으로 끝나기 때문이지요.

이제 예를 들어 봅시다. 오프라인에서만 책을 파는 동네 서점은 벽돌과 회반죽 모델입니다. 오프라인 매장도 운영하고 인터넷 서점도 운영하는 교보문고는 클릭과 회반죽 모델이겠죠? 반면 온라인 서점인 예스24와 알라딘은 닷컴 모델입니다(예스 24와 알라딘은 중고 매장 형태로 오프라인으로도 진출했기 때문에, 닷컴 모델에서 클릭과 회반죽 모델로 바뀌었다고 볼 수 있습니다).

많은 오프라인 기업들이 온라인 비즈니스에 뛰어들면서 클릭과 회반죽 모델이 급격히 확산되기 시작했습니다. 두 채널을 모두 활용하면 물건을 팔 수 있는 기회가 더 많아질 뿐만 아니라, 유통과 마케팅 측면에서도 장점이 많으니까요. 온라인 서점만 운영하는 예스24는 책을 보관하는 물류 창고가 따로 있어야 하지만, 교보문고는 오프라인 서점이 창고 역할을 합니다. 온라인으로 주문이 들어오면 가까운 매장에서 택배로 책을 보내주면 됩니다. 또한 온라인에서 잘 팔리는 책을 오프라인 매장에서도 잘 보이는 곳에 배치한다면 더 많은 판매량을 기대할 수도 있겠죠.

이처럼 클릭과 회반죽 모델은 온·오프라인을 연결함으로써 기업에게 다양한 시너지 효과를 제공할 수 있지만, 정작 고객 입장에서는 피부로 느낄만한 특별한 차이는 없습니다. 어차피 책을 직접 보고 고르고 싶으면 오프라인 서점에 가야하고, 좀 더 싸게 사고 싶으면 집에서 인터넷 서점에 접속해 구매합니다. 클릭과 회반죽 모델이 뭔지, 닷컴 모델이 뭔지 굳이 알 필요도 없습니다. 인터넷 교보문고에서 사든, 예스24에서 사든 인터넷으로 사는 것은 똑같으니까요. **클릭과 회반죽 모델이 온·오프라인을 통합한 것이라고는 하지만, 이는 순전히 기업 입장일 뿐입니다.** 그때만 해도 PC가 인터넷에 접속할 수 있는 유일한 도구였기 때문에, 고객 관점에서는 온라인과 오프라인이 여전히 다른 세상이었습니다.

그러나 스마트폰과 같은 모바일 기기가 확산되면서 상황이 달라집니다. 아무 데서나 인터넷에 접속하는 것이 가능해지면서 온라인과 오프라인의 진정한 통합이 이루어지기 시작합니다. 고객들도 온·오프라인의 통합을 몸소 느낄 수 있게 된 것이죠. 온·오프라인이 통합됨에 따라 새로운 서비스가 생겨나고 풍부한 혜택이 주어집니다. 바로 O2O 모델입니다. O2O 모델은 클릭과 회반죽 모델보다 훨씬 더 정교하게, 더 유기적으로 온라인과 오프라인을 통합합니다. **클릭과 회반죽 모델이 PC 시대에 유행했던 기업 중심의 온·오프라인 통합이었다면, O2O 모델은 스마트폰 시대에 꽃 피운 고객 중심의 온·오프라인 통합입니다.**[14]

주의해야 할 것은 O2O라는 키워드가 서로 다른 두 가지 개념을 가리키는 용어로 동시에 사용되고 있다는 점입니다. 하나는 유통 기업의 마케팅 전략으로써 온·오프라인의 판매 채널을 결합하는 옴니채널(omni-channel)입니다. 또 다른 하나는 온라인 플랫폼을 통해 오프라인 서비스를 구매하는 온디맨드(on-demand) 서비스입니다. 온라인과 오프라인이 통합된다는 점은 같지만, 서로 뿌리가 다릅니다. 하나씩 살펴보겠습니다.

### 쇼루밍에 대처하는 올바른 자세

새로 산 청바지에 어울리는 운동화를 사려고 합니다. 인터넷으로 살까 생각도 했지만, 브랜드마다 사이즈가 조금씩 다르니 신어 보지도 않고 사는 것이 불안합니다. 어쩔 수 없이 근처 백화점 매장에 갔더니 하얀 운동화 하나가 눈에 들어옵니다. 원래 사이즈보다 5mm 작은 것이 발에 잘 맞는 것 같고, 입고 간 청바지에도 꽤 잘 어울리네요. 곧바로 계산을 할까 하다 인터넷 최저가를 검색해보니 무려 만 원이나 저렴합니다. 당장 내일 신지는 않아도 되니, 버스를 타고 집으로 돌아오는 길에 최저가 쇼핑몰에 접속해서 운동화를 주문합니다. 이처럼 **오프라인에서 제품을 눈으로 살펴보고 정작 구매는 가격이 더 저렴한 온라인을 이용하는 구매 방식을 쇼루밍(showrooming)**이라고 합니다. 오프라인 매장을 마치 쇼룸(showroom)처럼 활용한다는 뜻이죠.

쇼루밍의 확산은 오프라인 매장 위주의 유통 업체들에게는 커다란 위협으로 작용하게 됩니다. 세계 최대 전자제품 유통업체인 미국의 베스트바이(Best Buy)는 2010년을 전후하여 매출이 급감하는 위기에 처합니다. 손님들이 매장에 와서 TV를 꼼꼼히 살펴본 후, 정작 구매는 저렴한 아마존에서 하는 것이죠. 죽 쒀서 아마존 주는 꼴입니다. 당황한 베스트바이는 고객들의 쇼루밍을 막기 위해 스마트폰으로 가격 비교를 못하도록 주파수를 교란하는 방법까지 고려합니다.[15] 아마존 가격으로 판매하는 최저가보장 제도를 도입하여 급한 불을 끄기는 했지만, 언제까지 지속할 수는 없습니다. 임대료, 관리비, 인건비가 들어가는 오프라인 매장이 온라인 스토어와 같은 가격에 제품을 팔면 남는 것이 없겠죠.

벼랑 끝에 몰렸던 베스트바이는 발상의 전환을 통해 신의 한 수를 생각해 냅니다. **쇼루밍 당할 것을 걱정하느니, 아예 매장을 쇼룸으로 바꿔버린 것이죠.** 제조사 입장에서는 고객들이 베스트바이에서 사든 아마존에서 사든 상관없습니다. 많은 사람들이 자사의 제품을 직접 체험해 볼 수 있는 기회를 제공하는 것이 더 중요하죠. 베스트바이는 삼성전자,

베스트바이 삼성샵인샵

소니, 다이슨, 델 등 메이저 제조사들에게 매장 내 전용 공간인 샵인샵(shop-in-shop)을 만들어주는 대가로 입점료를 받기 시작합니다. 소매업체에서 전시 업체로 비즈니스 모델이 바뀐 것입니다.[16]

결과는 기대 이상이었습니다. 하락하던 매출과 주가는 바닥을 치고 상승 모드로 전환됩니다. 심지어 경쟁업체 아마존마저 입점료를 내고 베스트바이에 입성합니다. 온라인 유통 공룡 아마존이 수많은 오프라인 유통업체를 집어 삼키는 와중에도, 베스트바이는 발상의 전환을 통해 쇼루밍이라는 거대한 파도에 유연하게 올라탐으로써 몇 안 되는 생존자 목록에 이름을 올릴 수 있었습니다.

쇼루밍의 반대도 있습니다. 무선 청소기가 매우 편리하다는 소문을 듣고 밤늦은 시간 침대에 누워 폭풍 검색을 합니다. 여러 회사 제품들 간의 비교 영상을 찾아보고, 실제 구매한 사람들의 별점과 사용 후기까지 확인한 후, 최종적으로 L사에서 최근에 출시된 무선청소기로 마음을 굳힙니다. 하지만 막상 결제를 하자니 망설여집니다. 무선청소기가 흡입력이 약하다는 후기들이 있어 직접 확인해봐야 할 것 같습니다. 게다가 지금 인터넷 쇼핑몰에서 결제하면 주문이 밀려서 일주일이나 걸린다고 하네요. 다음 날 백화점 가전 매장으로 직접 찾아가서 테스트를 해 보니 흡입력이 생각보다 괜찮네요. 30만 원 이상 구매 시 상품권도 준다고 하니 고민 없이 카드를 꺼냅니다. **쇼루밍과는 반대로 온라인으로 제품 정보를 얻고 실제 구매는 오프라인에서 하는 역쇼루밍(reverse showrooming)입니다.**

쇼루밍과 역쇼루밍, 온라인과 오프라인을 넘나드는 크로스오버(cross-over) 쇼핑이 널리 확산됨에 따라, 기존의 유통업체들도 이를 회피하기보다는 새로운 기회로 삼고 적극적인 전략을 펼쳐나가고 있습니다. 이른바 '옴니채널(omni-channel)' 전략입니다. 옴니는 라틴어로 '모든'이라는 뜻입니다. **클릭과 회반죽 모델에서처럼 단순히 온라인과 오프라인 채널을 동시에 운영하는 '멀티채널(multi-channel)'이 아닙니다.** 온라인과 오프라인을 비롯하여 동원할 수 있는 모든 채널을 유기적으로 통합하여 고객들에게 일정한 소비 경험을 선사하고자 하는 것이 옴니채널의 목적입니다.

롯데백화점은 회원들에게 스마트 쿠폰북을 제공합니다. 스마트폰 앱으로 스마트 쿠폰북을 다운로드받아 오프라인 백화점 매장에서 할인을 받습니다. 매장에 부착된 NFC 태그를 스마트폰에 읽히면 온라인 쇼핑몰인 엘롯데의 상품 구매 페이지로 바로 연결되어 쇼루밍을 도와주기도 합니다. 신세계는 백화점, 아울렛, 이마트, 트레이더스 등 모든 오프라인 유통 채널을 쓱(SSG)이라는 하나의 온라인 사이트로 통합했습니다. 이제 온라인과 오프라인, 쇼루밍과 역쇼루밍 등의 구분은 의미가 없어졌습니다. 시간과 장소를 불문하고 그때그때 가장 만족스러운 구매를 할 수 있는 채널이 곧 구매 채널이 되는 것입니다.[17]

## 아마존이 오프라인 서점을 만든 이유

오프라인에 뿌리를 둔 업체들이 온라인 채널을 추가하고 결합하는 방식으로 옴니채널 전략을 전개하고 있다면, 온라인 기업들은 오프라인 세상에 영토를 확장하는 방식으로 옴니채널을 구축해 가고 있습니다. 온라인 쇼핑몰의 가장 큰 혜택은 가격이 저렴하다는 것입니다. 내 취향에 쏙 맞는 상품 추천 서비스도 빼 놓을 수 없는 장점이죠. 하지만 제품을 직접 보고 만져보지 못 한다는 태생적 한계가 있습니다. 게다가 제품을 수령하려면 결제 후 하루 이틀을 더 기다려야 하죠. 제품의 체험과 즉시 수령은 오프라인 매장만이 가지고 있는 고유한 장점입니다. 온라인 쇼핑과 오프라인 쇼핑의 장점을 모두 취한다면 더할 나위 없겠죠? 온라인 기업이 오프라인에 눈독을 들일 수밖에 없는 이유입니다.

오프라인 서점을 몰락시킨 장본인인 아마존이 오프라인 서점 아마존북스(Amazon Books)를 열었습니다. 심지어 아마존북스의 뉴욕 맨해튼 지점이 자리 잡은 곳은 과거 미국 2위 서점 보더스(Boders) 매장이 철수한 곳이라, 어쩐지 더 묘합니다. 그렇다고 단순히 가게 주인만 바뀐 것은 아닙니다. 내부를 둘러보면 기존의 오프라인 서점과는 많이 다릅니다.

온라인 기업이 오프라인 매장을 운영할 때 가질 수 있는 장점은 온라인에서 얻은 데이터를 적극 활용할 수 있다는 점입니다. 매장 입구에 진열된 책은 베스트셀러(best seller)가 아닌 베스트 레이팅(best rating), 즉 아마존 온라인에서 높은 평점을 받은 책입니다. "이 책을 구매한 사람이 구매한 책"이라는 온라인 쇼핑몰에서만 볼 수 있었던 추천 문구도 보입니다. 아마존 앱을 통해 표지 사진을 찍으면 평점과 리뷰를 곧바로 확인할 수 있습니다. 모든 경험이 온라인과 유사합니다. 가격 역시 온라

아마존 북스 매장

인과 똑같습니다. 결제는 아마존 계정에 접속하여 바코드를 스캔하면 끝입니다. 진열에서부터 추천, 결제까지 오프라인 서점에서 일어나는 모든 고객의 활동에 온라인이 직접적으로 관여합니다.

아마존은 서점에 이어 슈퍼마켓도 열었습니다. 아마존고(Amazon Go)는 그냥 슈퍼마켓이 아니라 무인마트입니다. 아마존고 앱을 스캔하고 입장한 후, 물건을 골라서 들고 나오기만 하면 됩니다. 물건 값은 자동 계산되어 아마존 계정에서 빠져나갑니다. (아마존고에 적용된 기술은 12장에서 다룹니다). 서점에서부터 슈퍼까지, 온라인 세상을 점령한 아마존이 오프라인까지 영토를 넓히려는 궁극적인 이유는 무엇일까요?

**데이터입니다. 온라인 데이터를 오프라인 매장 운영에 활용하기도 하지만, 오프라인 데이터를 수집하여 온라인에 활용하기 위함이죠.** 리테일에서 온라인 거래가 차지하는 비중이 지속 증가하고 있지만, 체감하는 것만큼 높지는 않습니다. 우리나라는 2019년 들어 20%를 넘겼고,[18] 미국은 이보다도 낮은 12% 수준입니다.[19] 아직도 오프라인 구매가 압도적인 비중을 차지하고 있지만, 오프라인 고객의 구매 패턴은 여전히 미지의 바닷 속입니다. 온라인에서는 고객들이 상품을 검색하고 클릭하고 결제하는 모든 과정에서 자동으로 데이터가 쌓입니다. 하지만 오프라인에서는 누가 와서 무엇을 샀는지 알 수가 없죠. 홀연히 등장해서 결제를 하고 사라지는 대다수 고객들의 정체는 베일에 가려져 있습니다. 포인트를 적립하는 일부 고객들의 구매 데이터는 수집이 가능할지언정, 그들이 지갑을 열기 전까지 어떤 동선으로 매장을 활보하였는지, 어떤 상품을 들었다가 내려놓았는지까지는 알 수 없습니다.

아마존북스에 비치된 모든 책에는 QR코드가 붙어 있습니다. QR코드를 스캔하면 책의 가격과 평점, 후기 정보가 나타납니다. 30대 남성 고객이 늦은 시간에 서점에 들러, 경영 서적과 무협지를 읽어보다가, 결국 자동차 매거진을 구입했다는 사실을 QR코드 스캔 기록을 통해 파악할 수 있습니다. 아마존고에서는 각종 센서와 컴퓨터 비전 기술을 이용하여 고객이 들었다 내려놓은 제품을 파악합니다. 유제품을 장바구니에 담은 고객이 다음으로 사는 품목이 기저귀인지 맥주인지, 가장 오래 머무른 곳이 즉석 식품 코너인지 과일 코너인지 등 매장 내 고객의 모든 행동이 데이터로 쌓입니다. 수집된 데이터는 온라인 쇼핑몰에서 상품을 추천하거나, 광고의 내용과 위치를 결정하고, 상품 카테고리를 배열하는 데 활용됩니다. 온라인과 오프라인의 구매 패턴을 비교하여 부족한 점을 보완하거나 옴니채널을 설계하는 데도 쓰일 수 있겠지요. 오프라인 매장에서 얻는 수익이 거의 없음에도 불구하고, 아마존이 지속적으로 오프라인 매장을 늘려 가는 이유입니다.

체험이라는 쇼핑 경험을 제공하기 위해 굳이 오프라인 매장을 늘려야만 하는 건 아닙니다. 열혈 포켓몬 사냥꾼들을 속초로 불러들였던

로레알 메이크업 지니어스를 이용한 가상 메이크업

AR(augmented reality, 증강현실) 기술이 쇼핑객들의 발걸음을 오프라인에서 온라인으로 돌리고 있습니다. 사실 AR은 개념 자체가 O2O입니다. 오프라인이라는 현실 공간 위에 온라인이라는 가상 공간을 입히는 것이니까요.

온라인으로 새로운 화장품을 구매하려면 상당한 위험을 감수해야 합니다. 화장을 직접 해 보지 않고 피부톤에 딱 맞는 제품을 고르기는 쉽지 않으니까요. 오프라인 매장에서도 마찬가지입니다. 화장을 했다 지웠다를 반복하다 지쳐서 대충 골라 놓고 후회하기 쉽상입니다. 로레알이 출시한 '메이크업 지니어스(Makeup Genius)'는 AR 기반의 가상 메이크업 서비스입니다. 스마트폰 카메라로 얼굴을 스캔하면, 립스틱도 발라보고 아이라이너도 그려 볼 수 있습니다. 클릭 몇 번으로 수십 가지 제품을 전부 테스트해 볼 수 있는 것이죠. 마음에 드는 제품은 즉시 모바일로 구매가 가능합니다.

쇼룸에서 멋져 보였던 가구를 막상 집에 들여 놓고는 어울리지 않아

실망하는 경우도 많죠. 심지어 사이즈가 안 맞아 낭패를 보는 경우도 있습니다. 이케아 플레이스(IKEA place)를 통해 거실을 비추고 테이블을 선택하면, 실제 거실의 모습과 테이블이 겹쳐집니다. 더 이상 신발 사이즈를 확인하기 위해 점원의 눈치를 보며 쇼루밍을 하지 않아도 됩니다. 나이키 핏(Nike Fit)은 스마트폰 카메라로 발을 스캔하여 발 길이와 발볼 넓이를 고려하여 정확한 치수를 알려줍니다.

AR 쇼핑으로 미리 상품을 체험해 본 고객들은 확신을 가지고 쇼핑을 하게 됩니다. 어울리지 않아서, 사이즈가 안 맞아서 번거롭게 반품하는 경우도 줄어듭니다. 덕분에 화장품, 의류, 가구와 같이 직접 체험해 보지 않고는 선뜻 구매하기 어려운 제품들의 온라인 매출이 증가하고 있습니다. AR과 함께 VR(virtual reality, 가상현실)까지 더해진 이른바 리테일테크(retail-tech)는 옴니채널을 구축하려는 유통업체들의 선택이 아닌 필수가 된 지 오래입니다.

## 원자의 세상과 비트의 세상의 경계가 사라지다

하루 일과를 마무리하는 퇴근 시간이 되니 달콤한 커피가 생각납니다. 사이렌 오더(Siren Order)를 이용해서 회사 건물 1층에 있는 스타벅스 매장에 바닐라 라떼를 미리 주문합니다. 엘리베이터를 타고 내려가면서 카카오택시 앱을 켜고 집까지 데려다줄 택시를 스타벅스 앞으로 부릅니다. 커피를 받아 들고 택시에 타서는 더 분주해집니다. 내일은 주말인데 밀린 집안일을 하면서 시간을 보내고 싶지 않습니다. '홈마스터'에 접속해서 집안 청소 서비스를 예약합니다. '세탁특공대'에 세탁물 방문 수거 요청도 합니다. 화장실 형광등이 나갔는데 어디서 사야 할지도 모르겠고 갈아본 적도 없습니다. '떵동'에게 심부름을 시켜 형광등을 사와서 직접 갈아주도록 부탁합니다. 어느새 저 멀리 아파트 모습이 보입니다. 황급히 배달의 민족에 접속해서 저녁으로 먹을 치킨을 주문합니다.

언제부터인가 익숙해져서 그다지 특별할 것 없는 일상의 모습입니다. 하지만 스마트폰이 없었던 불과 얼마 전까지만 해도 전혀 상상할 수 없었던 모습이기도 합니다. 생활에 필요한 모든 서비스를 모바일 앱(온라인)을 이용해서 내가 원하는 시간에 원하는 곳(오프라인)으로 부릅니다. 온디맨드 (On-Demand) 서비스라고 부르는 O2O 모델입니다.

요즘은 TV 편성표가 큰 의미가 없어졌습니다. IPTV를 이용하든 동영상 스트리밍 서비스(OTT)를 이용하든, VOD(Video-On-Demand)로 콘텐츠를 시청하는 사람들이 많아졌기 때문이죠. 비디오 온디맨드, 즉, 시청자가 원하는 시간에 원하는 장소에서 원하는 프로그램을 볼 수 있다는 뜻입니다. O2O의 온디맨드도 같은 의미입니다. 예전에는 서비스를 받기 위해서는 고객이 서비스 제공자에게 직접 방문해야만 했습니다. 드라이크리닝을 맡기려면 세탁물을 들고 세탁소로 찾아가야 하고, 세차를 하려면 세차장까지 차를 직접 끌고 가야 합니다. 그러나 온디맨드 서비스에서는 고객이 요청하면 원하는 시간에 고객이 있는 곳으로 서비스가 찾아옵니다. 모바일 앱을 통해 세탁이나 세차를 요청하면 예약된 시간에 서비스 제공자가 집으로 직접 방문하는 것이죠. 세탁물과 자동차를 가져가서 깨끗하게 세척한 후 다시 집까지 가져다줍니다.

온디맨드 서비스가 우리 일상 깊숙한 곳까지 파고들면서 이제 어디까지가 온라인이고 어디까지가 오프라인인지 구분하기조차 어렵습니다. 아니, 굳이 구분할 필요가 없을지도 모릅니다. 생각해 봅시다. 온라인을 통해 오프라인 서비스를 구매하는 것을 O2O라고 했습니다. 그렇다면 온라인 쇼핑몰에서 상품을 구매하는 것은 어떤가요? 제품을 구매하는 곳은 온라인 쇼핑몰이지만, 택배를 받는 곳은 집, 즉 오프라인입니다. 무형의 서비스가 아니라 유형의 제품을 구매한다는 것만 다를 뿐입니다. 그렇다면 인터넷 쇼핑 역시 O2O입니다.

이 때문에 O2O는 별 의미 없는 마케팅 용어일 뿐이라며 일축하는 사람들도 있습니다. O2O보다는 고객이 요구할 때 서비스를 제공하는 형태로 경제 활동의 패러다임이 바뀌어 가고 있다는 측면을 강조하며, 온디맨드 경제(on-demand economy)라는 거창한 용어를 제시하는 사람들도 있습니다. 저도 동의합니다. O2O라는 단어 자체는 향후 몇 년 안에 인기가 시들해질 것이 분명합니다. 허나 그 이유는 오프라인과 온라인이 다시 분리되어 각자의 자리로 돌아가기 때문은 결코 아닙니다. 오프라인은 원자(atom)의 세계이고, 온라인은 비트(bit)의 세계입니다. 앞으로는 두 세계의 경계가 더욱 흐려져, 두 세상을 구분하는 것이 더 이상 불가능하거나 구분할 필요가 없어지기 때문입니다.

### 우버 택시는 더블이 가능하다?

원자의 세계가 비트의 세계와 결합하면 원자만으로 구성된 세상에서는 할 수 없었던 것들이 가능해집니다. 온디맨드 서비스는 곧 플랫폼 비즈니스입니다. 오프라인에 존재하는 서비스 공급자와 역시 오프라인에 존재하는 수요자를 온라인 공간에서 연결해 주는 것이니까요. 온라인 플랫폼을 이용하게 되면 연결이 가능한 범위도 넓어지고, 연결하는 데 걸리는 시간도 줄어듭니다. 하지만 온라인 플랫폼이 가지는 가장 큰 장점은, 공급자와 수요자가 만나 상호작용하는 모든 과정이 데이터로 쌓인다는 것입니다. 이 데이터는 온라인 플랫폼 사업자만이 가질 수 있는 차별적 우위입니다. 오프라인 부동산 중개업소와 온라인 부동산 플랫폼인 직방이 가지고 있는 데이터는 얼마나 차이가 날까요? 택시회사가 가지고 있는 데이터와 카카오택시가 보유한 데이터의 수준은 또 얼마나 다를까요? 그렇다면 이 데이터를 가지고 무엇을 할 수 있을까요?

**서비스업의 고유한 특성 중 하나는 생산과 소비가 동시에 일어난다는 점입니다.** 제조업에서는 제품이 당장 팔리지 않더라도 재고로 보관할 수 있고, 추후 수요가 발생하게 되면 그때 가서 제품이 소비될 수 있습니다. 그러나 서비스업에서는 지금 당장 생산이 가능하더라도 소비해 줄 고객이 없으면 생산을 하고 싶어도 할 수가 없습니다. 호텔에 빈 방이 있어도, 비행기에 빈 좌석이 있어도 지금 소비되지 않으면 영원히 소멸되어 버립니다. 서비스의 고유한 특성 중 하나인 소멸성(perishability)입니다. (서비스의 고유한 특성은 9장에서 자세히 다룹니다.) 따라서 수요의 크기와 공급 용량을 최대한 일치시키는 수율 관리(yield management)는 서비스 운영관리에서 매우 중요한 주제입니다.

경제 수업 시간에는 수요와 공급이 만나는 지점에서 가격이 결정된다고 배웁니다. 하지만 가격이 수요와 공급을 변화시키기도 합니다. 수요가 별로 없을 때는 가격을 낮춰서 수요를 발생시킵니다. 영화관의 조조할인, 미용실의 모닝펌, 카페의 해피아워 할인처럼 말이죠. 공급이 부족할 때는 가격을 올려 더 많은 수익을 낼 수 있습니다. 여름 휴가철 성수기의 호텔 가격은 비수기의 두 배가 넘는 경우도 많지요. 이처럼 수익을 최대화하기 위해 시점에 따라 서비스의 가격을 변화시키는 것을 동적 가격책정(dynamic pricing)이라고 부릅니다. 하지만 방금 든 예시들은 미리 정해 놓은 구간에 따라 가격을 조금 다르게 하는 수준입니다. **진정한 의미의 동적 가격책정은 실시간으로 이루어져야 합니다.** 그리고 매우 정교하게 이루어져야 합니다.

온디맨드 플랫폼 사업자는 온라인에 차곡차곡 쌓인 방대한 데이터로부터 패턴을 분석하여 최적 가격을 찾아냅니다. 독자적으로 운영하는 숙박업소와 에어비앤비에 호스트로 가입되어 있는 숙박업소를 비교해 봅시다. 그때 그때 손님들이 예약 없이 찾아오는 모텔은 어떤 고객이 얼마나 방문했는지에 대한 정보를 얻을 수 없습니다. 자체 홈페이지를 통해 예약을 받는 펜션은 그래도 어떤 고객이 어떤 방을 예약해서 얼마간 머물렀는지 정도의 정보는 가지고 있겠네요. 그러나 이 정도 수준으로는 문자 메시지를 보내서 우리 펜션에 또 놀러오세요라는 홍보 문자를 날리거나, 올 한 해 공실이 얼마나 있었는지 정도를 파악하는 용도에 그칩니다.

반면 에어비앤비는 세계 190개 국가에 퍼져 있는 500만 개가 넘는 숙소에 쌓인 예약 정보를 1억 건 넘게 보유하고 있습니다. 말 그대로 빅데이터입니다. 에어비앤비는 이 데이터를 활용하여 숙소 예약률을 예측할 수 있는 머신러닝 모델을 만들었습니다. 숙소의 유형과 위치, 주변 숙소들의 현재 가격, 예약 가능일 사이의 기간 등을 넣으면 특정 날짜에 특정 숙소가 예약될 확률이 산출됩니다. (빅데이터와 머신러닝은 10장과 11장에서 다룹니다.) 어느 시기에 어느 정도의 가격으로 방을 내어 놓으면 예약될 가능성이 높은지를 호스트에게 알려 줄 수 있는 것이죠. 받아들일지 말지는 호스트의 몫이지만, 에어비앤비의 조언에 따라 요금을 조정한 호스트가 그렇지 않은 호스트에 비해 예약률이 4배나 높습니다.[20] 대기업이나 가질 수 있는, 아니 웬만한 대기업이라도 데이터가 없어서 갖기 힘든 정교한 수율 관리 시스템을 개인 호스트가 손쉽게 활용할 수 있는 것이죠.

에어비앤비는 예약 시점과 이용 시점이 다르기 때문에 진정한 의미의 실시간은 아닙니다. 하지만 예약 즉시 이용하는 택시는 어떨까요? 12월의 눈 내리는 금요일 밤 12시, 종로나 강남역에서 집에 가는 택시를 잡는 일은 생각만 해도 끔찍합니다. 요금을 더 내더라도 괜찮으니 잡히기만 하면 좋겠는데, 호기롭게 '더블'을 외쳐볼 기회조차 없습니다. 국내에서는 택시 요금이 공공요금으로

우버 서지 프라이싱
(Uber Surge Pricing)

분류되어 임의로 조정하는 것이 불법이지만, 미국에서는 가능합니다. 우버는 같은 구간이더라도 시간에 따라 다른 요금을 책정하는 **탄력 요금제를 적용합니다.** 이동 경로 상의 교통량은 물론, 근처에 위치한 승객 수와 택시 수를 모두 고려하여 최적의 요금을 책정합니다.[21]

미식축구 결승전과 같은 빅 이벤트가 벌어지는 곳이면, 요금이 세 네 배 까지도 올라갑니다. 그래도 콜은 잡힙니다. 택시를 찾아 하염없이 헤매느니, 평소보다 비싼 값을 주더라도 배차를 원하는 승객들이 많으니까요. 너무 바가지 씌우는 거 아니냐고 비난할 수도 있지만, 비싼 요금을 받는 기사와 더 많은 수수료를 얻는 우버만 좋은 것은 아닙니다. 사람이 없는 곳에서 승객을 찾아 헤매던 우버 기사들이 요금 상승을 확인하고 수요가 많은 지점으로 몰려듭니다. 집에서 쉬고 있던 우버 기사도 물 들어올 때 노 젓는다는 심정으로 차고에서 차를 꺼냅니다. **부족한 공급이 일시적으로 늘어나게 되어 수요를 충족시켜 주게 되는 것이죠. 그러다보면 다시 가격은 제자리로 돌아갑니다.** 원자의 세계가 비트의 세계가 결합됨에 따라 승객과 기사, 사업자 모두에게 골고루 혜택이 돌아갑니다.

## 레몬을 레모네이드로 승화시키는 역경매

온디맨드 서비스의 확산으로 사용자가 얻게 되는 장점은 명백합니다. 삶의 질이 올라갑니다. 필요할 때 부르면 찾아오니 편리합니다. 청소하는 시간, 빨래 하는 시간, 식당에서 기다리는 시간을 아껴서 휴식을 취하거나 다른 생산적인 활동에 쏟을 수 있습니다. 가격도 합리적입니다. 시간적·물리적 거리의 제약이 사라지다보니 더 많은 서비스 제공자가 경쟁에 뛰어들게 되니까요. 여기서 중요한 것은 **'저렴한'** 가격이 아니라 **'합리적'인 가격입니다.** 온디맨드 서비스들은 기존의 오프라인 서비스보다 결코 저렴하지 않습니다. 내가 움직이지 않는 대신 누군가가 움직여야 하니 그 대가를 치러야겠죠. 온디맨드 배달이 확산되면서 예전보다 다양한 음식을 집에서 즐길 수 있게 되었지만, 배달료가 추가되어 치킨 한 마리 먹는 데 지불해야 하는 금액은 더 비싸졌습니다. 하지만 온디맨드 서비스의 확산으로 가격조차 더 저렴해진 경우도 있습니다.

미술품, 수산물, 부동산의 공통점이 하나 있습니다. 경매(auction)를 통해 거래가 이루어지는 상품들입니다. 우리가 알고 있는 경매는 이런 식입니다. 파는 사람이 물건을 내놓습니다. 사려는 사람들이 저마다 가격을 부르며 입찰을 합니다. 가장 높은 가격을 제시한 사람에게 물건이 낙찰됩니다. 그런데 이와 반대로 이루어지는 경우도 있습니다. **사려는 사람이 사고 싶은 상품을 제시하면, 파려는 사람이 가격을 제시하며 입찰에 응합니다. 바로 역경매(reverse auction)입니다.**

역경매의 원조는 "당신이 원하는 가격을 부르세요(Name Your Price)"라는 카피로 유명한 미국의 온라인 호텔 예약 서비스 프라이스라인(Priceline)입니다. 국내에는 서비스를 제공하고 있지 않기 때문에 생소할 수 있지만, 프라이스라인 그룹이 소유한 아고다, 부킹닷컴과 같은 호텔 예약 사이트들은 우리에게도 친숙하죠. 보통 호텔을 예약할 때는 각 호텔의 공식 홈페이지나 호텔 가격비교 사이트를 통해 가격을 확인하고 적당한 호텔을 고릅니다. 제시된 가격은 호텔이나 부킹 사이트에서 결정한 것이기 때문에 흥정이 불가능하죠. 반면 호텔 역경매에서는 고객이 여행지와 숙박 기간, 가격 상한선 등을 제시하면 해당 지역의 호텔들이 최대로 맞춰줄 수 있는 가격을 거꾸로 제시하게 됩니다. 물론 고객들이 꼭 최저가 호텔을 선택하는 것은 아니지만, 아무래도 가격이 가장 중요한 요소이다 보니 소비자는 상대적으로 저렴한 가격에 예약이 가능합니다. 무엇보다 저렴한 호텔을 찾기 위해 가격비교 사이트를 들락날락거리는 수고를 덜 수 있지요.

역경매는 서비스의 내용과 품질을 미리 알기가 어렵고, 사전에 가격을 쉽게 가늠할 수가 없는 시장에서 그 진가를 발휘합니다. 이러한 시장을 '레몬 마켓'이라고 부릅니다. 레몬은 겉은 번지르르하게 생겼지만, 워낙 시기 때문에 과일로서 먹기보다는 식재료로 활용되는 경우가 대부분이죠. 이 때문에 레몬은 미국 속어로 불량품을 뜻합니다. 레몬 마켓은 저급품이나 불량품이 많지만 이를 쉽게 알 수 없어 소비자들이 구매를 꺼려하는 시장을 말합니다.

**레몬 마켓이 형성되는 이유는 정보의 비대칭성 때문입니다.** 중고차 시장을 생각해봅시다. 매물을 속속들이 알고 있는 판매자에 비해 구매자들은 가지고 있는 정보가 별로 없습니다. 겉으로는 번지르르 하지만 사고 차량일 수도 있고, 주행거리가 조작되었을 가능성도 있습니다. 불량품을 속아서 살지도 모른다는 두려움에 싼 값만 지불하려고 하거나 아예 구매하지 않게 되는 것이죠. 인테리어, 법률, 보험과 같은 시장도 비슷합니다. 판매자는 서비스에 대해 매우 잘 알고 있습니다. 하지만 소비자는 일생에 한두 번 이용할까 말까 하는 서비스입니다. 제대로 된 서비스를 받을 수 있을지 불안할 수밖에 없습니다. 하지만 판매자들이 서비스 내용을 하나하나 구체적으로 알려주고 미리 가격을 제시한다면 어떨까요? 편안한 마음으로 서비스를 이용할 수 있겠지요. 이 때문에 **국내에도 최근 들어 역경매 방식을 채택하는 온디맨드 서비스들이 늘어나고 있습니다.** 사람들이 먹기 꺼려하던 레몬이 온디맨드라는 탄산과 역경매라는 설탕을 만나 청량한 레모네이드로 바뀐 것입니다.

여러분이 생애 처음으로 내 집 장만에 성공했다고 합시다. 계약할 때는 계약서만 쓰고 계약금을 입금하면 되니 간단했지만, 잔금을 지불할 때는 소유권 등기 이전까지 마쳐야 합니다. 비용을 아끼기 위해 셀프등기를 할까 생각도 해 봤지만, 처음이라 실수할까 봐 불안합니다. 부동산 중개업소에서 소개해 주는 법무사에게 맡기려고 했지만, 이상한 명목으로 수수료를 부풀리는 경우가 많다는 소문을 들어서 꺼려집니다. 이런 경우 법률 역경매 서비스인 '법무통'을 이용하면 간단합니다. 부동산 소재지와 구매 금액, 잔금일만 입력하면 근처의 수많은 법무사 사무실에서 최소한의 비용으로 소유권 이전등기를 대행해 주겠다는 제안이 쏟아집니다.

소유권 등기를 마쳤으니, 이제는 인테리어를 알아봐야 합니다. 인테리어는 무조건 저렴하다고 좋은 것이 아니죠. 같은 인테리어라도 어떤 자재를 쓰느냐, 누가 작업하느

법무통에 접수된
소유권 등기 입찰 내역

냐에 따라 가격은 천차만별입니다. 저렴한 가격에 혹해서 선택했다가 공사가 진행되면서 비용이 눈덩이처럼 불어가기도 합니다. 이런 경우 인테리어 역경매 서비스인 '인테리온'을 이용하면, 한 번의 실측만 받고 여러 업체로부터 견적을 받아볼 수 있습니다. 업체별 과거 인테리어 결과물과 구매자들의 후기를 꼼꼼히 검토한 후, 가격을 함께 고려하여 업체를 선택하면 됩니다. 다음은 이사와 입주 청소 차례입니다. 역시 '위매치다이사'와 같은 이사 역경매, 청소 역경매 서비스를 이용해 다양한 곳에서 견적을 받아보고 업체를 선택할 수 있습니다.

## 핀테크가 만들어 가는 O2O 세상

2018년 11월 어느 날, 평소 인적이 드문 서울 서대문구 어느 골목 편의점에 사람들이 길게 줄을 섰습니다. KT 아현 지사의 화재로 무선 인터넷이 먹통이 되는 바람에 식당이나 상점에서 삼성페이 결제가 안 되었기 때문입니다. QR코드를 찍어 결제를 하는 카카오페이나 네이버페이도 당연히 먹통이었습니다. 결국 많은 사람들이 현금인출기를 이용하기 위해 편의점을 찾을 수밖에 없었던 것이었죠. 우리 생활에 간편결제가 깊숙이 침투했음을 보여 주는 한 장면입니다. **모바일 간편결제와 O2O는 떼려야 뗄 수 없는 관계입니다. 오프라인에서 서비스를 구매하든 제품을 구매하든, 결제가 이루어지는 곳은 온라인이니까요. O2O가 확산되면서 간편결제 사용이 늘어나고, 결제가 간편해지니 O2O 서비스를 더 많이 이용하게 됩니다.**

모바일 간편결제는 대표적인 핀테크(fintech) 서비스입니다. 핀테크가 금융(finance)과 기술(technology)이 합쳐진 말이라는 것은 어느새 상식이 되었습니다. 하지만 금융이 기술보다 앞에 나오다 보니, 금융이 주연이고 기술이 조연이라고 알고 있는 경우가 많습니다. 핀테크를 단순히 '금융 서비스를 보다 편리하게 해 주는 기술' 정도로 정의하는 경우도 종종 보입니다. 그렇다면 이미 1990년대에 도입된 인터넷 뱅킹도 핀테크인가요? 아닙니다. 인터넷 뱅킹은 전자상거래의 친구뻘인 전자금융의 일종일 뿐입니다.

요즘 사람들이 입을 모아 이야기하는 핀테크의 핵심은 금융이 아니라 기술입니다. IT가 주연이 되어 송금, 대출, 투자, 펀딩, 자산관리 등 모든 금융 분야에서 혁신적인 서비스를 만들어내고 있는 것이죠. 이러한 측면을 강조하기 위해 순서를 바꿔 테크핀(techfin)이라고 부르기도 합니다. 실제로 핀테크를 이끌어가는 기업들은 은행이나 증권회사가 아니라 IT 기업들이 대부분입니다. 신용카드 회사도, 유통업체도, 이동통신사도 모두 XX페이를 내놓고 있지만, 삼성페이, 네이버페이, 카카오페이가 국내 간편결제 시장을 장악하고 있습니다.

그렇다면 세계에서 간편결제 거래액이 가장 높은 기업은 어딜까요? 페이팔도 아니고 애플페이도 아닙니다. 1위는 알리바바의 알리페이, 2위는 텐센트의 위챗페이입니다. 둘 다 중국의 IT 기업입니다. 중국은 간편결제가 가장 활성화된 나라입니다. 중국에서는 신용카드가 없어도 되지만, 스마트폰은 꼭 있어야 합니다. 음식점, 편의점, 백화점, 심지어 자판기까지 모든 결제가 QR코드를 찍으면 끝납니다. 심지어는 거지가 동냥을 할 때도 손을 내미는 것이 아니라 QR코드를 내민다고 합니다. 중국의 간편결제 총액의 규모는 미국의 50배에 달합니다.[22]

중국의 간편결제 시장이 급속히 성장한 이유는 아이러니하게도 신용카드 보급률이 낮았기 때문입니다. 신용카드를 발급받으려면 신용 등급이 있어야 하죠. 하지만 중국에서는 도시에 사는 중산층 일부를 제외

알리페이와 위챗페이 (동영상: 거지도 QR 코드로 구걸하는 중국)

하고는 신용등급이 아예 없는 사람이 더 많습니다. 그러다 보니 여느 나라처럼 현금, 신용카드, 간편결제 순으로 결제 방식이 진화한 것이 아니라, 현금에서 곧바로 간편결제로 뛰어넘은 것입니다. 현금만 사용하던 중국인들에게 QR코드를 이용한 모바일 결제는 혁명 그 자체였습니다. 더 이상 외출을 할 때 지갑을 챙기지도 않아도 되니까요.

하지만 더 큰 이유는 따로 있습니다. **중국은 O2O의 나라입니다. 아니, O2O의 원조입니다.** O2O라는 용어를 퍼뜨린 장본인이 중국 기업 알리바바와 **텐센트입니다.** 이른바 BAT(바이두, 알리바바, 텐센트)라고 불리는 중국 플랫폼 기업은 중국을 O2O의 천국으로 변모시켰습니다. 중국의 우버라 불리는 디디추싱(滴滴出行)은 우버 차이나를 집어삼켰습니다. BAT 세 기업이 모두 지분을 가지고 있는 디디추싱의 사용자는 3억 명입니다. 알리바바가 인수한 중국판 배달의민족, 음식배달 O2O 어러머(饿了么)도 3억 명이 이용합니다. 중국의 카카오톡이라고 할 수 있는 텐센트의 위챗(WeChat)은 10억 명의 사용자를 보유하고 있습니다. 위챗에는 음식점, 식당, 미용실, 상점 등 비즈니스 계정이 2,000만 개 이상 존재합니다. 슈퍼 플랫폼이자 생활 플랫폼입니다. 스마트폰 없이는 오프라인 생활을 영위하기가 불가능할 정도입니다.

간편결제와 결합한 O2O의 급격한 확산은 중국에게 엄청난 기회를 제공하고 있습니다. 여러 번 강조했듯, O2O의 핵심은 데이터입니다. 현금만이 통용되었을 때는 누가 언제 어디에서 무엇을 얼마를 주고 샀는지를 전혀 알 수 없었습니다. 현재 14억 중국인 중 10억 명이 O2O 서비스를 사용하고 있고, 이들 10억 명의 사용자의 생활 패턴과 소비 내역이 고스란히 데이터로 기록됩니다. 모바일 간편결제로 인해 오프라인 소비 생활의 거대한 블랙박스가 열린 것입니다.

흔히 데이터를 새로운 시대의 석유로 비유하곤 합니다. **석유 시대에 사우디아라비아가 있었다면, 데이터 시대에는 중국이 있습니다.** 단순히 인구가 많기 때문만은 아닙니다. O2O의 천국이자, 데이터의 천국이 되었기 때문이죠. 데이터는 인공지능이 먹고 자라는 양식입니다. 데이터가 많으면 많을수록 인공지능은 똑똑해집니다. (인공지능은 12장에서 자세히 다룹니다.) 10억의 O2O 사용자가 매일매일 쏟아내는 엄청난 규모의 데이터는 중국의 인공지능이 빠르게 성장할 수 있는 기름진 토양이 되고 있습니다. 시작이 다소 늦었음에도 최근 중국이 미국과 더불어 인공지능 분야의 양대 산맥으로 급부상할 수 있게 된 비결 중 하나는 O2O에서 찾을 수 있습니다.

… O2O 온디맨드 플랫폼은 오프라인에서 이루어지는 서비스의 공급자와 수요자를 온라인을 통해 연결해 줍니다. 이는 남는 방과 주차된 차와 같이 개인들이 서로의 잉여 자원을 공유하는 공유경제에서도 마찬가지입니다. 공유는 오프라인에서 이루어지지만, 빌리는 이와 빌려 주는 이를 연결시켜 주려면 반드시 온라인 플랫폼이 존재해야 합니다. 다음 장의 주제인 공유경제를 가능케 하는 것 또한 O2O 플랫폼입니다.

05

# 자동차 사지 말고 장롱 면허를 탈출하자

## 소유하지 말고 경험하라, **공유경제와 구독경제**

대입 수능 시험을 치르자마자 홀가분한 마음으로 가장 먼저 달려갔던 곳은 운전 학원이었습니다. 가까스로 면허 시험에 합격하여 운전 면허증을 받아 들고는 금방 베스트 드라이버가 될 수 있을 거라고 뿌듯해했죠. 하지만 딱 거기까지였습니다. 지방에서 상경한 대학생이 자동차 운전대를 잡아볼 기회는 거의 없었으니까요. 장롱 속에서 면허증을 꺼내기까지는 상당히 오랜 시간이 걸렸습니다.

하지만 요즘은 자동차를 소유하지 않고도 운전대를 잡을 수 있는 기회가 널려 있습니다. 차량을 잠깐씩 빌려 타고 사용한 만큼만 비용을 내는 카셰어링(carsharing)이 널리 확산되었기 때문이죠. 차량공유라고 불리는 카셰어링은 돈을 내고 차를 빌린다는 측면에서 언뜻 보면 렌터카와 비슷합니다. 하지만 사용방법이 좀 다릅니다.

렌터카를 이용하기 위해서는 영업점에 방문하여 계약서를 쓰고, 보험에 가입한 후, 최소 24시간 이상 차량을 사용하고 다시 빌린 곳으로 돌아와 반납합니다. 반면 카셰어링을 이용할 때는 스마트폰 앱을 켜고 근처 가까운 차량을 조회하여 예약합니다. 한두 시간만 사용하고 분 단위로 요금을 지불할 수도 있습니다. 반드시 인도한 차고지로 차량을 반납하지 않아도 됩니다. 한 대의 차량을 여러 명이서 번갈아 가면서 쓰는 셈이죠. 카셰어링과 같이 **제품을 직접 소유하지 않고, 다른 사람들과 공유하며 사용한 만큼만 요금을 지불하는 소비 형태를 공유경제(sharing economy)라 합니다.**

그런데 어쩌다 한 번이면 모르겠지만, 차량이 자주 필요한 사람들에게는 매번 앱을 켜고 차량을 검색해서 예약하는 것은 상당히 번거로운 일입니다. 카셰어링만 믿고 있다가 근처에 차량이 없어서 낭패를 볼 수도 있습니다. 남들과 공유하지도 않고, 직접 구매도 하지 않으면서, 내 집 주차장에 세워 두고 나만 쓸 수 있는 방법은 없을까요?

있습니다. 자동차를 '구독'하면 됩니다. 현대자동차는 월정액 요금을 내고 자동차를 이용하는 차량 구독 서비스 '현대 셀렉션'을 제공하고 있습니다. 한 대의 차를 계속 이용하는 것이 아니라 쏘나타, 투싼, 벨로스터 등 서로 다른 차종을 매월 3대까지 바꿔 탈 수 있습니다. 한 번에 자동차 값을 완납하지 않고 매월 이용요금을 낸다는 측면에서 리스(lease)와 비슷해 보이지만, 많이 다릅니다.

보험 가입이나 사고 처리를 직접 할 필요가 없습니다. 정기점검이나 엔진오일 등 소모품 교체도 알아서 해 줍니다. 차가 더러워져도 세차할 필요 없습니다. 그냥 깨끗한 차량을 가져다 달라고 하면 되니까요. 나중

현대 셀렉션

에 중고차를 어떻게 처분할지 걱정하지 않아도 됩니다. 이처럼 **한 번에 제품 가격을 지불하여 구매하지 않고, 매월 일정액의 사용료를 내며 제품을 사용하는 소비 행태를 '구독경제(subscription economy)'라고 부릅니다.**

공유경제와 구독경제의 공통점은 소비자들이 더 이상 제품을 소유하지 않는다는 것입니다. 드디어 소비자들이 무소유(無所有)의 경지에 오른 것일까요? 소유하지 않는 대신에 소비자가 얻는 것은 무엇일까요? 기업은 제품의 소유권을 넘기지 않고 무엇을 팔아서 돈을 버는 것일까요?

## 공유경제 비즈니스는 모순적이다?

공유경제. 참으로 멋진 말입니다. 언제 누가 가장 먼저 이 용어를 사용했는지는 명확하지 않지만, 언제부턴가 누구나 선망하는 단어가 되었습니다. 그도 그럴 것이 공유경제라는 거창한 용어 안에는 신뢰, 도덕성, 친환경성 등 누구나 바람직하다고 생각하는 중요한 가치들이 내포되어 있습니다. 그 때문에 너도나도 공유경제라는 용어를 가져다 붙이다 보니 의미가 퇴색되거나 잘못 이해되는 경우가 많습니다.

하버드 대학 교수이자 사회운동가인 로렌스 레식(Lawrence Lessig) 교수는 상업경제(commercial economy)와 대비되는 개념으로서 공유경제의 개념을 처음 학술적으로 정립했습니다.[23] 전통적인 상업경제에서는 화폐, 즉 돈을 매개로 교환이 이루어지지만, 공유경제는 인간관계나 자기만족을 위해 교환이 이루어진다는 것입니다. 예를 들어, 상업경제하에서는 렌터카 회사가 돈을 벌기 위해 차를 빌려 주지만, 공유경제하에서는 내가 자동차를 사용하지 않는 동안 이웃에게 빌려줌으로써 이웃 간의 훈훈한 정도 생기고 연대감도 느낄 수 있다는 것입니다. IMF 사태 때 등장했던 아나바다(아껴 쓰고 나눠 쓰고 바꿔 쓰고 다시 쓰자) 운동과 비슷합니다.

이처럼 초기 공유경제의 개념은 경제 시스템이 작동하는 원리의 거대한 변화를 의미한 것이지, 지금부터 이야기할 비즈니스로 모델로서의 공유경제와는 거리가 멀었습니다. 이런 관점에서 보면 **'공유경제 비즈니스'라는 용어는 모순적입니다. 비즈니스는 궁극적으로 돈을 버는 것이 목표이므로 상업경제 하에서 이루어져야 하는 것이니, 돈이 아닌 사회적 가치를 추구하는 공유경제와는 양립할 수 없는 것이죠.** 비영리 조직이라면 모를까, 영리를 추구하는 기업의 비즈니스와 결합이 되면 원천적으로 공유경제가 아닌 것이 됩니다.

그러나 **공유경제가 잘 작동하려면 '돈'이라는 인센티브가 매개가 되어야 합니다.** 공유대상을 제공하는 입장에서는 실질적인 인센티브가 없으면 참여할 이유가 없습니다. 친지나 이웃이 아닌 일면식도 없는 사람에게 자기만족을 위해 내 물건을 내어주는 사람은 찾기 힘듭니다. 공유경제 플랫폼을 통해 다 읽은 책과 훌쩍 커버린 아이의 옷처럼 더 이상 소유자에게 새로운 효용을 제공해 줄 수 없는 중고 상품을 판매해서 돈을 벌 수 있습니다. 장기 출장으로 비어 있는 집이나 주차장에서 놀고 있는 자동차처럼, 여전히 소유자에게 효용을 주지만 쓰지 않는 시간이 많은 자산을 다른 사람에게 빌려줌으로써 부수적인 수입을 올릴 수도 있습니다. 수요자 입장에서는 자주 사용하지도 않는 상품을 몇 번 쓰자고 구입할 필요가 없어지니 지출을 줄일 수 있습니다. 빌려 주는 자와 빌리는 자, 모두 윈윈(Win-Win)입니다.

개인들 간의 공유가 활발하고 원활하게 이루어지기 위해서는 장(場)이 필요합니다. 과거에도 가족과 이웃들끼리 필요한 물품을 교환하고 공유하는 경우는 있었지만 그 범위는 물리적·사회적 거리에 의해 제한되어 있었습니다. 최근 공유경제가 급속하게 부상하게 된 이유는 역시 인터넷의 발전 덕분입니다. 공유를 위해서는 자원을 필요로 하는 수요자와 자원을 소유한 공급자가 서로 접근할 수 있어야 하는데, 인터넷의 발전은 이러한 접근을 터치와 클릭 몇 번으로 가능하게 만들어 주었기 때문이죠. 누구나 손쉽게 스마트폰으로 공유경제 플랫폼에 접속하여 내가 빌려 줄 것을 올리고 빌려 쓸 것을 선택할 수 있습니다. 네, 그렇습니다. **공유경제 비즈니스는 곧 플랫폼 비즈니스입니다.**

플랫폼 없이는 공유경제가 이루어질 수 없고, 양질의 플랫폼이 지속적으로 제공되기 위해서는 플랫폼 사업자도 돈을 벌어야 합니다. 공유경제 플랫폼 사업자는 서로가 원하는 최적의 공유 대상을 손쉽게 찾을 수 있는 알고리즘을 개발해야 하고, 공유 계약 위반 시 중재를 하거나 불량 고객을 솎아내는 역할을 수행해야 합니다. 이처럼 **공유경제 비즈니스는 개인이 소유하고 있는 자산에 접근하여 공유할 수 있는 플랫폼을 제공하면서 수수료 등을 통해 수익을 창출하는 비즈니스 모델**을 말합니다. '돈'이 매개가 되었다는 점에서 공유경제 비즈니스는 본래의 공유경제의 개념에서 변질되었다고 할 수 있지만, 결코 부정적으로 볼 필요는 없습니다. 돈이 오고 간다고 해서 공유경제의 장점이 사라지는 것은 아니기 때문이죠.

## 타다는 공유경제도 아니고, 카셰어링도 아니다

차량공유, 숙박공유, 공유오피스, 공유주방, 공유자전거, 공유킥보드, 공유주차, 모든 것이 공유되는 세상입니다. 하지만 똑같이 뭉뚱그려 공유경제라는 이름표가 붙어 있더라도 비즈니스가 이루어지는 형태는 조금씩 다릅니다. 공유경제 비즈니스를 설계하고 전략을 수립하기 위해서는 그 차이를 명확히 파악해야 합니다.

카셰어링을 예로 들겠습니다. 5인 가족이 일주일간 해외여행을 떠나기 위해 공항에 가려고 합니다. 짐이 많아 버스나 지하철을 타기에는 버겁습니다. 그렇다고 자가용을 가져가기에는 비싼 톨게이트 요금과 주차 요금이 부담스럽죠. 택시를 타자니 두 대로 나눠 타야 해서 요금이 너무 비쌉니다. 이때 선택할 수 있는 옵션은 세 가지입니다.

첫 번째, 쏘카(Socar)에 접속하여 집 근처 차고지의 이용 가능 차량을 검색하고 편도 서비스를 예약합니다. 차고지에서 차량을 인도하여 공항까지 운전해서 간 다음, 인천공항의 쏘카존에 주차하고 출국을 합니다. 아마 주차된 차량은 귀국한 누군가가 집에 갈 때 사용할 겁니다. 이러한 유형을 B2C(Business to Customer) 카셰어링이라고 합니다. 카셰어링 차량을 기업이 소유하고 있고, 플랫폼도 그 기업이 운영합니다.

2000년 대학생들을 대상으로 서비스를 시작하여 세계 최대 카셰어링 서비스 업체로 성장한 미국의 집카(Zipcar)가 B2C 카셰어링의 원조입니다. 국내에도 쏘카와 그린카 등 B2C 카셰어링 서비스가 어느 정도 활성화되어 있습니다. 그러나 B2C 카셰어링은 엄밀한 의미에서는 공유경제 서비스가 아닙니다. 앞에서 정의한 바에 따르면 공유경제는 개인 간에 서로의 잉여 자산을 공유하는 것입니다. B2C 카셰어링은 회원들이 소유한 차를 공유하는 것이 아니라 기업이 소유한 차를 함께 쓰는 것뿐입니다. 기업의 잉여 자원도 아닙니다. B2C 카셰어링 기업은 수익을 내기 위해 차량을 구매한 것이지, 남는 차로 영업을 하는 것이 아니죠. 따라서 **B2C 카셰어링은 기업 소유 차량을 개인에게 빌려 주고 대여료를 받는다는 점에서 수익 모델은 렌터카 서비스와 똑같습니다.**

두 번째 옵션은 그냥 공항까지 자가용을 가져가는 겁니다. 그러고는 공항에서 누군가를 접견하고 키를 건넵니다. 해외에 거주하다 잠시 국내에 들른 유학생입니다. 내가 한국에 없는 동안 내 차를 사용할 사람이죠. 이미 P2P(Peer to Peer) 카셰어링 플랫폼을 통해 사전에 예약이 이루어지고, 결제까지 끝났습니다. 주차비를 안 내도 될 뿐만 아니라, 하루치 호텔 숙박비 정도는 벌었네요. 게다가 귀국해서도 내 차를 타고 집으로 올 수 있습니다.

**개인이 소유한 차량을 공유하는 P2P 카셰어링은 전형적인 공유경제 서비스입니다. 사업자는 개인들이 자동차를 빌려 주고 빌려 타는 플랫폼만을 제공할 뿐, 차량을 한 대도 소유하고 있지 않습니다.** 자동차를 빌려 타는 사람은 직접 소유할 때보다 적은 비용으로 차량을 이용할 수 있고, 자동차를 빌려 주는 사람은 짭짤한 부수입을 올릴 수 있습니다. 아직 국내에는 P2P 카셰어링이 보급되지 않았지만, 해외에서는 꽤 활발히 이루어지고 있습니다. 미국 주요 도시에서 P2P 카셰어링 서비스를 제공하고 있는 투로(Turo)의 경우, 개인회원들이 월평균 80만 원 정도의 수입을 올리는 것으로 알려져 있습니다.[24] B2C 카셰어링과 P2P 카셰어링의 차이

카셰어링 서비스 투로

는 명확합니다. 차를 이용하다 문제가 생겼습니다. B2C 카셰어링의 경우 카셰어링 회사의 고객 센터에 전화해야 합니다. 반면 P2P 카셰어링의 경우 차 주인에게 직접 연락해야 하는 것이죠.

세 번째 옵션은 타다(Tada)를 부르는 것입니다. 11인승 승합차라 한 대만 불러도 됩니다. 공항까지 한 시간이 넘는 거리를 직접 운전할 필요도 없습니다. 하지만 **타다의 서비스는 엄밀히 말하면 카셰어링이 아닙니다. 차량공유가 아니라 카헤일링(carhailing)이라고 부르는 차량호출 서비스일 뿐이죠.** 헤일링은 불러 세우다, 소리쳐 부르다라는 뜻으로 택시를 잡는다고 표현할 때 쓰는 단어입니다. 타다는 사용자가 직접 운전을 하지 않기 때문에 차량을 공유한다기보다는 차량을 호출하는 일종의 택시로 보는 것이 맞습니다. 단, 운전하는 사람이 면허를 소유한 택시 기사가 아니라 타다가 고용한 기사라는 것만 다른 것이죠.

우버는 카헤일링의 대명사입니다. 공유경제와 카셰어링이라는 용어가 널리 알려지는 데 있어서 우버의 역할이 매우 컸지만, 정작 우버의 서비스는 카셰어링도 공유경제도 아닌 것이죠. 공유경제는 개인 간에 서로의 잉여 자산을 공유하는 것인데, 우버의 서비스는 개인의 자산인 차량뿐만 아니라 개인의 노동력을 함께 제공하기 때문입니다. 심지어 잉여 차량도 아닙니다. 우버로 돈을 벌기 위해 많은 기사들이 별도의 차를 구매하는 경우도 많습니다. 우버는 공유경제 비즈니스 기업이 아니라 기사와 승객을 연결해주는 차량호출 플랫폼 기업일 뿐입니다.

'공간' 공유로 시선을 돌려볼까요? 위워크(Wework)와 같은 공유오피스는 기업이 통째로 빌딩을 매입하여 고객들에게 공간을 임대해 주는 B2C 공유입니다. 엄밀히 말하면 부동산 임대업의 일종입니다. 공간뿐만 아니라 시설도 함께 빌려 주고, 임대 공간의 크기와 임대 기간 설정이 매우 유연하다는 차이만 있을 뿐입니다. B2C 카셰어링과 렌터카의 수익 모델이 같은 것처럼 B2C 공유오피스와 부동산 임대업도 수익 모델이 동일합니다. 개인이 본인의 집을 다른 개인에게 빌려 주는 에어비앤비의 숙박공유는 P2P 공유입니다. 반면, 숙박업소와 고객을 연결해 주는 야놀자(yanolja)는 숙박 예약 플랫폼일 뿐 공유경제 비즈니스가 아닙니다. 우버가 차량호출 플랫폼일 뿐인 것과 마찬가지입니다.

이처럼 흔히 공유경제 비즈니스라고 불리는 서비스들은 P2P 공유와 같은 '진짜' 공유, B2C 공유와 같은 '무늬만' 공유, 우버와 같은 '가짜' 공유들로 구분이 가능합니다. 그러나 무늬만 공유라고 해서, 또는 가짜 공유라고 해서 공유경제가 가지는 장점이 전혀 없다는 것은 아닙니다. 우버의 차량호출 서비스는 차량 소유주에게 부가 수입을 올릴 수 있는 기회를, 승객들에게는 한정된 택시로 인해 얻을 수 없었던 서비스 수혜 기회를 제공함으로

써, 플랫폼의 양쪽 참여자 모두에게 새로운 가치를 선사하였습니다. 타다 역시 공유경제는 아닐지라도, 빈번한 승차 거부와 피곤한 정치 논쟁에 휘말리고 싶지 않은 승객들에게 신뢰와 안락함이라는 새로운 가치를 제공합니다.

B2C 카셰어링 서비스는 자차를 소유할 필요가 없거나 여건이 부족한 사람들에게 저렴한 비용으로 자동차를 이용할 수 있는 기회를 제공합니다. 카셰어링에는 전기차와 같은 친환경적인 차량이 주로 활용됩니다. 운행하는 자동차 수가 줄어들면 미세먼지와 대기오염도 줄어들고, 폐차를 할 때 분출되는 각종 유해물질도 감소하여 지구를 살리는 데 일조할 수 있습니다. 개인 소유 차량들은 하루 24시간 중 평균 20시간 이상을 주차장 공간만 차지한 채 멈춰 서 있다고 합니다. 카셰어링을 통해 자동차 수가 줄어든다면, 공영 주차장은 공원으로 바뀔 수도 있고, 아파트 지하 주차장은 LED 조명을 이용한 농장으로 바뀔 수도 있습니다.

이와 같이 공유경제는 단순한 비즈니스 모델 이상의 거시적이고 훌륭한 명분을 가지고 있기 때문에, 많은 기업들이 너도나도 배지를 달고 싶어 하다 보니 공유경제라는 용어가 남발되고 있습니다. 각 유형별로 서로 다른 가치를 제공하기 때문에 어디까지 공유경제 비즈니스로 볼 것인가에 굳이 연연해할 필요는 없을지도 모릅니다. 다만, 공유경제로 통칭되는 서로 다른 유형의 비즈니스 모델의 차이를 이해해야만 새로운 경제 시스템에서 가치 있는 비즈니스 기회를 발굴하는 것이 가능할 것입니다.

**크라우드펀딩, 혁신적 아이디어의 요람**

공유의 대상이 자동차, 집, 사무실과 같은 유형 자산이 아닌 현금으로까지 확장된 것은 그다지 놀랄 일은 아닙니다. 당장 사용하지 않는 방과 자동차를 공유해서 부수입을 올릴 수 있다면, 당장 쓸 필요가 없는 여유자금을 공유해서 돈을 벌 수 있을 거라는 생각이 드는 것은 어찌 보면 자연스러운 일이죠. 그렇게 크라우드펀딩(crowdfunding)이 출현했습니다. **크라우드펀딩은 말 그대로 불특정 개인, 군중(crowd)으로부터 자금을 조달(funding)하는 것을 말합니다.**

스타트업을 창업하려고 하는데 자금이 부족한 상황이라고 합시다. 가능한 방법은 두 가지입니다. 은행으로부터 대출을 받거나 벤처캐피털로부터 투자를 받는 방법이죠. 가진 것이라고는 건강한 신체와 번뜩이는 아이디어밖에 없다면 은행에서 돈을 빌려 줄 리가 없습니다. 벤처캐피털로부터 투자를 받기 위해 설득하고 협상하는 일도 매우 피곤하지만, 수익성에 대한 확실한 믿음을 얻지 못한다면 투자를 받을 수 없습니다. 투자를 받게 된다고 해도 사업을 전개해 나가는 과정에서 각종 의사결정을 뜻대로 할 수 없습니다. 하지만 크라우드펀딩을 이용한다면 이야기는 달라집니다. 누군지도 모르는 사람들로부터 투자를 받거나 대출을 받을 수가 있습니다.

'지분투자형' 크라우드펀딩은 개인들로부터 투자를 받는 유형입니다. 지인이 투자한 신생 기업이 주식 시장에 상장되어 엄청난 돈을 벌었다는 소식을 듣고, 왜 나는 그런 기회가 없을까 아쉬워한 적이 있을 겁니다. 하지만 이젠 누구나 전도유망한 기업의 비상장 주식을 소유할 수 있습니다. 혹시 그 기업이 나중에 주식시장 상장에 성공한다면 수십 수백 배의 투자 수익을 올릴 수도 있습니다. 물론 투자한 기업이 망해서 주식이 휴지조각이 되는 위험 정도는 감수해야겠죠. **'지분투자형' 크라우드펀딩 플랫폼은 소액 개인 투자자들과 투자를 원하는 기업들을 연결해 줍니다.**

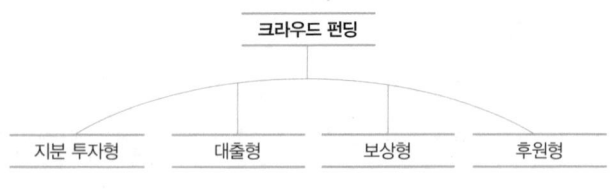

크라우드펀딩의 유형

플랫폼에 따라 투자자가 기업의 주식을 직접 소유하는 경우도 있고, 플랫폼이 투자자들에게 신탁을 받아 대신 주식을 보유할 수도 있습니다.

　영국을 중심으로 발전한 지분 투자형 크라우드펀딩 시장은 국내에서도 자리를 잡아가고 있습니다. 청와대 만찬의 건배주로 채택되어 대통령 맥주로 유명해진 세븐브로이(7brau)는 중소기업 최초로 국내 맥주제조 일반면허를 획득한 토종 수제맥주 업체입니다. 대기업이 장악한 유통망과 높은 세금으로 인해 중소기업이 맥주 시장에서 살아남기는 쉽지 않습니다. 세븐브로이는 국내 최초로 지분 투자형 크라우드펀딩 서비스를 시작한 와디즈(Wadiz)를 통해 2017년과 2018년 두 해 동안 10억 원 이상의 투자를 유치하여 성장의 발판을 마련했습니다. 세븐브로이에 투자한 사람 대부분은 수제맥주 애호가였습니다. 수제맥주를 즐기는 사람들이 이미 세븐브로이를 눈여겨보고 있었기 때문이기도 하지만, 무엇보다 세븐브로이가 더 다양하고 맛있는 수제맥주를 안정적으로 공급할 수 있기를 원했기 때문이죠. 세븐브로이에 투자한 사람들은 이후 세븐브로이 맥주를 더 애용했을 것입니다. 이제는 내가 지분을 소유한 내 회사가 되었으니까요. 지인들에게도 많이 권유를 하게 됩니다. 회사가 잘 되어야 내가 돈을 벌 수 있으니까요. 이것이 크라우드펀딩의 또 다른 장점입니다. **지분 투자형 크라우드펀딩을 통해 유치한 수많은 개인 투자자들**

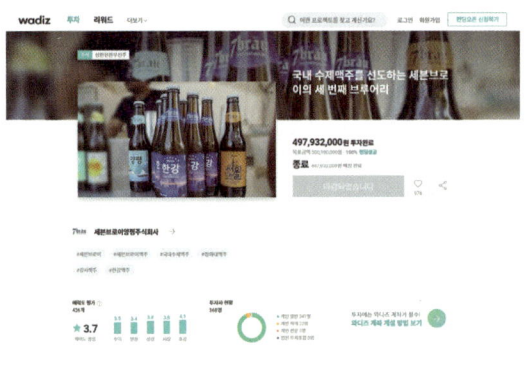

와디즈를 통해 5억원 펀딩에 성공한 세븐브로이

은 충성심 높은 고객이자 매우 훌륭한 마케팅 사원의 역할을 하게 됩니다.

    벤처캐피탈이든 개인투자자든 투자를 받게 되면 내 지분의 비율은 줄어듭니다. 지분이 줄어드는 것이 싫다면 이자를 내는 대신 대출 형태로 자금을 조달할 수도 있습니다. **'대출형' 크라우드펀딩 플랫폼은 불특정 다수로부터 돈을 모아서 개인이나 기업에게 상환을 전제로 정해진 이자를 받고 돈을 빌려 줍니다.** 흔히 P2P 대출이라고 부르는 방식입니다. 빌리는 입장에서는 신용도가 낮아도 은행에서보다 훨씬 많은 금액을 빌릴 수 있고, 빌려 주는 입장에서는 은행 예금보다 높은 이자 수익을 올릴 수 있지요.

    미국의 대출형 크라우드펀딩 기업인 렌딩클럽(Lending Club)이 중개한 누적 대출액은 2018년 말 기준 50조 원에 달합니다. 국내 P2P 대출 시장도 2018년 말 기준 누적 취급액이 2조 원을 넘어섰습니다. 그러나 대출형 크라우드펀딩의 미래가 마냥 밝지만은 않습니다. 미국의 렌딩클럽은 부정대출 스캔들에 휘말리기도 하고, 각종 규제비용이 증가하면서 상장 후에 지속 적자를 기록하고 있습니다. 투자 위험도 상당합니다. P2P 투자금은 국가가 은행예금에 대해 5,000만 원까지 보호해 주는 예금자보호법이 적용되지 않습니다. 크라우드펀딩 플랫폼 기업이 망하거나 잠적해 버리면 영영 돈을 되돌려 받지 못할 수도 있습니다. 실제로 국내에서는 폴라리스펀딩이라는 P2P 대출 기업의 사기 사건이 발생하여 수많은 사람들이 피해를 보기도 했습니다. 누군지도 모르는 이로부터 돈을 빌리고 빌려 주는 대출형 크라우드펀딩의 특성이 양날의 검이 될 수 있다는 사실은 반드시 인지하고 있어야 합니다.

크라우드펀딩이 꼭 돈이 오고 가는 금융 분야에만 국한된 것은 아닙니다. 일본군 위안부 피해자를 기리기 위해 만들어진 대구 평화의 소녀상 건립 비용은 이를 지지하는 많은 국민들로부터 크라우드펀딩을 통해 모아졌습니다. 역사적 메시지를 담고 있는 영화 〈연평해전〉과 〈26년〉의 제작비도 크라우드펀딩을 통해 조달한 바 있지요. 이처럼 **공공 캠페인 활동이나 예술작품 제작 비용을 이를 지지하는 개인들로부터 모금하는 것을 '후원형' 크라우드펀딩이라고 합니다.** 말 그대로 후원 또는 기부의 성격을 가지고 있기 때문에 후원자가 받는 금전적 대가는 없지만, 기부자 명단에 이름을 올린다거나 영화나 연극, 음반 제작을 후원하고 티켓이나 음반을 받는 식의 조그만 보상이 뒤따르는 경우도 있습니다.

비즈니스 측면에서 더 의미 있는 것은 **후원에 대한 구체적인 보상이 주어지는 '보상형' 크라우드펀딩입니다.** 인디고고(Indiegogo)와 킥스타터(Kick Starter)는 미국의 보상형 크라우드펀딩 양대 플랫폼입니다. 인디고고는 세계 최초의 크라우드펀딩 플랫폼이고, 킥스타터는 가장 많은 사람들이 모이는 크라우드펀딩 플랫폼입니다. 이들 플랫폼은 혁신적인 아이디어만 있고 당장 자본은 없는 사람들이 비즈니스를 시작할 수 있도록 도와줍니다.

방식은 이렇습니다. 펀딩을 원하는 이들이 새로운 제품 개발 아이디

킥스타터를 통해 세상에 등장한 페블 워치

어를 플랫폼에 올리면서 목표 금액과 모금 기간을 제시합니다. 아이디어가 마음에 드는 사람들이 펀딩에 참여합니다. 인디고고는 목표 금액을 달성하지 못해도 모금액을 가져갈 수 있지만, 킥스타터는 모 아니면 도입니다. 목표 금액을 달성하지 못하면 프로젝트는 무산되고 투자자 계좌에서 모금액이 빠져나가지 않습니다. 프로젝트가 성공하면 펀딩에 참여한 사람들은 남들보다 빨리, 보다 저렴한 가격으로 혁신적인 제품을 보상으로 받게 됩니다.

가상현실(VR) 서비스 장치인 헤드 마운티드 디스플레이(HMD)의 선두 주자 오큘러스 리프트(Oculus Rift), 스마트 워치 시대의 서막을 알린 페블 워치(Pebble Watch)는 킥스타터를 통해 각각 30억 원과 100억 원의 투자를 유치하며 화려하게 등장한 제품들입니다. 이후 오큘러스는 페이스북에, 페블 워치는 핏빗(Fitbit)에 천문학적인 금액으로 인수됩니다(핏빗은 이후 또다시 구글에 인수됩니다). 킥스타터가 없었다면 이러한 혁신적인 제품들이 빛을 보지 못했을 수도 있었습니다. 혁신적인 아이디어의 태생을 지원하는 크라우드펀딩, 공유경제가 우리에게 준 가장 큰 혜택일지도 모릅니다.

## 공유경제가 드리운 빛과 그림자

국내에는 카셰어링이라는 개념이 생소했던 2007년에 카셰어링의 서비스 모델을 설계하는 과제를 수행한 적이 있습니다. 그때만 해도 우리나라에서 카셰어링 서비스는 성공하기 어려울 것이라고 생각했죠. 넓은 지역에 드문드문 거주해 차 없이는 일상생활이 불편한 미국의 도시들과는 달리, 서울은 좁은 구역에 사람들이 밀집해서 살고 있고 거미줄 같은 지하철과 버스 노선 덕분에 웬만한 곳은 대중교통으로 이동할 수 있기 때문입니다. 게다가 우리나라에서는 이동수단이 아닌 부와 지위를 나타내는 수단으로써 자동차를 바라보는 시각이 유난히 강하기도 하지요.

그러나 그 예상은 보기 좋게 틀렸습니다. 2011년 제주도에서 100대의 차량으로 시작한 쏘카는 2020년 현재 500만이 넘는 회원들이 1만 대 이상의 차량을 함께 사용하고 있으며, 월 매출액이 100억 원이 넘는 회사로 성장하였습니다. 카셰어링뿐만 아니라 다양한 산업에 공유경제가 확산되며 비즈니스 생태계가 변화하고 있습니다. 그러나 모든 변화에는 희생과 저항이 따르는 법입니다.

앞에서 공유경제가 제공자나 사용자 모두 윈윈이라고 이야기했지만, 사실 모두가 이기는 승부는 없습니다. 카셰어링의 확산은 완성차 제조업체에게는 큰 타격일 수밖에 없습니다. 차량 1대 공유 시 승용차 8.5대가 감소한다는 연구 결과도 있습니다.[25] 환경적인 측면에서는 자동차가 줄어드는 것이 좋겠지만, 우리나라 경제의 중요한 축을 담당하고 있는 완성차 업체의 매출이 줄어들면 국가 경제에 큰 타격이 올 수밖에 없습니다. 일자리가 감소하고 가계 경제는 타격을 받게 됩니다.

우버가 유럽 시장으로 진출하는 과정에서 파리, 런던, 베를린 등 많은 유럽 도시의 택시기사들의 파업과 시위가 발생했습니다. 우리나라에서는 여객자동차 운수사업법상 불법 행위에 해당되어 우버 서비스가 제공되고 있지 않지만, 카카오의 카풀 서비스 진출을 반대하며 택시기사가 분신하는 안타까운 일도 발생했습니다. 타다 서비스의 불법 여부를 놓고 형사 소송이 벌어지기도 했지요.

공유경제의 확산으로 한쪽에서는 일자리가 줄어들지만, 다른 한 쪽에서는 일자리가 늘어납니다. 문제는 그 일자리가 주 52시간을 일하며 4대 보험을 보장받는 안정적인 형태가 아니라는 것이죠. 전업으로 전향한 우버의 기사들은 콜을 얼마나 받느냐에 따라 그날 그날 수입이 달라집니다. 이른바 **긱 이코노미(Gig Economy) 시대입니다.** 원래 '긱'은 뮤지션들이 음악 공연에 일회성으로 참여하는 것을 뜻합니다. 흔히 '행사 뛴다'라고 말하는 단기성 일자리죠. **공유경제 플랫폼의 확산으로 단기 임시직 형태의 노동이 늘어나고 있습니다.** 노동자 입장에서는 불안정하지만, 고용주는 정식 고용에 따르는 부담과 세금을 회피할 수 있습니다. 그렇다고 반드시 나쁜 것만은 아닙니다. 은퇴, 경력 단절, 취업 실패 등으로 능력을 발휘할 기회조차 얻지 못하는 사람들에게, 생계를 위해 투잡을 뛰어야 하는 사람들에게, 긱 이코노미의 확산으로 인한 '노동의 유연성 증대'는 반가운 변화입니다.

일자리 문제뿐만 아니라 갖가지 새로운 사회문제가 공유경제로 인해 생겨나고 있습니다. 에어비앤비로 큰 수익을 올리고도 탈세를 위해 소득신고를 하지 않는 호스트들이 문제가 되고 있습니다. 젠트리피케이션(gentrification)이라는 말을 들어보셨나요? 낙후된 동네가 번성하면서 임대료가 상승하여 원주민이 내몰리는 현상을 말합니다. 주요 관광지에 에어비앤비 숙소가 우후죽순처럼 생기면서 또 다른 유형의 젠트리피케이션이 일어나고 있습니다. 에어비앤비로 돈을 벌기 위해 너도나도 주요 관광지에 집을 사다 보니 집값도 오르고 임대료도 오릅니다. 관광객들이 원주민의 자리를 차지하는 투어리스티피케이션(touristification)이 급속히 진행 중입니다.

이 책은 공유경제의 비즈니스 측면만을 다루고 있기 때문에, 공유경제로부터 발생하는 각종 사회적 문제를 풀기 위해 어떤 정책과 규제를 도입해야 하는지에 대한 논의는 하지 않겠습니다. 또한 공유경제 활성화를 위해 어떤 규제를 철폐해야 하는지, 공유경제로 인해 내몰리는 이들과 새로운 기회를 얻는 이들이 어떻게 공생할 수 있을지에 대한 이야기도 풀지 않겠습니다. 그러나 공유경제라는 거대한 변화의 한 가운데서 있는 지금, 공유경제의 참여자이자 수혜자, 혹은 피해자가 될 수 있는 우리 모두가 함께 고민해 봐야 할 문제임은 틀림없습니다.

## 면도날과 꽃을 구독하라

"대체 내가 언제 이렇게 긁었을까?" 신용카드 명세서가 발송되는 날이면 항상 드는 의문입니다. 신용카드를 지갑에서 꺼내지 않고도 매월 자동으로 빠져나가는 항목들이 많다 보니 더 그렇게 느껴집니다. 저만 해도 신용카드 명세서를 보면 휴대폰과 인터넷 등 통신 요금은 물론이고, 일주일에 두 번씩 배송되는 우유와 계란, 유튜브 프리미엄과 넷플릭스 월 사용료, 정수기와 비데 렌털 요금 등이 매달 20일 즈음에 빠져나갑니다. 다르게 표현하면 저는 우유, 넷플릭스, 정수기를 '구독'하고 있습니다.

전통 경제에서는 제품 한 개당 또는 서비스 일회당 가격을 지불하는 일회성 거래를 통해 소비가 이루어집니다. 거래가 이루어지면 판매자와 소비자의 관계는 그것으로 끝입니다. 하지만 **구독경제에서는 한 개의 가격이 아닌 한 달 사용료가 매월 결제됩니다.** 사용료는 매번 같은 금액일 수도

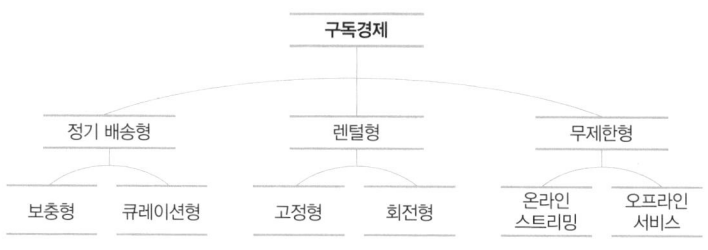

구독경제의 유형

있고, 사용량에 따라 달라질 수도 있지만, 소비자가 해지를 하지 않는 이상 판매자와의 거래 관계는 지속적으로 유지됩니다.

사실 구독 자체는 결코 새로운 비즈니스 모델이 아닙니다. 신문 구독은 아주 오래전부터 있어 왔으니까요. 구독경제라는 이름이 붙은 이유도 사실 신문 때문입니다. 구독(購讀)의 본래 의미는 신문을 "사서(購) 읽는다(讀)"는 뜻입니다. 어쩌다가 가판대에서 사서 보는 경우도 있지만 대부분은 매월 정기적으로 신문 대금을 지불하고, 집으로 배달되는 신문을 받아보곤 했습니다. 여기서 "정기적으로 요금을 지불한다"는 의미만 살아남아 '구독'이라는 말로 번역되어 쓰이는 것이지요. 원래 영어 단어 subscription은 '회원으로 가입하여 정기적으로 돈을 내고 서비스를 받는다'라는 뜻을 가지고 있습니다. 따라서 '가입 경제'가 더 정확한 표현이긴 합니다만, 구독경제라는 용어가 이미 통용되고 있기에 여기서도 이를 따르기로 합니다.

구독경제의 유형은 다양합니다. 첫 번째 유형은 신문 구독과 우유 구독 같은 전통적인 구독 모델인 '정기 배송형'입니다. 사용자가 지정한 날짜에 매주 또는 매달 한두 번씩 원하는 제품을 배송해 주는 것이죠. 정기 배송을 받는 물품은 더 이상 신문과 우유에만 한정되지 않습니다.

2011년 설립된 미국의 스타트업 달러 쉐이브 클럽(Dollar Shave club)은 면도날 정기배송이라는 새로운 서비스를 출시하며 전통의 강자 질레트에 도전장을 내밉니다. 한 달에 1달러만 내면 2중날 면도날 5개를 매달 집으로 보내주는 면도날 구독 서비스는 출시하자마자 폭발적인 인기를 얻게 됩니다. 한국산 도루코 면도날을 채택했기 때문에 고가의 질레트 제품보다 훨씬 저렴하기도 했지만, 무엇보다 '귀찮음'을 해결해 준다는 점이 고객의 마음을 움직였습니다. 때가 되면 알아서 집으로 배달해 주니 똑같은 면도날을 매번 주문하지 않아도 되고, 막상 필요할 때 없어서 지친 몸을 이끌고 편의점에 사러 나갈 필요도 없어진 것이죠.

달러 쉐이브 클럽은 출시 5년 만에 300만 명 이상의 유료회원을 확보하며 질레트의 아성을 위협합니다. 질레트를 판매하는 P&G도 위기를 느끼고 '질레트 세이빙 클럽(Gillete Saving Club)'이라는 면도날 구독 서비스를 출시하게 되죠. **보완재를 비싸게 팔아서 돈을 버는 '질레트 비즈니스 모델'을 창시했던 질레트가, 보완재를 저렴하지만 정기적으로 팔아서 돈을 버는 '구독 비즈니스 모델'에 의해 위협을 받게 된 것입니다.** P&G에 이어 세계 생활용품 시장에서 2위 자리를 차지하고 있는 유니레버(Unilever)는 1조 원이 넘는 금액으로 달러 쉐이브 클럽을 인수하기에 이릅니다.

면도날뿐만 아니라 생수, 기저귀, 생리대, 영양제 등 생활필수품은 똑같은 제품의 구매가 반복적으로 이루어지기 때문에 판매자 입장에서도 매우 매력적인 시장임이 틀림없습니다. 당연히 구독 고객에게는 일회성 구매 시보다 저렴한 가격 혜택이 주어집니다. 30만 명이 넘는 구독 고객을 보유하고 있는 쿠팡(Coupang)은 1,000개에 달하는 다양한 정기 배송 상품에 대해 10% 추가 할인 혜택을 제공하고 있습니다.

달러 쉐이브 클럽 정기 배송 세트

고객이 지정한 똑같은 제품을 '보충'해 주기보다는, 매번 다른 종류의 제품을 선별하여 보내주는 '큐레이션'형도 있습니다.[26] 때마다 누군가 꽃을 보내준다면 지친 일상에 훌륭한 활력소가 되겠지만, 매번 같은 꽃이 온다면 얼마 안 가 싫증이 나겠죠. 그렇다고 주문 시마다 직접 꽃을 고르는 것 또한 피곤한 일입니다. 국내 스타트업 꾸까(kukka)는 2주에 한 번 정도 매번 다른 제철 꽃을 보내주는 꽃 구독 서비스를 제공하고 있습니다. 책, 양말, 와인, 커피 원두, 아침식사도 큐레이션이 가미되어 구독이 이루어지고 있습니다. 판매자가 직접 선별한 서로 다른 제품을 보내주기 때문에 선택의 피로도를 줄여주어 선택 장애자들에게는 각광을 받고 있지요.

기대감을 가지고 무엇이 들어있는지 모르는 미스테리 박스(mystery box)를 뜯어보는 재미는 덤입니다. 때로는 취향에 맞지 않는 와인이나 커피가 오는 경우도 물론 있겠죠. 사용자들은 배송된 제품에 대한 피드백을 남김으로써 다음에는 더욱 내 취향에 부합하는 추천 아이템을 받아볼 수 있습니다. 고객의 취향을 분석하여 맞춤화된 추천을 해 줄 수 있는 것은 오프라인의 일회성 구매에서는 상상할 수 없었던, 온라인을 매개로 이루어지는 구독 서비스의 가장 큰 장점 중 하나입니다.

### 명품과 맥주도 넷플릭스처럼

사실 구독형 비즈니스를 대중화시킨 주역은 넷플릭스입니다. 넷플릭스가 탄생하게 된 계기가 DVD 연체료 때문이라는 것은 유명한 이야기입니다. 지금이야 집에서 인터넷 스트리밍 서비스를 통해 편하게 영화를 볼 수 있지만, 예전에는 가까운 대여점에 가서 비디오테이프나 DVD를 빌려 보곤 했습니다. DVD 하나를 일주일간 빌리는 데 얼마 하는 식으로 대여료를 내고, 대여 기간 내에 반납을 하지 못하면 연체료를 내야 했죠.

넷플릭스 창업자인 리드 헤이스팅스(Reed Hastings)는 훗날 넷플릭스에 의해 침몰한 비디오 대여점 블록버스터(block buster)에 DVD를 반납하면서 연체료 40달러를 물게 됩니다. 쓰라린 가슴을 어루만지며 피트니스 클럽으로 향하던 그는 문득 이런 생각을 하게 되지요. 피트니스 클럽은 한 달이나 1년 회비를 내기 때문에 가든 안 가든 상관없는데, DVD 대여도 그렇게 하면 어떨까? DVD 한 개당 대여료가 아닌 1년 구독료를 내고 연체료 없이 원하는 기간만큼 영화를 볼 수 있으면 어떨까? 당시 비디오 산업에서는 획기적이었던 건당 대여료가 아닌 월 구독료 형태의 비즈니스 모델이 탄생하게 된 순간입니다.

고객이 넷플릭스 웹사이트에서 보고 싶은 영화를 고르면 우편으로 DVD를 배송해 줍니다. 다 본 후에는 배송 시 동봉되어 있던 수신자 부담의 반송 봉투에 DVD를 넣어 우체통에 넣으면 됩니다. 배송을 받았지만 시간이 없어서 못 봤다면 몇 달이고 DVD를 반송하지 않고 가지고 있어도 연체료는 없습니다. 하지만 총 대여 가능한 DVD 개수가 제한되어 있기 때문에, 더 많은 영화를 보려면 부지런하게 보고 반송을 하면 됩니다. 한 달에 한 편을 보든, 열 편을 보든 한 달에 내는 금액은 똑같은 것이죠.

이러한 형태의 구독 서비스를 '렌털형'이라고 합니다. 원하는 기간만큼 빌려 쓰고 다시 반납해야 하기 때문에 소유권이 이전되지 않습니다. 사실 렌털도 새로운 비즈니스는 아니죠. 정수기와 비데 등 고가의 가정용품을 렌털 형태로 사용하기 시작한 건 꽤나 오래전부터입니다. 하지만 구독경제하에 새롭게 확산되고 있는 렌털형 비즈니스는 조금 다릅니다. 정수기는 하나의 제품을 렌털해서 계약기간 동안 꾸준히 써야 하지만(고정형), 서두에서 이야기한 자동차 구독 서비스는 넷플릭스의 DVD 렌털과 같이 제한된 수량 내에서 필요한 만큼만 쓰다가 다른 것으로 바꿔 쓸 수 있지요(회전형). **렌털형 구독 서비스는 주로 자동차, 명품 의류, 미술품 등 고가의 제품 위주로 확산되고 있습니다. 경험을 위한 진입장벽도 낮을 뿐만 아니라 관리 스트레스로부터 해방될 수 있으니까요.**

패션쇼의 런웨이(Runway)를 활보하는 모델들이 입고 있는 화려한 디자이너 의상들을 입어보고 싶다는 생각을 해 보신 적 있나요? 하지만 한두 번 입자고 비싼 디자이너 의류를 선뜻 구매하기는 부담스럽습니다. 옷이 상할까 봐 세탁기로 빨 수도 없으니 매번 드라이클리닝하는 비용도 만만치 않습니다. 미국의 패션 스타트업인 렌트더런웨이(Rent the Runway)는 이 점에 착안하여 디자이너 의류 구독 비즈니스를 시작했습니다. 온라인으로 렌트할 의상을 신청하면 집으로 배송이 되고, 원하는 만큼 착용 후 동봉된 봉투에 넣어 반송하면 됩니다. 월 10만 원 정도의 구독료를 내면 최대 네 벌까지 옷을 가지고 있을 수 있죠. 넷플릭스

디자이너 의류 및 액세서리 무제한 구독 가능한 렌트더런웨이

의 DVD 렌털과 거의 똑같네요. 패션계의 넷플릭스라고 불리기도 하는 렌트더런웨이는 기업가치 10억 달러를 돌파하며 유니콘 기업으로 자리 매김하였습니다.

넷플릭스의 초기 DVD 비즈니스가 '렌털형'이라면, 현재 주력하고 있는 인터넷 스트리밍 서비스는 또 다른 구독경제의 유형 중 하나인 '무제한형'입니다. 화질과 동시 접속자 수에 따라 요금이 다르긴 하지만, 월 만 원 정도면 넷플릭스의 각종 콘텐츠를 무제한으로 즐길 수 있습니다. 영화 두세 편만 봐도 IPTV에서 한 편당 결제를 하는 것보다 남는 장사죠. 최대 4명까지 동시 접속이 가능하다 보니 친구 네 명이서 요금을 나눠내고 ID를 공유하는 '넷플릭스계'가 대학생들 사이에서는 유행입니다.

멜론과 벅스의 음원 서비스, 애플의 아케이드(Arcade)와 구글의 스타디아(Stadia)와 같은 게임 서비스, 리디셀렉트와 밀리의 서재와 같은 전자책 서비스도 모두 무제한형입니다. **이처럼 디지털 콘텐츠를 중심으로 무제한형 구독 서비스가 이루어지는 이유는 한계비용이 제로이기 때문입니다.** 영화를 1편을 보든 100편을 보든, 게임을 1시간 하든 10시간 하든, 서비스 공급자 입장에서 추가적으로 소요되는 비용은 0에 가깝습니다.

무제한형이 꼭 디지털 콘텐츠에만 한정된 것은 아닙니다. 영화관, 미용실, 택배 등 이용 횟수에 따라 요금을 지불하는 것이 통상적인 오프라인 서비스에도 월정액 무제한 요금제가 도입되고 있습니다. 월 2,900원을 내고 쿠팡의 로켓와우 멤버십에 가입하면 오전에 주문한 상품을 당일 저녁에 받거나, 밤 12시 전까지 주문한 신선식품을 다음 날 새벽에 받아볼 수 있는 혜택을 횟수 제한 없이 제공합니다. 심지어 술집도 구독 가능합니다. 국내 스타트업 데일리샷은 월 9,900원만 내면 제휴점에서 맥주나 칵테일 등을 매일 무료로 즐길 수 있는 서비스를 제공합니다. 가게당 하루 한 잔으로 제한이 있기는 하지만, 하루에 여러 가게를 방문해도 혜택이 주어지고, 한 달 내에 방문할 수 있는 횟수에도 제한이 없으니 애주가들에게는 상당히 매력적인 서비스가 아닐 수 없습니다.

## 무제한보다
## 큐레이션이 중요하다

구독경제가 급속히 확산되는 이유를 경제적·사회적 변화에서 찾기도 하지만, 가장 큰 이유는 소비자와 판매자 모두 만족스럽기 때문입니다. 소비자가 얻는 혜택은 명확합니다. 정기배송형은 '귀차니즘'을 해소해 주고, 렌털형은 저렴한 비용으로 다양한 경험을 선사하며, 무제한형은 건당 이용료를 지불할 때보다 훨씬 비용 효율적입니다.

그렇다면 판매자 입장에서는 어떤 장점이 있을까요? 기업들이 가장 어려워하는 것 중 하나가 수요예측입니다. 얼마나 팔 수 있을지 알아야 생산 계획도 세우고 투자 계획도 세웁니다. 하지만 수요예측은 대부분 잘 안 맞습니다. 어떤 달은 생각보다 잘 팔리는가 싶더니, 예기치 못한 이유로 죽을 쑤기도 합니다. 들쭉날쭉한 현금 흐름은 기업 입장에서는 달갑지 않습니다. 하지만 **구독 비즈니스의 경우 이미 확보한 고객들로부터**

대략 얼마만큼의 매출이 발생할 것인지를 쉽게 예측할 수 있습니다. 꾸준한 수익이 발생하니 불확실성이 사라집니다.

더 이상 불확실한 마케팅에 많은 비용을 쏟지 않아도 됩니다. 일회성 거래로 제품을 파는 경우, 한 번 팔았다고 해도 또 팔아야 합니다. 살지 안 살지도 모르는 불특정 다수를 대상으로 막대한 마케팅 비용을 꾸준히 지출해야 하는 것이죠. 반면 구독 고객들은 집토끼입니다. 산토끼를 잡는 것보다 집토끼를 지키는 것이 쉽습니다. 고객을 유지하는 비용은 신규 고객을 유치하는 비용보다 훨씬 저렴합니다.

마케팅 비용은 줄어들지만 기회는 늘어납니다. 한 상품을 구입한 고객에게 연관된 다른 상품을 판매하는 교차판매(cross-selling)는 매우 효과적인 마케팅 기술입니다. 버거킹이 제공하는 매일 한 잔 무료 커피를 먹기 위해 매장에 들른 고객들은 햄버거 냄새를 맡고 그냥 지나치기 어렵습니다. 데일리 샷의 공짜 맥주 한 잔을 먹으러 온 사람들이 한 잔만 마시고 갈까요? 안주도 시키고, 같이 온 친구들도 한 잔 더 시킵니다. 구독이 이루어지면 큰 노력 없이도 교차판매가 이루어지는 것이죠.

이러한 이유로 신선한 아이템을 내세운 스타트업들이 구독경제에 앞다투어 뛰어들고 있습니다. 소유 경제하의 전통 강자들도 구독 비즈니스로의 전환을 고민하고 있습니다. 구독 비즈니스 결제 시스템을 만드는 주오라(Zuora)의 창업자이자 '구독경제'라는 말을 처음 사용한 티엔 추오(Tien Tzuo)는 이 세상에 구독할 수 없는 제품은 없다고 주장합니다.[27] 그러나 무작정 구독경제에 동참하기에는 고려할 사항이 많습니다.

첫 번째는 물론 가격입니다. 초기에 고객을 유치하기 위해서 너무 저렴한 금액으로 서비스를 제공하게 되면 결국 부메랑이 되어 돌아오게 됩니다. 한계비용이 제로인 디지털 콘텐츠는 비교적 이 문제에서 자유로

## MOVIEPASS SERVICE DISRUPTION

Dear MoviePass™ Subscribers,

Over the past several months, MoviePass™ worked hard to relaunch its groundbreaking subscription service and recapitalize the company. While we were able to relaunch the service for some of our subscribers with an improved technology platform, our efforts to recapitalize the company have not been successful to date. As a result, it pains us to inform you that effective at 8 a.m. E.T. on September 14, 2019, we must interrupt service for all current MoviePass™ subscribers. MoviePass™ will be providing subscribers with appropriate refunds for their period of service already paid for. Subscribers will not need to request a refund or contact MoviePass™ customer service to receive a refund. Subscribers will not be charged during the service interruption. At this point, we are unable to predict if or when the MoviePass™ service will continue.

무제한 영화 관람으로 적자가 누적되어 서비스를 중단한 무비패스

울 수 있지만, **오프라인 서비스를 제공하는 경우는 서비스가 제공될 때마다 비용이 발생하기 때문에 적자에 허덕일 가능성이 높습니다.** 택배 한 번 보내는 비용보다도 저렴한 2,900원으로 한 달 내내 당일 배송과 새벽 배송을 무제한 무료로 제공하는 로켓 와우 멤버쉽은 단기간에 100만 명 이상의 국내 고객을 유치하는 데에는 성공했지만, 수 조 원의 누적 적자에서 탈출해야만 하는 쿠팡을 수렁 속으로 계속 밀어 넣고 있는 중입니다.

원래 월 50달러에 영화관에서 하루 한 편씩 무제한으로 영화를 볼 수 있도록 했던 미국의 무비패스(Movie Pass)는 요금을 10달러도 안 되는 금액으로 내리자마자 1년 만에 300만 이상의 신규 회원을 유치합니다. 그러나 회원들이 영화관에서 영화를 볼 때마다 무비패스는 영화관에 티켓 가격을 지불해야 합니다. 사실 가입자가 늘어날수록 손해를 보는 구조였던 것이죠. 누적된 적자로 인해 어쩔 수 없이 월 3회로 관람 횟수를 제한합니다. 결과는 예상대로였습니다. 실망한 고객들이 썰물처럼 빠져나가는 바람에 회원 수가 월 50달러 시절 수준으로 줄어들고 말았죠. 결국 2019년 9월에는 모든 서비스를 중단하기에 이릅니다.

구독경제 전환을 위해서는 계산기를 신중하게 두드려 봐야 합니다.

구독료와 구독자 수의 상충 관계를 고려해서 감당할 수 있는 수준의 요금을 가늠해 볼 수 있어야 하고, 감당이 안 된다면 뛰어들지 말아야 합니다. Freemium 모델을 도입하여 기본 서비스는 무료로 제공하여 고객을 확보하고 프리미엄 서비스를 대상으로 월정액 구독료를 받는 것도 하나의 방법이 될 수 있습니다.

**구독 비즈니스 성공의 핵심은 고객 유치가 아닌 고객 유지입니다.** 잡아 놓은 물고기라고 방심하면 언제 변심해 어장 밖으로 도망갈지 모릅니다. 어장 안에서 계속 머무르게 하려면 저렴한 가격 혜택만으로는 부족합니다. 고객이 싫증 내지 않도록 항상 새로운 경험을 선사해야 합니다. **기업이 구독경제로부터 얻을 수 있는 가장 큰 혜택은 자신의 고객이 누구인지 정확히 알 수 있다는 점입니다.** 유통업체를 통해 오프라인에서 제품을 한 번 팔고 나면 관계가 끊겼던 과거와는 달리, 온라인 구독 플랫폼을 통해 회원의 개인 정보는 물론이고 어떤 제품을 어떤 주기로 구매하는지, 어떤 서비스를 좋아하고 싫어했는지에 대한 데이터를 지속적으로 얻을 수 있습니다. 어디에 있는지도 모르는 고객들을 공략하기 위해 불특정 다수를 대상으로 마케팅 전략을 구사하는 기존의 방식이 더 이상 필요 없게 된 것이죠.

구독경제에서는 고객의 성향과 취향을 면밀히 분석하여 고객별로 맞춤화된 상품을 추천하는 것이 핵심입니다. 항상 새로운 경험과 지속적인 감동을 제공해야만 합니다. 추천의 만족도가 높아질수록 잠금 효과는 커지고, 어장 밖으로 도망갈 생각을 하지 않습니다. 국내에도 렌트더런웨이를 모방한 의류 구독 서비스들이 등장한 적이 있었습니다. 하지만 대부분 얼마 못 가 문을 닫고 말았죠. '월정액 무제한 렌털'이라는 비즈니스 모델에만 매몰되어 제대로 된 큐레이션 서비스가 이루어지지 않았기 때문입니다. 넷플릭스가 구독경제의 대명사가 될 수 있었던 이유는 결코 월정액 무제한 요금제 때문만이 아닙니다. 우수한 성능의 추천 알고리즘을 통해 계속해서 취향에 맞는 영화를 추천함으로써 고객이 넷플릭스에 오래오래 머무르게 했기 때문이죠. (넷플릭스의 추천 시스템은 9장에서 자세히 다룹니다.) **구독경제의 핵심은 '무제한'이 아니라 '큐레이션'입니다.**

··· 소유의 대가로 한 번에 돈을 지불하는 '소유 경제'가 가고, 사용한 만큼만 돈을 지불하는 '공유경제'를 거쳐, 주기적으로 같은 금액의 돈을 지불하는 '구독경제'에 이르렀습니다. 그렇다고 공유경제와 구독경제는 서로 배타적이지 않습니다. 공존이 가능합니다. 공유경제 서비스 이용료를 사용량에 비례하여 내지 않고 월정액으로 지불하면 구독경제인 것이죠.

공유와 구독, 명백한 공통점이 하나 있습니다. 고객의 소비 목적이 '소유'가 아닌 '경험'으로 바뀌었다는 것입니다. 고객의 소비 패러다임의 변화는 곧 시장 패러다임의 변화입니다. 변화하는 고객의 욕망은 기존 시장의 질서를 파괴합니다. 새로운 변화에 대응하지 못하고 과거 방식만을 고집하는 기존 기업은 뒤쳐지게 마련이고, 재빨리 기회를 포착한 신생 기업이 새로운 강자로 등장합니다. 공유경제와 구독경제를 표방하는 신생 기업이 전통 우량 기업을 누르고 시장을 완전히 재편하는 현상이 종종 목격됩니다. 다음 장의 주제인 파괴적 혁신입니다.

SEASON **2**

요즘 기업들이
살아남는 방법

# 비즈니스 혁신

▼
'변하지 않는 것은 변한다는 사실뿐이다(Change is the only constant)'라는 말이 진부하게 느껴지는 것은 이미 진리가 되었기 때문입니다. 잘 나가던 우량 기업이 갑자기 무너지고, 듣도 보도 못한 신생 기업이 어느 순간 왕좌를 차지합니다. 혼자서도 잘한다며 쇄국 정책을 고수하던 대기업들이 전문가도 아닌 일반 대중들로부터 혁신적 아이디어를 구합니다. 제품을 만들던 제조 기업이 어느 순간 서비스 기업으로 변신합니다. 신속하고 유연하게 변화하지 않으면 살아남지 못합니다. 적자생존(適者生存)이 아니라 속자생존(速者生存) 시대입니다. 요즘 기업들이 살아남는 방법입니다.

## 06

# 최초의 스마트폰을 만든 회사가 스마트폰 때문에 망하다

### 신생 기업이 전통 강자를 쓰러뜨리다, **파괴적 혁신 (feat. 애자일)**

21세기에 등장한 가장 혁신적인 제품을 단 하나만 꼽으라면, 많은 이들이 주저 없이 아이폰을 선택합니다. 아이폰의 성공으로 스티브 잡스는 영원한 혁신의 아이콘으로 자리 잡았고, 애플은 세계 최고 혁신 기업의 이미지를 구축했습니다. 무엇보다 아이폰 혁신이 가지는 중요한 의의는 휴대전화 시장은 물론 IT 산업의 기존 질서를 완전히 파괴했다는 점입니다.

스마트폰 확산 이전 세계 휴대전화 시장의 최강자로 군림한 기업은 핀란드의 노키아(Nokia)였습니다. 국내에서는 삼성과 LG 등 국산 제품에 밀려 노키아 폰을 구경하기 쉽지 않았지만, 노키아는 1998년에서 2011년까지 무려 14년간 세계 휴대전화 시장 점유율 1위를 차지한 기업입니다. 한때 기업가치가 300조 원을 상회하기도 했죠. 그러나 스마트폰의 출현과 함께 매출액이 급감하고 적자가 쌓이기 시작합니다. 결국 노키아는 2013년 마이크로소프트에 8조 원도 안 되는 금액으로 모바일 사업 부문을 넘길 수밖에 없었죠.

노키아가 쇠락하게 된 원인이 피처폰(feature phone)에서 스마트폰으로의 변화에 제대로 대응하지 못했기 때문이란 것은 많은 사람이 알고 있습니다. 하지만 노키아가 세계 최초의 스마트폰을 개발한 회사라는 사실을 알고 있는 사람은 드뭅니다. IBM이 1993년에 출시한 사이먼(Simon)을 최초의 스마트폰으로 꼽는 경우도 있지만, 인터넷 접속과 프로그램 설치가 불가능했기 때문에 진정한 스마트폰이라고 보기는 어렵습니다. 반면 1997년 출시된 노키아 9000 커뮤니케이터는 인터넷 접속이 가능했고, 사용자가 원하는 앱을 설치할 수 있었으며, 쿼티 자판과 대형 디스플레이, 인텔 i386 CPU와 8M 메모리 등 훌륭한 하드웨어를 갖춘 명실상부 세계 최초의 스마트폰입니다.

그러나 거기까지였습니다. 노키아의 경영진들은 스마트폰 개발에 대한 노력과 투자를 게을리했습니다. 여전히 피처폰이 잘 팔리고 있는데 굳이 새로운 모험을 할 필요는 없다고 생각했던 것이죠. 노키아는 피처폰의 기능 향상과 원가 절감에만 주력하며 시장 점유율 1위 자리를 유지하는 데에만 급급해했습니다. 심지어 노키아의 CEO는 아이폰을 '장난(joke)'이라며 폄하하기도 했지요.

아이폰이 승승장구하는 것을 넋을 놓고 지켜보던 노키아는 뒤늦게 스마트폰 모델들을 출시합니다. 하지만 구글의 안드로이드까지 가세한 스마트폰 시장에서 옛 지위를 되찾기에는 역부족이었죠. 노키아는 종이와 고무 제품 등 경쟁력 없는 사업을 정리하고 휴대전화 부문으로 역량

IBM 사이먼과 노키아 9000 커뮤니케이터

을 집중하면서 휴대전화 시장의 세계 최강자로 등극했기에 경영혁신의 대표적 성공 사례로 교과서에 자주 등장하는 단골손님이었습니다. 그러나 이제는 새로운 변화를 무시한 채 현재에만 집착하다 몰락한 실패 사례로 경영학 교과서 한 페이지를 장식하고 있습니다. (노키아는 2017년부터 초저가 피처폰과 저가 스마트폰 시장을 중심으로 다시 점유율을 늘려가고 있습니다.)

스마트폰 혁신은 노키아와 모토로라 등 기존 휴대전화 시장의 강자를 몰락시키고, 애플이라는 새로운 기업이 시장의 왕좌를 차지하게 만들었습니다. 하버드 경영대학원의 클레이턴 크리스텐슨(Clayton Christensen) 교수는 이처럼 **기존 시장의 질서를 파괴하고 새롭게 시장을 재편하는 혁신적인 기술을 파괴적 기술(disruptive technology)로 명명했습니다.**[1] 시장을 파괴하는 것이 꼭 기술이 아닐 수도 있습니다. 혁신적인 비즈니스 모델만으로도 시장을 재편할 수 있습니다. 비즈니스 모델 혁신까지 아우르며 파괴적 기술에서 파괴적 혁신(disruptive innovation)으로 확장된 크리스텐슨 교수의 이론은 꽤 오랜 시간이 흐른 지금까지도 가장 영향력 있는 혁신 이론으로 회자되고 있습니다. 파괴적 혁신에 대해 자세히 살펴보기에 앞서 '혁신'이라는 친근하면서도 모호한 개념부터 먼저 짚고 넘어가도록 하겠습니다.

**혁신과 발명은 한 끗 차이?** 혁신의 특성을 단 하나의 형용사로 규정한다면 바로 '새로움'입니다. 혁신은 무언가 새로운 것 또는 새로운 변화를 만드는 활동을 뜻하니까요. 경영혁신, 조직혁신, 마케팅혁신, 제조혁신 등과 같이 다양한 경영 기능의 뒤에 붙어 무언가를 새롭게 바꾼다는 뜻으로 활용됩니다. 하지만 본래 혁신이라는 말은 곧 기술혁신(technological innovation)을 가리키는 것이었습니다.

정확히 무슨 뜻인지는 몰라도 '창조적 파괴(creative destruction)'라는 말을 한번쯤은 들어본 적이 있을 겁니다. 하지만 창조적 파괴의 개념을 제시한 슘페터(Joseph Schumpeter)라는 경제학자의 이름을 들어볼 기회는 거의 없었을 테죠. 20세기 대표 경제학자인 케인스(John Maynard Keynes)라는 이름은 익숙하실 겁니다. 하지만 케인스와 동시대에 활동했음에도 주목받지 못하다가, 사후 50년도 넘은 요즘에야 뒤늦게 위대한 경제학자로 추앙받고 있는 슘페터라는 이름은 여전히 생소합니다. 슘페터는 기술만이 경제성장을 이루는 원동력이라고 믿었습니다. 안트러프러너(entrepreneur)라고 부르는 혁신적인 기업가가 기술혁신을 통해 기존의 경제 시스템을 근본적으로 변화시키는 것을 창조적 파괴라고 칭한 것이죠.[2] 별다른 자본금도 없이 혁신적인 신기술만 가지고 출발한 테크 기업들이 세상을 변화시키고 있는 지금과 딱 들어맞습니다. 슘페터의 이론이 이제 와서 주목받는 이유입니다.

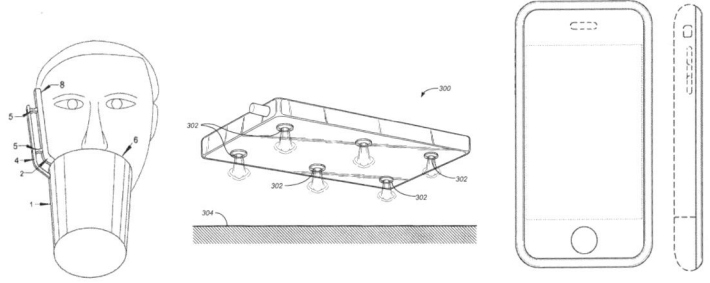

맨 왼쪽은 a, 가운데는 b, 가장 오른쪽은 c 발명품

그렇다고 혁신을 기술에 의한 변화 또는 새로운 기술로만 정의하기에는 뭔가 부족합니다. 발명(invention) 역시 무언가 새로운 것을 만드는 활동입니다. Innovation과 Invention, 영어 철자도 비슷하네요. 혁신이든 발명이든 좀 더 나은 새로운 방식으로 문제를 해결하는 것을 목표로 합니다. 여기까지만 놓고 보면 둘 사이에는 큰 차이가 없어 보입니다.

발명이 기술적 가치를 인정받으면 특허로 등록됩니다. (특허의 조건 및 특성은 8장에서 자세히 다룹니다.) 앞서 나온 그림들은 미국 특허청에 등록된 어떤 발명품들의 스케치입니다. 그림만 보고 무엇인지 아시겠나요? a는 딸꾹질이 도저히 멈추지 않을 때 전기 충격을 주어 멈추게 하는 장치입니다. 자칫하면 온몸에 전기가 흐를 수 있다는 문제도 있지만, 아주 간단하게(?) 딸꾹질을 멈출 수 있습니다. 농담이 아니라, 실제로 미국 특허청에 딸꾹질 치료 장치(Device for the treatment of hiccups)라는 이름으로 2003년에 등록된 특허입니다. 이 발명은 혁신인가요?

너무 극단적인 예를 든 것 같으니, 꽤 유명한 사람이 발명한 다음 발명품 b를 봅시다. 그림을 보고 무엇인지 파악하셨나요? 이 발명품은 스마트폰이 바닥에 떨어져도 파손되지 않도록 에어백과 스프링을 박아

둔 것입니다. 아스팔트 바닥에 스마트폰이 떨어져도 안심입니다. 다만, 주머니에 넣고 다니기에는 상당히 부담스럽겠지요. 이 발명은 혁신인가요? 2011년에 등록된 이 특허의 발명자는 다름 아닌 아마존의 CEO 제프 베이조스(Jeffrey Bezos)입니다. 특허의 소유자는 아마존이고요.

어떻게 보면 황당하기도 한 앞의 두 발명품은 발명으로서의 가치를 인정받아 미국 특허청에 정식으로 특허로 등록되어 있습니다. 하지만 이들이 혁신이라고 생각하는 사람들은 아마 없을 것 같습니다. 이유는 간단합니다. 주변에서 본 적이 없습니다. 나도 써 본 적이 없고 쓰는 사람을 본 적도 없죠. 반면 발명품 c는 논란의 여지가 없습니다. 혁신이 맞습니다. 그림만 봐서는 그다지 특별할 것도 없어 보이지만, 사실 c의 정체는 2007년 출원된 아이폰의 디자인 특허입니다. 출시 후 10억대가 넘게 팔린 아이폰은 기술적 우수성을 차치하고서라도, 많은 사람이 사용하고 있으니 혁신임이 분명합니다.

발명과 혁신의 차이는 많은 사람이 새로운 무언가를 유용하게 느끼고 실제로 사용하게 되는가의 여부입니다. **발명이 혁신으로 승화되기 위해서는 특허청으로부터 기술적인 가치를 인정받는 데서 그치지 않고, 사회 구성원들에게 널리 퍼져서 많은 사람들로부터 유용성을 인정받아야 합니다. 즉, 시장에서 널리 확산(diffusion)되어야만 혁신인 것이죠.** 단순히 기술적으로 뛰어나다고 해서, 기존 기술보다 더 우수하다고 해서 혁신이라고 부르지 않습니다.

**가장 빨리 신제품을 사용하는 사람은 얼리어답터가 아니다**

혁신이 확산된다는 것은 기술혁신을 통해 개발된 제품이나 서비스를 사회 구성원들이 '채택(adoption)'한다는 의미입니다. 어떤 제품은 출시되자마자 빠른 속도로 확산되기도 하고 어떤 제품은 아주 느리게 확산되기도 합니다. 확산 속도는 저마다 다를지언정, 모든 혁신은 동일한 패턴으로 확산됩니다. 이것이 바로 S자 모형입니다.

S 커브는 본래 전염병의 확산을 설명하기 위해 개발되었습니다. 독감이 전염되는 속도는 독감이 걸린 사람이 많을 때 빠를까요, 아니면 적을 때 빠를까요? 어떤 학교에 한 학생이 독감에 걸린 채 등교했습니다. 그러나 이 학생 말고는 독감이 걸린 학생이 없기 때문에 처음에는 독감이 전염되는 속도가 느립니다. 한 명씩, 한 명씩 감염되기 시작하면서 점차 속도가 빨라집니다. 정확히 절반 정도가 감염되고 절반 정도가 감염되지 않았을 때 감염 속도는 최고가 됩니다. 그러다 대부분의 학생이 독감이 걸리게 되면, 새로 감염될 학생이 별로 없기 때문에 속도가 줄어듭니다. 모든 학생이 감염되면 더 이상 감염자 수가 늘지 않습니다. 이러한 패턴에 따라 시점별로 독감이 걸린 학생 수를 누적시켜 그래프를 그리면 S 커브가 나타납니다. S 커브의 기울기가 감염 속도죠.

혁신이 확산되는 양상도 이와 동일합니다. 대중 매체로부터 직접 신제품 정보를 수집하고 스스로 판단하여 구매를 하는 고객은 극히 소수입니다. 대부분의 사람은 주변 사람들이 쓰는 것을 보고 나서야 나도 한번 써 볼까 하고 채택을 하게 됩니다. 주변 사람들로부터 독감이 전염되는 것처럼, 주변 사람들로부터 구매 욕구가 전염되는 것이죠. 처음에는 사용하는 사람들이 별로 없으니 무엇에 쓰는 물건인지, 어떤 쓸모가 있는지 알 수 없을뿐더러 존재조차 인식하지 못합니다. 차츰 한 명씩 한 명씩 제품을 구매하게 되면서 주변에 쓰는 사람이 늘어납니다. 제품을 직접 만져보기도 하고, 추천도 받게 되어 구매에 이르게 됩니다. 그러다

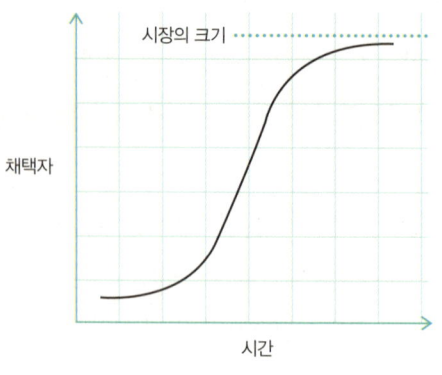

기술 확산의 S커브

대부분이 채택하게 되면, 포화 상태로 수렴하게 되죠. **이처럼 혁신의 확산은 S 커브 형태로 나타납니다.**

똑같은 제품을 접하더라도 사람마다 성향이 다르기 때문에 구매 시점은 서로 다릅니다. 귀가 얇거나 남들보다 앞서는 것을 좋아하는 사람은 빨리 구매를 할 것이고, 고집이 세거나 변화를 싫어하는 사람은 늦게 사겠죠. 미국의 심리학자 에버렛 로저스(Everette Rogers)는 구매 시점을 기준으로 소비자의 유형을 5가지로 구분하는 모형을 제시했습니다.[3]

무려 1960년대에 등장한 아주 오래된 모형이지만, 여전히 혁신의 확산을 설명하는 데에 있어 매우 뛰어난 성능을 보입니다. **종(bell) 모양으로 생긴 이 모형은 S 커브의 다른 버전입니다.** S 커브가 누적 채택자 수를 나타낸 것이라면, 종 모양 커브는 각 시점에서의 채택자 수를 나타낸 것뿐입니다(종 모양 함수를 적분하면 S-커브 함수가 됩니다). 5가지 유형의 소비자 집단은 저마다 다른 특성을 가집니다. 따라서 효과적인 마케팅 전략 수립을 위해서는 각 집단의 특성을 잘 알아야 합니다.

첫 번째 유형인 혁신자(innovator)는 모험심도 강하고 호기심도 충만

하여 누구보다 새로운 제품을 빨리 받아들이고 싶어 합니다. 그러나 성향만으로 누구나 혁신가가 될 수 없습니다. 반드시 두터운 재력이 뒷받침되어야 합니다. 제품이 처음 출시될 때는 매우 비싸니까요. 가격에 개의치 않고 그냥 호기심에 제품을 구매할 수 있어야 합니다. 사용해 봤는데 마음에 안 든다고 해서 중고나라에 올리지 않고 가볍게 쓰레기통에 버릴 수 있어야 합니다. 그래서 전체 집단의 2.5% 밖에 되지 않습니다. 혁신자들은 가만히 두어도 알아서 구매하기 때문에 굳이 마케팅에 힘쓰지 않아도 됩니다.

두 번째 유형은 초기 수용자(early adopter), 즉 얼리어답터입니다. 얼리어답터라는 말이 여기서 유래했습니다. 남들보다 빨리 신제품을 채택해야만 직성이 풀리는 사람들이죠. 혁신가가 순수하게 본인의 호기심 충족을 위해 신제품을 구매한다면, 얼리어답터는 남들에게 신기술의 복음을 설파하기 위해 신제품을 앞서서 사용합니다. 오피니언 리더(opinion leader)가 되어 영향력을 끼치고 싶은 것이죠. 동호회 카페, 블로그, 유튜브 등 다양한 미디어를 통해 새로 나온 카메라, 노트북, 스마트폰 사용기를 올리고 제품을 평가합니다. **얼리어답터들에게는 신제품이 가지고 있는 혁신적인 측면을 부각해야 합니다. 즉, 사람들이 보고 감탄할 만한 제품 기능, 이른바 '와우 요소(Wow Factor)'를 강조해야** 얼리어답터가 자랑할 맛이 나겠지요.[4]

과거에는 얼리어답터 역시 재력이 뒷받침되어야 했습니다. 얼리어답터가 제품을 구매하는 시점에도 여전히 가격은 비싸기 때문입니다. 그러나 요즘은 팔로워나 구독자만 많으면 됩니다. 얼리어답터의 역할이 마케팅에 매우 중요하다는 사실을 인식한 기업들이 제품 출시 시점에 맞춰 영향력 있는 블로거나 유튜버에게 무상으로 신제품을 제공하는 경우가 많으니까요. 인플루언서 마케팅(influencer marketing)의 일종입니다.

세 번째 유형은 전기 다수(early majority)입니다. 실용적인 사람들이죠. 모험을 싫어하기에 얼리어답터로부터 충분한 정보를 얻고, 제품의 성능과 유용성이 검증되었다고 판단되면 구매합니다. 아직 가격이 많이 저렴하지는 않지만, 가격 대비 성능, 즉 가성비를 따져서 신제품이 나에게 유용하다면 충분히 돈을 지불할 의사가 있는 집단입니다. 따라서 **전기 다수에게는 신제품이 제공하는 기능이 어떤 쓸모가 있고 얼마나 사용하기가 쉬운가를 구구절절 설명하는 것이 좋습니다.** 여기까지 확산이 되면 절반입니다.

네 번째 유형인 후기 다수(late majority)는 보수적인 사람들입니다. 변화에 대한 두려움을 가지고 있지만, 한편으로는 주변 사람들의 압박에서 자유롭지 못 합니다. 다행히 이쯤 되면 기업들이 원가 절감에 성공하여 가격이 상당히 낮아지게 되고, 그제야 신제품을 마지 못 해 구입하는 집단입니다. 따라서 **후기 다수에게는 제품이 얼마나 유용한지를 주입하기보다 반값으로 제품을 살 수 있다고 알려 주는 것이 더 효과적입니다.**

마지막 남은 16%의 지각수용자(laggards)는 새로운 변화를 본능적으로 거부하는 집단입니다. 선천적으로 기술에 대한 알레르기(allergie)가 있고, 후기 다수와는 다르게 주변 사람들의 압박에도 개의치 않습니다. 내가 아니라면 아니라는 확고한 신념을 가지고 웬만해서는 신제품을 구매하려 하지 않죠. 이들은 건드리지 말아야 합니다. 지각수용자를 설득하는 데에는 엄청난 시간과 비용이 들어가기 때문에, 마케팅을 안 하느니만 못합니다.

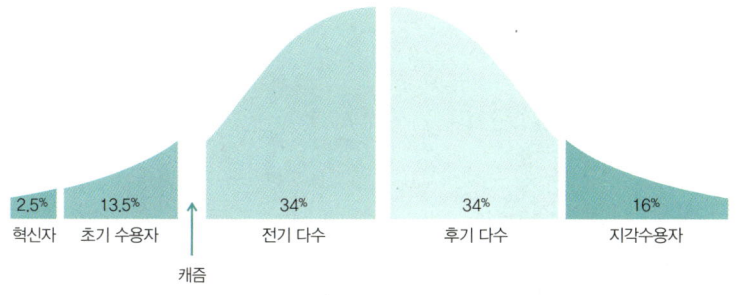

기술수용 수명주기와 캐즘

**캐즘에 빠진 시티폰**

그러나 모든 제품들이 S커브를 따라 끝까지 확산되는 것은 물론 아닙니다. 5가지 집단을 차례차례 건너지 못하고 중간에 멈추거나 빠져 버리는 경우도 많습니다. 미국의 경영 컨설턴트였던 제프리 무어(Geoffrey Moore)는 각 고객 집단 사이에 틈(crack)이 존재한다고 주장하며, 그중 얼리어답터와 전기 다수 사이에 존재하는 가장 큰 틈을 캐즘(chasm)이라 칭했습니다.[5] 캐즘은 지질학에서 쓰는 용어로, 지각변동으로 인해 지층 사이에 생긴 단절된 큰 틈을 말합니다. **캐즘은 혁신자와 얼리어답터를 포함한 초기 시장(early market)과 주류 시장(mass market)을 갈라놓는 지점입니다.** 즉, 초기 시장에서 성공했다고 하더라도 그 성공이 그대로 주류 시장까지 연결된다는 보장이 없다는 것입니다.

혹시 혜성처럼 등장했다가 짧은 생을 마감한 시티폰을 알고 계시나요? 1997년 전성기를 구가하던 개그맨 김국진이 시티폰을 들고 당당하게 "여보세요"를 외쳤던 CF는 상당한 센세이션을 일으켰죠. 시티폰은 발신 전용 휴대전화입니다. 지금 생각해 보면 전화를 걸 수만 있고 받지는 못하는 전화가 왜 필요했을까 싶겠지만, 그 당시 유행했던 삐삐(무선

이제는 박물관에 전시된 삐삐와 시티폰 (동영상: 삐삐와 시티폰, 응답하라 1990)

호출기)와 시티폰은 찰떡궁합이었습니다. 집 밖에서 삐삐를 통해 호출을 받거나 음성메시지를 받으면 연락을 하거나 확인할 방법은 공중전화밖에 없었죠. 공중전화에 줄을 서서 기다리던 사람들이 누군가 시티폰으로 여유롭게 통화하는 모습을 보면 "와우"하며 감탄할 수밖에 없었습니다. 시티폰은 얼리어답터에게 매우 매력적인 신제품이자, 일종의 부의 상징으로까지 여겨졌습니다.

하지만 아무데서나 전화를 걸 수 있는 것은 아니었습니다. 오직 공중전화박스 근처에서만 발신이 가능했죠. 와이파이 존에 들어가야 인터넷 접속이 되는 것처럼 말입니다. 시티폰의 시티를 도시(city)로 알고 있는 사람들이 많지만, 사실 무선전화(cordless telephone)를 줄여서 CT입니다. 즉, 시티폰(CT-2)은 휴대전화라기보다는 가정용 무선전화(CT-1)를 확장한 수준이었죠. 그러다 보니 시티폰은 대다수의 사람들에게는 상당히 가성비가 떨어지는 제품이었습니다. 결국 초기 시장의 얼리어답터들에게만 선풍적인 인기를 끌고, 캐즘을 건너는 데에는 실패합니다.

시티폰이 사라진 결정적인 이유는 이후에 출시된 PCS폰(2G)의 영향이 크긴 하지만, 초기에 하루 5,000명씩 가입자가 늘어나던 시티폰의 기세는 PCS폰 출시 이전에도 이미 수그러든 상태였습니다.

캐즘이 생기는 원인은 얼리어답터와 전기 다수의 성향 차이 때문입니다. **얼리어답터가 선도자(visionary)라면, 전기 다수는 실용주의자(pragmatist)입니다.** 선도자들은 아직 검증되지 않았음에도 불구하고 새로운 기회와 가능성을 포착하고 위험을 감수하며 신제품을 채택합니다. 기술적 결함과 제한된 용도에도 불구하고 시티폰을 채택한 것이죠. 그러나 실용주의자는 위험을 싫어하기 때문에 제품이 아무리 매력적이더라도, 쓸모가 있다는 완전한 확신이 들기 전까지는 구매하지 않습니다. 시티폰은 전기 다수에게 쓸모 있다는 확신을 주는 데 실패한 겁니다.

두 집단 간의 차이는 흔히 하이테크(high-tech)라고 부르는 첨단기술을 활용한 제품 또는 서비스에서 더욱 크게 나타납니다. 새롭고 복잡한 기술이 내재되어 있기 때문에 직접 사용해 보지 않고는 어떤 장점이 있는지 파악하기도 어렵고, 과연 제대로 사용할 수 있을지에 대한 확신이 잘 서지 않습니다. 따라서 캐즘을 건너 주류 시장으로 진출하기 위해서는 얼리어답터와는 전혀 다른 실용주의자 맞춤형 마케팅 전략이 필요합니다. 이것이 하이테크 마케팅이라는 분야에서 다루는 핵심 주제입니다.

## 파괴적 혁신은 성능이 나쁘다

캐즘을 넘어 후기 다수까지 확산되어 시장을 장악했더라도, 영원히 지속되는 것은 아닙니다. 기술은 노후화되기 마련이고 이때를 놓치지 않고 더 훌륭한 성능으로 무장한 새로운 기술이 출현합니다. 신기술은 기존 기술을 대체하면서 새로운 수명 주기를 시작합니다. 신기술 역시 기존 기술을 보유한 선도 기업들이 내놓는 경우가 많습니다. 기술이 어떤 방향으로 발전해 나갈 것인지를 예측하고, 일찌감치 연구개발에 투자해서 준비했기 때문이죠. 이러한 경우에는 기술이 대체되어도 시장 구도에 큰 변화는 없습니다. PDP에서 LCD, OLED에 이르기까지 디스플레이 기술은 끊임없이 세대를 거듭하며 급속한 발전을 이루었지만, LG와 삼성, 중국 BOE 등의 선두 기업들은 약간의 점유율 변화만 있을 뿐, 여전히 디스플레이 시장을 지배하고 있습니다.

하지만 항상 그런 것은 아닙니다. 새로운 기업에 의해 기존과는 전혀 다른 종류의 기술이 어딘가에서 출현하기도 합니다. 처음에는 별로 주목을 받지 못하지만, 어느 순간 기존 기업을 몰락시키고 새로운 기술로 시장을 완전히 재편해 버립니다. 바로 파괴적 혁신입니다.

파괴적 혁신이 목격되는 이유는 하나의 시장이 제품의 성능 및 가격에 따라 몇 가지로 세분되기 때문입니다. 스마트폰 시장을 예로 들어보겠습니다. 삼성 갤럭시 S 시리즈, LG의 V 시리즈 등 각 회사에서 플래그십(flagship) 모델로 밀고 있는 최신 사양의 고성능 고가격 모델이 팔리는 시장을 하이엔드(high-end) 시장이라고 일컫습니다. 그러나 하이엔드 모델은 너무 비싸서 선뜻 구매하기 어렵습니다. 대신 출시 후 일 년 정도가 지난 모델은 여전히 성능이 뛰어나면서도 가격이 상당히 저렴해집니다. 대부분의 사람이 사용하는 적당한 성능과 적당한 가격의 제품들이 팔리는 시장을 주류(mainstream) 시장이라고 부릅니다. 우리나라에서는 유독 하이엔드 제품이 더 많이 팔리지만, 해외에서는 한두 세대가 지난 하이엔드 모델이나 갤럭시 A 시리즈, 아이폰 SE 등이 가장 많이 팔립니다. 마지막으로 알뜰폰으로 많이 사용되는 삼성 갤럭시 J 시리즈나 LG X 시리즈와 같은 저사양 저가 모델들은 로우엔드(low-end) 시장을 형성합니다.

이미 주류 시장을 확보한 기존 기업은 한정된 시장 내에서 더 많은 수익을 얻기 위해 수익성이 가장 높은 하이엔드 시장을 공략하는 데 치중합니다. **꾸준한 기술 개발을 통해 더 좋은 성능을 가진 제품과 서비스를 출시하여 까다로운 고객들을 만족시키는 데 최선을 다합니다. 이처럼 기존 제품의 성능을 향상하는 혁신은 존속성 혁신(sustaining innovation)입니다.** 컴퓨터 CPU 속도를 더 빠르게, 저장장치 용량을 더 크게, 디스플레이 화질을 더 선명하게 하는 것 모두 존속성 혁신입니다. 그러다 보면 고객들이 필요로 하는 수준 이상으로 성능이 과하게 좋아집니다. 고객들의 눈높이도 증가하지만, 그보다 훨씬 빠른 속도로 성능이 향상되어 이른바 오버슈팅(overshooting)이 일어나게 되는 것이죠.

기술의 오버슈팅은 쉽게 찾아볼 수 있습니다. 광케이블이 많이 보급되면서 인터넷 속도가 굉장히 빨라졌습니다. 사실 500M나 1G로도 유튜브를 시청하거나 웹서핑을 하기에 충분합니다. 그럼에도 불구하고 인터넷 회사에서 10G 인터넷으로 업그레이드하라는 권유 전화가 자꾸 걸려 옵니다. 체감상으로 큰 차이도 없는데 말입니다. 영화 다운로드받는 데 1분 걸리던 것이 10초 만에 가능하다고 해서 한 달에 만 원을 더 내고 싶지는 않습니다. 스마트폰 카메라도 1,000만 화소면 충분히 고화질의 사진을 찍을 수 있지만, 요즘 나오는 스마트폰 카메라는 5,000만 화소에 육박합니다. 오히려 용량이 너무 크고 피부 잡티가 드러나서 안 쓰게 되는데도 불구하고요.

한편, 파괴적 혁신은 기존 기술과는 상당히 다른 모습으로 시장 한 구석에 출현합니다. 당장 핵심 성능만 놓고 보면 기존 기술보다 훨씬 열

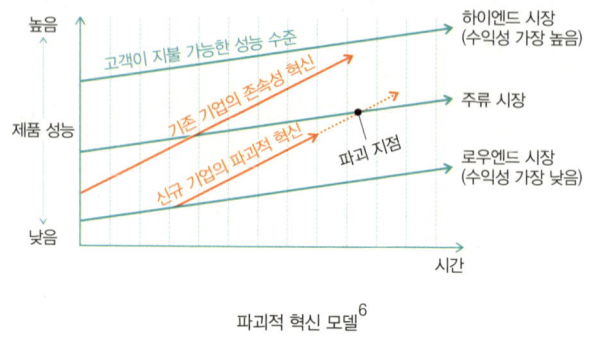

파괴적 혁신 모델[6]

등합니다. 다만, 일부 소수 고객에게는 중요하지만 기존 기술은 제공하지 않는 다른 가치를 제공합니다. 성능이 떨어지니 대개 가격도 저렴하죠. 따라서 소수의 비주류 고객들이나 그다지 높은 성능에 집착하지 않는 로우엔드 시장의 고객들에게는 환영을 받습니다. 하지만 로우엔드 시장은 크기도 작거니와 수익성도 낮습니다. 기존 기업들에게는 관심의 대상이 아니죠.

그러나 파괴적 혁신도 낮은 성능에만 머물러 있는 것은 아닙니다. 큰 관심은 못 받지만 꾸준히 성능이 개선됩니다. 그러다 일정 시간이 흐른 후, 어느 순간 주류시장 고객이 요구하는 수준까지 성능이 향상됩니다. 바로 이 시점이 파괴가 일어나는 순간입니다. 눈높이를 적당히 맞출 수 있는 데다가 가격이 저렴하니 굳이 가격만 비싸고 필요 없는 기능만 많은 기존 제품을 살 이유가 없습니다. 주류시장 고객들이 신규 기업의 파괴적 기술을 대거 받아들이기 시작합니다. 기존의 기업들은 무너집니다. 시장이 완전히 파괴되고 새로운 형태로 재편됩니다. 단순히 기존의 기술과 제품을 대체하는 것에서 그치는 것이 아니라, 시장과 산업을 송두리째 바꿔 버리기 때문에 이러한 혁신을 파괴적 혁신이라고 부르는 것입니다.

## 살아남으려면 고객을 무시하라

그런데 어째서 시장을 지배하고 있던 기업들이 보잘것없는 신생 기업들에게 속수무책으로 당하는 걸까요? 기존 기업들은 훌륭한 인재도 보유하고 있고 풍부한 자금도 갖추고 있고 신속한 정보력도 있는데 말입니다. 기존 기업들이 새로운 움직임을 전혀 눈치채지 못해서일까요? 그렇지 않습니다. 파괴적 혁신이 무서운 이유는 기존 기업들이 새로운 기술을 감지했더라도, 심지어 새로운 기술을 먼저 개발했더라도, 궁극적으로는 패배하기 때문입니다. 크리스텐슨 교수는 이를 혁신기업의 딜레마(innovator's dilemma)라고 불렀습니다.

딜레마에 빠지는 가장 큰 이유 중의 하나는 고객에 대한 집착과 맹신입니다. 대부분의 기업이 입을 모아 "고객이 최우선입니다"라고 말합니다. 괜한 말이 아닙니다. 기업들은 고객이 원하는 바를 알기 위해 매년 엄청난 비용을 들여 마케팅 조사를 실시합니다. 특히 포커스 그룹 인터뷰(focus group interview, FGI)라는 방법이 자주 활용됩니다. 고객 여러 명을 모아 놓고 단체로 인터뷰하는 것이죠. 포커스 그룹에 참여하는 고객들은 주로 헤비유저(heavy user)입니다. 제품을 매우 잘 알고 적극적으로 활용하는 사람들입니다. 충성심도 높습니다. 별생각 없이 제품을 사용하는 대다수의 사용자와는 달리, 제품에 대한 불만이 무엇이고, 무엇을 개선하면 좋을지에 대해 풍부한 피드백을 제시합니다.

그런데 문제는 **헤비유저들이 원하는 사항들의 대부분이 대다수의 일반 사용자들과는 크게 상관이 없다는 점입니다.** 많은 사람들이 업무용 또는 학습용으로 MS 엑셀(Excel)을 사용하지만, 수많은 엑셀의 기능 중에 실제로 사용하는 기능은 5%도 채 안 될 것입니다. 함수를 이용하여 평균과 표준편차를 구하거나, 차트 기능을 활용하여 보기 좋게 그래프를 그리는 것만으로도 엑셀은 충분히 훌륭한 프로그램입니다. 하지만 엑셀의 고급 기능을 사용하는 극히 일부의 헤비 유저들은 "고급필터 기능을 함수로 수행할 수 있는 동적배열함수를 만들어 달라", "500×500 행렬의 곱셈이 가능하면 좋겠다", "CSV 저장 시 UTF-8 포맷을 지원하여 한글이 깨지지 않게 해 달라"와 같이 일반 사용자들은 무슨 말인지 전혀 알아들을 수도 없는 요구를 합니다. 사실 이 요구사항들은 이미 최신 엑셀 버전에 모두 반영이 되어 있습니다. 하지만 엑셀 워크시트에서 쓸 수 있는 열(column)의 개수가 256개에서 1만 6,384개로 늘어났다고 해서, 얼마나 많은 사람이 이를 활용할까요? 헤비 유저의 만족도 향상에는 도움이 되겠지만, 일반 고객들을 대상으로 시장 점유율을 늘리는 데는 큰 소용이 없어 보입니다.

고객 조사의 또 다른 목적은 현재 개발을 고려 중인 신기술 또는 신제품에 대한 선호도를 미리 파악하는 것입니다. 하지만 고객들은 그게 무엇인지, 나에게 어떤 도움이 되는지 직접 써보기 전까지는 잘 모릅니다. "고객들은 눈으로 보기 전까지는 본인들이 뭘 원하는지 모른다. 이것이 내가 시장 조사를 믿지 않는 이유다." 스티브 잡스가 생전에 한 말입니다. **파괴적 혁신을 감지한 기존 기업들이 고객들에게 새로운 기술에 대해 어떻게 생각하는지 물어보면, 고객들은 아직 성능이 한참 모자란 파괴적 기술에 대해 부정적인 반응을 보일 것이 뻔합니다.** 듣고 싶은 이야기를 해 주니, 고객을 맹신할 수밖에 없겠죠.

스마트폰 혁신으로 인해 시장에서 뒤처진 기업이 노키아만은 아닙니다. 2000년대 피처폰 시장을 호령했던 LG전자도 스마트폰 시장에서 과거의 지위를 되찾지 못하고 있지요. LG전자도 스마트폰으로의 대대적인 변화를 고려하지 않았던 것은 아닙니다. 막대한 비용을 들여 스마트폰에 대한 고객들의 반응을 조사했습니다. 당시 고객들에게 "휴대폰으로 이메일도 쓰고, 문서도 편집하고, 게임도 할 수 있다면, 구매할 생각이 있으신가요?"라고 물었을 때, 고객들은 어떻게 대답했을까요? "휴대폰은 통화만 잘되면 되지, 굳이 그런 것이 필요할까? 그런 작업은 노트북으로 하면 되는데…", "2G 인터넷으로 네이트(Nate)에 접속해서 벨소리 다운로드받는 것도 이렇게 느린데, 대체 어떻게 휴대폰으로 실시간 영화시청이 가능하단 말이야?" 거의 이런 반응이었을 것입니다.

하지만 그렇게 대답한 고객들은 현재 모두 스마트폰을 쓰고 있습니다. 그렇다고 이제 와서 배신자라며 고객들을 비난할 수도 없는 노릇입니다. 2000년대 후반 LG 전자가 스마트폰 기술 개발에 대한 투자를 고려했다가 철회한 이유는 유명 글로벌 컨설팅 회사가 이렇게 알려줬기 때문이죠. "고객들은 아직 스마트폰을 원하지 않는다."

**코닥은 카메라 시장의 노키아**

기존 기업이 실수를 범하는 또 다른 중요한 이유는 파괴적 혁신이 당장은 결코 파괴적이지 않기 때문입니다. 처음부터 파괴적 혁신이라는 이름표를 단 채 '짜잔' 하고 나타나는 경우는 결코 없습니다. **파괴적 혁신이 처음 출현할 때는 성능도 낮고 목표 시장의 크기도 미미하기 때문에 기존 기업들은 이를 간과하게 됩니다.** 야심차게 시장에 도전했다가 소리·소문 없이 사라지는 신생 기업을 무수히 많이 목격해 왔으니까요.

넷플릭스가 우편으로 DVD를 대여해 주는 서비스를 처음 시작했을 때만 해도 이에 열광한 고객들은 극히 일부였습니다. DVD 대여점을 찾는 사람들은 "오늘 모처럼 시간이 났으니 최신 영화나 한 편 보자"라는 생각으로 지금 당장 빌려서 볼 수 있는 영화를 찾습니다. 이들에게는 며

칠씩이나 걸려 우편으로 DVD를 받을 수 있는 서비스는 전혀 매력적이지 않죠. 최신 영화에 집착하지 않으면서도 정기적으로 특정 장르의 영화를 즐기는 소수의 마니아층이 넷플릭스가 처음에 확보한 고객들이었습니다. 블록버스터는 "얼마 안 되는 그 정도 고객들은 없어도 괜찮아. 어차피 우편 배달 서비스는 곧 망하게 될 테니까"라고 생각했죠.

그러나 인터넷 속도가 빨라지고 스트리밍 기술이 향상되면서 상황이 바뀌었습니다. DVD 대여점에 가지 않고도 집에서 영화를 볼 수 있게 된 것입니다. 블록버스터가 넷플릭스보다 우위에 있던 '신속성'이라는 성능 측면에서 오히려 추월당하게 되었죠. '불확실성'도 사라졌습니다. 최신 인기 영화 DVD를 빌리러 갔다가 다른 사람이 먼저 빌려가는 바람에 허탕치고 돌아오지 않아도 됩니다. 비로소 주류 고객들이 물밀듯이 넷플릭스에 유입되기 시작합니다.

마지막 이유는 관성(inertia)입니다. 지금 잘되고 있는데 굳이 다른 것을 신경 쓰기도 싫고, 그러기도 어렵습니다. 기업의 의사결정은 체계적인 절차를 통해 이루어집니다. 현재 주력 제품이 잘나가고 있고 앞으로 더 성장할 것 같다면 그 시점에서의 합리적인 의사결정은 기존 제품에 투자를 확대하는 것입니다. **불확실성이 높고 고객들도 좋아하지 않는다고 대답한 새로운 기술에 투자하자는 의견은 묵살되기 마련입니다.**

필름으로 사진을 찍던 아날로그 시절, 카메라의 대명사는 코닥(Kodak)이었습니다. 1881년 설립된 코닥은 한때 미국 시장 점유율이 90%에 육박했고, 1990년대에는 브랜드 가치 세계 5위에 들 정도로 잘나갔지만, 2012년에 파산 신청을 하게 됩니다. 이유는 노키아와 비슷합니다. 디지털 카메라 변화에 제대로 대응하지 못했기 때문이죠. 심지어

넷플릭스에 의해 문을 닫은 블록버스터

세계 최초로 디지털 카메라를 만든 장본인이 코닥이라는 점도 비슷합니다.

코닥은 무려 1975년에 최초의 디지털 카메라를 만들었습니다. 무게는 3.6 킬로그램에 화질은 1만 화소, 사진 한 장 찍는 데만 23초가 걸렸습니다.[7] 여느 파괴적 기술처럼 처음에는 성능이 낮았죠. 성능은 차치하고서라도, 코닥의 임원진들이 디지털 카메라를 좋아할 리 없었습니다. 필름을 팔아서 회사가 돈을 버는데, 필름이 없어도 되는 카메라를 만들다니요! 코닥은 더 화질이 좋은 필름과 카메라를 만드는 존속성 혁신에만 주력했습니다. 소니가 1981년 처음으로 디지털 카메라 마비카(Mavica)를 발표했을 때에도, 아직은 때가 아니라고 판단했습니다. 뒤늦게 1994년이 되어서야 코닥은 디지털 카메라를 시장에 내놓았지만, 일찌감치 디지털 시장을 준비하여 매력적인 디자인과 새로운 기술로 무장한 캐논과 니콘의 제품을 이길 수 없었습니다. 기존의 성공에 취해 새로운 변화를 받아들이지 않고 존속성 혁신과 현재 이익에만 집착한 코닥

코닥이 만든 세계 최초 디지털 카메라

은 결국 노키아와 함께 파괴적 혁신의 대표적인 희생양으로 역사에 기록됩니다.

**대기업도 스타트업처럼, 애자일과 린스타트업**

파괴적 혁신 이론은 어째서 우량 기업이 신생 기업에 패배하는가를 설명할 수 있는 매우 설득력 있는 이론임은 틀림없습니다. 그러나 "그래서 어떻게 해야 하지?"라는 질문에 시원한 대답을 주지는 못합니다. 이러한 비판을 의식한 크리스텐슨 교수는《혁신기업의 딜레마》의 후속작으로《혁신기업의 솔루션(innovator's solution)》을 발표했습니다.[8] 솔루션은 이것입니다. "시장을 면밀하게 관찰하여 새로운 움직임을 감지하고, 그것이 파괴적 혁신인지를 꼼꼼히 검토한 후, 위기가 아닌 기회로 삼아 유연하게 대처하라!" 거의 공자님 말씀 수준입니다. 맞는 말이긴 한데 어떻게 해야 할지 전혀 감이 잡히지 않습니다.

그 힌트는 의외로 소프트웨어 산업에서 발견됩니다. 소프트웨어 회사가 미리 만들어서 상품으로 판매하는 패키지 소프트웨어와는 달리, 기업 고유의 업무 특성을 반영해야만 하는 맞춤형 소프트웨어는 고객사의 요청에 의해 개발이 이루어집니다. 따라서 첫 단계는 고객의 요구사항을 면밀히 분석하는 것입니다. 요구사항을 반영하여 시스템을 설계하고, 코딩한 후, 테스트를 거쳐 고객에게 전달합니다. 각 단계가 순차적으로 이루어지기 때문에 흔히 폭포수(waterfall) 방식이라고 부르죠.

그렇게 오랜 시간을 공들여 소프트웨어를 내놓았건만, 고객이 만족하는 경우는 거의 없습니다. 이건 이렇게 바꾸면 좋겠고, 이건 추가하고, 이건 빼고, 수정 사항이 너무 많습니다. 사실 고객도 '갑질'을 하려고 일부러 그러는 건 아닙니다. 고객 자신도 무엇을 원하는지 처음에는 잘 몰랐던 거죠. 윤곽이 드러나니 비로소 원하는 게 정확히 보이는 겁니다. 변덕스러운 고객사 요구사항 변경으로 프로젝트가 실패하는 경우가 허다합니다. 변경해도 비용은 더 지불하지 않으면서 납기일은 꼭 지키라고 합니다. 그렇게 밤샘 작업이 반복됩니다.

참다 못한 17명의 세계 소프트웨어 거장들이 함께 모여 2001년 〈애자일 소프트웨어 개발 선언문〉을 발표합니다.9 독립 선언문만큼은 아니더라도 꽤 비장함이 느껴집니다. 선언문의 핵심은 지속적으로 피드백을 받아 빠르게 대응하는 방식으로 소프트웨어를 만드는 것입니다. 애자일(agile)은, 영한사전을 찾아보면 '민첩한, 기민한, 날렵한' 등의 뜻을 가진 단어입니다. 즉 애자일 방식은 사전에 수립된 계획을 우직하게 따르기보다는, 필요에 따라 그때그때 민첩하게 계획을 수정해나가는 방식입니다. **오랜 시간을 들여 최대한 완벽하게 만들어서 한 번에 내놓지 않고, 조금만 만들어서 보여 주고 피드백을 받아 고치는 과정을 반복하자는 것입니다.**

민첩한 대응으로 불확실성을 줄여 나가는 애자일 방식의 효과가 점

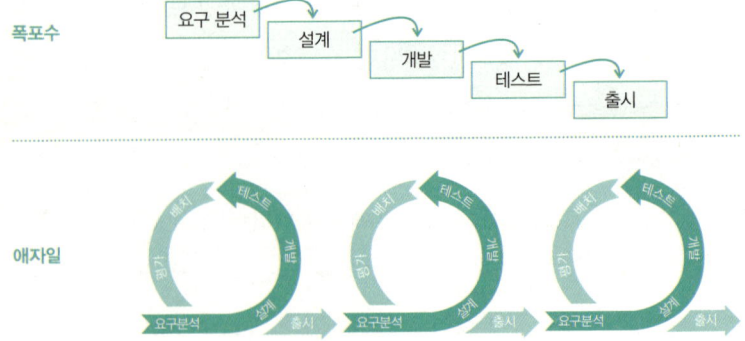

폭포수 방식과 애자일 방식

차 입증되면서, 소프트웨어 산업을 넘어 대부분의 제조업과 서비스업으로 애자일 바람이 불어닥칩니다. 어떤 종류든 신상품을 개발하는 경우라면 애자일 방식을 적용할 수 있죠. 특히 하나의 신제품에 비즈니스의 명운을 걸 수밖에 없는 스타트업에게 애자일 방식은 선택이 아니라 필수입니다. 2011년 미국의 기업가 에릭 리스(Eric Ries)는 《린 스타트업(lean startup)》이라는 책을 발간합니다.[10] 스타트업에 애자일 방식을 적용하기 위한 구체적인 지침을 제시하는 이 책은 실리콘밸리 스타트업의 바이블로 등극하게 되죠.

스타트업의 가장 큰 위험은 아무도 원하지 않는 것을 만드는 것입니다.[11] 실패하는 스타트업의 공통점은 우리가 필요하면 고객도 필요할 것이라고, 기술이 뛰어나니 고객이 선택할 것이라고, '행복회로'를 돌린다는 점입니다. 스타트업의 본질은 극도의 불확실성입니다. 불확실성의 안개를 헤치고 앞으로 나가려면 구상하고 있는 비즈니스 가설이 맞는지를 고객들에게 시시때때로 확인받아야 합니다. 그렇다고 확인을 받기

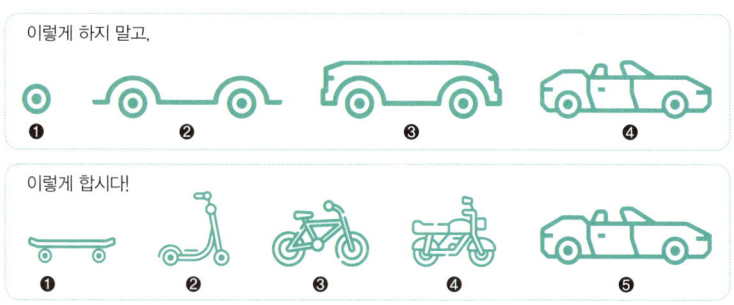

최소기능제품(MVP)을 만드는 방법

위해 완벽한 제품을 만들 시간도 여력도 없습니다. 일단 비즈니스 아이디어를 테스트할 수 있는 최소한의 제품, MVP를 만들어서 고객에게 피드백을 받자는 것이 린스타트업의 핵심 아이디어입니다.

여기서 MVP는 흔히 알고 있는 스포츠 시합의 최우수 선수(Most Valuable Player)가 아닙니다. **최소기능제품(Minimum Viable Product)을 뜻합니다**. 본래 린(lean)은 '기름기를 쫙 뺀'이라는 뜻이죠. MVP는 비계를 다 덜어내고 남은 살코기입니다. 즉 겉치장과 부수적인 기능들은 제외하고 핵심 기능만을 포함한 시제품이 MVP입니다. 예를 들어, 이동이 가능한 자동차를 만들어 달라는 요구사항을 충족시키는 제품을 만들려고 합니다. 바퀴부터 시작하여 차체를 얹고 운전대를 만들어 완성차를 만들어내는 것이 기존의 방식이라면, 스케이트보드, 자전거, 오토바이 등 그 자체로 이동이 가능한 MVP를 만들어 발전 시켜 나가며 완성차를 만드는 방법이 린스타트업 방식입니다.

MVP를 통해 측정한 고객의 반응이 시원찮으면 그 즉시 방향을 전환해야 합니다. "인생 무조건 직진이야"식으로 한길만 고집하면, 다시 돌아올 수 없는 길이 되어 버립니다. 농구에서 드리블을 하다가 수비에 막히면 한 발은 땅에 붙인 채로 다른 발을 움직여 방향을 전환합니다. 피벗(pivot)이라고 부르죠. 스타트업 업계에서도 자주 쓰이는 말입니다. 고객의 반응에 따라 사업의 방향을 자주자주 수정하는 것을 뜻합니다.

린스타트업 방식은 스타트업만의 전유물은 아닙니다. 매일같이 쏟아지는 새로운 기술과 하루가 다르게 변하는 고객 요구사항에 민첩하게 대응하기 위해서는 대기업도 린스타트업 방식을 도입해야 합니다. 하지만 경직된 대기업 조직에서 적용이 가능할까요? 보통 대기업들은 5년 이상의 장기 전략 계획을 수립하고, 매년 연 단위 경영 계획을 세웁니다. 획기적인 사업을 제시해도 장기 전략과 부합하지 않으면 우선순위가 밀립니다. 올해 계획에 포함되지 않은 아이템을 제시하면 내년까지 기다려야 합니다. 사소한 사항이라도 계획 수정을 위해 결재를 올리면, 과장님부터 부장님, 전무님까지 죽 늘어진 라인을 타고 최종 결재가 떨어지기까지 하염없이 기다려야 합니다. 고객 반응이 별로라 빠르게 실패를 인정하고 피벗하려고 했더니, 실패의 책임부터 묻습니다. 책임을 지면 인사고과에서 C를 맞는데, 누가 실패하려 할까요.

따라서 **애자일은 개발 방식의 변화와 더불어 일하는 방식, 더 나아가 조직 구조와 문화의 변화로까지 확대되기에 이릅니다.**[13] '애자일 조직'이 되어야 애자일하게 일할 수 있는 것이죠. 실리콘밸리 기업들로부터 시작된 애자일 바람이 국내에도 거세게 불어 닥쳤습니다. 보수적인 금융권을 시작으로 국내 대표 대기업들이 저마다 애자일 조직으로 변신하기 위해 애쓰고 있습니다. 거대한 부서를 잘게 쪼개고, 프로젝트 단위로 소규모 팀을 구성합니다. 팀장뿐만 아니라 팀원 각자에게 권한과 자율성을 부여합니다. 조직 구조도 수평적으로 바뀌면서 과장님, 차장님, 부장님 모두 '매니저'가 되었습니다. 호칭도 바뀝니다. 골프 선수도 아닌데 신입사원과 부장님이 서로를 '김프로'라고 부릅니다. 심지어는 한국 사람끼리 영어 이름을 부르기도 합니다. 유행을 타고 애자일의 흉내만 내는 것일지, 진정 민첩한 조직으로 탈바꿈할지는 좀 더 지켜볼 일이지만, 모든 것이 불확실한 시대에 애자일은 피할 수 없는 흐름인 것은 분명합니다.

다시 파괴적 혁신으로 돌아가겠습니다. 우량 기업들이 파괴적 혁신에 당할 수밖에 없는 이유를 세 가지 들었습니다. 첫째, 고객을 너무 믿었다. 둘째, 당장 성능이 낮아서 대수롭지 않게 여겼다. 셋째, 하던 대로 하자는 관성 때문이다.

고객을 전혀 믿지 말라는 말은 물론 아닙니다. 고객의 반응을 맹신하면 안 되는 근본적인 이유는, 묻는 방법부터가 잘못되었기 때문입니다. 무언가 보여 주지도 않고 말로만 물어보면 고객은 상상만으로 답을 할 수밖에 없겠죠. MVP를 만들어 고객의 반응을 구체적으로 이끌어내고 자주 피드백을 받는다면, 고객은 바보가 아니라 훌륭한 컨설턴트가 될 수 있습니다. 성능이 낮았던 파괴적 기술이 갑자기 좋아지는 것은 아닙니다. 꾸준히 향상되는 것을 지켜보면서도, 사전에 수립된 계획을 따라야 하다 보니 제때 움직이지 못하는 것이죠. 시장 상황의 변화에 따라 재빠르게 계획을 수정할 수 있다면, 강 건너 불구경만 해야 하는 상황을 면할 수 있습니다. 관성 역시 경직된 조직 문화로부터 파생됩니다. 꽃길만 계속 걸으려다가 가시밭길을 만나기 십상입니다. 수평적 구조와 실패를 두려워하지 않는 문화만이 관성을 이겨낼 수 있습니다. 물론, 애자일 조직이 되었다고 해서 파괴적 혁신에 당하지 않는다는 보장은 없습니다. 하지만 애자일해질수록 파괴적 혁신에 맞서기 위한 기초 체력이 튼튼해지는 것은 분명해 보입니다.

…   신제품 아이디어에 대해 고객의 피드백을 받는 것은 단순히 호불호를 확인하는 수준이 아닙니다. 어떤 고객들은 단순히 "안 살래"라고만 하지 않고, 어떤 부분을 개선하면 구매할 것인지에 대한 의견도 제시합니다. 아예 처음부터 신제품 아이디어를 불특정 고객으로부터 공모할 수도 있습니다.

　파괴적 혁신에 당하지 않으려면, 아니 파괴적 혁신을 주도하려면, 고객은 물론 경쟁 기업들과도 끊임없이 교류해야 합니다. 위협이 될 것 같으면 파괴적 기술을 가진 기업을 인수하는 것도 한 가지 방법입니다. 혁신의 원천을 외부에서 찾는 활동, 다음 장의 주제인 개방형 혁신과 크라우드소싱입니다.

# 07

# 데이터 과학자들의 종합격투기대회가 열리다

### 개방과 협력으로 혁신하라, 개방형 혁신과 크라우드소싱

예나 지금이나 가장 재미있는 구경은 싸움 구경이 아닐까요. 종합격투기 대회는 공식적이고 합법적으로 싸움 구경을 할 수 있는 유일한 곳이죠. UFC(Ultimate Fighting Championship) 경기는 세계 각국에 중계되는 글로벌 빅 이벤트입니다. 옥타곤이라 부르는 팔각링 위에서 생사를 건 싸움이 벌어집니다. 가끔은 너무 잔인해서 스포츠인지 폭력인지 구분이 되지 않을 때도 있지만, 웬만한 공격은 다 허용되는 원초적인 싸움이다 보니 매우 두터운 마니아층을 확보하고 있지요.

데이터 과학자들의 UFC라 불리는 곳이 있습니다. 데이터 과학자는 쏟아지는 빅데이터로부터 숨겨진 비즈니스 가치를 찾아내는 사람들입니다. 21세기 가장 섹시한 직업[14], 4차 산업혁명 시대의 최고 유망 직업 등 화려한 수식어를 달고 다니죠. 이들이 한데 모여 자웅을 겨루는 곳은 실리콘밸리에 위치한 캐글(Kaggle)입니다. 물론 시합 장소는 실리콘밸리 한 곳에 설치된 링이 아닙니다. 옥타곤은 바로 캐글의 홈페이지입니다.

그렇다고 캐글이 대회를 주최하는 것도 아닙니다. 캐글은 시합장만 제공하는 플랫폼 사업자일 뿐이죠. 데이터라는 원석을 가지고 있는 기업과 공공기관들이 직접 시합(competition)을 개최합니다. 풀어내야 할 문제와 함께 데이터를 제공하고 상금을 걸죠. 2020년 3월에 마감된 한 경진대회에는 인공지능으로 유명 인사의 얼굴과 목소리를 조작하는 딥 페이크(deep fake) 영상을 정확하게 탐지하라는 과제가 주어졌습니다. 아마존, 페이스북, 마이크로소프트가 공동으로 주최한 이 경진대회에는 무려 100만 달러의 상금이 걸린 덕분에 1,000명이 넘는 데이터 과학자들이 참여하기도 했습니다.

데이터 과학자는 주먹이 아닌 알고리즘으로 시합을 벌입니다. 가장 우수한 성능의 알고리즘을 개발하는 자가 우승의 영예와 함께 상금을 거머쥡니다. 사실 상금은 그렇게 중요하지 않을 수도 있습니다. 참가자들의 순위가 표시된 리더보드(leaderboard)에 이름이 올라가는 것만으로 엄청난 명예와 권위를 얻게 되니까요. 모든 사람이 선망하는 기업에서 먼저 스카우트 제의가 들어옵니다. 기업들은 문제도 해결하고, 인재도 찾아내고, 꿩 먹고 알 먹는 것입니다.

UFC 대회에는 등록된 선수만이 출전할 수 있지만, 캐글 경연대회에는 데이터 분석을 할 줄 아는 사람이면 누구나 참여가 가능합니다. 국적, 나이, 학력과 상관없이 알고리즘의 성능만을 놓고 대결합니다. 이처럼 **외부의 불특정 다수로부터 문제 해결 방법을 구하는 방식을 크라우드소**

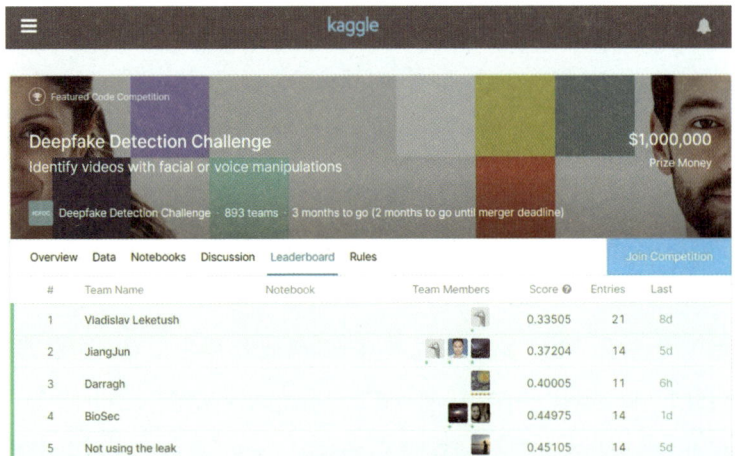

캐글 딥페이크 탐지 경진대회의 리더보드

싱(crowdsoucring)이라고 부릅니다. 크라우드소싱은 개방을 통해 혁신을 만들어가는 이른바 개방형 혁신(open innovation)이 한 단계 더 진화한 것입니다. 따라서 이번 장의 이야기는 개방형 혁신부터 시작합니다.

### 치킨 신메뉴는 깔대기를 통과하며 출시된다

대한민국은 치킨 왕국입니다. '치느님'으로 추앙받을 정도로 인기가 많다 보니, 국내 치킨집 수는 편의점보다도 많은 3만 5,000개가량 됩니다. 치즈, 불갈비, 땡초, 심지어 와사비와 김치 치킨까지 하루가 멀다 하고 새로운 메뉴가 쏟아집니다. 치킨 프랜차이즈 회사들이 신메뉴 개발에 열을 올리는 이유는 잘 만든 신메뉴 하나가 열 아이돌 광고 부럽지 않기 때문입니다. 신메뉴가 소위 '대박'이 나면 어마어마한 수익을 올릴 수 있죠.

치킨 신메뉴 개발이 이루어지는 과정은 대략 이렇습니다. 치킨 마니아를 자처하는 고객들의 요구사항을 수집하고, 다른 회사 치킨을 요리조리 뜯어보면서 벤치마킹을 한 후, 머리를 맞대고 다양한 신메뉴 아이디어를 내놓습니다. 엄청나게 매운 소스를 뿌려 먹으면 어떨까? 닭다리로만 만들면 어떨까? 튀기지 말고 삶아볼까? 열띤 토론을 거쳐 이번에는 새로운 매운 소스를 뿌려 먹는 치킨을 개발하기로 결정합니다. 다음은 구체적인 콘셉트를 정합니다. "먹자마자 뻴을 정도로 상상할 수 없이 매운 치킨", "입에 불이 날 듯이 매우면서도 끝 맛은 깔끔한 치킨" 등 다양한 매운 치킨 콘셉트가 제시되고, 시장성과 기술성을 고려해 "많이 맵지 않으면서도 은근히 매운 맛이 지속되는 치킨" 콘셉트를 최종 선정합니다.

본격적인 개발에 앞서 선정된 콘셉트의 신메뉴를 출시하는 것이 과연 바람직한가를 파악해야 합니다. 사업성 분석 단계입니다. 원가가 얼마나 들지, 얼마나 팔릴지, 몇 마리나 팔려야 본전을 회수할 수 있을지를 검토합니다. 사업성이 충분하다고 판단되면 개발 단계에 돌입하게 되죠. 타바스코, 할라페뇨, 청양고추 등 세계에서 내로라하는 매운 고추들과 마늘, 생강, 겨자 등 매운 맛을 내는 다양한 재료를 배합하여 소스를 만들어 보고 맛을 보고 다시 만드는 과정을 반복합니다. 신메뉴 콘셉트에 가장 적합한 맛으로 청양고추와 마늘을 섞은 소스가 선정되었습니다. 비율을 달리해 몇 개의 시제품을 만든 후 내부 직원과 일부 고객들을 상대로 선호도 조사를 합니다. 그 결과 가장 좋은 반응을 얻은 시제품의 소스를 최종 선정하고, 대량생산을 위한 설비를 구축합니다. 양산된 새로운 소스가 각 지점에게 전달되고 드디어 혁신적인 치킨 신메뉴가 고객에게 배달되기 시작합니다.

치킨 메뉴에 혁신이라는 단어를 붙이니 조금 어색한가요? 앞장에서 이야기한 혁신의 핵심 요건은 많은 사람들이 채택해야 한다는 것이었습니다. 새로운 맛의 매운 치킨이 많은 인기를 얻게 된다면 이 또한 충분히 혁신이라고 부를 수 있습니다. 복잡한 공학기술을 활용한 신제품의 개발 과정도 치킨과 별반 다르지 않습니다. **새로운 제품이나 서비스를 개발하는 과정은 깔때기(funnel)에 비유되곤 합니다.** 깔때기의 입구는 매우 넓지만 출구는 좁습니다. 처음에는 수많은 아이디어가 깔때기에 투입됩니다. 쓸모없는 아이디어는 탈락하고, 일부만이 구체화된 후 사업성을 검토하고, 개발 및 테스트를 거쳐, 최종적으로는 한두 개의 제품만이 깔대기 밖으로 나와 세상 빛을 보게 됩니다. 물론, 깔때기를 통과해 시장에 출시되었다고 해도 잘 팔린다는 보장은 없습니다. 시장에서의 성공 여부는 또 다른 차원의 문제입니다.

## 신약 개발의 지름길, 개방형 혁신

과거에는 대부분의 기업이 혁신 깔때기를 단은 채 연구개발 및 사업화에 이르는 모든 단계를 독자적으로 수행하는 경우가 많았습니다. 우수한 인력과 풍부한 자원을 보유한 대기업들은 독자적으로 신제품을 개발할 충분한 역량도 있거니와 무엇보다 그 과실을 오롯이 독차지할 수 있기 때문입니다. 그러나 신제품 개발은 비용도 많이 들고, 실패했을 때의 위험도 큽니다. 무엇보다 큰 문제는 너무 오래 걸린다는 사실입니다. 신약 개발에는 12년, 신차 개발에는 5년, 전자제품은 2년 정도의 시간이 필요합니다.[15]

하지만 고객들의 취향과 요구사항은 자주 바뀝니다. 충분한 시장 조사를 통해 고객들이 원하는 바를 모두 갖춘 신제품을 출시하더라도, 시간이 오래 걸린다면 깔때기 밖으로 나왔을 때 이미 구식으로 전락할 수밖에 없겠죠. 적자생존(適者生存)이 아니라 속자생존(速者生存)입니다. 요즘 기업들의 가장 큰 고민은 어떻게 하면 최대한 빠르게 신제품을 내놓을 수 있을까 하는 것입니다. 처음부터 끝까지 혼자 다 하려면 시간이 너무 오래 걸립니다. 방법은 하나입니다. 누군가가 어느 정도 만들어 놓은 것을 가져다 쓰거나 같이 만드는 것이죠.

이처럼 **혁신의 깔때기를 개방하여 외부의 지식과 자원을 활용하는 것을 개방형 혁신**(open innovation)이라고 부릅니다. 외부에서 가져오기도 하지만(outside-in), 내 것을 외부로 내보내기도 합니다(inside-out). 개방형 혁신이라는 용어는 2003년 미국 UC 버클리 대학의 헨리 체스브러(Henry Chesbrough) 교수가 처음 제시했지만[16], 사실 그다지 새로운 개념이나 이론은 아닙니다. 다른 기업들과 협력하거나 대학 및 연구소와 산학연 공동연구를 수행하는 것은 이미 오래전부터 하던 일입니다. 그럼에도 불구하고 개방형 혁신이라는 개념이 큰 인기를 끌게 된 이유는 그 자체가 새로운 패러다임의 전환을 의미하기 때문입니다.

기존의 패러다임은 독자적으로 혁신을 추구하는 **폐쇄형 혁신**(closed innovation)입니다. 폐쇄형 혁신의 깔때기는 단단해서 구멍이 없습니다. 아이디어를 도출하고, 개발하고, 사업화하는 과정을 독자적으로 수행해야 합니다. 가장 먼저 제품을 내놓아야만 이길 수 있다고 생각합니다. 개발된 제품은 특허로 보호해서 아무도 쓰지 못하게 해야 합니다. 개방형 혁신은 반대입니다. 개방형 혁신 깔때기에는 여기저기 구멍이 나 있습니다. 외부 아이디어가 중간에 들어오기도 하고 내부에서 수행하던 프로젝트를 도중에 내보내기도 합니다. 외부의 아이디어라도 우리가 이어받아 쓸모 있게 만들면 돈을 벌 수 있습니다. 먼저 내놓는 것보다 더 좋은 비즈니스 모델을 만드는 것이 더 중요합니다. 내 특허를 남들이 못

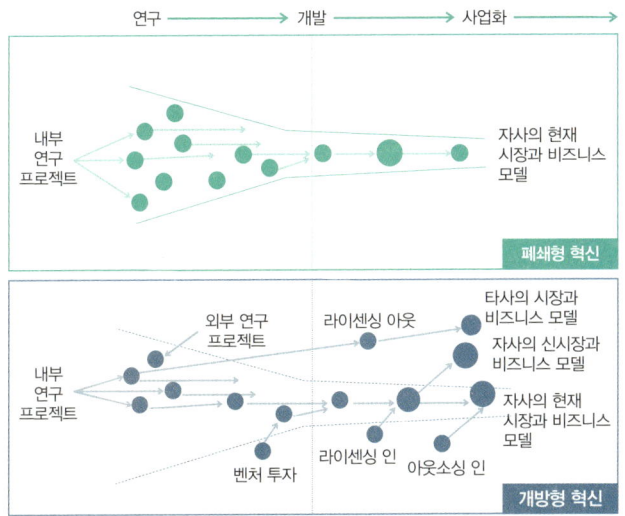

폐쇄형 혁신과 개방형 혁신[17]

쓰게 하기보다는 원하는 이들에게 내어 주고 사용료를 받아 수익을 챙깁니다. 개방형 혁신의 원칙은 기존 기업들이 고수했던 폐쇄형 혁신과는 머리부터 발끝까지 정반대죠.

　제약 산업은 신제품 개발 시간이 가장 오래 걸리는 산업 중 하나입니다. 실험실에서 약에 들어갈 후보물질을 탐색하고 추출하는 데에만 몇 년이 걸립니다. 개발 단계로 넘어가서는 안정성에 문제는 없는지, 정말 치료에 효과가 있는지를 알아보기 위해 실제 환자를 대상으로 임상 시험을 수행합니다. 임상 시험은 한 번에 끝나는 것이 아니라 1상에서 3상까지 세 번이나 수행해야 합니다. 최종적으로 신약이 시판될 때까지 최소 10년 이상이 걸리는 경우가 허다합니다. 그러나 제약 산업은 어느 산업보다도 빨리 신제품을 출시하는 것이 매우 중요합니다. 다른 회사가 유사한 치료제를 먼저 개발하여 표준 치료법으로 자리 잡으면 말짱 도

루묵이 되기 때문이죠.

한미약품은 국내 첫 폐암 치료제로 주목받은 '올리타' 개발을 2004년에 착수했으나, 2016년이 되어서야 조건부 허가를 받고 시판을 시작했습니다. 시판 전인 2015년에 이미 독일의 글로벌 제약사인 베링거인겔하임에 기술수출 계약까지 마친 상태였습니다. 그러나 그 사이 영국의 한 제약회사가 '타그리소'라는 유사한 치료제를 출시합니다. 개발 자체는 한미약품이 빨랐지만, 임상 시험이 오래 걸리는 바람에 출시가 늦어 표준 치료제 자리를 '타그리소'에 내주고 맙니다. 간발의 차이는 생각보다 컸습니다. 후발 주자로서 경쟁력이 없다고 판단한 베링거인겔하임은 판권을 반납하기에 이르렀고, 임상 3상에 참여할 환자를 모집하는 것조차 어려웠던 한미약품은 결국 '올리타' 개발을 포기하게 됩니다.

반면 또 다른 국내 제약회사인 유한양행은 한미약품이 포기한 폐암 치료제에 뒤늦게 뛰어듭니다. 후보물질 탐색부터 시작하기에는 너무 늦었습니다. 대신 유한양행은 2015년 국내 신약개발 전문 기업인 오스코텍으로부터 신약 후보물질을 10억 원에 사들인 후 공동으로 임상 시험을 진행합니다. 이렇게 개발된 항암제 '레이저티닙'의 효능이 '타그리소'보다 훨씬 우수함이 입증됩니다. 유한양행은 2018년 글로벌 제약사 얀센에게 한국을 제외한 전 세계에서 '레이저티닙'의 생산 및 판매에 대한 독점권을 제공하는 대가로 총 1조 4천억 원 규모의 기술수출 계약을 맺게 됩니다. 단순하게 생각하면 10억 원에 들여온 기술로 1,400배 넘는 수익을 올린 셈이죠.

무엇보다 통상 10년 넘게 걸리는 신약 개발 시간을 5년 미만으로 단축했다는 점이 중요합니다. 유한양행이 신약 개발을 처음 단계부터 수행하였다면 아직 실험실에서 후보물질을 찾고 있을지도 모릅니다. 또한 개

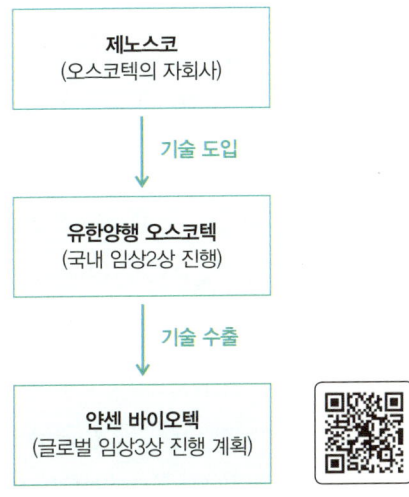

유한양행의 레이저티닙 개방형 혁신

발된 신약을 독자적으로 생산하여 판매하기에는 엄청난 규모의 글로벌 시장을 감당할 여력이 부족했을 것입니다. 유한양행은 후보물질을 외부로부터 가져와서(outside-in) 개발에 성공한 후 다시 외부로 내보내는(inside-out) 개방형 혁신의 두 가지 방식을 모두 활용함으로써 단기간에 막대한 수익을 올릴 수 있었습니다.

딜로이트 컨설팅이 1988년부터 2012년까지 281개의 제약회사를 대상으로 신약 개발 성과를 조사한 결과, 폐쇄형 혁신을 통한 신약개발 성공률은 11% 인데 비해 개방형 혁신을 통한 신약개발 성공률은 34%로 세 배 이상 높은 것으로 나타났습니다.[18] 이처럼 비용도 덜 들고, 시간도 줄어들고, 게다가 성공률까지 높은 방법을 마다할 수 있을까요? 요즘 대부분의 글로벌 제약사들이 너도나도 개방형 혁신에 뛰어들고 있는 이유입니다.

**연구하거나(R&D),
연결하거나(C&D),
인수하거나(A&D)**

신제품 개발은 일반적으로 연구(research), 개발(development), 그리고 사업화의 세 단계를 거쳐서 이루어집니다. 보통은 연구와 개발을 합쳐서 연구개발(R&D)이라고 부르지요. 연구 단계는 새로운 아이디어를 실현해 줄 수 있는 원천기술을 확보함으로써 혁신의 첫 단추를 꿰는 매우 중요한 단계입니다. 그러나 가장 오랜 시간을 잡아먹는 단계이기도 하죠. 따라서 이 단계를 다른 방식을 통해 대체할 수 있다면 신제품 출시 시점을 상당히 앞당길 수 있게 됩니다. 이에 **연구 단계를 직접 수행하지 않고, 외부와의 연계 활동으로 대체하는 C&D(connect& development, 연결개발)가 개방형 혁신의 하나의 유형으로 자리 잡았습니다.** R&D의 R(연구)을 C(연결)로 바꾼 것이죠.

옆의 그림에 제시된 브랜드들은 세 가지 공통점이 있습니다. 첫째, 과자, 칫솔, 화장품, 청소 용품 등 일상생활에 사용하는 소비재(consumer goods) 브랜드입니다. 둘째, 모두 하나의 회사에서 만드는 제품입니다. 그 주인공은 연매출액이 100조 원에 달하는 세계 최대 생활용품 제조업체인 P&G입니다. 셋째, 그러나 P&G가 독자적으로 만든 것이 아닙니다. 모두 외부로부터 핵심 기술을 가져와서 성공한 제품입니다.

소비재 시장과 같이 성숙한 시장에서는 끊임없이 신제품을 내지 않으면 지속적인 성장이 어렵습니다. 2000년 들어 매출액과 이익이 줄어들고 주가가 반 토막이 나는 위기에 처한 P&G는 새로운 발상을 하게 됩니다. '우리 회사에도 7,500명이 넘는 과학자들이 있지만 외부에는 그보다 훨씬 많은 150만 명의 과학자가 있는데, 굳이 우리 회사 안에서 모든 것을 해결해야 할 필요가 있을까?' 2000년이 되자 P&G는 향후 10년간 신제품의 절반 이상을 회사 외부에서 가져온 기술로 개발하겠다

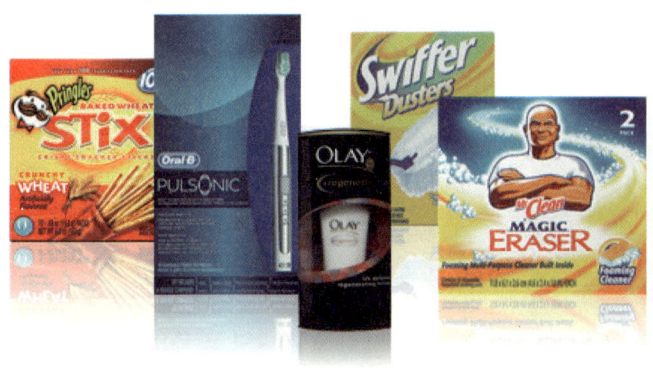

P&G가 연결개발을 통해 출시한 제품들

는 목표를 세우고, C&D 프로그램을 본격적으로 가동합니다.

프링글스 감자칩 위에 쓰인 수수께끼를 본 적이 있으신가요? P&G 스낵 부문은 프링글스 소비자들에게 새로운 경험을 제공하기 위한 방안으로 과자에 재미있는 그림이나 문구를 새겨 넣자는 아이디어를 냅니다. 그러나 감자칩 도우에 잉크로 글씨를 찍어낸다 한들 높은 습도와 온도로 튀겨내는 과정에서 남아나지 못 합니다. 게다가 프린팅에 사용되는 염료는 먹어도 문제가 없어야 합니다. P&G는 잉크젯 프린터 회사들에게 기술 개발을 의뢰하는 대신, 자체 보유한 글로벌 네트워크를 통해 필요한 기술을 수소문합니다. 마침 이탈리아 볼로냐의 한 대학교수가 본인이 운영하는 제과점에서 자체 개발한 식용 잉크 분무기로 쿠키에 그림을 그려 팔고 있다는 사실을 발견합니다. P&G는 제과점과의 제휴를 통해 자체 개발 시 2년이 넘게 걸렸을 법한 프링글스 프린트 제품을 1년도 안 되어 개발할 수 있었고, 출시하자마자 대히트를 기록하며 두 자릿수의 높은 매출 성장을 기록합니다.[19]

프링글스 프린트

프랑스 회사와 합작한 주름방지 화장품 올레이(Olay), 일본 회사와 힘을 합친 먼지떨이 스위퍼(Swiffer), 캐나다 회사와 연계한 섬유 유연제 바운스(Bounce) 등 C&D를 통해 기존 제품을 개선하여 출시한 신제품들이 연이어 대박을 터뜨리며 P&G는 눈부신 성과를 거둡니다. 10년 내에 혁신의 절반 이상을 개방형 혁신을 통해 달성하겠다는 목표도 초과 달성했습니다. 덕분에 매출액은 2000년 이전보다 더 증가하고, 주가도 제자리를 찾습니다.

C&D를 통해 톡톡히 효과를 본 P&G는 2012년부터 C&D 플랫폼(pgconnectdevelop.com)을 도입하여 보다 적극적으로 개방형 혁신을 추구하고 있습니다. P&G는 플랫폼을 통해 현재 자사에서 해결하고자 하는 기술적 니즈(technological needs)를 포스팅합니다. 개인이든 기업이든 전 세계 누구라도 참여하여 해결책을 제시할 수 있고, 아이디어가 채택되면 공동으로 제품을 개발하고 그 과실을 나눠 가지게 됩니다. 바로 뒤에서 이야기할 크라우드소싱 형태로 한 번 더 진화한 것입니다.

연결하는 것보다 더 적극적인 방법은 아예 기술을 보유한 기업을 사는 겁니다. 국내에는 대기업이 막대한 돈을 들여 스타트업을 인수하는 경우가 흔치 않지만, 해외에서는 비일비재합니다. 스타트업을 공격적으로 인수하며 성장해 온 대표적인 기업이 구글입니다. 구글이 2000년 이후로 인수한 스타트업은 무려 200개가 넘습니다. 세계 스마트폰 OS 점유율 1위인 안드로이드도 구글이 직접 만든 것이 아닙니다. 구글은 2005년 안드로이드라는 실리콘밸리의 작은 스타트업을 약 600억 원에 인수했고, 앞서 이야기한 캐글 역시 2017년 구글이 인수했습니다.

이세돌 기사와 바둑 대결에서 압도적인 승리를 거두며 인공지능 시대의 서막을 알린 알파고 역시 구글이 만든 것이 아닙니다. 대국 화면을 보면 알파고의 국적은 미국이 아니라 영국으로 표시되어 있습니다. 알파고를 만든 회사는 영국의 인공지능 스타트업인 딥마인드(Deep Mind)이기 때문이죠. 구글은 2014년 5,000억 원이 넘는 어마어마한 금액을 지불하며 딥마인드를 인수합니다. 이를 두고 시장에서는 말이 많았습니다. 딥마인드는 50명의 연구원으로 구성된 연구개발 조직일 뿐 당장은 아무런 수익을 내지 못 하고 있었으니까요. 당시만 해도 업계 물을 흐린다는 둥, 돈 장난이라는 둥 많은 논란이 일었지만, 지금은 딥마인드의 인수가 구글의 신의 한 수였음을 누구나 인정하고 있습니다.

이처럼 기술을 보유한 기업을 아예 인수하여 필요한 기술을 획득하는 방식을 A&D(acquisition & development, 인수개발)이라고 합니다. 기존에는 M&A(merger and acquisition, 인수합병)의 이유가 기업의 몸집을 불려 비용을 절감하거나 새로운 시장에 진출하기 위해서였다면, 최근 IT 기업들을 중심으로 일어나는 M&A는 기술을 획득하기 위한 목적이 대부분입니다. 빠르게 변화하는 IT 산업에서 필요한 기술을 처음부터 개발할 수 있는 여유는 없습니다. 특히 하루가 다르게 기술이 발전하고 있는 인공지능 업계에서는 A&D가 기본 옵션이 되어가고 있습니다. 구글뿐만 아니라 애플, 페이스북, 아마존 등 미국 기업들은 물론 알리바바와 바이두, 텐센트 같은 중국 기업들도 막대한 자본금을 앞세워 인공지능 스타트업을 마구잡이로 삼키고 있지요. A&D는 기술을 가진 기업과 연계하여 혁신을 꾀하는 C&D보다 훨씬 적극적인 형태의 개방형 혁신 모델이라고 할 수 있습니다.

딥마인드 인수에 앞서 구글은 2013년 캐나다의 스타트업인 DNN 리서치(DNN research)를 인수합니다. 캐나다 토론토 대학에 소속된 자그마한 연구실 수준이었던 DNN 리서치는 인공지능 관련 우수 학술 논문을 여러 편 발표하기는 했으나, 당장 상용화가 가능한 기술을 보유하고 있었던 것은 아닙니다. 구글이 DNN 리서치를 인수한 근본적인 이유는 설립자인 제프리 힌튼(Geoffery Hinton) 교수를 영입하기 위해서였습니다. 제프리 힌튼 교수는 인공지능의 핵심 기술인 딥러닝의 아버지라 불리는 사람입니다. (딥러닝과 인공지능은 12장에서 자세히 다룹니다.) DNN 리서치가 인수되어 구글에 합류한 제프리 힌튼 교수는 현재 구글의 인공지능 부문을 총괄하고 있습니다.

이처럼 기술 자체가 아닌 기술 개발 역량이 있는 인재를 유치하기 위해 인재가 소속된 기업을 통째로 인수하는 것을 어크하이어(acq-hire)라고 부릅니다. 인수(acquisition)와 고용(hire)을 합친 말이죠. 우수한 인재가 필요하면 그 사람만 스카우트하면 될 텐데, 굳이 막대한 비용을 들여서 기업을 통째로 인수할 필요가 있을까요?

속박받기 싫어하는 스타트업 창업자들에게 대기업은 그다지 매력 있는 직장이 아닙니다. 게다가 창업 때부터 동고동락하던 사람들을 뒤로하고 전혀 다른 조직에서 다른 사람들과 일하게 되는 것을 꺼릴 수밖에 없습니다. 하지만 회사가 통째로 인수된다면 이러한 문제가 해결됩니다. 여기저기서 인재들을 우르르 모아 놓는다고 해서 일이 잘되는 것은 아닙니다. 프로젝트 단위로 업무를 수행하는 IT 기업의 특성상 팀워크가 매우 중요합니다. 오랫동안 함께 일하면서 '케미'가 검증된 팀을 한꺼번에 데려오는 것은 기업 입장에서도 위험을 줄일 수 있는 효과적인 방법이 될 수 있습니다.

## 이상과 현실의 괴리, 그리고 개방형 혁신 2.0

개방형 혁신이 새로운 경영 패러다임으로 떠오르자 많은 기업이 이를 신봉하기 시작합니다. 국내 대기업들은 2000년대 중후반부터 너도나도 개방형 혁신에 뛰어들겠다고 선언했습니다. 사내 연수를 통해 개방형 혁신 성공 사례를 다 같이 공유하고, 개방형 혁신 전문 부서를 새로 만듭니다. 개방형 혁신을 통해 성과를 올리는 직원들에게 인센티브를 지급하기로 합니다.

그러나 생각보다 큰 성과는 없었습니다. 성공 사례도 찾아보기 쉽지 않습니다. 기껏해야 예전부터 진행하던 대학과의 산학협력 성과나 협력업체와의 공동개발 성과를 개방형 혁신으로 포장하는 것이 대부분입니다. 그도 그럴 것이 개방형 혁신이라는 패러다임 자체가 서구에서 만들어진 것입니다. 외국 기업과 조직 문화가 전혀 다른 국내 대기업이 이를 받아서 그대로 행하기란 쉽지 않습니다. 심지어 같은 회사 내 부서 간 협력과 개방도 잘 이루어지지 않는데, 외부 기업과의 협력과 개방이 가능할까요? 설사 외부에서 기술을 가져와서 성공한다고 한들 그게 직원 입장에서 좋은 일일까요? 여러분이 대기업 연구원이라고 생각해 봅시다. 우리 부서에서 오랜 시간과 막대한 비용을 쏟아도 개발에 실패했던 기술을, 외부 기업으로부터 가져와서 신제품 개발에 성공한다면 여러분의 입지는 어떻게 될까요?

개방형 혁신 패러다임은 아주 이상적이지만, 현실에서는 적용이 어려운 것이 사실입니다. "타사의 아이디어를 활용하여 새로운 가치를 창조할 수 있다"라고 하지만, 사실 내 것도 잘 모르는데 남의 것을 가져와 이해하고 사업화하는 것은 더 어렵습니다. "사내에서 잠자고 있는 기술을 외부의 누군가가 잘 활용하면 우리에게도 이익이 될 수 있다"고 하지만,

우리한테 쓸모가 없는 것은 남한테도 별 쓸모가 없을 가능성이 높죠. "우리에게 이익을 가져다줄 있는 기술이 회사 밖 어딘가에 존재한다"는 말만 믿고, 어디에 있는지 모르는, 심지어는 존재하지도 않는 기술을 찾아 학회나 포럼 등 각종 행사에만 뛰어다니느라 정작 연구개발에 쏟을 시간이 부족합니다.

기대만큼 큰 성과가 없던 개방형 혁신이 슬슬 위세가 약해질 무렵, 또다시 새로운 패러다임이라 주장하는 개방형 혁신 2.0이 등장합니다. 개방형 혁신 1.0이 외부 개방을 통한 기업 간의 협력이었다면, 개방형 혁신 2.0은 기업뿐만 아니라 혁신의 사용자, 즉 일반 대중들과도 협력하여 새로운 가치를 공동으로 창출하자는 것이 핵심 아이디어입니다. 혁신 깔때기라는 것을 아예 없애고, 기업들과 사용자들이 상시 유기적으로 연결되어 함께 혁신을 창조해 나가는 혁신 생태계(ecosystem)를 만들자고 주장합니다.[20]

상당히 파격적입니다. 갈 때까지 간 것일까요? 기업 간 협력이 잘 안 되니 일반인까지 끌어들여 뭐라도 해 보자는 것일까요? 죽어가는 개방형 혁신 이론을 억지로 살려내기 위한 학자들의 마지막 심폐소생술로 보아야 할까요? 그러나 최근 벌어지는 일들을 보면 개방형 혁신 2.0이 결코 허무맹랑한 이야기는 아닌 것 같습니다. 아니, 오히려 개방형 혁신 1.0에 비해 훨씬 현실적이고 의미 있는 성과를 내고 있습니다. 사용자 혁신, 크라우드소싱, 소셜 개발이라는 또 다른 이름으로 말이죠.

## 무너진 레고 블록을 다시 쌓은 사용자 혁신

레고를 아직도 아이들 장난감으로만 생각하고 있다면 큰 오산입니다. 아날로그 세상에서 오랜 시간 동안 어린이들의 사랑을 받아

온 레고는 1990년대에 접어들며 위기에 처합니다. 비디오 게임, 컴퓨터 게임 등 레고보다 재미있고 자극적인 디지털 장난감들이 쏟아지면서 매출은 급감하게 되고, 급기야 파산 위기에 처하게 됩니다. 위기에 처한 레고를 다시 살린 것은 레고의 경영진이 아닌 사용자들이었습니다. 그것도 레고의 주 고객이었던 어린이들이 아니라, 레고 '덕후'라고 불리는 성인 레고 팬들이었죠. 레고 스타워즈(Lego Star Wars), 레고 마인드스톰(Lego Mindstorm)과 같은 성인들을 위한 신제품이 출시되면서, 성인으로 성장하며 은둔해 있던 레고 팬들의 감성을 자극하기 시작했습니다.

특히 완제품 형태가 아닌 개별 블록 단위로 판매가 이루어지면서 그동안 억누르고 있었던 창작 욕구에 불을 지핍니다. 레고의 브릭링크(BrickLink)에는 1억 개가 넘는 종류의 레고 부품이 판매되고 있고, 20만 명이 넘는 회원들이 본인만의 작품을 위해 레고 블록을 구매하고 있습니다.[21] 그렇게 완성한 멋진 작품을 혼자서만 감상하기에는 아깝겠죠. 레고 팬들은 자체적으로 온라인 커뮤니티를 만들어 각자가 만든 레고 작품을 올리고 조립 방법을 공유하기에 이릅니다. 수십만 건의 레고 작품이 커뮤니티에 공유되었을 뿐만 아니라, 사람들의 입을 딱 벌어지게 만드는 그야말로 '고퀄리티' 작품들이 쏟아집니다.

개인 사용자들의 어마어마한 잠재력을 확인한 레고는 사용자 커뮤니티와 밀접하게 협력하기 시작합니다. 성인 레고 팬으로 구성된 레고 대사(ambassador)를 선발하여 신제품 개발을 위한 의견을 청취하고 반영하는 프로그램을 운영하던 레고는, 한발 더 나아가서 사용자가 만든 레고 작품을 상품화하기에 이릅니다.

레고 사용자들은 레고 아이디어(ideas.lego.com)를 통해 본인이 직접 설계한 창작품을 등록합니다. 다른 사용자들로부터 작품성을 평가

받게 되고, 1만 명의 지지를 얻으면 레고 본사에서 상품화를 검토합니다. 최종적으로 제품이 출시되면 매출액의 1%에 해당하는 로열티를 지급받을 수 있지요. 레고 아이디어를 통해 출시된 제품들은 차례로 큰 성공을 거둡니다. 과거에는 소수의 디자이너들만이 레고의 설계를 담당했기 때문에 대중의 취향을 반영하지 못하는 경우가 많았지만, 레고 아이디어를 통해 출시된 제품은 이미 많은 사람들에 의해 검증된 것이기 때문에 성공 확률이 높을 수밖에 없었던 것입니다.

사실 레고는 "우리가 만든 아이디어가 아니면 쓰지 않는다"라고 공식적으로 이야기할 만큼 매우 폐쇄적인 기업이었습니다. 고객을 매뉴얼에 따라 조립만 하는 수동적인 존재만 생각했던 것이죠. 그랬던 레고가 사용자 혁신의 대명사가 된 계기는 바로 레고 마인드스톰의 해킹 사건 덕분입니다. 레고 마인드스톰은 평범한 레고 블록이 아닙니다. 블록만으로 로봇의 형상을 만드는 것에서 끝나는 것이 아니라, 모터와 센서를 함께 조립하여 프로그래밍을 통해 로봇을 움직일 수 있습니다.

MIT 미디어랩과 10년이 넘는 공동 연구 끝에 1998년 세상에 나온 레고 마인드스톰은 출시되자마자 위기에 처합니다. 스탠퍼드 대학원생들이 해킹을 해서 마인드스톰의 소스 코드를 까발려 버린 것입니다. 막대한 비용을 투자해서 개발한 신제품이 하루아침에 해커들의 장난감이 되어 버렸습니다. 당황한 레고는 소송까지 고려했으나, 의외의 결정으로 사람들을 놀라게 합니다. 아예 마인드스톰 소스 코드를 무료로 공개해 버린 것이죠. 덕분에 전 세계 사용자들이 자신들만의 방식으로 마인드스톰 프로그램을 내놓았고, 레고가 생각하지 못했던 다양한 모습의 로봇이 출현하게 되면서 마인드스톰의 인기는 더욱 높아졌습니다.[22] 현재 레고는 매년 마인드스톰을 이용한 경진대회를 개최하고 있으며, 많은

레고 아이디어를 통해 출시된 작품과 레고 마인드스톰

대학에서 공학 설계 과목의 교구로까지 활용되고 있습니다.

이처럼 사용자가 직접 참여하여 새로운 제품이나 서비스를 개발하는 활동을 사용자 혁신(user innovation)이라고 합니다. 사용자는 곧 제품을 구매한 소비자이기도 하죠. 그런데 소비자 혁신이라고 부르지 않고 사용자 혁신이라고 부르는 이유는 무엇일까요? 소비자(consumer)는 기업이 의도한 대로 구매한 제품을 사용하는 수동적인 존재인 반면, 사용자(user)는 제품을 사용하는 과정에서 학습을 하고 문제점과 해결책을 제시하는 능동적인 개념을 포함하고 있기 때문입니다. 사용자 혁신의 개념은 개방형 혁신이 출현하기 훨씬 오래전부터 존재했지만, 인터넷 커뮤니티를 통한 상호작용이 활발히 이루어지면서 혁신의 원천으로 더욱 주목받고 있습니다.

## 시멘트공이 기름유출 사고를 해결하다

2007년 12월 서해 태안 앞바다에서 발생했던 기름유출사고를 기억하시나요? 유조선과 크레인이 충돌하여 1,000만 리터가 넘는 원유가 바다에 쏟아지는 바람에 양식장이 오염되고 생태계가 파괴되는 심각한 피해를 입었습니다. 다행히도 100만 명이 넘는 자원봉사자들이 추운 겨울 해변에서 기름종이로 기름을 닦아낸 덕분에 생각보다 빠른 시간 안에 수습했었죠.

반면 1989년 미국 알래스카 부근에서 발생한 유조선 기름 유출 사고는 지난 2007년까지도 해결되지 못하고 있었습니다. 엑손모빌(Exxon Mobile)사의 유조선 발데즈호가 암초에 부딪혀 좌초되면서 4,000만 리터 이상의 원유가 해달과 물개의 서식지인 청정 바다로 유출됩니다. 미생물을 이용하여 원유를 분해해 보기도 하고, 수면에 떠 있는 기름을 분류하는 오일스키머도 사용해 보았지만 소용이 없었습니다. 알래스카 부근은 워낙 기온이 낮아 바닷물이 얼기 때문에, 유출된 기름이 얼음과 엉겨 붙어 젤리처럼 굳어지면서 분리가 잘 되지 않았던 것입니다. 어쩔 수 없이 기름으로 오염된 바다를 방치한 채 17년이라는 시간이 흐르고 말았습니다.

2007년 국제기름유출연구소는 이노센티브(Innocentive)라는 기업에 이 문제를 해결할 방안을 의뢰합니다. 이노센티브는 전 세계의 과학기술자들과 기업들을 연결시켜 각종 기술적 문제의 해결을 돕는 기업입니다. 'SEEKER'라고 부르는 기업들이 '챌린지(challenge)'라는 이름으로 문제를 올리고 현상금을 겁니다. 'SOLVER'는 문제에 대한 해결방안을 제시하고, 해결방안이 채택되면 금전적인 보상이 이루어집니다. SOLVER로 참여하는 데에는 아무런 제한이 없습니다. 회원 가입만 하면 남녀노소, 직업 불문하고 전 세계 누구나 SOLVER로 참여할 수 있지요.

국제기름유출연구소가 내건 챌린지에는 과학자, 학생, 주부 등 다양

엑슨발데즈호 기름이 유출된 알래스카 해역

한 사람들로부터 수천 건의 아이디어가 제출되었습니다. 어뢰를 이용하여 폭파해 버리자, 박테리아를 살포하자 등등 기상천외한 아이디어들이 쏟아졌고, 영화배우 케빈 코스트너는 원심분리기를 이용하자는 아이디어를 직접 내기도 했습니다. 최종 선택된 아이디어의 주인공은 한 시멘트회사 엔지니어였습니다. 그는 기름유출 전문가도 아니고 공학박사 학위를 가지고 있지도 않았지만 본인의 경험을 바탕으로 간단한 아이디어를 제시합니다. 시멘트가 굳지 않도록 계속 기계로 젓는 것처럼, 기름도 계속해서 저어주면 얼어붙지 않는다는 것이었습니다. 국제기름유출연구소는 바지선에 진동 기계를 달아 기름을 걷어내는 데 성공할 수 있었고, 아이디어를 제시한 시멘트 회사 직원은 상금으로 2만 달러를 수령하게 됩니다. 과학자들이 17년간 해결하지 못했던 문제를 비전문가가 순식간에 해결해 버린 것입니다.

이상은 크라우드소싱의 원조라고 불리는 이노센티브의 이야기였습니다. **크라우드소싱은 대중(crowd)과 아웃소싱(outsourcing)을 합친 말이죠.** 기업에서는 비용 절감을 위해 IT, 채용, 마케팅, 생산 등 다양한 업무를 외부로부터 아웃소싱합니다. 보통은 특정 기업을 지정하고 계약을 맺습니다. 그러나 크라우드소싱은 누구와 계약을 하게 될지 모릅니다. 모든 사람이 참여할 수 있게 한 다음 성과에 따라 누군가를 선정하여 비용을 지불합니다. **아웃소싱을 주기 원하는 이와 받기를 원하는 이들을 연결해 주므로, 크라우드소싱은 전형적인 플랫폼 비즈니스입니다.**

앞에서 살펴본 레고의 사용자 혁신도 역시 크라우드소싱으로 볼 수 있습니다. 레고 사용자라면 누구나 본인의 레고 작품을 제출할 수 있고, 제품화 대상으로 선정되면 금전적인 보상을 받게 되죠. 다만 크라우드소싱은 제품의 실사용자뿐만 아니라 기업과 관계없는 모든 대중으로부터 아이디어를 수집한다는 측면에서 차이가 있습니다.

크라우드소싱의 유형은 다양합니다. 이노센티브와 캐글과 같이 대중의 지식과 스킬을 활용하여 아이디어나 솔루션 등과 같은 창의적인 무언가를 만드는 유형을 크라우드 창작(crowd creation)이라고 부릅니다. 대중으로부터 소싱하고자 하는 것이 돈이라면, 앞서 공유경제에서 이야기한 크라우드 펀딩(crowd funding)에 해당합니다. 오디션 예능 프로그램에서와 같이 시청자의 투표를 통해 의사결정을 수행하는 것은 크라우드 보팅(crowd voting)입니다. 엔터테인먼트 산업뿐만 아니라 프랜차이즈 회사의 신메뉴 개발, 스포츠 게임에 출장할 선수 선발 등 다양한 분야에서 소셜 미디어를 활용한 크라우드 보팅이 이루어지고 있지요. 하지만 개방형 혁신 관점에서 더욱 주목해야 할 크라우드소싱의 유형은 따로 있습니다. 바로 크라우드 큐레이션(crowd curation)입니다.

**이제는 소셜 개발 시대**     이노센티브와 캐글 모두 제출된 아이디어나 알고리즘을 최종적으로 선택하는 주체는 결국 의뢰 기업입니다.

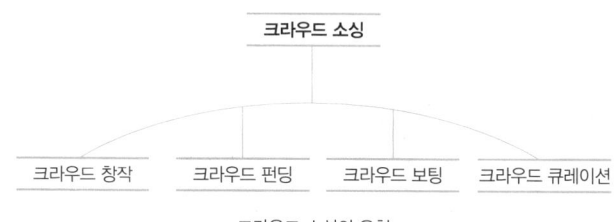

크라우드 소싱의 유형

  이노센티브의 챌린지에 참여한 SOLVER들은 다른 이들의 아이디어를 볼 수 없습니다. 캐글의 공모전에 참가한 데이터 과학자들은 다른 팀의 알고리즘을 알 수 없죠. 그러나 크라우드 큐레이션은 다릅니다. 미술관의 큐레이터는 수많은 미술작품 중 전시품을 선별하고, 작품에 대한 본인만의 해석을 곁들입니다. **크라우드 큐레이션은 추천과 선별 작업을 혼자서 수행하는 것이 아니라 집단으로 참여하는 것을 말합니다.**

  휘어지는 멀티탭을 보신 적이 있나요? 책상 밑의 멀티탭에는 노트북, 휴대폰, 공유기, 인터넷 전화기를 충전하기 위한 어댑터들이 빽빽이 꽂혀 있습니다. 그런데 요즘은 어댑터들이 다 뚱뚱해서 일렬로 배열된 일반 멀티탭을 사용할 경우 하나를 꽂으면 바로 옆의 구멍은 쓸 수가 없죠. 소켓이 5개라도 3개밖에 쓸 수 없기 때문에 어쩔 수 없이 또 하나의 멀티탭이 필요합니다. 하지만 쿼키(Quirky)라는 회사가 개발한 피벗파워(Pivot Power) 멀티탭을 사용하면 이런 문제가 없습니다. 멀티탭 소켓 사이의 관절부를 구부릴 수 있게 하여 어댑터를 서로 부딪치지 않게 꽂을 수 있지요. 세계에서 가장 권위 있는 디자인 공모전 중 하나인 레드 닷 디자인 어워드(Red Dot Design Award)를 2012년에 수상하기도 했습니다. 피벗파워는 출시되자마자 1시간에 30개씩 팔릴 정도로 선풍적인 인기를 끌었고, 국내에서도 판매된 바 있습니다.

휘어지는 멀티탭, 피벗파워

피벗파워는 쿼키의 '소셜 개발' 프로세스를 통해 세상에 나온 제품입니다. 누구나 쿼키 웹사이트에 접속하여 본인의 신제품 아이디어를 제안할 수 있습니다. 제품의 카테고리, 해결하고자 하는 문제, 기능에 대한 간단한 설명만 넣으면 됩니다. 제안된 아이디어는 모든 회원에게 공개되어 투표를 받습니다. 높은 지지를 받은 아이디어는 쿼키 내부 평가를 통해 제품화 여부가 결정됩니다. **원하는 모든 이들이 개발 프로세스의 전 과정에 참여합니다. 말 그대로 소셜 개발(social development)입니다.**

여기서 끝이 아닙니다. 쿼키는 직접 만든 시제품의 영상을 웹사이트에 올립니다. 회원들은 보다 완성도 높은 제품을 만들 수 있는 다양한 개선 방안을 제시하기도 하고, 제품의 이름이나 로고에 대한 의견도 낼 수 있습니다. 제품이 출시되어 수익이 발생하면, 처음 아이디어를 제시한 사람뿐만 아니라 각 과정에 참여한 모든 사람들이 기여도에 따라 수익의 일부를 보상받습니다. 이름을 지어준 사람, 좀 더 나은 디자인을 제시한 사람, 동영상을 제작해 준 사람 모두 지분을 갖는 것이죠.

많은 사람들의 기대 속에 엄청난 규모의 투자를 받으며 승승장구하던 쿼키는 2015년 갑작스레 파산 신고를 하게 됩니다. 다양한 제품을 조금씩 만드는 다품종 소량 생산으로는 수지가 맞지 않았던 것입니다. 2017년 우여곡절 끝에 새로운 주인을 만나 다시 돌아온 쿼키는 이제 제품을 직접 생산하지 않습니다. 제품 아이디어를 발굴하여 설계까지만 소셜 개발을 통해 내부에서 진행한 후, 다른 기업에게 라이선싱을 주어 제조와 판매를 대행하도록 합니다. 내부 기술을 외부로 내보내 로열티를 받아 수익을 내는 방식, 이 또한 개방형 혁신입니다.

소셜 개발은 IT 분야에서 어느덧 대세가 되었습니다. 요즘 IT 업계에서는 개발자를 채용할 때 입사지원서에 SNS 계정을 입력하도록 요구합니다. 지원자의 인간관계를 뒷조사하려는 걸까요? 물론 아닙니다. 필요한 것은 페이스북 계정이 아니라, 개발자의 페이스북이라고 불리는 깃허브(Github) 계정입니다. 깃허브는 소프트웨어 개발 소스 코드를 편리하게 관리할 수 있는 서비스이자, 개발자들의 SNS이기도 합니다. 거의 모든 개발자가 공개적으로 사용하고 있기 때문에, 깃허브 계정만 알면 그 사람이 그동안 어떤 프로젝트를 수행했는지, 어떤 개발 언어들을 주로 활용하는지를 확인할 수 있습니다. 일종의 구직 포트폴리오가 되는 셈이죠.

하지만 개인 소스 코드 관리나 포트폴리오 저장소 정도로만 활용할 거라면 굳이 깃허브를 쓰지 않아도 됩니다. 깃허브의 핵심은 공유입니다. 포크로 음식을 찍어 접시에 옮겨 담듯이, 포크(fork)라는 기능을 이용해 다른 사람의 저장소에서 소스 코드를 그대로 가져와서 쓸 수 있지요. 사용료가 없을 뿐만 아니라, 미리 허락을 받지 않아도 됩니다. 공유보다 더 중요한 것은 함께 만들어 간다는 점입니다. 깃허브는 오픈소스

깃허브 소셜코딩

개발의 성지라고 불립니다. 누구나 실력만 있다면 오픈소스 프로젝트에 참여하여 컨트리뷰터(contributor)가 될 수 있습니다. 소스 코드를 보고 좀 더 나은 방향으로 개선할 수 있는 아이디어가 있다면 직접 코드를 수정하여 관리자에게 제안할 수 있습니다. 프로젝트 관리자가 제안을 받아들이면 내가 짠 코드가 반영된 소프트웨어가 출시되는 것이죠.

구글, 아마존, 삼성 등 인공지능 서비스를 제공하고 있는 대부분의 기업은 자사가 개발한 소스 코드를 깃허브에 공개하고 있습니다. 개별 인공지능 연구자들도 새로운 알고리즘을 제시하는 논문과 함께 알고리즘 구현 코드를 깃허브에 전부 공개합니다. 예전처럼 감추고 혼자 쓰지 않습니다. 더 나은 아이디어, 더 우수한 성능을 얻기 위해 모두에게 공개하고 함께 만들어가는 것이죠. **인공지능 기술이 이토록 급속하게 발전하게 된 비결은 개방과 협력입니다.**

그 중심에 깃허브가 있습니다. 전 세계 2,500만 명이 넘는 사용자를 보유한 깃허브는 2008년 설립된 이래 한 번도 적자를 면치 못했음에도 불구하고, 8조 원이라는 천문학적인 금액으로 2018년 마이크로소프트에 인수됩니다. 과거 오픈소스 운동을 박멸 대상이라면 적대시하던 마이크로소프트가 이제는 오픈 소스의 성지를 품에 안은 것입니다.

… 사용자 혁신, 크라우드소싱, 소셜 개발, 개념도 조금씩 다르고 이름도 다릅니다. 하지만 모두 일반 대중과 함께 혁신을 만들어 가자는 개방형 혁신 2.0 패러다임에 꼭 들어맞는 움직임이죠. 개방형 혁신 1.0으로는 이루지 못했을 새로운 혁신들이 2.0을 통해 우리 곁에 등장하고 있습니다.

그렇다고 무조건 개방하는 것만이 능사는 아닙니다. 열 건 열고 닫을 건 닫아야죠. 비즈니스의 성패를 좌우할 만한 핵심 기술은 특허를 이용하여 보호해야 합니다. 개방을 할 때 하더라도 특허가 있어야 권리를 챙길 수 있습니다. 기술을 어디까지 보호하고 어떻게 관리할 것인가? 다음 장에서 다룰 특허 전략의 주제입니다.

**08**

# 삼성은 정말
# 애플의 특허를 베꼈을까?

**총성 없는 기술 전쟁의 필승 무기, 특허전략**

7년이라는 긴 시간이 걸렸습니다. 2011년 4월 애플은 삼성이 아이폰 관련 특허들을 침해했다며 미국 캘리포니아 산호세 지방법원에 소송을 제기합니다. 그로부터 두 달 후, 삼성은 자사가 보유한 3G 무선통신 관련 특허 침해 혐의로 애플을 제소하면서, 세기의 특허 전쟁의 막이 올랐습니다. 이후 미국을 비롯하여 우리나라와 네덜란드, 영국, 호주 등 10개국에서 잇달아 소송이 진행되며 치열한 공방이 이루어집니다.

2012년 8월에 나온 미국 법원의 1심 재판 결과는 애플의 완승이었습니다. 애플이 제기한 대부분의 특허 침해 사항이 인정되면서 삼성에게 1조 원이 넘는 배상금을 지급하라는 판결이 나온 것이죠. 반면 삼성이 주장한 애플의 특허 침해는 모두 기각되었습니다. 다행히 삼성은 항소심에서 일부 침해 사실에 대해 불인정 판정을 얻어냈고, 2016년 애플에 절반 정도의 보상금을 우선 지급합니다. 그사이 미국을 제외한 9개 국가에서의 소송은 양사의 합의로 모두 철회되었지요.

여기서 끝이 아닙니다. 삼성은 이미 지급한 배상금 산정에 문제가 있다며 미연방대법원에 상고심을 신청하게 되고, 배상금을 재산정하라는 판결을 얻어내게 됩니다. 그러나 역시 끝날 때까지 끝난 것이 아니죠. 배상금이 줄어들 것으로 예상했던 2018년 5월 환송 1심에서 오히려 금액이 더 늘어납니다. 반전에 반전이었습니다.

지루한 공방전이 앞으로 더 지속할 것으로 예상되던 2018년 6월, 두 회사가 극적으로 협상에 이르면서 길고 길었던 특허 분쟁에 마침표를 찍었습니다. 구체적인 합의 사항은 공개되지 않았지만, 장기간의 소송으로 피로가 쌓인 두 회사는 더 이상 얻을 것이 없다고 판단했을 것입니다. 사실 지금까지 설명한 내용은 1차 소송이었고, 그사이에 더 극적이었던 2차 소송이 개막되었다가 이미 막을 내린 바 있죠.

기술혁신을 통해 새로운 기술을 개발하는 것도 중요하지만, 특허라는 수단을 이용하여 혁신의 성과를 보호하는 것도 중요합니다. 삼성과 애플이 벌인 세기의 특허 전쟁은 요즘 기업 간 경쟁에서 특허가 얼마나 중요한 자산인지를 실감케 해 줍니다. 아니, '자산'이라고 하기보다는 '무기'라고 하는 것이 더 맞을 것 같습니다. **특허는 기술에 대한 독점적 권리를 보장해 주는 '기술적 자산'에 그치지 않고, 기업 간 경쟁에서 승리를 견인하는 '전략적 무기'로 진화하고 있습니다.** 무기를 효과적으로 쓰려면 무기의 특성과 작동 원리를 알아야 합니다. 일단 특허의 요건과 원칙부터 짚고 넘어가도록 하겠습니다.

## 소맥잔이 특허가 될 수 있을까?

특허는 발명에 대한 독점적인 권리를 부여하여 발명자를 보호하는 제도입니다. 발명이라고 해서 아무것이나 특허로 보호받는 것은 물론 아닙니다. 발명자는 보통 변리사의 도움을 받아 발명 내용을 상세히 기술한 특허 신청서를 특허청에 제출합니다. 이 과정을 '출원(application)'이라고 하죠. 가끔 홈쇼핑이나 전단지 광고를 보면 '특허 출원 10건'이라는 문구로 사람들을 유혹하는 경우가 있는데, 결코 현혹되어서는 안 됩니다. **출원 특허는 아직 진짜 특허가 아닙니다.** 누구든 돈만 있으면 아무 아이디어나 출원할 수 있습니다. 출원 후 특허청의 심사를 통과해야만 진짜 특허로 '등록(registration)'될 수 있죠. 발명의 가치를 인정받아 특허로 등록되기 위해서는 유용성, 신규성, 진보성이라는 세 가지 기준을 만족해야 합니다.

유용성(usefulness)은 말 그대로 쓸모가 있어야 한다는 것입니다. 좀 더 전문적으로 표현하면, 산업에 이용되어 경제적 가치를 만들어 낼 수 있어야 합니다. 특허의 목적은 '혁신을 통한 산업의 지속적인 발전'에 있기 때문에, 발명자 개인만 필요로 하고 만족할 수 있는 기술은 특허가 될 수 없습니다.

신규성(novelty)은 얼마나 새로운가를 말합니다. **다른 누군가가 이미 만들었던 것은 당연히 안 될뿐더러, 내가 만들었더라도 과거에 발표된 적이 있으면 신규성을 인정받지 못 할 수도 있습니다.** 한창 삼성과 애플의 소송이 진행되던 중 애플은 예상치 못한 뼈아픈 타격을 받게 됩니다. 애플이 보유한 바운스백(bounce back) 특허가 무효 판정을 받은 것이죠. 바운스백은 스마트폰에서 사진이나 문서를 넘길 때 끝에 도달하면 화면이 튕겨져 나오는 기술입니다. 바운스백 특허는 애플이 침해당했다고 주장하는 핵심 기술 중 하나였으며, 국내 소송에서도 유일하게 삼성의 침해

스티브 잡스의 바운스백 시연

사실이 인정되었던 특허였습니다.

미국에서는 이미 유사한 선행 특허가 있다는 이유로 바운스백의 특허가 취소되었지만, 독일에서 취소된 이유는 다소 황당합니다. 다른 누구도 아닌 스티브 잡스가 2007년 1월 개최한 아이폰 발표회에서 바운스백 기술을 시연한 것이 문제가 된 것입니다. 미국에서는 기술을 공개하더라도 12개월 내에만 출원하면 신규성을 인정해 주지만, 유럽에서는 공개에서 출원까지 유예기간을 보장하지 않습니다. 애플이 유럽특허청에 바운스백 특허를 출원한 것은 그 후 7개월 뒤인 2007년 8월이었기 때문에 신규성을 만족시키지 못한 것이죠. 특허로 인정받고 싶다면, 입이 근질근질해도 미리 자랑해서는 안 되는 법입니다.

직장인들의 회식에서 빠질 수 없는 것이 소주와 맥주를 섞어 만든 '소맥'입니다. 그냥 대충 섞으면 된다고 생각하면 오산입니다. 다년간의 회식 참석을 통해 풍부한 주조 경험을 쌓지 않고서는 눈대중만으로 맛있는 소맥을 만들 수 없습니다. 게다가 상무님과 부장님의 취향이 다르다면 각자 원하는 최적의 비율을 자유자재로 구사하여 고객 맞춤화를 통한 감동을 이끌어내야 합니다. 다행히 어려운 소맥 제조를 누구나 쉽게 할 수 있도록 도와주는 '소맥잔'이 출시되어 선풍적인 인기를 끈 적이 있습니다. 원하는 비율에 따라 표시된 눈금만큼 소주를 따르고, 나머지를 맥주로 채우면 취향에 맞는 맛있는 소맥이 완성됩니다. 이 소맥잔은 특허가 될 수 있을까요?

불티나게 판매된 것을 보면 유용성은 입증되었습니다. 기존에 본 적이 없으니 신규성도 확보한 것 같습니다. 그러나 문제는 **특허의 마지막 조건인 진보성(non-obviousness)입니다. 한마디로 뻔하지 않아야 합니다. 통상의 지식을 가진 누군가가 기존의 발명을 바탕으로 쉽게 발명할 수 없어야 합니다.** 하지만 소맥잔을 보면 어떻게 만들었는지 누구나 쉽게 알 수 있지요. 컵의 용량을 재어서 비율에 따라 유성 사인펜으로 눈금만 표시한다면 집에서도 손쉽게 만들 수 있습니다. 진보성이 부족하니 특허로 인정받을 수 없겠죠. 진보성은 특허 심사에서 심사관들의 주관성이 가장 많이 반영되는 부분이기도 하면서 특허가 거절되는 가장 많은 이유이기도 합니다.

그런데 이건 어떨까요? 혼합된 소맥주에서 소주와 맥주의 비율을 거꾸로 알아내는 기술이 있다면 특허로 등록될 수 있을까요? 한참 생각해 봐도 그 방법이 쉽게 떠오르지는 않습니다. 누군가 개발에 성공한다면 진보성이 인정되지 않을까요? 사실 이 기술은 우리나라 특허청에 '소맥폭탄주 혼합비율 측정기(10-2026514-0000)'라는 이름의 특허로 등록되어 있습니다. 특허 문서를 읽어 보면 "회식 자리에서 조주사와의 친밀한 정도에 따라 소맥의 혼합비율을 달리하는 경우가 종종 발생한다. 이로 인하여 술자리의 흥이 깨지거나 마신 술의 양을 같이하기 위하여 과

음하는 경우가 생기기도 한다"라는 발명의 취지, 즉 유용성이 설명되어 있습니다. 발명의 내용을 살펴보면 소주와 맥주의 비율을 측정할 때는 흡광광도법이라는 방법이 사용된다고 합니다. 자세히 읽어봐도 잘 이해가 안 됩니다. 통상적인 지식을 가진 누군가가 쉽게 발명할 수 없을 것 같네요. 진보성이 인정되어 특허로 등록된 것입니다.

### 국제특허는 없지만 국제특허출원은 있다

삼성은 애플의 안방인 미국에서는 고전했지만, 우리나라와 유럽 몇 개 국가에서는 일부 승전고를 울리기도 했습니다. 특히 영국 법원은 애플에게 삼성에 대한 사과문을 신문과 웹사이트에 올리도록 명령하기도 했지요. 삼성과 애플의 소송에서 국가별로 서로 다른 결과가 나오는 이유는 특허의 속지주의(territorial principle) 때문입니다.

**속지주의란 출원하고 등록한 국가에서만 특허의 효력이 인정되며, 특허 심사도 국가별로 이루어진다는 의미입니다.** 한국, 중국, 미국에서 사업을 하려면 한국특허청, 중국특허청, 미국특허청에 모두 특허를 출원해야 합니다. 따라서 '국제특허 10건'이라는 광고는 새빨간 거짓말입니다. 세계 모든 국가에서 권리를 인정받을 수 있는 국제특허란 것은 존재하지 않습니다.

그런데 '국제특허'는 없지만 '국제특허출원'은 있습니다. 무슨 말이냐고요? 처음부터 국가별로 특허를 따로따로 출원하는 것은 번거롭기도 하지만 비용도 많이 듭니다. 이 경우 국제특허출원이라고 불리는 PCT(patent cooperation treaty) 출원을 생각해 볼 수 있습니다. 대부분의 국가가 PCT에 가입되어 있고, 가입 국가에는 PCT 사무소가 있습니다. 특허청이 아닌 PCT 특허사무소에 특허를 출원하게 되면 상대적으로 저렴한 비용으로 국제 조사 보고서와 국제 예비심사 보고서를 받을 수 있습니다. 보고서를 받아 보고 특허의 등록 가능성을 가늠한 후 개별 국가에 대한 진출 여부를 결정할 수 있지요. 아무래도 PCT 출원에서 긍정적인 평가를 받게 되면, 개별 국가의 특허청에서도 이를 고려하여 긍정적인 소식을 전해 줄 가능성이 높습니다.

PCT 특허의 가장 큰 장점은 특허의 또 다른 특성인 '선출원주의(first-to-file)'에서 찾을 수 있습니다. **특허는 먼저 발명한 것이 중요한 것이 아니라 먼저 출원하는 것이 중요합니다.** 내가 먼저 발명했다고 하더라도 주춤하는 사이에 누군가 내 아이디어를 베껴서 먼저 출원했다면 권리를 인정받을 수 없습니다. 모든 사람이 알렉산더 그레이엄 벨(Alexander Graham Bell)을 전화기의 최초 발명자로 알고 있지만, 사실 벨은 전화기 특허를 가장 먼저 출원했을 뿐입니다. 최초로 전화기를 발명했지만 단돈 10달러가 없어 특허를 내지 못한 안토니오 무치(Antonio Meucci)나, 벨이 베껴 낸 설계도의 원본을 만들었음에도 두 시간 늦게 신청서를 제출하여 통한의 눈물을 흘린 엘리샤 그레이(Elisha Gray)의 이름을 기억하는 사람은 아무도 없습니다.

속지주의와 선출원주의에 근거하여 각 국가에서 누가 먼저 특허를 출원했느냐에 따라 권리가 달라집니다. 한국 특허 출원 몇 년 후 미국에도 같은 특허를 출원하려고 봤더니, 누군가가 똑같이 베껴서 먼저 출원 신청을 해 놓았다면, 미국에서는 권리를 인정받을 수 없습니다. 그러나 **PCT 출원을 하게 되면 150여 개가 넘는 PCT 가입국에서 동시에 특허를 출원한 것과 같은 효력이 생깁니다.** 실제 출원은 나중에 하더라도 PCT 사무국에 신청서를 제출한 시점을 출원 시점으로 인정받을 수 있는 것이죠. PCT 출원 후 2년 반 이내에만 개별 국가에 출원을 하게 되면 그 사이에 누군가가 새치기를 했더라도 우선권이 부여됩니다. 물론 우선권을 인정받는 것과 심사를 통과하여 등록되어 특허권을 인정받는 것은 별개입니다.

### 디자인과 게임도 특허가 가능하다

특허의 종류는 한 가지가 아닙니다. 무엇을 보호하는가에 따라 이름이 달라집니다. 때로는 기술보다 디자인이 제품을 선택할 때 더 큰 영향을 미칩니다. 애플 마니아들이 아이폰에 열광하는 주된 이유 중 하나도 아이폰의 디자인이 주는 차별적 감성 때문이죠. 그렇다면 디자인도 특허가 될 수 있을까요? 우리나라에서는 디자인을 특허와 분리하여 디자인권이라는 형태로 보호를 하고 있지만, 미국에서는 디자인특허(design patent)라고 해서 특허 형태로 디자인을 보호하고 있습니다. 흔히 생각하는 기술적 발명에 해당하는 특허는 실용 특허(utility patent)라고 부릅니다.

애플이 1차 소송에서 삼성이 침해했다고 주장한 특허는 실용 특허 3건과 디자인 특허 4건입니다. 실용 특허 3건은 요즘 스마트폰 사용자라면 누구나 무의식적으로 사용하고 있는 터치 스크린 조작 관련 기술이었습니다. 앞에서 이야기한 바운스백(US7469381)과 함께, 엄지와 검지를 벌렸다 오므렸다 하여 화면을 확대하거나 축소하는 핀치투줌(US7844915), 화면을 두 번 터치하여 확대하는 탭투줌(US7864163) 특허가 그것입니다. 그러나 바운스백 특허와 마찬가지로 핀치투줌 특허 역시 소송 과정에서 선행 특허가 있다는 이유로 무효가 됩니다. 덕분에 안드로이드 스마트폰에서도 유사한 기능을 별 문제 없이 활용할 수 있는 것이죠.

사실 삼성과 애플의 특허 분쟁에서 가장 큰 쟁점이 되었던 부분이 바로 디자인 특허입니다. 아이폰의 둥근 모서리를 가진 직사각형 외관이 디자인 특허(USD618677)로 등록되어 있는데, 삼성의 갤럭시S가 이를 똑같이 따라했다는 것이죠. 이 때문에 삼성과 애플의 특허 소송을 간단히 '둥근 모서리' 소송이라고 부르기도 했습니다. 여러분이 보기에는 어떤가요? 비슷한가요? 그러나 이 특허 역시 기존에 나온 휴대전화에서 흔히 볼 수 있는 디자인으로, 이미 LG전자와 샤프가 등록한 디자인 특허와 다를 바 없다며 소송 과정에서 무효 처리 됩니다. 다만 둥근 모서리에 얇은 베젤을 붙인 디자인(USD593087)과 격자식 아이콘 배열(USD604305)에 대해서는 삼성의 침해 사실이 인정된 바 있습니다.

특허 외에도 애플이 삼성을 제소할 때 함께 제기한 중요한 지식재산권이 하나 더 있습니다. 바로 트레이드 드레스(trade dress)입니다. **트레이드 드레스는 특정 상품을 다른 상품과 구분 짓게 만드는 고유한 외관을 말합니다.** 우리는 코카콜라 병에 로고가 박혀 있지 않더라도 잘록한 허리 부분을 보면 코카콜라 병임을 알 수 있습니다. 애플은 아이폰의 검은색 직사각형 구조 및 둥근 모서리, 화면 위의 기다란 스피커 구멍 등 아이폰만의 고유한 트레이드 드레스가 삼성 갤럭시에 의해 희석되었다고 주장했습니다. "딱 보면 비슷하다"는 거죠.

트레이드 드레스는 어떻게 보느냐에 따라 판단이 달라질 수밖에 없습니다. 소송의 뜨거운 감자가 될 수밖에 없었죠. 수많은 언론과 전문가들이 제각각 서로 다른 의견을 제시했습니다. 1심 배심원들은 애플의 주장을 전면 수용했지만, 항소심에서는 1심에서 판단한 내용이 모두 무효로 결정되었습니다. 삼성의 배상액이 대폭 줄어든 것이 바로 이 때문입니다. 국내에는 트레이드 드레스에 대한 개념이 생소했지만, 삼성과 애플의 소송을 계기로 필요성이 인식되어 현재는 부정경쟁방지법 등을

갤럭시 S와 아이폰 3GS 디자인

통해 보호되고 있습니다.

   tvN에서 2018년 방영된 〈알함브라 궁전의 추억〉은 AR 기술을 다룬 독특한 주제로 인기를 얻었습니다. 천재 프로그래머인 주연 박신혜의 동생이 스페인 그라나다의 알함브라 궁전을 배경으로 한 AR 게임을 개발합니다. 남자 주인공 현빈이 이 게임의 특허를 인수하기 위해 박신혜에게 접근하면서 드라마가 본격적으로 전개되지요. 그런데 과연 게임도 특허로 등록이 가능할까요?

   특허는 발명품, 즉 눈에 보이는 제품에 적용된 기술로만 한정된다고 흔히 생각하지만, 게임과 같은 무형의 서비스도 특허가 될 수가 있습니다. 보다 구체적으로는 서비스를 제공해서 돈을 버는 방법, 즉 비즈니스 모델도 특허가 될 수 있습니다. 보통 비즈니스 모델 특허라고 부르지만, 정확한 이름은 사업 방법(business method, BM) 특허입니다. 그러나 추상적인 비즈니스 모델의 개념만으로는 부족합니다. 게임의 시나리오와 등장하는 캐릭터만으로는 특허가 될 수 없다는 것입니다(저작권 등록은 가능합니다). 비즈니스 모델이 특허가 되려면 반드시 컴퓨터 하드웨어와 소프트웨어, 인터넷 등 정보통신기술과 결합되어야만 합니다.

앞에서 이야기한 역경매 비즈니스 모델의 원조, 프라이스라인을 기억하시나요? 프라이스라인은 역경매를 통한 호텔 예약 서비스를 시작하기 전, 역경매 방식에 대한 BM 특허(US5794207)를 취득했습니다. "구매자가 가격을 제시하면 숙박할 수 있는 호텔을 연결해 준다"는 비즈니스 콘셉트만으로 특허를 취득한 것이 아닙니다. 구매자가 웹사이트를 통해 원하는 가격을 제시하면, 이 정보를 여러 호텔에 뿌려 주고, 제시한 가격을 수용할 호텔이 오퍼를 수락하여 계약이 이루어지기까지의 과정을 서버-클라이언트 시스템 및 데이터베이스 시스템을 이용하여 구현하는 방법을 구체적으로 제시했기에 특허로 인정받을 수 있었던 것입니다.

덕분에 프라이스라인은 마이크로소프트(MS)와의 특허 분쟁에서 승리하게 됩니다. 익스피디아(Expedia.com)라는 온라인 여행 부킹 서비스를 운영 중이던 마이크로소프트는 프라이스라인과의 기술이전 협의가 결렬되었음에도 불구하고, 'Hotel Price Matcher'라는 역경매 서비스 제공을 강행하였습니다. 프라이스라인은 마이크로소프트를 특허 침해 혐의로 제소하였고, 결국 합의를 거쳐 마이크로소프트로부터 로열티를 받는 데 성공합니다.

BM 특허가 유명해진 계기는 아마존의 원 클릭(one-click) 특허(US5960411)입니다. 원 클릭 결제는 기존에 저장해 놓은 카드 정보와 배송지 정보를 이용하여 단 한 번의 클릭만으로 주문 및 결제를 끝내는 방식이죠. 지금 보면 어떻게 특허가 될 수 있었을까 의문이 들 정도로

아마존 원클릭

　너무나 당연한 기술이지만, 원 클릭 특허가 출원된 1997년도가 전자상거래가 막 시작된 시점임을 고려하면 당시에는 매우 획기적인 기술로 보였을 수 있습니다. 하지만 진보성이 약합니다. 인터넷 사용기록을 담고 있는 쿠키를 사용하면 원클릭 결제를 간단히 구현할 수 있기 때문이죠. 이 때문에 미국을 제외한 대부분의 국가에서는 인정을 받지 못했지만, 어쨌든 정보통신기술과 결합되어야 한다는 BM 특허의 요건을 만족시켰기에 미국에서는 당당히 특허로 등록되었습니다.

　1999년 원클릭 특허를 취득한 아마존은 곧바로 경쟁 업체인 반스앤노블(Barnes & Noble)을 특허 침해로 제소합니다. 미국 최대 오프라인 서점 반스앤노블이 온라인 서점 아마존에 대항하기 위해 뒤늦게 온라인 사이트를 개설하면서 클릭 한 번으로 책을 구매할 수 있는 'Express Lane' 기능을 제공했기 때문이죠. 직접적인 경쟁자였던 아마존은 Express Lane 기능이 원 클릭 특허를 침해하였다며 제소를 합니다. 결국 반스앤노블은 어떤 선택을 했을까요? 한 번의 클릭이 아닌 두 번의 클릭으로 결제가 이루어지도록 시스템을 변경하게 됩니다.

　원클릭 특허 덕분에 아마존은 전자상거래 시장을 지배하게 되었지만, 소비자들은 다른 쇼핑몰에서 보다 편리하게 결제할 수 있는 기회를 박탈당했습니다. 2017년 원클릭 특허가 만료되어 이제는 누구나 이 기술을 자유롭게 사용할 수 있지만, 그동안 아마존을 제외하고 원클릭 기능을 사용할 수 있었던 곳은 공식 라이선스 계약을 체결한 애플의 아이튠즈와 앱스토어가 유일합니다.

 BM 특허의 취지가 신기술 개발을 장려하여 인터넷 산업의 발전을 꾀하는 것임에도 불구하고, 범용적으로 활용될 수 있는 기술에 대해 20년 동안이나 특정 기업의 독점적 권리를 보호하는 것은 인터넷 기술의 빠른 발전 속도를 고려할 때 불합리한 측면이 있습니다. 또한 눈에 보이지 않는 비즈니스 모델이 대상이 되다 보니 BM 특허는 보호 범위에 모호한 점이 많아 특허 분쟁의 주요 대상이 되곤 합니다. 그러다 보니 최근 들어 BM 특허의 출원 성공률이 급격히 줄어들고 있습니다.

 하지만 여전히 BM 특허는 신기술을 바탕으로 새로운 서비스를 제공하는 스타트업들에게 훌륭한 자산이 될 수 있습니다. BM 특허가 없었다면 신생 기업이었던 프라이스라인은 거대 기업인 마이크로소프트와의 싸움에서 살아남지 못했을지도 모릅니다. 눈에 보이는 제품이 아닌, 혁신적인 서비스 비즈니스 모델만으로 경쟁해야 하는 스타트업들에게 BM 특허는 선택이 아닌 생존을 위한 필수적인 무기입니다.

## <u>며느리도 모르는 영업비밀</u>

특허로 등록되면 배타적인 권리를 보장받을 수 있지만, 기술 정보가 만천하에 공개된다는 단점이 있습니다. 특허청 웹사이트에 접속하면 등록된 모든 특허들의 정보를 무료로 열람할 수 있으니까요. 그러다 보니 경쟁기업이 특허 침해에 해당되지 않을 정도로 일부만을 교묘히 바꿔서 결국은 같은 기술을 마음대로 사용하는 경우가 빈번합니다. 이를 회피 설계 또는 우회 설계라고 부릅니다. 더 큰 문제는 특허가 영원하지 않다는 것입니다. 20년이 지나면 권리가 소멸하여 누구나 특허 기술을 사용해도 됩니다. 따라서 기술 정보가 공개되는 것이 싫거나 영구히 기술을 보호받기를 원한다면, 특허는 결코 좋은 선택이 아닙니다. 이런 경우, 특허보다는 영업비밀(trade secret)이 더 바람직한 선택일 수 있습니다.

영업비밀의 대명사는 코카콜라입니다. 코카콜라의 극소수 핵심 인력들은 절대 같은 비행기를 타지 않는다고 합니다. 100년 넘게 영업비밀로 보호해 온 코카콜라의 원액 제조법을 이들만이 알고 있기 때문에, 혹시라도 비행기 사고가 나면 영영 잃어버릴 수 있으니까요. 만약 코카콜라의 제조법이 특허로 등록되었더라면, 지금 우리는 코카콜라를 모르고 있을지도 모릅니다. 대신 수많은 기업이 판매하는 맛은 똑같지만 상표만 다른 검은 액체를 마시고 있겠죠.

영업비밀은 특허처럼 출원 및 등록하는 절차가 아예 필요 없습니다. 대신 영업비밀로 인정받기 위해서는 '비밀'로 소중하게 간직하려고 노력해야 합니다. 자동차 부품을 제조하는 한 중소기업이 경쟁사로 이직한 직원을 영업비밀 침해 혐의로 고소한 적이 있습니다. 주요 제품의 설계 도면을 빼돌렸다는 이유였습니다. 직원이 설계 도면을 유출한 것은 사실이었지만, 회사는 패소했습니다. 이유는 명확합니다. 설계 도면이 회사 사무실 캐비닛 안에 놓여 있던 CD에 담겨 있었기 때문이죠. 영화에서 보는 것처럼 이중·삼중으로 쌓인 문을 통과하여 강력한 보안 시스템을 무력화한 후 비밀번호를 풀어서 도면을 입수한 것이라면 영업비밀이 인정되었겠지만, 누구나 쉽게 접근할 수 있는 곳에 정보를 방치했기 때문에 영업비밀로 인정받지 못한 것입니다.

영업비밀은 보호 기간도 정해져 있지 않고, 기술뿐만 아니라 고객 정보, 영업 방법 등 보호 범위가 매우 넓다는 장점이 있습니다. 하지만 치명적인 약점이 있습니다. 누군가가 정당한 방법으로 똑같은 기술을 개발하게 되면 막을 방법이 없습니다. 심지어 타인이 그 기술을 특허로 출원하게 되면, 선출원주의에 의해 더 이상 내 것이 아닌 게 되어 사용조차 할 수도 없겠죠.

신당동이 떡볶이로 유명해진 것은 고추장 CF에 출현하여 "며느리도 몰라, 아무도 몰라"라는 유행어를 히트시킨 마복림 할머니 덕분입니다. 1950년대부터 영업을 시작한 마복림 떡볶이의 조리 방법은 영업비밀이 분명합니다. 며느리에게도 알려 주지 않을 정도로 혼자서만 비밀을 간직했기 때문이죠. 물론 지금은 며느리도 알고 아들도 알아서 부근에 비슷한 가게들이 성업 중이고, 근처의 다른 가게에 가도 맛이 비슷비슷합니다. 많이 먹어 보고 스스로 연구해서, 소스의 원재료가 무엇인지, 황금 배합 비율이 얼마인지를 찾아내었다면 똑같은 맛을 내는 떡볶이를 만들어 팔아도 제재할 방법은 없습니다.

2019년 LG화학은 영업비밀 침해 혐의로 SK이노베이션을 미국 법원에 제소합니다. SK가 LG의 배터리 연구 인력을 대거 스카우트하는 바람에, LG의 배터리 기술 영업비밀이 SK에 유출되었다는 것이죠. 아무리 영업비밀을 철저하게 관리한다고 하더라도, 인력을 통해 유출되는 것까지 막기는 쉽지 않습니다. 사람의 머릿속에 들어 있는 기술까지 빼 내올 수는 없으니까요. 많은 기업이 회사를 그만두는 직원에게 동종업계 이직 금지 조항이 포함된 보안서약서를 요구하는 이유입니다.

신기술을 특허로 보호받는 대신 공개할 것인가, 위험을 감수하고서라도 영업비밀로 간직할 것인가, 정답은 기업의 상황에 따라 달라집니다. 중소기업은 중요한 기술일수록 특허로 공개하기보다는 영업비밀로 간직하는 것을 선호합니다. 특허가 공개되면 우수한 기술력과 자금력을 갖춘 대기업이 회피 설계를 통해 비슷한 제품을 만들어 위협할 가능성이 있기 때문이죠. 게다가 특허 분쟁이 일어나기라도 하면 오랜 시간 대기업과의 정면 대결을 지속하기가 쉽지 않습니다.

제약바이오 산업은 신약 개발에 들어가는 비용이 막대하지만 복제는 상대적으로 쉽기 때문에 특허로 보호받는 것이 매우 중요합니다. 반면, 기계 산업의 경우 특허가 공개되면 특허를 침해하지 않고 회피 설계를 하는 것이 상대적으로 쉽기 때문에 영업비밀로 간직하는 경우가 많습니다.[23] 특허와 영업비밀 중에 반드시 하나만을 선택할 필요는 없습니다. 하나의 제품을 만들기 위해 여러 종류의 기술이 필요한 경우, 일부는 특허로 등록하고 일부는 영업비밀로 관리함으로써 두 방법의 장점을 모두 취하는 하이브리드 전략도 구사할 수 있습니다.

### 구글이 모토로라를 인수한 이유

독점적 권리를 확보하여 경제적 이익을 얻기 위한 것이 특허의 1차 목적이지만, 오늘날 특허의 쓰임새는 여기서 그치지 않습니다. 삼성과 애플의 특허 분쟁에서 보았듯이, 특허는 기업 간의 치열한 경쟁에서 승리하기 위해 필수적인 전략적 무기입니다. **시장을 선점하고 경쟁 기업을 수세로 몰기 위한 공격용 무기일 뿐만 아니라, 다른 기업들의 공격과 견제를 막아내기 위한 방어용 무기로도 그 쓰임새가 늘어나고 있습니다.**

따라서 최근에는 특허 업무가 소극적인 기술 관리 측면의 차원에서 적극적인 경영 전략의 차원으로 진화하고 있습니다. 예전에는 연구소의 지원부서 수준으로 운영되었던 특허관리 조직이 최근에는 독립 부서로

격상되어 별도의 조직으로 존재하는 경우가 많습니다. 일부 대기업에서는 핵심 경영진으로서 CPO(Chief Patent Officer, 최고특허책임자)를 두기도 합니다.

공격적 특허 전략의 핵심은 미래지향적인 선점 특허를 출원하는 것입니다. 당장 사업화가 어렵거나 시장에 진출할 계획이 없더라도 다른 누군가가 특허를 내기 전에 미리 선점하는 것이 중요합니다. 미개척지를 내 땅으로 만들려면 남들보다 먼저 가서 깃발을 꽂아야 합니다. 그래야 나중에 다른 누군가가 침범했을 때 내 영역이라고 주장할 수 있겠죠.

깃발을 꽂은 후에는 탄탄한 성벽을 구축해서 함부로 탐내지 못하도록 하는 것이 응당 순서입니다. **다른 기업들이 비슷한 기술을 사용할 엄두조차 내지 못하도록 핵심 특허 주변으로 유사한 특허를 여러 개 출원하여 특허 장벽(patent fencing)을 쌓는 것도 한 가지 방법입니다.** 예를 들어, 여러분이 등받이와 시트, 팔걸이, 다리 4개로 구성된 의자 특허를 출원했다고 합시다. 이와 함께 등받이와 시트는 있고 팔걸이가 없는 다리 3개인 의자, 등받이가 없이 시트와 팔걸이만 있고 다리 5개인 의자 특허를 동시에 출원한다면 특허 장벽을 만들 수 있습니다. 특허 장벽을 만드는 것은 다른 기업의 침입을 막기 위한 방어 전략이라고 볼 수도 있지만, 핵심 기술에 대한 확실한 독점권을 유지하여 지속해서 시장을 지배하기 위한 전략이므로 공격 전략이라고 보는 것이 맞습니다. 방어는 최선의 공격인 셈이니까요.

경쟁 기업의 공격에 대응하기 위해서는 방패막이 될 수 있는 방어용 특허를 보유하고 있어야 합니다. 애플에게 특허 침해로 제소당한 삼성이 곧바로 자신들의 특허를 애플이 침해했다며 맞제소한 것처럼, 누군가가 한 대 때리면 나도 때릴 수 있는 무기 정도는 갖추고 있어야 하겠죠. 만약 방어 특허를 직접 출원할 수 없다면, 필요에 따라 외부에서 획득할 수도 있습니다.

2000년 이후 이루어진 M&A 중에서 가장 화제가 되었던 것은 구글의 모토로라 인수입니다. 구글은 2011년 125억 달러, 우리나라 돈으로 13조 원이 넘는 비용을 지불하고 모토로라 모빌리티(Motorola Mobility)를 인수하였습니다. 모토로라는 노키아에 이어 세계 휴대전화 시장 2위 자리를 굳건히 지켰던 기업이지만, 인수가 이루어진 2011년에는 겨우 10위권 안에 들 정도로 부진했습니다. 구글이 휴대전화 사업 때문에 모토로라를 인수한 것은 아니라는 얘기죠. 구글의 궁극적 목적은 모토로라가 가지고 있던 무선통신 관련 특허 1만 7,000개를 얻기 위함이었습니다.

그러나 이 특허들은 당장 구글에게 새로운 먹거리를 제공해 줄 수 있는 것들은 결코 아니었습니다. 사실 애플이 삼성을 제소한 직후인 2011년 7월, 애플을 비롯하여 마이크로소프트, 소니 등으로 구성된 록스타(Rockstar) 컨소시움은 파산한 캐나다 통신장비업체인 노텔(Nortel)의 특허권 경매에서 45억 달러에 모든 특허를 낙찰받았습니다. 구글도 경매에 참여하였으나 1억 달러 낮은 44억 달러를 써 내는 바람에 낙찰받지 못 하였죠. 구글은 록스타가 안드로이드 진영에 대한 특허 공세를 펼치기 위해 특허를 취득했다는 것을 알고 있었기 때문에, **사전에 방어용 특허를 마련하기 위해 거액을 투자하여 무선통신 특허를 다수 보유한 모토로라를 인수한 것입니다.**

실제로 록스타는 2012년 구글을 비롯한 삼성전자, LG전자, 화웨이 등 주요 안드로이드 스마트폰 제조업체를 특허 침해 혐의로 제소합니다.

모토로라는 구글에 인수되었다가 다시 레노버에게 인수되었다

구글은 모토로라로부터 취득한 특허를 바탕으로 맞제소를 제기하게 되죠. 이후 구글은 모토로라 인수 후 2년 만인 2014년 중국의 레노버에게 모토로라를 다시 팔았습니다. 29억 달러에 팔았으니 약 100억 달러 손해였지만, 특허권은 팔지 않고 유지하기로 했습니다. 결과적으로 모토로라의 특허만을 100억 달러에 구매한 셈이네요.

이처럼 여러 기업이 특허 전쟁에 대비하기 위해 엄청난 비용을 들여 방어 특허 풀(pool)을 구축하는 데 혈안이 되어 있습니다. 마치 냉전 시대에 미국과 소련이 언젠가 벌어질지도 모르는 전쟁에 대비해 군비 확장 경쟁을 벌였던 것처럼 말이죠. 강력한 방패를 가지고 있는 상대에게는 시비를 잘 걸지 않습니다. 설사 누군가 도발하여 전쟁이 벌어진다고 하더라도 한쪽이 일방적으로 승리하는 경우는 드뭅니다. 서로 막강한 특허 풀을 가지고 있다 보니 쌍방 침해가 인정되는 경우가 대부분이죠.

**종국에는 소송 결과의 불확실성을 피하고자 크로스 라이선싱(cross-licensing) 형태로 서로 화해하며 종전하는 경우가 많습니다.** 크로스 라이선싱이란 두 기업이 기술 사용의 대가로 로열티를 따로 지급하지 않고 서로의 기술을 사용할 수 있게 허락해 주는 것입니다. 결국 피 튀기는 전쟁의 최종 승자는 다름 아닌 특허 소송을 맡은 로펌들입니다.

## 특허 괴물을 물리치고
## 특허 덤불을 헤쳐라

그래도 경쟁 기업 간의 특허 소송은 양반입니다. 같은 시장에 몸담은 기업들 간에는 그래도 상도(商道)라는 것이 있으니까요. 하지만 잃을 것이 없이 덤벼드는 상대는 더 무서운 법입니다. 실제 영업을 하지는 않으면서 특허를 무기로 소송을 하거나 라이선싱을 통해 돈을 받아 챙기는 '특허 괴물(patent troll)'이 언제 어디서 급습할지 모릅니다. 특허 괴물은 제품을 만들어 팔기 위해 특허 기술을 실제로 사용하는 것이 아니기 때문에 공식 용어는 비제조 특허 관리 금융회사(non-practicing entity, NPE)입니다. **주로 파산한 기업의 특허를 싸게 매입한 후 특허 소송을 벌여 보상금을 받거나 로열티를 챙기는 것이 NPE의 비즈니스 모델입니다.**

시장 내 경쟁 기업 간의 특허 소송은 서로가 가지고 있는 방어 특허 풀 덕분에 물고 물리는 싸움 끝에 적당히 화해하고 끝나는 경우가 많습니다. 하지만 NPE는 무조건 끝장을 봅니다. 어차피 제품을 생산할 것이 아니기 때문에 NPE에게 크로스 라이선싱은 무의미하니까요. 오직 보상금입니다. 따라서 NPE는 중소기업보다는 글로벌 대기업들을 주로 먹잇감으로 삼습니다. 소송을 통해 얻을 수 있는 보상이 매출액을 기준으로 책정되기 때문에, 중소기업보다는 대기업이 훨씬 먹을 것이 많으니까요. 심지어는 특허 침해 사실을 알면서도 보상금을 키우기 위해 제품이 더 많이 팔릴 때까지 기다리기도 합니다.

삼성전자는 NPE들이 침을 흘리며 달려드는 회사 중 하나입니다. 접는 스마트폰으로 2019년 발표 당시 전 세계적인 관심을 받은 갤럭시 폴드(Galaxy Fold) 역시 NPE의 공격 대상이 되었습니다. 대표적인 NPE

중 하나인 유니록(Uniloc)은 갤럭시 폴드가 자신들의 특허를 침해했다며 삼성전자를 제소했습니다. 전자 및 모바일 기기 분야의 특허를 다수 보유한 유니록은 삼성전자뿐만 아니라 LG전자, 카카오, 넥슨과 같은 국내 기업을 상대로 2018년에만 50건이 넘는 소송을 제기한 바 있습니다. 우리나라 대기업들이 2010년 이후 NPE로부터 당한 특허 소송은 수천 건에 달하며, 2018년 기준 우리나라 기업들을 상대로 미국에서 제기된 특허 소송의 대략 절반이 NPE에 의해 제기된 바 있습니다.

NPE의 무차별 공습이 확산됨에 따라 기업들은 방어 전략 수립에 사활을 걸고 있습니다. 어제의 적이 오늘의 동료가 되어, 경쟁 기업들이 함께 NPE 특허에 대한 무효 소송을 제기하기도 합니다. 2014년 구글의 주도하에 결성된 LoT(License on Transfer) 네트워크는 요즘 기업들이 특허 괴물의 위협에 어떻게 공동으로 대처하고 있는지를 잘 보여줍니다. 구글 외에도 우버, 드롭박스, GM, 넷플릭스 등 이 책에 사례로 언급된 내로라하는 기업들이 회원으로 가입된 LoT 네트워크의 목적은 특허 괴물의 공격에 대한 면역 체계를 형성하는 것입니다. **회원 기업 중 누군가가 특허 괴물에게 특허를 양도하게 되면, 이 특허는 LoT 네트워크에 가입된 모든 회원에게 자동으로 크로스 라이선싱됩니다.** 따라서 특허 괴물이 특정 특허를 취득한다고 해도 이미 회원 기업들은 해당 특허에 대한 합법적인 사용권리가 있기 때문에 절대 시비를 걸 수가 없습니다. 역시 싸움을 많이 하다 보면 맷집이 생기는 법입니다.

시장에 이미 진출한 기업들이 스스로를 방어하기 위해 구축한 특허 전선은 새롭게 시장에 진입하려는 기업에게는 강력한 진입장벽으로 작용하게 됩니다. 특허 분쟁에 대한 두려움으로 너도나도 닥치는 대로 일단 내놓고 보자는 식으로 특허를 등록하다 보니, 조금씩 다른 비슷한 특허를 여러 기업이 여러 개 보유하고 있는 경우가 많습니다. 하나의 제품을 만드는 데 필요한 여러 개의 유사 특허가 거미줄처럼 서로 촘촘히 얽혀 '특허 덤불(patent thickets)'을 형성하게 되는 것이죠.[24]

대표적인 예가 스마트폰입니다. 스마트폰 하나를 만들기 위해서는 기기 속에 들어가는 각종 부품과 더불어 무선통신 기술, 그리고 디자인까지 광범위한 종류의 특허가 필요합니다. 그 수는 무려 25만 개 이상으로 알려져 있습니다.[25] 신생 기업이 획기적인 기능을 추가한 스마트폰을 새롭게 만들려고 한다면, 원칙적으로는 25만 개가 넘는 특허의 주인을 일일이 찾아내어 라이선싱 계약을 체결해야 합니다. 혼자서 헤쳐나가기에는 너무나 촘촘하게 얽힌 덤불입니다.

특허 괴물과 더불어 특허 덤불의 문제는 많은 이들이 특허 제도 자체의 실효성에 의문을 제기하게 만들었습니다. 오래된 경제학 이론 중에 '공유지의 비극(tragedy of the commons)'이 있습니다. 주인이 없는 광활한 목장에 사람들이 하나씩 자신의 소를 초원으로 데리고 나와 풀을 뜯게 합니다. 주인이 없다 보니 점점 더 많은 사람들이 더 많은 소들을 풀어 놓습니다. 아무도 뜯어 먹는 풀의 양을 제한하지 않다 보니, 결국 풀은 다 사라지고 소들은 굶어 죽습니다. 공유 자원을 제한 없이 자유롭게 이용하다 보면, 사람들의 이기심으로 인해 결국 모두가 쓸 수 없게 된다는 점을 시사합니다.

비공유지의 비극(tragedy of the anticommons)[26]은 이와 반대입니다. 훌륭한 자원을 적극적으로 활용하고 발전시켜야 함에도 불구하고, 주인이 너무 많아 아무도 쓸 수 없습니다. 결국 사회 전체 관점에서 보면 손해입니다. 특허 덤불은 비공유지의 비극 그 자체입니다. 특허의 본래 목적이 혁신을 장려하여 사회 전체의 발전을 꾀하기 위해서임에도 불구하고, 결과적으로는 특허가 거대 기업들의 독점을 보장하고 신생 기업의 진출을 봉쇄하여 자유 경쟁을 막고 새로운 혁신을 저해하는 장애물이 되고 있는 것입니다.

**테슬라는 왜 특허를 무료로 공개했을까?** 특허를 가진 기업 입장에서도 기술을 독점적으로 사용하는 것이 항상 최선의 전략이 아닐 수 있습니다. 혼자만 사용하지 않고 같이 사용하는 것이 더 이득인 경우도 많습니다. 소니가 베타맥스 기술을 다른 기업들이 사용할 수 있게 해 주었다면 VCR 포맷 전쟁이 일어나지 않았을 것입니다. 굳이 마쓰시타가 막대한 비용을 들여 VHS 포맷을 개발하지 않아도 되었을 것이고, 베타맥스는 자연스레 유일한 VCR의 표준으로 자리 잡아 훨씬 오랫동안 독점적 지위를 누렸겠죠. **내 기술을 쓸 수 있도록 해 주면 다른 누군가가 굳이 힘들게 비슷한 기술을 개발하지 않을 것입니다. 미래에 위협이 될 수 있는 경쟁 기술의 싹을 미리 잘라 버릴 수 있죠.**

많은 기업이 동일한 기술을 사용하게 되면, 그 기술의 사용자가 많아지고, 개별 사용자가 느끼는 가치가 증가하여 사용자들이 더 몰립니다. 기술적 열위에도 불구하고 VHS가 VCR 포맷 전쟁에서 승리한 이유가 많은 기업들에게 라이선싱을 해 주어 네트워크 효과를 극대화했기 때문이란 점을 이미 앞에서 살펴본 바 있습니다. **구글의 안드로이드가 스마트폰 OS 전쟁에서 애플의 iOS를 누르고 세계 시장을 석권할 수 있었던 것도 정확히 같은 이유입니다.** 구글은 안드로이드를 모든 기업에게 무상으로 제공했습니다. 애플을 제외한 전 세계 스마트폰 제조업체가 안드로이드를 채택한 덕분에 초기 시장에서 안드로이드 사용자 수를 충분히 확

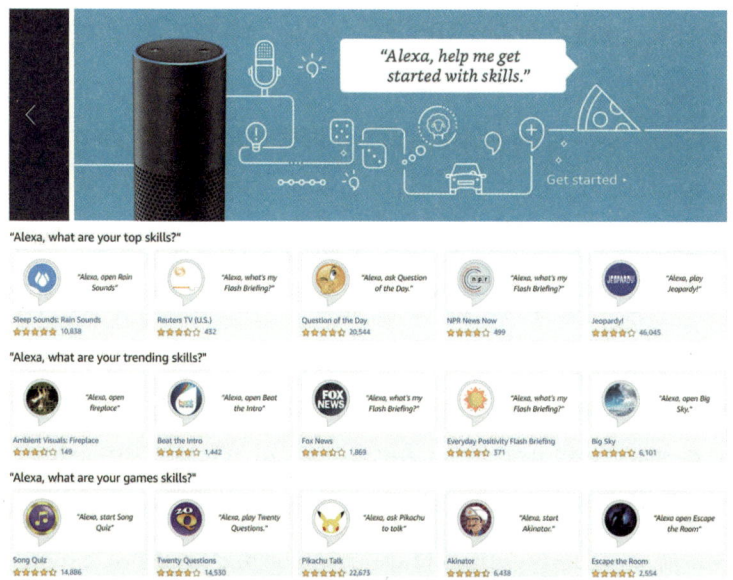

필요한 스킬을 자유롭게 다운로드 할 수 있는 알렉사 스킬스토어

보할 수 있었죠. 덕분에 안드로이드용 앱 개발이 활발히 이루어졌고, 또다시 안드로이드 사용자가 늘어나는 선순환 고리를 타게 되면서 지금의 거대한 안드로이드 생태계를 구축할 수 있었던 것입니다.

인공지능 분야에서는 개방이 대세입니다. 앞에서도 언급했지만 인공지능 기술이 급속히 성장할 수 있었던 것은 전적으로 개방된 인공지능 생태계 덕분입니다. 2017년 아마존은 자사의 인공지능 플랫폼인 알렉사(Alexa)의 소프트웨어 개발도구를 전면 공개했습니다. 외부 개발자들이 알렉사와 호환되는 제품을 자유자재로 만들 수 있도록 한 것이죠. 이유는 단 하나, **네트워크 효과를 극대화하여 인공지능 생태계를 지배하겠다는 것입니다.**

인공지능 스피커가 음악을 틀어주고 날씨를 알려 주는 정도라면 굳이 네트워크 효과가 필요 없습니다. 그러나 알렉사가 내장된 인공지능 스피커 에코(Echo)에게 명령을 내려 TV 채널을 바꾸고, 에어컨을 틀고, 세탁기를 작동시키기 위해서는 다양한 가전제품과 연동이 되어야 합니다. (인공지능 스피커가 지휘자 역할을 수행하는 스마트홈에 대한 이야기는 13장에서 이어집니다.) 아마존이 직접 가전제품을 다 만들 수는 없는 노릇입니다. 알렉사 스킬 스토어에 가 보면 외부 개발자들이 직접 만들어 제공하는 다양한 스킬(skill)을 확인할 수 있습니다. 스마트폰 앱스토어에서 필요한 앱을 무료로 다운받듯이, 사용자들은 스킬 스토어에서 알렉사와 호환되는 다양한 제품의 스킬을 선택하여 사용할 수 있는 것이죠.

알렉사를 채택한 제품이 많아져야 알렉사의 가치가 증가하고, 알렉사에게 시킬 수 있는 것들이 많아지면 사람들은 알렉사와 연동이 가능한지를 따져보고 가전제품을 구매하게 될 것입니다. 자체 인공지능 플랫폼 빅스비(Bixby)를 보유한 삼성전자가 자사의 스마트홈 제품군에 알렉사를 채택한 것은 거대한 네트워크 효과의 파도에 침몰하지 않기 위한 어쩔 수 없는 선택이었습니다.

생태계를 지배하려면 우선 생태계를 키워야 합니다. 테슬라(Tesla)는 2014년 자사의 전기 모터 및 배터리 관련 기술 특허 200여 건을 무료로 공개했습니다. 테슬라의 CEO 일론 머스크(Elon Musk)는 '선의의 목적'이라면 누구든 자사의 특허를 사용할 수 있다고 선언하였죠. 세계 최고 수준의 배터리 기술을 가진 테슬라가 굳이 누가 요구하지도 않았음에도 특허를 공개한 이유는 무엇일까요?

인류 발전과 같은 원대한 포부 때문은 물론 아닙니다. 포장을 어떻게 하든 간에 궁극적인 이유는 전기차 시장을 키워 본인들이 살아남기 위해서죠. 전기차를 타고 싶어도 구매가 꺼려지는 이유는 충전소와 같은 인프라가 부족하기 때문입니다. 전기차 시장이 커져야 인프라가 늘어나고 인프라가 늘어나야 전기차 보급이 확대됩니다. 개방된 특허를 다른 기업들이 활용하여 전기차를 생산하게 되면 충전 네트워크를 공유할 수 있고, 향후 표준으로 자리 잡을 가능성도 커집니다. **테슬라는 전기차 시장 자체를 키우는 것이 특허기술을 독점 사용하는 것보다 훨씬 시급하다고 판단한 것입니다.** 시장이 크지 못하고 쪼그라지면, 그 안에서 혼자 일 등 해 봐야 남는 게 없습니다. 파이를 키워야 내 몫도 커지는 법입니다.

··· 삼성과 애플의 최종 합의 사항이 구체적으로 공개되지는 않았지만, 알려진 바에 의하면 삼성은 애플에게 상당한 금액의 보상금과 합의금을 지급했습니다. 그렇다고 특허 전쟁에서 삼성이 패배했다고 볼 수 있을까요? 전 세계 언론들이 삼성과 애플의 특허 분쟁을 연일 경쟁적으로 보도하는 바람에, 삼성은 스마트폰 혁신의 상징 애플과 맞설 수 있는 유일한 기업이라는 이미지를 구축했습니다. 일종의 노이즈 마케팅이 된 셈이죠. 실제로 소송이 진행되는 동안 삼성의 스마트폰 판매량은 지속 증가하였고, 세계 시장에서 1위를 차지하기도 하였습니다. 삼성 입장에서는 애플이 마냥 밉지만은 않을 것 같네요.

사실 두 기업이 법정에서 기나긴 공방을 벌이던 와중에도, 애플은 지속해서 아이폰의 핵심 부품을 삼성으로부터 사들여 왔습니다. 애플에게 삼성은 경쟁자이기도 하지만, 연간 10조 원이 넘는 부품을 공급해 주는 소중한 공급자이기도 합니다.

7년간의 긴 싸움을 끝낸 두 기업은 언제 싸웠냐는 듯 곧바로 한 배를 탔습니다. 삼성의 스마트 TV에 애플의 OTT 서비스인 애플 TV 플러스가 탑재된 것입니다. 애플의 서비스가 다른 기업의 디바이스에서 제공되는 것은 처음 있는 일이었죠. 애플 입장에서 새로운 서비스의 사용자를 빠르게 확보하여 네트워크 효과를 유발하기 위해서는 세계 스마트 TV 시장 점유율 1위인 삼성의 힘을 빌릴 수밖에 없었던 것입니다. 승리를 위해서라면 영원한 적군도 영원한 아군도 없습니다. 서비스화를 통해 다양한 서비스 영역으로 영토를 확장하고 있는 애플에게 삼성은 이제 경쟁자라기보다는 든든한 우군일지도 모릅니다. 애플의 서비스화 전략은 다음 장에서 이어집니다.

## 09

# 애플의 경쟁자는
# 삼성이 아닌 넷플릭스

**제품이 서비스로 바뀌는 마술, 서비스화**

2019년 3월 어느 날, 미국 캘리포니아의 잡스 극장에 스티븐 스필버그, 제니퍼 애니스톤, 오프라 윈프리 등 내로라하는 미국의 유명 인사들이 한자리에 모였습니다. 출연진만 놓고 보면 영화 제작 발표회 같지만, 사실은 애플의 새로운 서비스, '애플 TV+'를 공개하는 자리였습니다. 원래 애플 TV는 아이튠즈의 동영상 콘텐츠를 TV로 시청할 수 있는 셋톱박스를 말하는 것이었는데, 이날 공개된 애플 TV+의 정체는 스트리밍을 통해 영상 콘텐츠를 제공하는 OTT 서비스였습니다. 사람들을 더 놀라게 한 것은 드라마, 영화, 다큐멘터리 등 애플 TV+의 스트리밍 콘텐츠를 애플이 직접 제작하겠다는 것이었습니다. 넷플릭스 오리지널처럼 말입니다. 이제 애플의 최대 경쟁자는 스마트폰을 만드는 삼성이 아니라 넷

애플 TV+ 이벤트에 등장한 리즈 위더스푼과 제니퍼 애니스톤

플릭스나 디즈니일지도 모릅니다.

애플은 또한 구독형 클라우드 게임 서비스인 '아케이드'와 신용카드인 '애플카드' 등 새로운 서비스에 대한 계획도 밝혔습니다. 애플의 새로운 서비스들은 사업 영역을 확장하는 것 이상의 의미를 가지고 있습니다. 과거 매킨토시에서부터, 아이팟, 아이폰과 아이패드에 이르기까지 유형의 제품을 만들어 팔던 제조 기업에서 게임, 금융, 미디어 서비스를 제공하는 서비스 기업으로 애플의 DNA 자체를 바꾸겠다는 것입니다.

사실 애플의 서비스 기업으로의 변화는 아이폰을 출시하면서 이미 시작되었습니다. 아이폰은 그냥 제품이 아닙니다. 아이폰이 단지 디자인만 멋진 전화기였다면 그토록 사람들이 열광하지 않았을 것입니다. 아이폰의 위력은 앱스토어를 통해 필요한 앱 서비스들을 맘껏 이용할 수 있게 했다는 점에 있습니다. 기존의 피처폰이 단순히 '제품'이라면, 아이폰은 '제품'과 '서비스' 요소가 통합되어 새로운 가치를 만들어 낸 것이죠. 이처럼 제품에 서비스적인 요소가 통합되어 가는 현상을 '제품의 서비스화(product servitization)'라고 부릅니다.

제품과 서비스의 통합을 넘어 순수 서비스 비즈니스에 손을 대기 시작한 애플의 전략이 신의 한 수가 될지, 최악의 선택으로 남을지는 더 두고 봐야 알 것 같습니다. 하지만 서비스 기업으로의 전환은 애플뿐만 아니라 이미 다수의 글로벌 제조기업이 선택한 길입니다. PC를 처음으로 만들었던 IBM은 더 이상 PC를 생산하지 않습니다. '백색 가전' 시장을 열었던 GE는 더 이상 가전제품을 만들지 않습니다. 이들 기업의 매출액에서 서비스의 비중이 제품을 넘어선 것은 이미 오래전의 일입니다. **제품을 만들던 제조 기업이 서비스를 판매하는 서비스 기업으로 변모하는 것은 '제조업의 서비스화(manufacturing servitization)'입니다.** 언제부턴가 꾸준히, 그리고 더욱 급속히 진행되고 있는 서비스화의 흐름을 이해하기 위해서는, 익숙하면서도 모호한 '서비스'의 개념부터 짚고 넘어가야 할 것 같습니다.

**서비스의 반대말은 제품이 아니다**

"커피는 서비스로 드립니다." "여기는 서비스가 별로네." 우리가 일상생활에서의 사용하는 '서비스'는 공짜 또는 봉사의 의미로 종종 쓰입니다. 대가를 지불하지 않아도 주어지는 부수적인 것을 뜻하지요. 그도 그럴 것이, 서비스(service)라는 단어는 '노예'라는 뜻의 'servitude'로부터 유래한 것입니다. 하지만 학술적인 측면에서나, 비즈니스 현장에서나, 서비스라는 단어의 쓰임새는 이보다 훨씬 더 다양합니다.

그렇다면 서비스의 반대말은 무엇일까요? '제품'이라고 대답하였다면 반은 맞고 반은 틀렸습니다. 제품(product)은 사실 두 가지 의미를 지니고 있습니다. **좁은 의미의 제품은 눈에 보이는 유형의 물건을 뜻합니다.** 경제학에서는 재화(goods)라고 하지요. 하지만 서비스는 눈에 보이지 않습니다. 이렇게 보면 서비스의 반대말은 제품이 맞습니다. 그러나 **넓은 의미에서의 제품은 기업이 파는 모든 것을 의미합니다.** 서비스 기업은 무형의 서비스를 팔고 제조 기업은 유형의 재화를 팝니다. 서비스와 재화 모두 기업이 파는 것이니 모두 제품에 속합니다. 서비스 기업이 파는 것은 '서비스 제품(service product)'일 뿐이죠. 이 관점에서 보면 제품은 서비스까지 포함하는 포괄적인 개념입니다. 혼란을 방지하기 위해 이번 장에서 '제품'을 지칭할 때는 유형의 재화, 즉 서비스의 반대 개념으로 의미를 한정하겠습니다.

서비스와 제품은 구체적으로 어떻게 다를까요? 서비스만의 차별적 특성 네 가지를 각 특성의 첫 번째 글자를 따서 IHIP라고 부릅니다. 첫 번째 I는 무형성(intangibility)입니다. 서비스는 유형의 제품과는 달리 눈에 보이지 않습니다. 제품은 직접 눈으로 확인하고 만져 본 후에 살지 말지를 정할 수 있지만, 서비스는 보이지도 않고 만질 수도 없습니다. 따라서 서비스는 먼저 경험한 사람들의 평판에 따라 구매 여부가 좌우됩니다. 웬만한 모험심이 아니고서는 별 다섯 개 만점에 한 개를 받은 레스토랑을 방문하기는 쉽지 않습니다. 손님이 카메라를 들고 음식 사진을 찍고 있으면 식당 사장님들이 음료수 서비스를 줄 수밖에 없는 이유 역시 서비스의 무형성 때문이지요.

동일한 서비스를 받더라도 사람마다 서로 다른 경험을 하게 됩니다. 제품은 누가 사든 언제 사든 똑같습니다. 그러나 같은 식당에서 같은 음식을 먹어도 나와 친구의 만족도는 다를 수 있고, 어제 경험한 서비스와 오늘 경험한 서비스의 품질은 다를 수 있습니다. 두 번째 특성인 이질성(heterogeneity)입니다. 이질성을 극복하기 위해서는 표준을 정해 놓고 이를 최대한 맞춰야 합니다. 어제는 계란말이를 서비스로 줬는데 오늘은 안 준다면 왠지 기분이 나쁩니다. 옆 테이블에는 단골이라고 서비스 안주를 주는데 우리 테이블은 안 준다면 훨씬 더 기분이 안 좋겠죠.

서비스는 미리 만들어서 재고로 보관하고 있다가 나중에 팔 수 없습니다. 생산하는 즉시 소비되어야 합니다. 세 번째 특성인 비분리성(inseparability)입니다. 상식적으로 재고는 없을수록 좋습니다. 재고가 생기면 보관하고 유지하는 데 비용이 발생하기 때문이죠. 그렇다고 **재고가 아예 없는 것도 결코 좋은 것은 아닙니다. 갑작스레 주문이 들어왔는데 재고가 없어 팔지 못한다면 그 자체로 손실입니다.** 실제로 비용이 소요된 것은 아니지만, 팔아서 수익을 올릴 기회를 상실했기 때문에 기회비용이 발생하는 것이죠. 따라서 결론은 재고가 '적당히' 있는 것이 좋습니다. 그러나 서비스에는 재고가 없습니다. 비분리성으로 인한 또 다른 문제는 품질 관리가 어렵다는 점입니다. 생산 즉시 소비되기 때문에 제품처럼 출고 전에 품질 검사를 할 겨를이 없습니다. 종업원이 손님에게 갑자기 무례하게 굴어도 이미 엎질러진 물입니다.

마지막 특성은 O2O 서비스에서 언급했던 소멸성(perishability)입니다. 서비스는 지금 소비되지 않으면 영원히 사라지게 됩니다. 비행기의 빈 좌석과 호텔의 빈방은 당장 손님을 유치하지 못하면 끝입니다. 수요와 공급을 잘 맞추는 것이 매우 중요합니다. 어떤 패밀리 레스토랑의 런치 할인 시간은 무려 오후 5시까지입니다. 4시 55분에 입장하면 저녁을 점심 가격으로 먹을 수 있죠. 저녁 식사를 하러 6시쯤에 올 손님을 런치 타임으로 유혹하여 피크 시간대 수요를 분산시키기 위함입니다. 서비스의 소멸성을 극복하기 위해서는 시간대별로, 계절별로 출렁임이 심한 수요를 평탄하게 조정(smoothing)할 수 있어야 합니다.

IHIP에 속하지는 않지만, 우리가 주목해야 할 또 다른 제품과 서비스의 차이점은 소유권(ownership) 이전 여부입니다. **돈을 주고 제품을 사면 내 것이 됩니다. 판매자로부터 구매자로 소유권이 이전됩니다. 그러나 서비스를 구매하였다고 해서 사용자에게 소유권이 넘어오지 않습니다.** 다만, 렌터카와 같이 정해진 시간 동안 특정 제품을 독점적으로 사용한다거나, 호텔처럼 일정 공간을 독점적으로 사용할 권리를 얻을 뿐이죠. 아니면 의사, 변호사, 컨설턴트와 같은 전문가의 전문 지식을 활용하거나, 자동차 수리 기사, 헤어 디자이너의 전문 기술을 이용할 수 있는 권한을 부여받기도 합니다.

이처럼 제품과 서비스는 본질적으로 다릅니다. 따라서 과거에는 서비스를 연구하는 학자들이 제품과는 다른 서비스만의 고유한 특성이 무엇인지, 이를 어떻게 극복하고 활용할 것인지를 고민했습니다. 그러나 서비스화로 인해 많은 것이 바뀌어 가고 있습니다. 이제는 제품과 서비스가 결코 다르지 않습니다. 점점 닮아 가더니 하나로 통합되기에 이르렀습니다. 심지어 제품인지 서비스인지 구분하기도 어려워졌습니다. 원래는 제품이었는데 이제는 서비스라고 부르기도 합니다. 급기야 '제품서비스 시스템'이라는 정체 모를 개념이 출현하기에 이릅니다.

## 더 이상 복사기를 판매하지 않는 제록스

스마트폰과 태블릿이 보급되면서 종이 문서가 많이 줄어들기는 했지만, 여전히 복사기는 사무실의 필수품입니다. 과거에는 회사들이 비품 명목으로 복사기를 구매하여 사용했습니다. 구매 즉시 복사기의 소유권은 회사로 넘어오고, 회계 장부에 취득 자산으로 계상됩니다. 시간이 지나면서 복사기의 자산 가치는 줄어들게 되고, 감가상각비라는 이름으로 비용 처리가 이루어집니다. 사용하다 토너가 떨어지면 직접 토너를 구매해서 갈아 끼우고, 고장이 나면 수리 기사를 불러서 고칩니다.

그러나 요즘은 많은 기업들이 복사기를 사서 쓰지 않습니다. 여전히 사무실의 한구석에는 복사기가 자리하고 있지만, 회사 소유가 아닙니다. 복사기를 한 번에 구매한 후 감가상각을 하는 것이 아니라, 매월 서비스 이용료를 지불합니다. 토너가 떨어질 때쯤 되면 복사기 회사에서 미리 알아채고 직접 와서 토너를 교체해 줍니다. 고장이 나지 않아도 정기적으로 방문하여 사용에 이상이 없는지 점검도 해 줍니다. **회사는 복사기라는 제품을 구매한 것이 아니라 복사 기능이라는 서비스를 구매하는 것입니다.** 제록스(Xerox)는 스스로를 복사기를 파는 제조업체가 아니라 '문서 관리 서비스' 회사라고 칭하고 있습니다.

과거에는 제품 구매 시 한 번에 대가를 지불하고 소유권을 이전받았지만, 이제는 매월 사용 대가를 지불하되 소유권이 이전되지는 않습니다. 즉, 고객은 복사기를 구매하지 않고 렌털 형태로 구독하는 것이죠. 하지만 단순히 '렌털'이라고 하기에는 뭔가 부족합니다. 렌털은 우리나라 말로 '임대'입니다. 과거에는 렌털이라고 하면 사지 않고 빌려 쓴다는 개념만을 의미했습니다. 자동차 렌털, 스키 장비 렌털처럼 말이죠. 하지만 **요즘 렌털 서비스는 단순히 제품을 대여하는 수준이 아닙니다. 제품을 사용하는데 필요한 교육 및 훈련, 유지·보수 및 관리 서비스를 함께 제공하고 있기 때문이죠.**

요즘은 웬만한 제품들을 직접 구매하지 않고 렌털 형태로 사용할 수 있습니다. 국내 렌털 비즈니스의 대표 기업인 코웨이는 정수기 말고도 비데, 공기청정기, 연수기, 의류청정기, 심지어는 침대 매트리스까지 렌털 서비스를 제공하고 있습니다. LG전자도 세탁기, 건조기, 에어컨 등

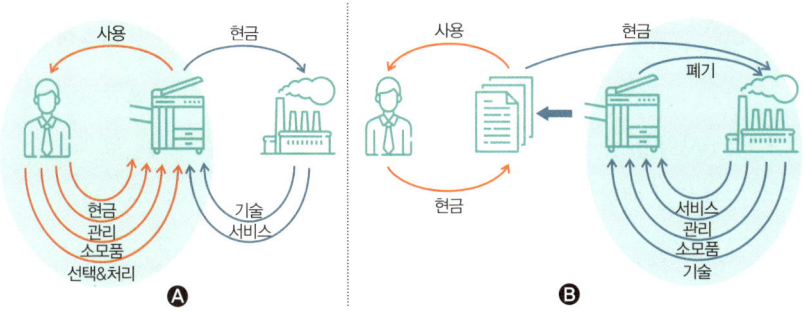

복사기 소비 방식의 변화[27]

자사의 백색가전 제품들을 렌털 형태로 제공하고 있지요. 제품으로 팔던 것을 렌털 서비스 형태로 제공하는 이유는 간단합니다. 고객과 기업 모두에게 더 많은 가치를 제공하기 때문입니다. 비데의 필터와 노즐을 교체하고 깨끗하게 세척하는 일은 귀찮기도 하고 제대로 하기도 어렵습니다. '코디'라고 불리는 전문가가 정기적으로 방문하여 대신해 준다면 번거로움을 덜 수 있을뿐더러 안심하고 비데를 사용할 수 있지요. 이에 대해 기업은 서비스 명목의 요금을 추가로 책정하여, 단순히 제품을 판매했을 때보다 더 큰 수익을 올릴 수 있습니다.

이처럼 제품이 서비스 요소와 통합되는 현상을 제품의 서비스화라고 합니다. 제품이 서비스화되면 이것을 제품이라고 불러야 할까요, 아니면 서비스라고 해야 할까요? 이것도 저것도 애매하면 그냥 다 붙여 쓰면 되지 않을까요? 그래서 생겨난 용어가 **PSS(product service system, 제품서비스시스템)입니다. PSS는 말 그대로 제품 요소와 서비스 요소가 유기적으로 통합된 하나의 상품(offering)입니다.**[28]

제품의 궁극적인 목적은 고객의 요구사항을 해결해 주는 것에 있습니다. 그러나 요구사항 해결을 위해 굳이 제품을 소유하지는 않아도 됩니다. 필요한 기능만 사용할 수 있다면, 요구사항을 충족시켜 줄 수만 있다면, 그것이 제품이든 서비스이든 상관없습니다. 서비스 또한 고객의 요구사항을 충족시켜 주는 것이 궁극적인 목적입니다. 다만, 고객의 요구사항을 해결하기 위한 기능(function)을 유형의 물건이 아닌 다른 형태로 제공한다는 것만 다를 뿐이죠.

"지저분한 옷을 깨끗하게 세탁하고 싶다"는 요구사항을 생각해 봅시다. 이 문제를 해결하기 위해서는 '세탁'이라는 기능을 필요로 합니다. 세탁 기능을 얻는 방법은 여러 가지입니다. 쉽게 생각할 수 있는 방법은 세탁기를 사서 집에서 빨래하는 것입니다. 그러나 원룸에서 자취를 하거나 고시원에서 거주할 경우 개인 세탁기를 둘 만한 공간이 없습니다. 이 경우 빨래를 챙겨 근처의 코인 세탁방에 가서 500원짜리 두 개를 넣고 세탁기를 돌리면 됩니다. 세탁기가 돌아가는 동안 세탁방에서 기다리는 것이 지루하면, 그냥 세탁소에 맡길 수도 있습니다.

똑같은 요구사항을 해결하기 위한 '솔루션'은 이처럼 여러 가지입니다. PSS도 몇 가지 유형으로 나뉩니다. **세탁기는 제품 중심(product-oriented) PSS입니다.** 세탁기는 제품이지만, 세탁기를 사면 1년간 무상 A/S 서비스가 함께 제공됩니다. **세탁방은 사용 중심(use-oriented) PSS 입니다.** 어차피 필요한 것은 세탁이라는 기능이고, 굳이 제품을 직접 구매하지 않아도 필요할 때만 요금을 지불하고 필요한 기능을 사용할 수 있습니다. **세탁소는 결과 중심(result-oriented) PSS입니다.** 결국 최종적으로 원하는 것은 깨끗하게 세탁된 옷이니 중간 과정이야 어찌 됐든 요금을 지불하고 결과만 얻는 것이죠. 여기서 고개를 갸우뚱하시는 분들이 있을 것 같습니다. 세탁기는 그냥 제품입니다. 세탁소는 그냥 서비스죠. 굳이 어렵게 PSS라고 불러야 할까요?

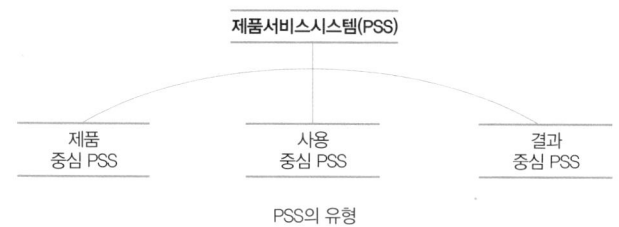

PSS의 유형

모든 PSS에는 제품과 서비스가 일정 비율로 섞여 있습니다. 세탁기는 제품의 비율이 매우 높은 PSS, 세탁소는 제품의 비율이 0에 가까운 PSS라고 할 수 있지요. 제품과 서비스의 통합이 활발히 이루어지고 있으니, 이제는 제품과 서비스를 억지로 구분하려 들지 말고 모두 PSS로 칭하자는 것입니다. 물론 잘난 체를 하려는 것이 아니라면 굳이 일상생활에서 PSS란 용어를 사용할 필요는 없습니다. 시간이 흘러 제품과 서비스의 통합이 일반화되면 굳이 PSS라는 용어가 필요 없어질지도 모릅니다. 그러나 제품과 서비스를 만들어 파는 기업 입장에서는 PSS로의 변화는 매우 중요합니다. 기존의 순수 제품과 순수 서비스와는 다른 방식으로 상품을 설계해야 하고, 어떤 제품 요소와 서비스 요소를 어떻게 결합하여 수익을 낼 수 있을지, 즉, 비즈니스 모델에 대한 고민도 달리 해야 하기 때문입니다.

## 모든 것의 서비스화, XaaS

에디슨이 만든 전기회사 GE(General Electric)가 만드는 주요 제품 중 하나는 항공용 제트엔진입니다. 제트엔진은 보잉(Boeing)과 같은 항공기 제조업체에 '제품'으로 판매되고, 항공기 제조업체는 제트엔진을 이용하여 만든 항공기를 다시 대한항공과 같은 항공사에 판매합니다.

하지만 팔고 나서 끝이 아닙니다. 제트엔진은 지속적인 유지·보수가 필요하기 때문에 항공사는 항공기 제조업체가 아닌 GE와 장기간의 유지·보수 '서비스' 계약을 맺습니다.

흔히 생각하는 유지·보수와는 좀 다릅니다. GE가 만드는 제트엔진 속에는 수십 개의 센서가 내장되어 있어, 운항을 할 때마다 실시간으로 엔진의 상태 정보가 육지에 전달됩니다. 이 데이터는 머신러닝 알고리즘에 보내져 기체에 무슨 문제가 일어날지를 사전에 예측합니다. 운행 중인 비행기에 이상이 감지되었거나, 곧 이상이 발생할 것으로 예측되었다면, 착륙 전에 이미 수리 준비가 이루어지고, 착륙 후에 곧바로 수리가 들어갑니다. 이를 예지보수(predictive maintenance)라고 부릅니다. (예지보수는 14장에서 좀 더 자세히 다룹니다.) 항공사는 엔진 고장으로 인한 대형 사고를 미리 예방할 수 있을 뿐만 아니라, 수리 시간을 아낄 수 있기 때문에 지연이나 결항으로 인한 비용을 절감할 수 있겠죠. 이 서비스는 원격 모니터링 및 진단 서비스(Remote monitoring & diagnostic-as-a-Service)라는 이름으로 제공되고 있습니다.

GE는 제트엔진으로부터 수집된 데이터를 항공사에 판매하기도 합니다. 항공사는 이를 날씨 정보와 결합하여 연료를 아낄 수 있는 최적의 운행 경로를 짜는 데 활용함으로써 상당한 금액의 연료비를 절감할 수 있습니다.[29] GE는 이를 필수항행성능(required navigation performance) 지원 서비스라는 이름으로 판매하고 있습니다.

단순히 '제품'으로 제트엔진을 가지고 경쟁한다면 GE가 아닌 다른 업체에서 생산하는 제품의 성능이 더 좋을지도 모릅니다. 그러나 GE의 제트엔진이 세계 시장 1위를 차지하고 있는 이유는 제품과 함께 제공되는 서비스가 고객들에게 훨씬 풍부한 가치를 제공하고 있기 때문입니

항공기 엔진에 부착된 센서에서 엔진 상태 데이터를 실시간으로 수집하여 고장을 예측한다

다. 두 가지 서비스 모두 제트엔진이라는 '제품'을 판매함으로써 이루어지는 서비스이기 때문에 제품 중심 PSS에 해당합니다.

GE는 제트엔진을 판매할 뿐만 아니라 임대도 합니다. 임대료는 월 정액이 아니라 사용한 만큼만 지불합니다. 엔진 출력량에 단가를 곱해서 비용을 내기 때문에, 고장 등의 이유로 항공기가 운행하지 않는 동안에는 이용료를 낼 필요가 없는 것이죠. 타이어 제조업체인 미쉐린(Michelin)은 타이어를 팔지 않고 임대하기도 합니다. 트럭이나 버스를 대량 보유한 운송회사들을 대상으로 타이어를 끼워 주고, 주행거리에 따라 이용요금을 받는 것이죠. 타이어는 제품이 아니라 이동 서비스의 도구일 뿐입니다(Tire-as-a-Service). 식기세척기도 굳이 구매할 필요가 없습니다. 업소용 식기세척기를 생산하는 독일의 빈터할터(Winterhalter)는 설거지한 만큼만 돈을 내는 서비스를 제공하고 있습니다(Washing machine-as-a-Service). 얼마나 사용하게 될지 감이 잡히지 않아 비싼 식기세척기를 살까 말까 고민하지 않아도 되는 것이죠.

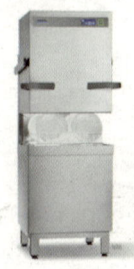

사용량만큼만 비용을 지불하는(pay per wash) 빈터할터의 식기세척기

엔진, 타이어, 식기세척기라는 '제품'이 아닌 운항, 주행, 세척이라는 '기능' 자체를 구매하는 것이기 때문에 사용 중심 PSS에 해당됩니다.

   에어컨을 구매하는 궁극적인 이유는 에어컨이라는 제품을 소유하고 싶어서도 아니고, 냉방이라는 기능 자체를 사용하고 싶어서도 아닙니다. 그저 '더운 날씨에도 쾌적한 실내 온도'라는 결과를 얻기 위함입니다. 북미 지역 에어컨 시장 톱 3 기업인 미국의 트레인(Trane)은 건물주를 상대로 '쾌적하고 안락한 실내 환경'이라는 결과를 판매합니다. 물론 그 결과는 에어컨을 작동시켜 얻게 되지만, 관리인이 직접 냉난방 시스템을 관리하고 작동시키거나, 사용자가 에어컨을 껐다 켰다 온도를 조절할 필요가 없습니다. 트레인이 건물 전체의 냉난방 공조시스템을 설치해 주고, 지속적으로 적정 수준의 온도를 유지해 주는 것이죠. 사용자는 에어컨이라는 제품을 일회성으로 구매하는 것이 아니라, 매월 일정한 금액을 지불하고 쾌적한 온도 유지 서비스(Comfort-as-a-Service)를 정기 구독하는 것입니다. 이 경우는 결과 중심의 PSS에 해당되겠죠.

생각보다 많은 곳에서 서비스화가 이루어지고 있네요. **세상의 모든 제품이 서비스화될 기세입니다.** 이른바 모든 것의 서비스화(Everything-as-a-Service, XaaS)입니다. 그런데 왜 요즘에서야 서비스화가 급속히 진행되고 있는 것일까요? 예전에는 이러한 생각을 못했던 걸까요?

문제는 기술에 있었습니다. 기술이 따라주지 못했던 것입니다. 항공기 엔진, 타이어, 식기세척기의 사용량을 실시간으로 측정하고 관리할 수 있는 기술이 없었기에 하고 싶어도 못했던 것이죠. 전기 검침하듯 매월 식기세척기 사용량을 확인하기 위해 검침원들이 일일이 고객을 방문할 수는 없는 노릇이니까요. 하지만 **모든 것을 실시간으로 연결하는 사물인터넷 기술이 발전함에 따라 생각만 했던 것들이 가능해진 것입니다.** 제품이 하늘 위를 날고 있든, 도로 위를 달리고 있든, 먼 거리에 설치되어 있든, 사물인터넷 센서를 통해 제품의 상태를 실시간으로 수집하고 활용할 수 있게 된 것입니다. (사물인터넷에 대해서는 13장에서 자세히 다룹니다.) 사물인터넷 기술이 없었다면 모든 것의 서비스화는 여전히 상상 속에서나 존재했을지도 모릅니다.

## 자동차 제조업체, 모빌리티 서비스 기업으로 변신하다

자동차 산업은 서비스화의 바람이 가장 거세게 불고 있는 곳입니다. 미국의 GM(General Motors)은 100년이 넘는 역사를 자랑하는 세계 최대 자동차 회사 중 하나입니다. 꽤 오랫동안 세계 자동차 시장 점유율 1위를 차지했었지만, 최근에는 그 자리를 독일과 일본 회사들에게 내주고 5위 내에서 명맥을 유지하고 있습니다. 그러나 비록 '제품'인 자동차 판매 실적은 줄었지만, GM은 자동차 관련 '서비스' 시장에서 쏠쏠한 재미를 보고 있습니다.

GM의 핵심 서비스 사업은 텔레매틱스(telematics) 서비스인 온스타(OnStar)입니다. 온스타는 무선통신으로 자동차와 통제 센터를 연결하여 운전자에게 필요한 다양한 서비스를 제공합니다. 기름이 떨어지거나 배터리가 방전되었을 때 출동하는 긴급지원 서비스는 기본이고, 차량 도난 시 위치를 알려 주는 것은 물론, 도난 차량을 꼼짝할 수 없게 묶어 두기도 합니다. 충돌 사고가 발생하여 에어백이 터지면 곧바로 구조대와 병원으로 위치를 알려 주어 구급차가 출동할 수 있도록 합니다. 온스타 전체 매출액은 자동차에 비하면 턱없이 낮지만, 자동차 판매 이익률이 6% 수준인 데 비해, 온스타는 무려 30%가 넘습니다. 제조업에서는 감히 상상할 수 없는 영업이익률이죠.[30]

온스타는 자동차라는 제품을 구매한 고객들이 자동차를 보다 안전하게 사용할 수 있도록 지원하기 위한 서비스이니, 제품 중심 PSS에 해당됩니다. 하지만 현재 급속하게 진행되고 있는 자동차 산업의 서비스화의 방향은 이쪽이 아닙니다. 앞에서 이미 언급했듯이, **자동차를 '제품'으로써 구매하기보다는 카셰어링을 통해 '사용'하는 방향으로 소비 패턴이 바뀌고 있습니다. 즉, 카셰어링은 사용 중심 PSS입니다.** 카셰어링이 확산될수록 자동차 판매량이 감소하는 것은 불 보듯 뻔합니다. 완성차 제조업체들이 가만히 넋 놓고 있을 수는 없습니다. 많은 기업이 직접 카셰어링에 뛰어들어 정면 돌파를 시도하고 있습니다.

GM은 자사 차량의 P2P 카셰어링 서비스 메이븐(Maven)을 운영하고 있습니다. GM 차량의 소유주는 메이븐을 통해 다른 사람들에게 자동차를 빌려 주고 수익을 얻을 수 있는 것이죠. 포드(Ford) 역시 자사 차량을 소유한 고객들을 대상으로 자체적인 P2P 카셰어링 서비스를 도입했습니다. 벤츠를 만드는 다임러 그룹과 BMW 그룹은 B2C 카셰어링 서

다임러 그룹의 카투고, BMW 그룹의 드라이브나우가 쉐어나우로 통합되었다

비스를 출시했습니다. 카투고(Car2Go)와 드라이브나우(DriveNow)라는 브랜드로 서로 경쟁하던 두 서비스는 2019년 쉐어나우(Share Now)라는 하나의 합작법인으로 통합됩니다. 숙명의 라이벌 관계인 두 독일 자동차 회사가 서비스화라는 거대한 물결에서 살아남기 위해 적과의 동침을 선택한 것이죠.

현대 셀렉션과 같은 자동차 구독 서비스도 사용 중심 PSS입니다. 사실 자동차 구독 서비스를 처음 출시한 것은 완성차 제조업체가 아닙니다. 미국의 스타트업 클러치(Clutch)가 2014년에 자동차 구독 서비스를 처음 선보인 이래, 수많은 스타트업과 자동차 딜러 업체들이 구독 서비스 시장에 뛰어들었습니다. 뒤늦게 가능성을 확인한 완성차 업체들이 구독 서비스를 속속 출시했고, 현재 우리가 알고 있는 대부분의 자동차 메이커들이 구독 서비스를 제공 중입니다.

자동차를 사용하는 궁극적인 이유는 '이동'입니다. 드라이브 자체를 좋아하는 마니아가 아닌 이상, 대부분의 사람은 그저 위치를 이동하기 위해 자동차를 활용하는 것뿐입니다. 따라서 **내가 직접 운전하지 않고 기사의 도움으로 내 위치를 이동시켜 주는 차량호출 서비스는 결과 중심 PSS입**

니다. 차량 호출 서비스의 성장에 위기를 느낀 자동차 업체들은 하나둘씩 보험을 들어 놓고 있습니다. 현대기아자동차는 동남아시아의 우버라고 불리는 싱가포르의 그랩(Grab)과 인도의 최대 차량호출 기업인 올라(Ola)에 수천억 원을 투자하였고, 도요타자동차 역시 그랩에 1조 원이 넘는 투자를 하였습니다.

그러나 지분 투자만으로 안주할 수 없습니다. 직접 서비스를 제공하지 않으면 살아남기 어렵습니다. 그렇다고 자동차 회사가 기사를 직접 고용하여 택시 회사로 변신할 수는 없겠죠. 방법은 단 하나, 자율주행입니다. 도요타, 포드, 현대자동차 등 글로벌 완성차 업체들은 너나 할 것 없이 자율주행차로 운행하는 차량호출 서비스 도입을 계획하고 있습니다. 벤츠와 BMW가 적과의 동침을 선택한 궁극적인 이유도 자율주행 로봇택시 서비스를 선도하기 위해서입니다. 이미 상용화에 성공한 우버와 구글에게 선수를 빼앗기긴 했지만, 완성차 제조업체가 직접 만든 더 우수한 성능을 보유한 자율주행 로봇 택시가 우리 앞에 곧 실체를 드러낼 것입니다.

지금까지는 완성차 제조업체들이 자동차라는 제품을 판매하여 이동 기능을 제공했다면, 앞으로는 자동차를 수단 삼아 이동이라는 서비스를 제공하게 될 것입니다(Mobility-as-a-Service). **자동차 '제조' 기업이 모빌리티 '서비스' 기업으로 진화하고 있는 것입니다.**

**아마존과 카카오는 제조기업?**

인터넷 서점으로 출발한 아마존은 매우 다양한 영역으로 사업을 지속 확장해 왔습니다. 거의 문어발 수준입니다. 아마존 마켓플레이스로 대표되는 상거래 서비스, 아마존 웹 서비스(AWS)와 같은 클라우드 컴퓨팅 서비스, 프라임 멤버들에게만 제공하는 무료배송 및 OTT 서비스 등 다양한 사업을 운영하고 있지요. 아마존을 딱 꼬집어 어떤 회사라고 말하기 쉽지 않지만, 한 가지 확실한 것은 제조 기업이 아닌 서비스 기업이라는 것입니다.

그런 아마존이 만들어 팔고 있는 '제품'이 있으니, 바로 전자책 리더기 킨들(Kindle)입니다. 킨들은 세계에서 가장 많이 팔린 전자책 리더기입니다. 일반 태블릿과는 달리 e잉크를 사용하여 마치 인쇄된 책을 읽는 느낌이 충만합니다. **기존의 서비스 기업이 서비스 제공에 필요한 제품을 직접 만들어 파는 현상을 서비스의 제품화(productization)라고 합니다. 서비스화의 정반대죠. 하지만 제품화가 이루어진 결과물 역시 PSS입니다.** 제품에서 출발하였든 서비스에서 출발하였든 제품과 서비스가 통합되면 모두 PSS입니다. 아마존은 전자책 콘텐츠 판매 서비스와 전자책 리더기를 통합하여 전자책 PSS를 제공하고 있는 것이죠.

킨들보다 훨씬 많이 팔린 아마존의 또 다른 제품이 있습니다. 인공지능 스피커 에코(Echo) 시리즈입니다. 국내에는 정식 판매가 되고 있지 않지만, 세계에서 가장 많이 팔린 인공지능 스피커입니다. 후발 주자인 구글 홈(Google Home)이 인공지능 스피커 시장에서 에코를 바짝 뒤쫓고 있습니다. 국내 IT 회사들도 질 수 없지요. 카카오 미니와 네이버 클로바를 비롯하여, KT 기가지니, SKT 누구 등 통신회사들까지 가세하여 인공지능 스피커를 속속 출시하고 있습니다. 하지만 생각해 보면 우리는 매일매일 이 회사들이 제공하는 '서비스'를 이용하고 있지만, 이들이 만든 '제품'을 이용하는 것은 처음인 듯합니다. 무형의 서비스만 제공하던 기업들이 유형의 제품인 스피커를 만들어 팔기 시작한 것입니다.

IT 공룡들이 너나 할 것 없이 인공지능 스피커 개발에 열을 올리는 이유는 단순히 스피커를 팔아서 돈을 벌겠다는 것은 아닙니다. 그럴 거라면 카드 발급 시 인공지능 스피커를 공짜로 주는 이벤트를 할 이유가 없겠죠. 인공지능 스피커라는 제품은 기업이 제공하고 있는 기존의 서비스와 결합되어 새로운 사용자 경험을 제공하는 PSS로 진화하고 있습니다. 외출 준비하느라 스마트폰을 열어 메시지를 보낼 시간이 없다면, 카카오 미니에게 "엄마에게 10분 늦는다고 말해 줘"라고 부탁해서 카카오톡 메시지를 보낼 수 있습니다. "강남역 가는 택시 불러 줘", "아이유 최신곡 틀어 줘", "피자 한 판 배달시켜 줘"와 같이 카카오택시, 카카오 멜론, 카카오 주문하기를 모두 말 한마디로 이용할 수 있습니다. 카카오의 각종 서비스가 카카오 미니라는 제품과 결합되어 PSS 형태로 제공되고 있는 것입니다.

인공지능 스피커가 지향하는 궁극적인 위상은 스마트홈 서비스의 지휘자입니다. 집 안의 TV, 냉장고, 에어컨 등 가전제품과 난방 및 조명 시스템을 말 한마디로 작동시키는 스마트홈 서비스를 제공하기 위한 관문이 인공지능 스피커입니다. 윈도우가 PC의 운영체제, 안드로이드가 스마트폰의 운영체제라면, 인공지능 플랫폼은 일상생활의 운영체제입니다. '제품'인 인공지능 스피커가 집 안의 가전'제품'을 통합시켜 집 안에서의 생활을 편리하게 해 주는 '서비스'를 제공하는 스마트홈은 우리 일상에 이미 깊숙이 침투한 PSS입니다. (스마트홈에 대한 이야기는 13장에서 이어집니다.)

**이름값을 못하는 IBM**

제품에 서비스 요소를 결합하여 PSS 형태로 제공하는 '제품의 서비스화'는 '제조업 서비스화'의 한 가지 방식입니다. 제조 기업이 서비스화하는 또 다른 방식은 애플과 같이 새로운 서비스 분야로 사업의 영역을 확장하는 것입니다. **사업 포트폴리오에서 제품의 비중이 줄어들고 서비스 비중이 증가하게 되는 것이죠.**

특유의 파란색 로고 덕분에 '빅 블루(Big Blue)'라는 애칭을 가지고 있는 IBM은 제조업 서비스화의 원조입니다. IBM의 역사는 곧 컴퓨터의 역사라고 해도 과언이 아닙니다. 1924년 토마스 왓슨(Thomas Watson)에 의해 탄생한 IBM은 우리나라 말로는 국제사무기기(International Business Machines) 회사입니다. 말 그대로 사무용 기계를 만들어 팔던 기업입니다. 기계식 계산기, 전동 타자기 등을 차례로 출시하여 규모를 키운 IBM은 1940년대 들어서면서 전자 컴퓨터 개발에 집중하게 됩니다. IBM은 1964년 현대 메인프레임 컴퓨터의 시초라고 할 수 있는 IBM 360 시리즈를 출시하여 대히트를 기록합니다. 메인프레임 컴퓨터는 방대한 양의 데이터를 처리할 수 있는 기업용 대형 컴퓨터를 말합니다. 업무의 전산화를 꾀하던 대부분의 기업, 특히 거의 모든 은행이 IBM의 메인프레임을 속속 도입하면서 "IBM=컴퓨터"라는 등식이 사람들에게 각인되기 시작합니다.

그러나 IBM은 개인용 컴퓨터(PC)에는 큰 관심을 두지 않았습니다. 일반 가정에서 컴퓨터가 무슨 필요가 있겠느냐고 생각했던 것이죠. 그러나 1970년대 후반 들어 애플을 비롯한 코모도(Commodore), 아타리(Atari) 등의 기업이 8비트 PC를 출시하면서 PC 시장이 급격하게 성장합니다. IBM도 뒤늦게 PC 시장에 뛰어들 수밖에 없었습니다. 직접 개발한 CPU와 운영체제를 보유하고 있었음에도 불구하고, IBM은 빠른 출시를 위해 인텔(Intel)의 CPU와 마이크로소프트의 운영체제 DOS를 채택한 최초의 PC를 1981년에 출시합니다. IBM PC 5150이라 불리는 이 PC는 오늘날 우리가 사용하는 PC의 조상입니다. IBM이 만든 PC에 대한 반응은 열광적이었습니다. 한 달 만에 무려 24만 대 이상이 팔렸는데, 이는 IBM이 출시 전에 예측한 5년치 판매량을 상회하는 것이었습니다.[31]

개방형 구조를 도입한 IBM 덕분에 PC 시장은 폭풍적으로 성장하게 됩니다. 인텔에서 CPU를 공급받고, 운영체제는 MS-DOS를 사용하면 되었기에 IBM이 아닌 다른 업체들도 PC를 만들 수 있었기 때문입니다. 이른바 IBM 호환 PC입니다. 델(Dell)과 컴팩(Compaq), HP(Hewlett-Packard)와 같은 미국 기업은 물론 국내에서도 삼성, 삼보와 같은 기업들이 IBM 호환 PC를 팔기 시작하면서 일반 가정에 PC가 급속히 보급되기 시작합니다.

IBM 호환 PC들은 성능에 차이가 없음에도 가격은 더 저렴하고 종류도 다양했습니다. 그러다 보니 정작 원조인 IBM PC의 시장 점유율은 계속 줄어들고 말았죠. 결국 IBM은 1990년대에 접어들면서 사상 최대의 적자를 기록하게 됩니다. 많은 사람들이 IBM은 끝났다고 생각했습니다. IBM의 몰락은 한때 세계를 호령했던 구소련의 붕괴에 비유될 정도였지요. 하지만 IBM은 그렇게 호락호락한 기업이 아니었습니다. 벼랑 끝에 몰린 IBM을 끌어올린 신의 한 수는 바로 서비스화 전략이었습니다. 1993년 IBM의 CEO로 취임한 루이스 거스너(Louis Gerstner)는 더이상 하드웨어 시장에서 경쟁력이 없다고 판단하고, 주력 사업을 IT 솔루션과 컨설팅 등의 서비스 중심으로 재편합니다. 제조기업에서 서비스 기업으로 탈바꿈하기 위한 첫 단추가 끼어진 것입니다.

인터넷의 등장과 함께 정보화 바람이 거세게 불면서 IBM은 세계적인 IT 서비스 기업으로 화려하게 부활하게 됩니다. IBM은 2002년 미

IBM PC 5150

국 최대 회계법인 중 하나인 프라이스워터하우스쿠퍼스(PwC)의 컨설팅 사업부를 인수하여 컨설팅 서비스 부문을 강화합니다. 그러고는 2005년 PC 사업을 중국의 레노버(Lenovo)에 전체 매각하며 화려했던 과거를 뒤로하고 PC 시장에서 철수하게 됩니다. IBM은 스스로 "우리는 더 이상 하드웨어를 파는 기업이 아니라 소프트웨어와 서비스를 파는 기업"이라고 공언합니다.

2010년대에 들어 IBM은 '스마터 플래닛(Smarter Planet)'이라는 새로운 전략을 제시하며 또 한 번의 변신을 시도합니다. 스마터 플래닛은 첨단 IT 기술을 이용하여 교통, 의료, 안전, 유통 등 지구상에서 인간이 살아가는 데 필요한 모든 분야를 더 똑똑하게 바꾸겠다는 IBM의 비전입니다.[32] IBM은 스마터 플래닛을 구현하기 위한 핵심 기술로 하드웨어, 소프트웨어, 서비스가 모두 녹아든 '클라우드 컴퓨팅'을 제시하며, 이제 자사를 서비스 회사가 아닌 클라우드 회사로 불러 달라고 주장했습니다. (클라우드 컴퓨팅은 13장에서 자세히 다룹니다.) 그러나 현재 상황만 놓고 보면 IBM은 아마존의 AWS에 눌려 클라우드 사업에서 그다지 두각을 내고 있지는 못합니다.

다만 스마터 플래닛을 위한 또 다른 핵심 기술인 인공지능 부문에서는 전통 강호의 자리를 놓치지 않고 있습니다. IBM의 역사는 컴퓨터의 역사이기도 하지만, 인공지능의 역사이기도 합니다. 구글과 아마존 등 신생 기업들이 인공지능 분야에 두각을 나타내고 있지만, IBM은 컴퓨터를 만들기 시작한 순간부터 인공지능을 연구해 왔습니다.

퀴즈쇼 〈제퍼디(Jeopardy)!〉에서 인간 챔피언을 이긴 왓슨

　인공지능이 인간을 상대로 승리한 첫 사건은 바둑 분야의 알파고가 아닙니다. IBM의 슈퍼컴퓨터 '딥 블루(deep blue)'는 1997년 세계 체스 챔피언을 상대로 승리를 거머쥐었습니다. 창립자 토마스 왓슨의 이름을 딴 IBM의 인공지능 왓슨(Watson)은 2011년에 미국의 인기 퀴즈쇼인 〈제퍼디(Jeopardy)!〉에서 두 명의 전설적인 인간 챔피언을 이기기도 했지요.

　요즘 왓슨(Watson)의 주 무대는 병원입니다. 의사를 도와 의료 영상을 판독하고 암을 진단하는 데 혁혁한 공을 세우고 있습니다. 국내에도 일부 대학 병원에 왓슨이 도입된 지 오래입니다. 의료 분야 외에도 금융, 법률, 교육, 유통 등 다양한 서비스 분야로 왓슨의 영역이 확장되고 있습니다.

　2018년 기준 IBM의 매출 중 서버와 스토리지 등 제품의 비중은 10% 수준입니다.[33] 이제 IBM은 기계의 형체를 만드는 제조기업이 아니라, 기계의 지능을 이용하여 서비스를 제공하는 기업입니다. 정체성만 놓고 본다면 IBM(International Business Machine)이 아니라 IBS(International Business Service)로 개명해야 맞지 않을까요?

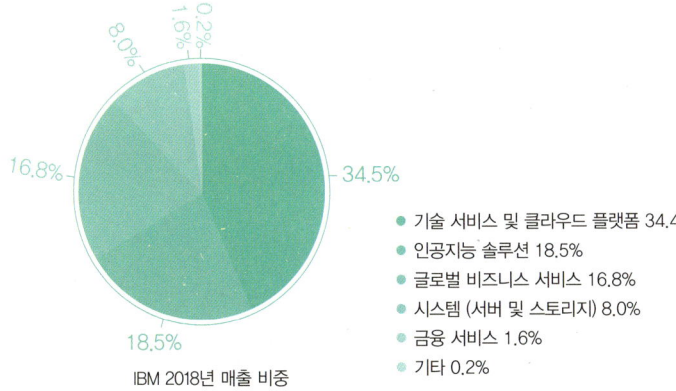

IBM 2018년 매출 비중
- 기술 서비스 및 클라우드 플랫폼 34.4%
- 인공지능 솔루션 18.5%
- 글로벌 비즈니스 서비스 16.8%
- 시스템 (서버 및 스토리지) 8.0%
- 금융 서비스 1.6%
- 기타 0.2%

… 한 국가의 경제가 성장할수록 1차 산업에서부터 2차 산업인 제조업, 그리고 3차 산업인 서비스업으로 핵심 산업이 변화한다는 것은 누구나 아는 사실입니다. 소위 선진국이라고 불리는 국가들의 서비스업 부가가치 비중은 80%에 육박합니다. 반면 우리나라의 경우 70% 내외입니다. 이 때문에 국내 제조기업들도 서비스화를 적극적으로 추진해 제조업 비중을 줄여야 한다며 멋모르는 소리를 하는 사람들도 많습니다.

하지만 서비스화라는 길이 모든 제조기업이 맹목적으로 따라가야만 하는 꽃길은 아닙니다. 선진국의 제조업 비중이 감소한 주된 이유는 높은 인건비와 임대료 때문에 생산 단가가 저렴한 해외로 대부분의 공장이 이전했기 때문입니다. 생산성이 줄어들었기 때문이지, 부가가치 자체가 줄어든 것은 아니라는 말이지요. 서비스화는 제품이 서비스와 결합하여 더 많은 부가가치를 창출하는 것을 추구하는 것이지, 제품이 더 이상 중요하지 않다는 의미가 결코 아닙니다. 서비스화의 성공을 위해서는 제품부터 잘 만들어야 합니다.

제품의 서비스화로부터 새로운 가치를 창출하기 위한 기회는 빅데이터로부터 발견됩니다. 서비스화를 통해 빅데이터가 수집되고, 빅데이터가 있어야 서비스화가 가능합니다. 제품을 한 번 팔고 끝나는 것이 아니라, 서비스 형태로 지속적으로 제공하면서 고객의 사용 패턴과 만족도 데이터를 끊임없이 수집합니다. 수집된 빅데이터를 다각도로 분석하여 고객 개개인의 요구사항을 만족시킬 수 있는 맞춤 서비스를 제공하게 되는 것이죠. 서비스화의 원천이자 결과물인 빅데이터, 다음 장의 주제입니다.

SEASON 3

요즘 기업들이
기회를 찾는 방법

# 비즈니스 지능

▼
▼

세상 모든 것이 똑똑해져 갑니다. 집과 자동차가 똑똑해지고, 공장이 똑똑해지며, 도시 전체가 똑똑해집니다. 사물들이 지능을 갖추게 된 것은 이른바 4차 산업혁명의 기간 기술로 꼽히는 빅데이터, 인공지능, 사물인터넷, 클라우드 덕분입니다. 항상 짝지어 등장하는 것을 보면 무슨 관계가 있지 않을까요? 간단히 말하면, 사물인터넷으로 수집된 빅데이터는 클라우드에 저장되어 인공지능을 훈련시킵니다. 인공지능은 마케팅과 인사, 제조 등 기업 내부 업무를 더 똑똑하게 처리할 수 있도록 도와줄 뿐만 아니라, 과거에는 없던 새로운 비즈니스 기회를 선사하고 있습니다. 요즘 기업들이 기회를 찾는 방법입니다.

10

# 넷플릭스를 전적으로 믿으셔야 합니다

### 비즈니스 가치를 요리하는 식재료, **빅데이터**

2019년 방영된 JTBC 드라마 〈SKY 캐슬〉은 비지상파 드라마 역대 최고 시청률을 기록할 정도로 선풍적인 인기를 끌었습니다. 대한민국 입시 현실을 풍자한 블랙 코미디인지, 여고생의 죽음에 숨겨진 비밀을 파헤치는 스릴러물인지, 장르를 알 수 없는 흥미로운 스토리 전개도 인상적이었지만, 무엇보다 화제가 되었던 것은 입시 코디네이터라는 생소했던 극 중 캐릭터였습니다. 전지전능한 입시 코디네이터 '김주영 스앵님'은 코디를 받는 학생의 강점과 약점, 성격과 취향까지 고려하여, 최고의 성적을 낼 수 있는 학원은 물론, 문제집과 공부 방법까지 추천해 줍니다. 그야말로 개인별 맞춤화 추천입니다. 김주영 선생님을 '전적으로' 믿고 따르기만 하면 서울대 의대에 합격할 수 있는 것이죠.

넷플릭스 추천 화면

　현실에서는 김주영 선생님과 같은 전담 코디네이터를 만나기가 어렵지만, 그래도 나를 잘 알고, 내 취향에 쏙 맞는 추천을 해 주는 누군가가 있습니다. 단, 공부법을 추천해 주는 것은 아니고 영화를 추천해 주지요. 바로 넷플릭스입니다. 자타가 인정하는 넷플릭스 성공의 비결은 개인별로 맞춤화된 영화 추천 시스템에 있습니다. 넷플릭스에 접속한 사용자는 첫 화면부터 추천 콘텐츠를 마주하게 됩니다. 단순히 이번 주 톱 10 영화를 추천하거나, '코미디, 스릴러, 판타지' 등 특정 장르의 영화를 뭉뚱그려 추천해 주는 수준이 아닙니다. 시청 이력과 평점을 이용하여 모든 사용자 개개인에게 서로 다른 영화를 추천합니다. 예전에는 일일이 포털 사이트에서 배우와 줄거리를 찾아보고 사람들의 평점을 확인한 후 영화를 선택했지만, 넷플릭스 추천 영화를 몇 편 보고 나면 어느 순간 넷플릭스를 신뢰하게 됩니다.

　영화 추천 시스템에 힘입어 급속한 성장 가도를 달리던 넷플릭스는 DVD 우편 배송에서 온라인 스트리밍 서비스로 핵심 비즈니스 모델이 바뀌면서 위기에 봉착합니다. 스트리밍 모델의 성공을 위해서는 다양하고 안정적인 콘텐츠 수급이 필수입니다. 그러나 넷플릭스의 가파른 성장을 견제하던 제작사들이 너무 비싼 값을 부르거나, 아예 콘텐츠 제공을 거부하기 시작한 것이죠. 결국 2011년 적자를 기록하며 궁지에 몰린 넷플릭스는 중대한 결정을 내립니다. 직접 오리지널 콘텐츠를 만들기로 한 것입니다. 많은 이들이 위험한 도박이라고 생각했지만, 넷플릭스의 판단은 백번 옳았습니다. 2013년 출시한 오리지널 콘텐츠, 〈하우스 오브 카드(house of cards)〉가 엄청난 성공을 거두면서 넷플릭스는 또다시 한 단계 도약하게 됩니다.

넷플릭스가 조그만 DVD 렌털 업체에서 세계 최대 미디어 기업으로 성장할 수 있었던 두 가지 비결, 콘텐츠 추천 시스템과 콘텐츠 제작 시스템의 공통분모는 다름 아닌 빅데이터입니다.

## 빅데이터 시대가 저물어 간다?

빅데이터, 금세기 최고의 유행어가 아닐까요? 초등학교 교과서에도 출현할 만큼 어느새 보편적이고 진부한 단어가 되었습니다. 구글 트렌드에 따르면 2010년부터 빅데이터 키워드의 검색 횟수가 급격히 증가하다 어느 순간 정체되더니 최근에는 감소 추세를 보입니다. 그렇게나 많은 사람이 입을 모아 이야기하던 빅데이터의 인기가 이제 시들해진 걸까요? 빅데이터가 아닌 스몰 데이터로 관심이 바뀐 것일까요? 물론 그렇지 않습니다. 이제는 굳이 빅데이터라고 칭할 필요가 없기 때문입니다. 웬만하면 다 빅데이터니까요.

처음 빅데이터라는 단어를 접한 사람들이라면 백이면 백 갖게 되는 의문은 대체 얼마나 커야 '빅'이라고 할 수 있는가입니다. 그러나 빅의 의미는 단순히 크기가 크다는 것만을 뜻하지 않습니다. 조지 오웰의 소설

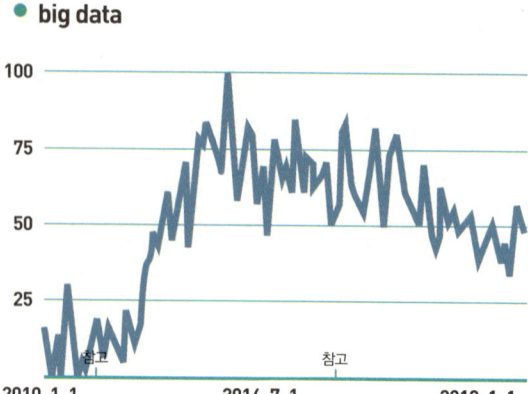
구글 트렌드 빅데이터 키워드 검색 횟수 변화 추이

〈1984〉에 등장하는 '빅브라더(big brother)'는 정보를 독점하고 사회를 통제하는 절대 권력으로 그려집니다. 이때의 빅은 크기가 크다라는 뜻이 아니라 무언가 엄청나고 대항하기 힘든 대상을 의미합니다. 빅데이터도 역시 마찬가지입니다. **단순히 크기가 큰 대용량 데이터를 지칭한다기보다는, 엄청난 데이터, 즉 기존의 방식으로는 쉽게 다루기 힘든 데이터를 뜻합니다.** 빅데이터를 쉽게 다루기 힘든 이유는 흔히 3V라고 부르는 빅데이터의 특성 때문입니다.

첫 번째 V는 규모(Volume)입니다. 말 그대로 대용량 데이터입니다. 1바이트(byte)로는 영어 알파벳 문자 하나를 나타낼 수 있습니다. 예전에는 KB(킬로바이트, $10^3$), MB(메가바이트, $10^6$), GB(기가바이트, $10^9$)가 익숙했지만, 요즘에는 TB(테라바이트, $10^{12}$) 정도는 되어야 명함을 내밀 수 있습니다. 과거에는 들어보지도 못한 ZB(제타바이트, $10^{15}$), EB(엑사바이트, $10^{18}$)도 심심찮게 들립니다. 인간이 태초부터 2003년까지 생성한 모든 데이터가 5엑사바이트 정도라고 합니다.[1] 2017년 기준으로 전 세계에서 하루에 생성되는 데이터양이 2.5엑사바이트라고 하니,² 태초부터 2003년까지 만들어진 데이터를 우리는 지금 이틀 만에 만들어 내는 것이죠. 시장조사기관 IDC(International Data Corporation)의 전망에 따르면 2025년 전 세계 데이터의 양은 175ZB까지 증가할 것으로 예상됩니다.³

데이터 규모가 기하급수적으로 증가하다 보니 예전 방식으로는 데이터를 저장하고 관리하는 것이 불가능해졌습니다. 물론 데이터 저장 기술도 빠르게 발전해 왔습니다. 2000년대 초반 처음 USB 메모리 스틱이 출시되었을 때만 해도 저장 용량이 고작 8MB 수준이었지만, 최근에는 1TB가 넘는 제품이 출시되고 있습니다. 과거에는 기껏해야 MP3 파일 두 개를 넣을 수 있었지만, 이제는 25만 곡의 노래를 담을 수 있죠. 지난 60년간 하드디스크 1G당 저장 비용은 100만 달러에서 2센트까지 5,000만 분의 1수준으로 떨어졌습니다.⁴ 그러나 데이터 규모가 점점 커진다고 해서 그때마다 고사양의 CPU와 고용량의 저장장치로 바꾸는 것은 한계가 있습니다. 기술의 발전 속도보다 데이터가 쌓이는 속도가 훨씬 빠르기 때문이죠. 그래서 요즘은 **용량이 매우 큰 하나의 컴퓨터에 데이터를 한꺼번에 저장하기보다는 적당한 컴퓨터 여러 개에 분산해서 처리하는 형태가 일반적입니다.**

두 번째 V는 다양성(Variety)입니다. 이제까지 기업들이 다루던 데이터들은 성별, 연령, 직업과 같은 고객 데이터, 일별 매출액, 연간 순이익과 같은 회계 데이터, 공정별 불량률과 작업시간과 같은 제조 데이터 등이 대부분이었습니다. 모두 몇 가지 카테고리로 구분이 가능하고 숫자로 표시되는, 형태가 분명한 것들입니다. 이러한 데이터를 정형 데이터(structured data)라고 부릅니다.

그러나 요즘 쏟아지는 데이터들은 형태가 일정하지 않습니다. 페이스북에 올린 새로 장만한 노트북 사용 후기나 인스타그램을 통해 판매하고 있는 화장품 소개에 달린 댓글들은 매우 소중한 고객 리뷰 데이터입니다. 누구는 "최고!"라는 한마디로 간단히 댓글을 달기도 하지만, 누군가는 맞춤법과 띄어쓰기가 엉망인 채로 장문의 사용 후기를 남기기도 합니다. 또 다른 누군가는 제품의 구석구석 사진과 함께 사용 방법을 동영상으로 찍어 올리기도 합니다. 텍스트, 사진, 음성, 영상 모두 저마다 다른 형태를 띠고 있고, 미리 형식을 하나하나 정해 놓기도 어렵습니다. 이러한 데이터를 비정형 데이터(unstructured data)라고 부릅니다. **텍스트, 이미지, 영상 등과 같은 비정형 데이터는 말 그대로 형태가 정해져 있지 않기 때문에 하나의 틀에 맞추어 통일된 구조로 정리하기가 불가능합니다.** 깔끔하게 손질되어 곧바로 요리를 할 수 있는 정형 데이터와는 차원이 다르지요.

세 번째 V는 속도(Velocity)입니다. 지금도 저마다 다른 형태를 가진 어마어마한 양의 데이터가 매 순간 쌓이고 있습니다. 1분 동안 구글에서는 450만 건의 검색이, 유튜브에는 400시간 분량의 영상이, 트위터에서는 50만 건의 트윗이 생성됩니다. 이메일은 1억 9,000통이 오가고, 앱스토어에서는 40만 건의 앱이 다운로드됩니다.[5] 하루가 아니라 1분 동안입니다.

의도하든 의도치 않든 나의 모든 행동 하나하나가 데이터를 만들고 있습니다. 지하철에서 잠시 유튜브 영상을 보았을 뿐인데, 어떤 영상을 보았는지, 얼마 동안 보았는지, 언제 좋아요를 눌렀는지, 친구에게 공유는 했는지, 댓글은 달았는지, 어떤 부분에서 껐는지가 모두 데이터로 기록됩니다. 지하철에서 스마트폰을 사용하지 않고 잠만 잤어도, 지하철이 움직일 때마다 내 위치 데이터가 실시간으로 차곡차곡 쌓입니다.

데이터가 빨리 쌓인다는 것은 곧 빨리 분석해서 결과를 내놓아야 한다는 것을 의미합니다. 예전처럼 월별, 분기별로 매출을 집계하여 예상보다 실적이 저조한 상품이 무엇이고 그 이유가 무엇인지를 심도 깊게 고찰하여 문제를 해결하려 한다면 이미 늦습니다. 고객이 우리 제품을 어떻게 사용하고 있는지, 얼마나 사용하고 있는지, 사용에 어떤 어려움을 겪고 있는지를 실시간으로 파악하여 바로바로 대응할 수 있어야 합니다.

사실 3V 말고 하나의 V가 더 있습니다. 4V를 구성하는 마지막 V는 바로 가치(Value)입니다. 빅데이터를 수집하여 저장하고 관리하는 것도 중요하지만, 궁극적인 목적은 결국 거대하게 쌓인 빅데이터로부터 새로운 가치를 발견하는 것입니다. 3V는 빅데이터를 다루기 어려운 이유이기도 하지만, 동시에 가치를 만들어 낼 새로운 기회를 제공하기도 합니다. 위기는 곧 기회인 법이니까요.

## 음악 예능계
## 부동의 1위 프로그램은?

언젠가부터 음악 예능이 대세입니다. 〈슈퍼스타 K〉, 〈미스트롯〉과 같은 오디션 프로그램에서 〈나는 가수다〉, 〈불후의 명곡〉과 같은 기성 가수들의 경연 프로그램, 〈복면가왕〉, 〈히든싱어〉와 같은 미스터리 요소가 가미된 음악 쇼까지. 그간 방영된 수십 개의 음악 예능 프로그램 중에서 과연 어떤 프로그램의 시청률이 가장 높았을까요?

정답은 〈전국노래자랑〉입니다. 40년의 역사를 자랑하는 〈전국노래자랑〉은 음악 예능 부문에서 오랫동안 시청률 1위 자리를 수성 중입니다. 연륜이 묻어나는 송해 선생님의 유쾌한 진행, 다양한 연령대를 아우르는 참가자들의 기발한 무대 매너, 센스 있는 응원 현수막이 어우러져 일요일 낮의 나른함을 잊게 해 줄 수 있는 재미있는 예능임은 틀림없습니다. 하지만 글쎄요, 시청률 1위라는 것이 쉽게 납득이 가지는 않습니다. 이 책을 읽고 계신 분 중에 〈전국노래자랑〉의 애청자는 얼마나 될까요?

시청률 집계 방식을 찬찬히 뜯어보면 〈전국노래자랑〉이 1위를 고수하고 있는 이유를 쉽게 납득할 수 있습니다. 국내에는 닐슨코리아와 TNMS라는 양대 시청률 조사기관이 있습니다. 정확한 시청률 집계를 위해서라면 모든 가구를 대상으로 조사를 해야겠지만, 그러려면 비용이 엄청나게 들겠죠. 따라서 이 회사들은 패널(panel)이라고 부르는 일부 가구만을 표본(sample)으로 선정하여 조사를 수행합니다. 패널 수는 약 4,000가구 정도로 알려져 있습니다. 우리나라 총 가구 수가 2,000만 정도 되는 것을 고려하면 약 0.02% 정도 수준이네요.

패널로 선정된 가구의 TV에는 피플미터(people meter)라는 장치가 부착됩니다. 피플미터기가 TV에서 나오는 영상 또는 음성을 추출해 조사 기관으로 보내면, 현재 방송 중인 프로그램과 대조하여 어떤 프로그램을 보고 있는지 기록됩니다. 따라서 피플미터기가 없는 가정에서는 무슨 프로그램을 보든 간에 시청률에 전혀 영향을 끼치지 못합니다. 팬클럽 회원들이 본인이 응원하는 아이돌이 출현하는 프로그램의 시청률을 올리자며 본방 사수를 외치는 경우를 종종 볼 수 있는데, 사실 소용없는 짓이죠.

시청률은 광고주가 어떤 채널의 어떤 프로그램에 얼마짜리 광고를 집행해야 할지를 결정할 때 가장 중요하게 참고하는 자료입니다. 지상파, 종편, 케이블 등 TV 광고 총 집행액은 매년 4조 원 가까이 됩니다. 그렇다면 〈전국노래자랑〉이 다른 예능 프로그램들보다 광고 단가가 비싸야 하는데 과연 그럴까요? 사실 피플미터 기반 시청률 집계 결과는 광고주들에게 그다지 신뢰를 주지 못하고 있습니다.

가장 큰 원인 중 하나는 표본의 대표성 문제입니다. 패널을 선정할 때는 우리나라 전체 가구를 대표할 수 있도록 가족 구성원 수, 성별, 나이, 지역, 소득, 직업 등을 고려하게 되지만, 문제는 피플미터로부터 수집된 자료가 유선 전화 회선을 거쳐서 전송되기 때문에 유선 전화가 있는 가구만 패널이 될 수 있습니다. 따라서 유선 전화를 거의 사용하지 않는 1인 가구나 젊은 연령대가 살고 있는 가정보다는 유선 전화를 보유하고 있는 노년층 가구가 많이 포함될 수밖에 없습니다. 〈전국노래자랑〉이 예능 프로그램 시청률 1위를 할 수밖에 없는 이유입니다.

표본 추출 방식의 문제를 해결할 수 있는 근본적인 방법은 전수 조사를 실시하는 것입니다. 통계학이라는 학문이 생겨나게 된 이유가 한정된 일부 데이터를 바탕으로 전체의 특성을 추론해 내기 위한 것입니다. **하지만 모집단 전체의 데이터를 확보할 수 있다면 굳이 복잡한 통계적 추론 과정을 통해 오차가 얼마고 신뢰도가 얼마인지를 이야기할 필요가 없겠죠.** 그냥 전체 데이터로부터 원하는 값을 산출하면 됩니다. 아날로그 TV 시절에는 비용 문제로 전수 조사가 불가능하니 표본을 추출하는 방식에 의존할 수밖에 없었습니다. 하지만 셋톱박스를 통해 디지털 TV를 시청하는 요즘은 상황이 달라졌습니다.

KT 스카이라이프는 가정에 설치된 셋톱박스로부터 650만 가입자 모두의 시청 이력을 수집하고 있습니다. 가입자가 채널을 돌릴 때마다 셋톱박스에는 초 단위의 시청 시간과 시청 채널 정보가 로그 파일 형태로 쌓이고, 이를 중앙 서버에서 실시간으로 수집합니다. 가입자 전체의 데이터를 이용하여 산출된 시청률이니 표본을 추출하는 기존 방식에

시청률을 초 단위로 전수 조사하는 스카이라이프 ARA

비해 정확성은 비교할 바가 안 됩니다. 덕분에 KT 스카이라이프가 시청률 전수 조사 결과를 활용하여 제공하는 ARA(Advanced Realtime Advertising) 광고 시스템은 광고주들의 좋은 반응을 얻고 있습니다.

ARA의 가장 큰 장점은 실제로 시청자가 광고를 보아야만 광고료가 과금이 된다는 것입니다. 피플미터 방식은 1분 단위로 정보가 전송되기 때문에 광고가 나가는 사이 채널을 바꿨다가 1분 이내에 다시 돌아와도 광고를 본 것으로 기록됩니다. 1분 동안 상영되는 15초짜리 광고 네 개의 시청률이 모두 동일할 수밖에 없죠. 반면에 ARA는 초 단위로 시청률이 기록되기 때문에 광고를 실제로 보았는지, 보다가 중간에 끊지는 않았는지를 알 수 있습니다. ARA 시스템은 시청자가 15초 모두 시청한 경우에만 광고비를 5원씩 청구하기 때문에, 광고주 입장에서는 광고비가 그다지 아깝지 않습니다. 650만 가입자가 리모컨 버튼을 누를 때마다 로그 파일이 쌓이니 하루에도 수억 건 이상의 데이터가 수집됩니다. 말 그대로 빅데이터입니다. 빅데이터의 첫 번째 V(규모)가 만들어 내는 새로운 가치입니다.

## TV 프로그램 화제성을 측정하는 방법

피플미터 방식의 또 다른 문제점은 TV 본방송 시청이 전부가 아니라는 점입니다. 요즘은 N-스크린 시대입니다. 동일한 콘텐츠를 볼 수 있는 스크린, 즉 시청 도구가 TV뿐만 아니라 PC, 노트북, 스마트폰, 태블릿 등 여러 개(N개)라는 의미입니다. 1995년 방영된 드라마 〈모래시계〉는 최고 시청률 64.5%를 기록할 정도로 선풍적인 인기를 끌었습니다. 〈모래시계〉를 보려고 사람들이 일찍 귀가하는 바람에 거리가 텅텅 비어 '귀가 시계'라고도 불렸지요. 그러나 이제는 더 이상 그런 광경을 보기 어렵습니다. 굳이 본방송을 사수하지 않아도 됩니다. IPTV로 VOD를 시청하거나, 스마트폰이나 태블릿으로 웨이브(wavve)나 티빙(tving)과 같은 OTT 서비스를 이용하면 됩니다. 원하는 장소에서 원하는 시간에 시청하는 형태로 콘텐츠 소비 패턴이 변하고 있는 것입니다. 이러한 변화를 반영하기 위해 한국방송공사(KBS)는 코코파이(KOKO PIE)라는 새로운 시청률 지수를 발표하고 있습니다.[6] 코코파이 지수는 본방송뿐만 아니라, 재방송, 유통채널, VOD를 모두 고려하여 프로그램별 시청자 수를 산출합니다.

코코파이 지수의 더 중요한 특성은 프로그램의 화제성을 함께 고려한다는 데에 있습니다. 요즘 시청자들은 방송사로부터 송출되는 프로그램을 소파에 앉아 TV로 보기만 하는 수동적인 존재가 아닙니다. 스마트폰이든 노트북이든 인터넷을 통해서 콘텐츠를 소비함과 동시에 능동적으로 읽고, 떠들고, 공유합니다. 많은 사람들이 TV 밖에서 프로그램에 대해 이야기하고 공유하면서 콘텐츠는 끊임없이 확대 재생산되며 화

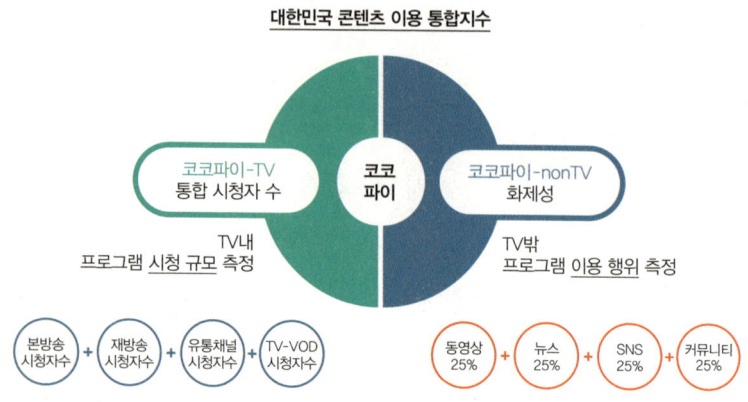

KBS 코코파이 지수

제성이 높아집니다. 단순히 시청률이 높다고 해서 프로그램의 영향력이 높다고 볼 수 없는 것이죠. 프로그램 안에 노출되는 간접광고(PPL)의 비중이 날로 늘어감에 따라, 프로그램의 화제성이 곧 영향력의 척도이며, 광고주의 구미를 당기는 요소입니다. 광고주들이 시청률 1위인 〈전국노래자랑〉이 아닌 〈미스터 트롯〉에 PPL을 넣고 싶어 하는 것은 자연스러운 일입니다.

〈미스터 트롯〉에서 참가자가 한 명씩 탈락할 때마다 수많은 SNS와 커뮤니티에 동영상과 캡처 화면이 떠돌고 찬반 의견을 담은 게시글과 댓글이 쏟아집니다. 탈락 소식을 담은 인터넷 뉴스들이 끊임없이 생산되고 댓글이 달립니다. 코코파이 지수는 이를 반영하기 위해 SNS, 커뮤니티, 뉴스, 동영상의 네 가지 부문별로 화제성을 측정합니다. 따라서 **화제성 점수를 산출하기 위해서는 인터넷이라는 거대한 바다에 떠 있는 각종 SNS와 커뮤니티, 포털 등으로부터 프로그램 키워드가 포함된 데이터를 모두 수집해야 하며**, 이들은 텍스트, 동영상, 이미지 등 매우 다양한 형태를 띠고 있습니다. 시청 여부라는 단순한 정형 데이터가 아닌 다양한 유형의 비정형 데이터를 활용함으로써 기존의 시청률로는 알 수 없었던 프로그램의 화제성을 측정할 수 있게 된 것입니다. 빅데이터의 두 번째 V(다양성)이 만들어 내는 가치입니다.

매일 아침 7시에 열리는 방송사 회의에는 전날 방송된 프로그램의 담당 PD들이 떨리는 마음으로 참석합니다. 피플미터기를 통해 각 가구로부터 수집된 정보는 밤새 가공 및 정리 작업을 거치기 때문에 아침이 되어서야 성적표를 받아 볼 수 있기 때문이죠. 하지만 요즘은 방송이 되는 도중에 실시간으로 시청률을 확인하는 것이 가능해졌습니다. ATAM이라는 국내 기업은 스마트레이팅이라는 시스템을 통해 실시간 시청률 정보를 제공하고 있습니다. 패널 가구에 설치된 스마트미터기를 통해 10초 단위로 시청 정보를 수집한 후 즉시 모집단 기준으로 시청률을 환산합니다.

실시간 시청률은 다음 날이 되어서야 받아 볼 수 있는 시청률에 비해 훨씬 쓰임새가 넓습니다. 방송사는 선거 개표 방송이나 월드컵 중계처럼 타 방송사들과 동시에 생중계하는 방송에서 그때그때 시청률을 확인하며 시청률이 높은 아이템의 방송 시간을 늘릴 수 있습니다. 콘텐츠 제작자는 어떤 배우가 어떤 장면에 나올 때 시청률이 높은지를 파악하여 향후 제작에 반영할 수도 있겠죠. 광고주 입장에서는 광고가 나가는 동안의 시청률을 바로바로 확인할 수 있을 뿐만 아니라, PPL 제품이 노출된 시점에서의 정확한 시청률 파악이 가능하므로 효율적인 광고비 집행이 가능합니다. 빅데이터의 세 번째 V(속도)가 만들어 내는 새로운 가치입니다.

**이제는
예측 분석이다**

빅데이터의 3V라는 특성이 어떻게 네 번째 V(가치)를 만들어 내는가를 보다 쉽게 이해할 수 있도록 우리에게 친숙한 TV 시청률을 예로 들었습니다. 하지만 TV 시청률 측정은 빅데이터로 인해 변화하는 비즈니스 세상의 극히 일부일 뿐만 아니라 대표적인 성과도 아닙니다. 기업들이 빅데이터에 주목하는 이유는 단순히 이미 발생한 일을 더 정확하게 알고자 함이 아닙니다. 어제 시청률이 얼마가 나왔는지를 정확히 아는 것보다는, 미래에 방송될 프로그램의 시청률이 어느 정도가 될지, 더 나아가서 높은 시청률을 얻기 위해서는 어떻게 프로그램을 제작해야 할지를 아는 것이 더 중요하지 않을까요? 빅데이터의 궁극적인 가치는 과거에 벌어진 일들을 바탕으로 앞으로 어떤 일들이 벌어질지를 예측하여 최적의 대응 방안을 제시해 줄 수 있다는 점에서 빛을 발합니다. 데이터 애널리틱스(data analytics)가 필요한 이유입니다.

애널리틱스(analytics)라는 용어가 생소할 수도 있습니다. 우리나라 말로 번역하면 '분석학' 또는 그냥 '분석'입니다. 다만 분석을 뜻하는 일반적인 단어, analysis와 좀 다릅니다. analysis가 분석 대상을 면밀히 이해하기 위해 하나하나 상세히 살펴보는 행위를 뜻한다면, analytics는 분석을 수행하기 위한 체계적인 이론과 기법, 접근 방식의 집합을 말합니다. 더욱 포괄적인 개념이라고 할 수 있지요. 데이터 애널리틱스는 분석을 통해 무엇을 하고자 하는지에 따라 크게 세 가지 유형으로 구분됩니다.[7]

가장 기초적인 분석은 "무슨 일이 일어났는가?"를 파악하는 현황 분석(descriptive analytics)입니다. Descriptive는 서술하다 또는 설명하다는 뜻을 가진 Describe의 형용사형입니다. 1년 전이든 1분 전이든 과

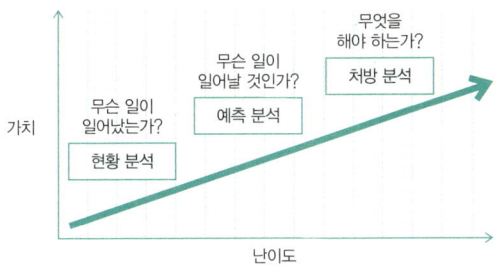

데이터 애널리틱스의 세 가지 유형

거에 이미 발생한 사건의 데이터를 분석하여 어떤 일이 벌어졌는지를 설명하고 이해하는 것을 목적으로 합니다. 즉 현황 분석을 위해서는 복잡한 분석기법보다는 합계, 평균, 비율 등과 같은 기초 통계량을 활용하는 것이 보통입니다.

넷플릭스는 전 세계 1억 5,000만 회원들의 VOD 시청 내역을 실시간으로 수집하여 현황 분석을 수행합니다. 새로 출시한 오리지널 콘텐츠의 하루 시청자 수가 한 달 동안 어떻게 변화했는지를 살펴본다거나, 한 주 동안 한국 시청자들이 가장 많이 본 영화는 무엇인지, 〈하우스 오브 카드〉를 끝까지 시청한 가입자는 몇 %인지를 파악하는 것 모두 현황 분석입니다. 현황 분석을 통해 콘텐츠의 성공 여부와 인기도, 지역별·연령별 선호도 등을 파악할 수는 있겠지만, 이것만으로는 뭔가 부족합니다.

역사를 공부하는 이유는 단순히 과거에 이런 일들이 일어났구나를 확인하기 위해서가 아닙니다. 과거로부터 교훈을 얻고 미래에 대비하기 위함이죠. 마찬가지로 현황 분석만으로는 사실관계 확인 이상의 무엇을 기대하기 어렵습니다. 과거 데이터를 바탕으로 앞으로 "무슨 일이 일어날 것인가?"를 예측할 수 있어야 새로운 가치를 만들어 낼 수 있습니다. 바로 예측 분석(predictive analytics)입니다.

점쟁이를 찾아가거나 별자리의 움직임을 보고 감으로 미래를 예상하는 것은 예측이 아닙니다. 과거에 어떤 상황과 조건에서 어떤 일이 일어났는지에 대한 객관적인 데이터를 과학적인 기법을 동원하여 충분히 학습한다면, 앞으로 어떤 상황이 벌어질 것이며, 어떤 결과가 발생할지를 예측할 수 있습니다. 예측 분석을 위해서는 회귀분석과 같이 인과관계를 파악하기 위한 통계 기법과 함께, 방대한 양의 과거 데이터를 학습하여 미래를 예측할 수 있는 머신러닝(machine learning) 기법이 주로 활용됩니다.

넷플릭스의 영화 추천 시스템은 예측 분석의 대표적 사례입니다. 개인별로 맞춤화된 영화를 추천하기 위해서 과거 시청 기록을 바탕으로 각 사용자가 좋아할 만한 영화를 추천합니다. 어떤 영화를 보았고, 평점을 얼마를 줬는지는 물론, 언제 어떤 기기를 이용해 영화를 보았는지, 한 번에 다 봤는지 나눠서 봤는지, 나눠서 봤다면 그 사이 시간이 얼마나 걸렸는지, 보다가 어떤 장면에서 꺼 버렸는지, 예고편만 본 영화는 무엇인지, 검색하고 보지 않은 영화는 무엇인지를 모두 기록합니다. 이 데이터를 머신러닝 알고리즘에 넣으면 사용자가 좋아할 것이라고 '예측'된 영화가 도출되어 추천 목록에 제시되는 것이죠. (머신러닝을 이용한 예측 분석에 대한 본격적 이야기는 11장에서 다룹니다.)

## 〈하우스 오브 카드〉의 성공은 예견되어 있었다

예측 분석을 통해 앞으로 무슨 일이 벌어질 것인가를 알았다면 이에 대한 적절한 대응책을 마련해야 합니다. 그러나 불확실한 비즈니스 환경에서 감에만 의지할 수는 없습니다. 가능한 대안들을 추출하고 각 대안의 결과를 예측하여 "무엇을 해야 하는가?"에 대한 답을 줄 수 있는 정교한 분석이 뒤따라야 합니다. 처방 분석(prescriptive analytics)이라고 부릅니다. Prescribe, 즉 약을 처방하듯이 미래에 대한 처방을 내리기 위한 분석입니다. 처방 분석에는 머신러닝과 함께 최적화 및 시뮬레이션 기법 등이 활용됩니다.

넷플릭스의 오리지널 콘텐츠인 〈하우스 오브 카드〉가 큰 성공을 거둘 수 있었던 이유도 처방 분석 덕분입니다. 미국 드라마는 편당 제작비가 워낙 비싸기 때문에 보통 파일럿 프로그램을 만들어서 반응을 살펴본 후, 괜찮다 싶으면 본격적인 제작에 들어가는 것이 보통입니다. 그러나 넷플릭스는 처음부터 1억 달러를 투자하여 〈하우스 오브 카드〉 시즌 1과 시즌 2, 총 26편을 한 번에 제작하기로 결정합니다. 많은 사람들이 넷플릭스의 결정을 과감한 베팅이라고 했지만, 베팅은 이길 확률이 높지 않은 도박에서나 쓰는 표현입니다. 넷플릭스는 〈하우스 오브 카드〉가 성공할 것이란 것을 미리 알고 있었습니다. 아니, 철저하게 성공할 수 있는 프로그램을 만든 것입니다.

넷플릭스는 최대한 많은 사람들의 사랑을 받을 수 있는 스토리를 알아내기 위해 하루 평균 수천만 건에 달하는 영상 재생 기록과 수백만 건에 달하는 사용자들의 평가 정보를 분석했습니다. 이와 함께 페이스북과 트위터로부터 소셜 데이터를 수집하고, 심지어 P2P 파일공유 사이트인 비트토렌트에서 불법으로 공유되는 인기 콘텐츠도 분석 대상에 포함하였습니다.[8] 분석을 통해 도출된 최종 결론은 1990년 영국 BBC에서 방영된 〈하우스 오브 카드〉를 미국 버전으로 리메이크하는 것이었습니다.

캐스팅 또한 그냥 이루어진 것이 아닙니다. BBC 원작 〈하우스 오브 카드〉를 시청하거나 검색한 수많은 사람의 취향을 면밀히 분석한 결과, 이들 중 상당수가 데이비드 핀처(David Fincher) 감독이 제작한 〈소셜 네트워크〉와 〈벤자민 버튼의 시간은 거꾸로 간다〉를 보았으며, 케빈 스페이시(Kevin Spacey)가 주연한 여러 편의 영화들을 함께 봤다는 사실을 찾아냅니다.[9] 고민의 여지가 있을까요? 데이비드 핀처와 케빈 스페이시를 감독과 주연으로 캐스팅하고 곧바로 제작에 들어갑니다. 처방 분석을 통해 최적의 대안을 찾은 것이죠.

특별한 광고를 하지 않았음에도 불구하고, 취향을 제대로 저격당한 원작 팬들의 입소문을 타며 〈하우스 오브 카드〉는 흥행몰이에 성공합니다. 〈하우스 오브 카드〉를 보기 위해 2013년 한 해에만 300만 명 이상의 신규 가입자가 몰려들었고, 그해 넷플릭스는 창사 이래 사상 최대의 매출을 기록합니다. 빅데이터 분석을 활용한 프로그램 기획 노하우는 더욱 고도화되어 이후 출시된 〈오렌지 이즈 더 뉴 블랙(Orange is the new black)〉의 첫 주 기록은 〈하우스 오브 카드〉를 넘어섭니다.

2016년 한국에 첫발을 디딘 넷플릭스는 예상 밖의 저조한 성적에서 좀처럼 벗어나지 못했습니다. 그러다 넷플릭스의 국내 가입자 수가 급격히 증가하게 된 결정적인 계기는 인기 드라마 〈시그널〉의 김은희 작가가 참여한 〈킹덤〉이 성공하면서부터입니다. 조선 시대를 배경으로 한 좀비물이라는, 이전에는 상상하기 어려웠던 콘텐츠 제작에 200억 원을 투자한 넷플릭스의 과감한 결정 역시 처방 분석의 힘을 빌린 것이었습니다.[10]

처방 분석은 아직 초기 단계라 이를 비즈니스 실무에 활용하는 경우는 많지 않지만, 예측 분석은 이미 많은 기업에 도입되어 그 효과를 인정받고 있습니다. 예측 분석으로 인해 비즈니스 규칙이 재정립되고 있는 요즘, 여전히 현황 분석에만 머무르고 있는 기업은 도태될 수밖에 없습니다. 예상 문제를 풀어 보고 시험을 보는 학생을 이길 재간은 없으니까요.

… 글을 읽고 쓸 줄 아는 능력을 리터러시(literacy)라고 합니다. 리터러시는 정확한 발음으로 읽고 글씨를 예쁘게 쓰는 것을 말하는 것이 아닙니다. 글이 내포하고 있는 의미를 정확히 파악하고, 본인의 의사를 효과적으로 표현할 줄 아는 것을 뜻합니다. 근세 시대까지만 해도 극히 일부만이 리터러시를 보유하고 있었고, 리터러시를 보유한 자들만이 세상을 지배했습니다.

우리가 사는 사회가 어떻게 돌아가는지 알기 위해서는 '통계 리터러시'가 필요합니다. 중고등학교 교육과정에서부터 기초 통계를 가르치고, 사회과학을 전공하는 대학생들이 모두 전공 필수로 통계 과목을 수강하게 하는 이유도 이 때문입니다. 과거에는 통계 리터러시만으로도 비즈니스를 이해하기에 부족하지 않았습니다.

그러나 요즘은 빅데이터와 예측 분석이 비즈니스의 성패를 좌우하기 시작하면서 데이터 리터러시(data literacy)가 필수 역량으로 인식되기에 이르렀습니다.[11] 데이터 리터러시 역시 데이터를 최대한 많이 수집하여 그래프를 예쁘게 그리는 것을 말하는 것이 아닙니다. 쏟아지는 데이터를 어떻게 분석할 것인지, 분석한 결과를 해석해서 어떻게 활용해야 할지를 아는 것이 데이터 리터러시의 핵심입니다.

예측 분석을 통해 '비즈니스 가치'라는 맛있는 음식을 요리하기 위해서는 빅데이터라는 재료가 필요합니다. 그러나 재료만 싱싱하다고 맛있는 것은 아니죠. 적절한 요리법(recipe)을 알아야 하는 법입니다. 빅데이터라는 재료를 요리하기 위한 필수 레시피가 다음 장에서 다룰 머신러닝입니다.[12] 그렇다고 머신러닝의 기초가 되는 복잡한 수학 이론을 이해하고 직접 코딩을 해서 예측 분석을 해 보자는 것은 물론 아닙니다. 요리사가 굳이 조리 과정에서 발생하는 맛의 변화에 대한 화학 반응식을 정확하게 알 필요는 없으니까요. 그저 빅데이터가 어떤 목적으로 어떻게 쓰일 수 있는지 데이터 리터러시를 갖추자는 것뿐입니다.

11

# 그녀의 임신 사실을
# 마트는 알고 있다

**고객 한 명 한 명을 정조준하라, 개인화 마케팅 (feat. 머신러닝)**

동네 마트에 잔뜩 화가 난 중년 남성이 뛰어 들어와 우편물을 내던지며 소리를 지릅니다. "고등학생인 내 딸에게 이런 우편물을 보내다니, 대체 당신들 뭐 하는 거야?" 그가 던진 우편물 속에는 활짝 웃고 있는 아기 모습이 새겨진 신생아 의류 할인 쿠폰이 들어 있었습니다. 임산부를 대상으로 발송하는 쿠폰이 여고생에게 배송된 것이죠. 여고생의 아버지가 얼마나 황당했을까요? 매니저는 남성에게 정중히 사과하고 간신히 집으로 돌려보냅니다.

 여기서 끝이 났다면 그냥 황당한 마케팅 사례 정도로 기억되었을 겁니다. 하지만 반전이 일어납니다. 며칠 후 재차 사과하기 위해 그 남성에게 전화를 건 매니저는 뜻밖의 사과를 받습니다. "미안합니다. 알고 보

미국의 타깃 매장

니 내 딸이 임신 3개월이었어요." 이 유명한 일화의 주인공은 미국의 대형마트 체인인 타깃(Target)입니다. 타깃이 제대로 타깃을 찾아낸 것입니다. 이 이야기를 통해 부모와 자식 간의 소통의 중요성과 청소년 임신의 폐해에 대해 이야기하려는 것은 물론 아닙니다. 우리가 주목할 것은 타깃이 가족도 몰랐던 여고생의 임신 여부를 정확히 맞힐 수 있었던 방법입니다.

아기가 생긴다는 것은 비단 부모에게만 축복이 아닙니다. 기업에도 매우 반가운 소식이죠. 임부복과 영양제와 같이 임신 중에 필요한 용품뿐만 아니라, 출산 후에는 분유, 기저귀, 유모차 등 더 많은 상품을 팔 기회가 생기게 되니까요. 임산부는 매우 매력적인 잠재 고객일 수밖에 없습니다. 타깃은 수십 년간 쌓인 임산부들의 구매 이력으로부터 공통된 패턴을 발견합니다. 임신 초기에는 갑자기 향이 없는 보디로션을 사기 시작하고, 칼슘과 마그네슘이 함유된 영양제도 구매합니다. 출산이 가까워져 오면 대용량 화장 솜과 손 세정제, 수건 등을 자주 구입합니다.[13]

이를 바탕으로 타깃은 특정 상품의 구매 여부와 빈도를 이용하여 개별 고객의 임신 여부를 맞히는 모델을 만들었습니다. 중년 남성의 딸도 타깃의 임신 예측 모델을 비껴 갈 수 없었던 것이죠. 심지어는 출산까지 몇 달이 남았는지를 예측하는 모델도 만들었습니다. 임신 주기별로 필요한 제품의 할인 쿠폰을 선별하여 보내는 데 활용할 수 있었지요.

TV 광고를 내보내거나 모든 회원에게 똑같은 쿠폰북을 보내는 것은 매스마케팅(mass marketing)의 일종입니다. 불특정 다수(mass)에게 동일한 방법으로 마케팅을 하는 것이죠. 하지만 아무리 광고에 자주 노출되고 엄청난 혜택의 할인 쿠폰을 쥐여 준다 한들, 어차피 안 살 사람은 안 삽니다. 매스마케팅은 지출되는 비용에 비해 효과가 낮을 수밖에 없습니다. 그보다는 구매 가능성이 높은 고객을 선별하여, 그들이 살 만한 제품만을 마케팅하는 것이 훨씬 효과적이라는 것은 굳이 설명할 필요도 없겠죠. 요즘 많은 기업들이 TV 광고보다는 유튜브 광고에 광고비를 쏟아붓고 있는 이유입니다.

이처럼 **고객 개개인의 서로 다른 니즈를 파악하여 일대일로 고객을 공략하는 방식의 마케팅을 개인화 마케팅**(personalized marketing)**이라고 합니다**. 최근 개인화 마케팅이 성공적으로 확산되고 있는 이유는 크게 두 가지입니다. 첫째, 마케팅의 주재료인 고객 데이터를 매우 쉽게, 그리고 대량으로 획득할 수 있게 되었습니다. 온라인 상거래의 비중이 늘고 있을 뿐만 아니라, 오프라인 거래 역시 O2O 플랫폼을 통해 그 흔적을 쉽게 남길 수 있게 된 것이죠. 둘째는 고객 데이터를 맛있게 요리하여 각자의 입맛에 맞는 음식을 만들어줄 수 있는 조리법이 발전했기 때문입니다. 조리법은 바로 머신러닝입니다. 따라서 개인화 마케팅이 어떻게 이루어지는가를 알고 싶다면, 머신러닝부터 시작해야 합니다.

## 기계나 인간이나 공부법은 똑같다

머신러닝(machine learning), 말 그대로 기계학습입니다. 컴퓨터(기계)에게 자료를 주고 공부를 시켜서(학습) 무언가 결과를 내도록 하는 것이죠. 기계는 인간처럼 스스로 판단하고 결정할 수 있는 능력은 없습니다. 하지만 공부할 내용(데이터)과 공부 방법(알고리즘)을 지정해 주면, 인간보다 훨씬 많은 양을 훨씬 빠르고 정확하게 학습할 수 있습니다. 일반적으로 **머신러닝은 학습 방법에 따라 지도학습, 비지도학습, 강화학습의 세 가지 유형으로 구분됩니다.** 말은 좀 어려워 보이지만 두려워할 필요 없습니다. 기계가 학습하는 방법은 우리가 무언가를 배워가는 과정과 크게 다르지 않으니까요.

지도학습(supervised learning)은 정답을 알고 학습하는 방법입니다. 시험 공부를 위해 문제집을 사면 문제만 있는 것이 아니라 정답도 같이 들어 있기 마련입니다. 그동안 익힌 풀이법으로 문제를 푼 후, 정답과 맞춰 봅니다. 틀렸다면 오답 풀이를 해야겠죠? 다음 번에는 정답을 맞힐 수 있도록 풀이법을 수정하고 또 수정합니다. 자고로 공부의 왕도는 반복입니다. 많은 문제를 풀어 보고 풀이법을 수정해 나가다 보면, 실제 시험에서 새로운 문제가 주어졌을 때 손쉽게 정답을 맞힐 수 있습니다.

반면 비지도학습(unsupervised learning)은 정답이 없이 학습합니다. 그래서 자율학습이라고도 부릅니다. 문제지만 있고 해답지는 없습니다. 정답을 모르는데 대체 어떻게 공부해야 할까요? 시험을 잘 보려면 문제 유형을 파악할 줄 알아야 합니다. 정답이 무엇인지 모른다고 하더라도, 주어진 문제들을 찬찬히 관찰하면 비슷한 타입의 문제들을 몇 가지로 묶어서 출제 유형을 파악할 수 있지요. 아랍어를 전혀 모르는 사람도 수능 아랍어 시험지를 조금만 훑어보면, 글의 요지를 묻는 문제, 빈

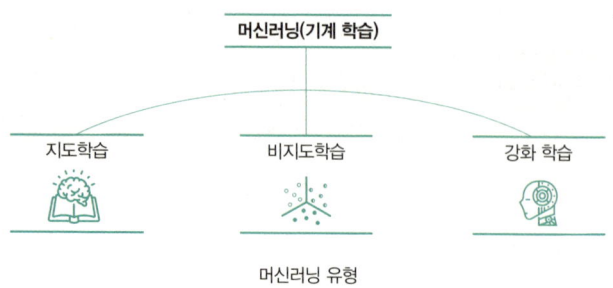

머신러닝 유형

칸에 들어갈 말을 찾는 문제, 흐름에 따라 문장을 순서대로 나열하는 문제 등으로 구분을 할 수 있습니다. 문제 유형을 파악했다면 유형별 공부 전략을 수립하는 것이 다음 단계가 되겠죠.

강화학습(reinforcement learning) 역시 정답을 알려 주지는 않습니다. 다만 문제를 풀 때마다 풀이 방식을 평가하여 보상(reward)을 줍니다. 잘했으면 상을 주고, 못했으면 벌을 주는 것이죠. 수많은 시행착오와 경험을 통해 좋은 결과를 만들어 내는 방향이 무엇인지를 스스로 알아내도록 합니다. 어떻게 보면 강화학습은 인간이 세상을 알아가는 방식과 가장 유사합니다. 지식과 경험이 부족한 어린아이의 행동은 거침이 없습니다. 위험한지 모른 채 높은 곳에 올라가기도 하고, 보이는 대로 입에 넣어 봅니다. 때로는 다치기도 하고 혼나기도 하지만, 때로는 칭찬을 받고 성취감을 느끼기도 합니다. 시행착오를 겪으면서 올바른 행동 방식을 찾아가는 것이죠. 알파고가 바둑을 깨우쳐 이세돌 기사를 상대로 압도적인 승리를 거둘 수 있었던 비결도 강화학습 덕분입니다. 자율주행 자동차가 안전하게 운전하는 방법을 익히는 방식도 마찬가지입니다.

마케팅 분야에서는 오래전부터 비지도학습을 활용해 왔습니다. STP 분석은 마케팅의 기본 절차입니다. 고객을 몇 개의 집단으로 세분화하고(Segmentation), 이중 집중 공략할 그룹을 선정한 다음(Targeting), 대상 그룹의 고객들에게 어떤 이미지로 다가갈 것인지를 결정합니다(Positioning). STP의 첫 단계인 고객 세분화에는 군집화(clustering)라는 비지도학습 기법이 주로 활용됩니다.

고객을 몇 개의 군집으로 구분하기 위해서는 성별, 나이, 지역, 직업, 수입 등과 같은 인구통계학적(demographics) 특성은 물론, 개성을 추구하는지, 성공 지향적인지, 남들의 눈을 많이 의식하는지 등과 같은 심리적 성향(psychographics)도 고려해야 합니다. 가장 최근 구매 시점이 언제인지(Recency), 얼마나 자주 구매하는지(Frequency), 돈을 얼마나 쓰는지(Monetary), 이른바 RFM이라고 부르는 구매 행동(purchasing behavior)도 중요한 요인입니다. 고객 군집화는 이러한 요인들을 바탕으로 비슷한 부류의 고객들을 묶어가는 과정입니다. 같은 군집 안에는 서로 비슷한 고객들이 포함되고, 다른 군집에 속한 고객들 간에는 차이가 크도록 고객 군집을 도출합니다.

고객 군집별로 차별화된 전략을 펼치는 것은 불특정 다수를 똑같은 방식으로 공략하는 매스마케팅보다 더 효율적이긴 합니다. 하지만 어느 정도 쪼개졌다고 하더라도 고객 군집 역시 수많은 고객들의 집합일 뿐입니다. "서울에 거주하며 한 달에 2회 이상 의류를 구매하는 30대 전문직 여성"과 "성공 지향적이며 고급차를 소유하고 매월 골프 라운딩을 즐기는 50대 남성"은 대한민국에 적어도 수만 명이 있습니다. 비지도학습 기법인 군집화만으로는 한계가 있는 것이죠.

한 명의 고객을 하나의 집단으로 간주하고 공략해야 합니다. 그러려면 각 고객이 어떤 광고를 보았는지, 어떤 제품을 검색했는지, 실제로 산 제품은 무엇인지, 그 제품을 좋아했는지 싫어했는지를 알아야 합니다.

즉, 과거 구매 행동의 '정답'을 알아야 미래 구매 문제의 정답을 맞힐 수 있습니다. 개인화 마케팅의 핵심은 지도학습에 있습니다.

### 지도학습은 함수를 만드는 과정

철수와 영희가 매번 다른 속력으로 달리고, 누가 자꾸 소금물을 섞어도, 무사히 초등학교 수학 과정을 이수하고 중학교에 진학한 학생들이 처음으로 수포자(수학포기자)가 되느냐 마느냐의 갈림길에 서는 때가 함수(function)를 배울 때입니다. 혹시 함수의 정의를 기억하시나요? X값이 하나로 정해지면 Y값도 하나로 정해지는 관계를 함수라고 합니다. Y=F(X)라고 표현하지요. 지도학습은 함수를 만드는 것과 같습니다. X값이 입력되면 Y값으로 얼마가 출력되어야 하는지를 주어진 데이터로부터 기계가 스스로 찾아내는 것이죠. 따라서 기계가 학습할 수 있도록 문제 X와 정답 Y를 함께 알려 주어야 합니다. 이때 X를 입력변수, Y를 출력변수라고 합니다. **학습을 통해 X와 Y의 관계가 정의되면 새롭게 주어진 X에 대해 Y값이 얼마인지를 예측할 수 있게 되는 것입니다**('예측'이라고 해서 반드시 미래를 맞히는 것만을 뜻하지 않습니다. 새로운 X로부터 미지의 Y를 도출하는 것도 예측입니다).

지도학습은 출력변수 Y의 유형에 따라 또다시 두 가지 유형으로 구분됩니다. 타깃의 임신 예측 모델을 예로 들어 봅시다. 타깃은 보디로션, 손 세정제, 영양제 등 25개 상품의 구매 횟수(X)를 이용하여 임신 여부(Y)를 예측했습니다. 임신이면 1, 아니면 0입니다. 이처럼 **대상을 두 개 또는 그 이상의 범주로 구분하는 경우를 분류(classification)라고 합니다**. 사진을 한 장 주고 개와 고양이를 구분한다든가, 이메일을 주고 스팸 메일인지 아닌지를 구분하는 것은 모두 분류 문제입니다.

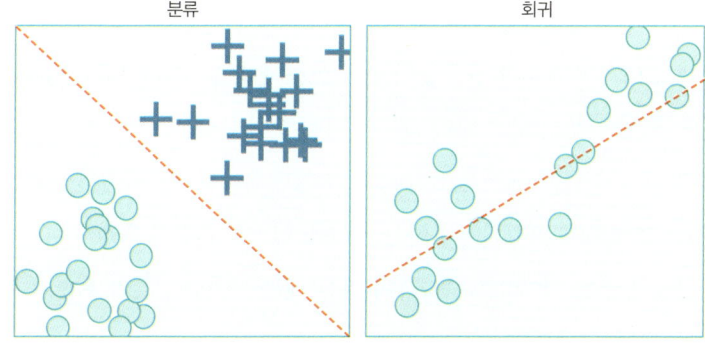

분류와 회귀

또한 타깃은 똑같은 입력변수를 바탕으로 출산까지 남은 일수(Y)를 예측하기도 하였습니다. 보통 임신 기간을 280일로 잡으니 이론상 Y가 가질 수 있는 값은 0~280입니다. 이와 같이 **연속된 값을 예측하는 문제는 회귀(regression)에 해당합니다.** 제품의 판매량을 예측하거나 주가를 예측하는 것은 전형적인 회귀 문제입니다.

분류가 됐든 회귀가 됐든 지도학습을 시키려면 정답 라벨이 붙어 있는 데이터가 필요합니다. 즉 임신 여부 예측 모델을 만들기 위해서는 기존 고객들 중에 누가 임산부이고 누가 아닌지를 알고 있어야 하는 것이죠. 하지만 임신 여부는 민감한 정보입니다. 고객에게 직접 물어볼 수는 없겠죠. 타깃은 훌륭한 방법을 생각해 냅니다. 출산을 미리 축하하는 베이비 샤워(baby shower) 이벤트를 실시하여 임신 중인 고객에게 선물과 할인쿠폰을 잔뜩 제공한 것이죠. 겉으로는 축하 행사였지만 속내는 고객 정보를 얻기 위함이었습니다. 신생아 용품 할인쿠폰을 받기 위해 많은 고객이 임신 여부는 물론 출산 예정일 정보를 기꺼이 타깃에게 넘겼습니다.

그런데 임신한 고객 데이터만 있다면 소용없습니다. 임신하지 않은 고객도 다른 이유로 임산부들이 즐겨 쓰는 용품을 구매할 수도 있으니까요. 임신 여부에 따른 구매 패턴의 차이를 학습하려면 임산부와 비임산부 고객 정보가 모두 필요합니다. 즉 정답이 1인 고객과 0인 고객이 골고루 데이터에 포함되어야 하는 것이죠. 타깃은 비슷한 또래의 비임신 여성들의 구매 데이터를 추가하여 임신 예측 모델을 만들기 위한 최종 데이터셋을 구축합니다.

그러나 수집된 모든 데이터를 학습에 사용하지는 않았습니다. **머신러닝의 궁극적인 목적은 새로운 데이터가 주어졌을 때, 그 결과를 정확히 예측하는 것입니다. 이를 일반화(generalization)라고 합니다.** 이미 임신 중임을 알고 있는 고객 데이터를 모델에 넣었더니 진짜 임신이라고 나온다는 걸 확인하는 것이 중요한 게 아닙니다. 학습에는 포함되지 않았던 새로운 고객이 등장했을 때 임신 고객인지 아닌지를 정확하게 알아채는 것이 목적이죠. 그래서 보통은 일반화 성능을 검증하기 위해 데이터의 일부를 따로 떼어서 남겨 놓습니다. 예를 들어 80% 정도를 학습 데이터(training data)로 사용하고 20%를 테스트 데이터(test data)로 남겨두는 식입니다.

데이터가 준비되면 적합한 머신러닝 알고리즘을 선택해야 합니다. 다양한 머신러닝 알고리즘이 존재하지만, 데이터의 특성과 예측 목적에 따라 각기 장단점이 다르기 때문에 어느 하나가 우수하다고 얘기할 수는 없습니다. 그래서 일단은 이것저것 써 보고 제일 잘 맞는 것을 택하는 경우가 대부분이죠. 머신러닝의 알고리즘에 대한 상세한 설명은 이 책의 범위를 벗어나기 때문에 다루지 않습니다. 데이터 과학자가 아닌 이상, 빅데이터의 상세한 조리법까지 익힐 필요는 없으니까요. 하지만 고기도 먹어 본 사람이 잘 먹는 법입니다. 일단 빅데이터로 만든 요리를 다양하게 맛봐야, 주어진 데이터로 어떤 요리를 할 수 있는지, 즉 어떤 가치를 만들어 낼 수 있는지 알 수 있습니다. '임산부 판매' 데이터로 만든 '임신 용품 판매량 증가'라는 요리는 타깃의 사례를 통해 이미 살펴보았습니다. 지금부터 몇 가지 다른 요리를 더 소개합니다.

### 롱테일을 두껍게 만드는 방법

타깃을 적중시켜 한 번의 구매를 이끌어 냈다고 해서 끝이 아닙니다. 계속해서 다른 제품을 구매하도록 입맛에 맞는 상품을 추천해야 합니다. 무제한 구독 서비스에 가입한 회원들에게는 매력적인 콘텐츠를 지속해서 추천하여 다음 달에 해지 버튼을 누르지 않도록 해야 합니다. 넷플릭스 가입자가 시청하는 영화의 네 편 중 세 편이 추천을 통해 시청한 영화라고 합니다.[14] 추천 시스템 덕에 사용자는 계속해서 넷플릭스에 머무르게 됩니다. 한 달에 15시간 이상 넷플릭스를 이용하는 고객이 해지할 확률은 75% 이하이지만, 5시간도 채 이용하지 않는 고객은 95%가 해지한다고 알려져 있습니다.[15]

개인별 추천이 가능해진 이유도, 개인별 추천이 중요하게 된 이유도, 온라인 채널을 이용한 거래 비중이 증가했기 때문입니다. 비싼 임대료를 내야 하는 오프라인 매장은 공간이 한정되어 있습니다. 잘 팔리는 인기 상품 위주로만 매대에 진열하는 '블록버스터 전략'을 쓸 수밖에 없지요. 그러다 보니 대부분의 매출이 소수의 인기 상품에서만 발생합니다. 매출의 80%가 20%의 상품에서 발생하는 것이죠. 유명한 파레토 법칙(Pareto principle)입니다.

반면 아마존과 같은 온라인 서점은 베스트셀러 위주로 책을 비치하

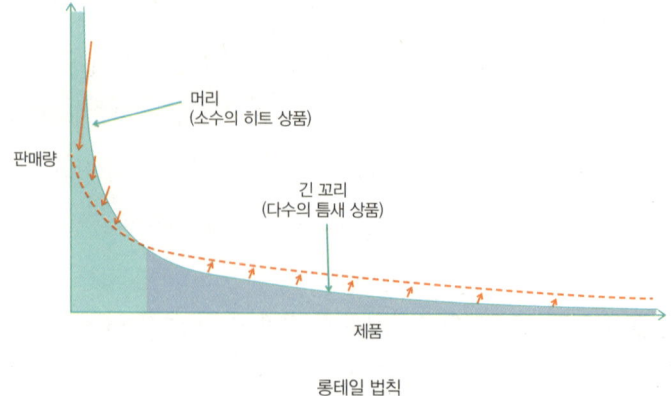

롱테일 법칙

는 오프라인 서점과는 달리 추가 비용 없이 온갖 종류의 책을 웹사이트에 진열할 수 있습니다. 오프라인에서는 구경조차 힘들었던 틈새 상품들이 노출될 기회가 생기고, 소량이지만 판매도 조금씩 이루어집니다. 그러다 보면 틈새 상품 매출이 히트 상품 매출을 넘어서기도 하죠. **상품과 판매량의 분포를 그려 보면 히트 상품이 존재하는 머리 부분의 면적은 줄어들고, 틈새 상품이 위치한 꼬리 부분은 더 길고 두꺼워집니다.** 미국 온라인 잡지 와이어드(Wired)의 편집장 크리스 앤더슨(Chris Anderson)이 제시한 롱테일(long tail) 법칙입니다.[16]

그러나 웹사이트에 수만 권의 책을 수백 개의 카테고리로 나누어 일일이 나열해 놓고 고르라고 할 수는 없습니다. 스크롤 압박에 선택을 포기할지도 모릅니다. 검색도 쉽지 않습니다. 뭐가 있는지 모르니 어떤 키워드로 검색해야 할지 막막합니다. 결국 방법은 추천입니다. 고객이 좋아할 만한 숨어 있는 진주를 찾아내 고객 앞에 들이밀어야 하는 거죠.

추천의 원리는 생각보다 간단합니다. 한 친구가 주말에 볼만한 영화를 추천해 달라고 합니다. 이 친구와 같이 〈범죄와의 전쟁〉, 〈신세계〉, 〈

〈극한직업〉을 본 적이 있는데, 〈범죄와의 전쟁〉과 〈신세계〉는 좋아했고, 〈극한직업〉은 내 취향이 아니라고 투덜거렸던 기억이 납니다. 나 역시 〈극한직업〉은 별로였지만 다른 두 영화는 좋았기에 취향이 비슷하구나 생각하고 있었습니다. 최근에 혼자서 〈내부자들〉을 봤는데 시간 가는 줄 모르고 재미있게 봤네요. 그러면 친구도 이 영화를 좋아할 거라고 확신하며 추천을 하게 되는 것이죠.

이러한 방식의 추천 기법을 협업 필터링(collaborative filtering)이라고 합니다. 누군지도 모르지만 취향이 비슷한 사람들이 자신들도 모르게 협력하여 취향에 안 맞는 아이템을 걸러낸다(filtering)는 의미입니다. 온라인 쇼핑몰에서 흔히 볼 수 있는 '이 상품을 구매한 고객이 함께 구매한 상품'이라는 문구가 협업 필터링에 의한 추천을 뜻합니다. 협업 필터링은 사용자의 프로필과 상품의 속성을 전혀 몰라도 적용이 가능합니다. 그저 누가 무엇을 샀는가만 알면 됩니다. 그러나 신상품의 경우에는 시간이 어느 정도 흘러 판매 이력이 쌓이기 전까지는 추천이 불가능하다는, 이른바 '콜드 스타트(cold start)' 문제가 존재합니다.

하지만 상품 자체의 속성을 고려한다면 이 문제는 해결될 수 있습니다. 친구가 좋아했던 〈범죄와의 전쟁〉과 〈신세계〉 모두 남자가 주인공인 영화, 한국 영화, 범죄 영화, 검사와 조폭이 나오는 영화입니다. 그러면 〈내부자들〉 역시 남성 검사와 조폭이 주인공으로 등장하는 한국 범죄 영화니까 좋아하지 않을까 하고 추천을 하게 되는 것이죠. 이처럼 사용자가 좋아하는 상품의 속성과 유사한 속성을 가진 상품을 추천하는 방식을 내용 기반 필터링(contents-based filtering)이라고 합니다. '이 영화와 비슷한 내용의 영화'라는 문구는 내용 기반 필터링을 의미합니다.

내용 기반 필터링을 이용하면 신상품의 추천도 가능합니다. 개봉 전 영화라고 하더라도 포털사이트에 감독과 출연진, 장르 및 줄거리가 올라와 있다면, 미리 추천이 가능합니다. 문제는 참신한 추천이 아예 불가능하다는 점입니다. 누아르 스릴러물을 좋아하는 사람도 우연히 본 로맨틱 코미디 영화에 꽂힐 수도 있습니다. 하지만 내용 기반 필터링은 기존의 취향 울타리 안에서만 추천이 이루어집니다. 따라서 뜻밖의 중대한 발견, 즉 '세런디피티(serendipity)'를 전혀 기대할 수 없습니다.[17]

**영화 추천 잘해 주면
10억 원을 줍니다**

넷플릭스는 2006년, 추천 알고리즘 공모전 '넷플릭스 프라이즈(Netflix Prize)'를 개최합니다. 자사의 추천 알고리즘인 '시네매치(Cinematch)'의 성능보다 10% 이상 우수한 알고리즘을 개발하는 대가로 무려 상금 100만 달러를 내걸었습니다. 한마디로 우수한 추천 알고리즘을 크라우드소싱한 것이죠. 사실 앞에서 소개한 머신러닝 크라우드소싱 플랫폼 캐글도 넷플릭스 프라이즈를 벤치마킹하여 설립된 것입니다.

학습 데이터로 2000~2005년 사이에 48만 명가량의 사용자가 1만 7,770개의 영화에 대해 평가한 약 1억 개의 평점 데이터가 제공되었습니다. 현재 넷플릭스의 평가 방식은 좋아요와 싫어요의 두 가지로 단순화되었지만, 과거에는 1~5개의 별점 형태로 영화를 평가하게 했습니다. **고객이 좋아할 만한 영화를 추천한다는 것은 곧 고객이 높은 평점을 줄 것으로 예측한 영화를 추려 낸다는 것입니다.** 참가자들에게 주어진 미션은 사용자들이 이미 본 영화에 부여한 평점(X)을 이용하여 사용자가 보지 않은 영화의 평점(Y)을 예측하는 것이었습니다. 알고리즘의 성능을 측정하기 위해 가장 최근 시점에 부여된 평점 280만 개로 구성된 테스트 데

| 사용자-영화 평점 행렬 | | 영화 | | | |
|---|---|---|---|---|---|
| | | 범죄와의 전쟁 | 내부자들 | 극한직업 | 신세계 |
| 사용자 | 사용자 1 | 5 | ? | 1 | 4 |
| | 사용자 2 | 5 | 5 | ? | 4 |
| | 사용자 3 | ? | 1 | 4 | 2 |
| | 사용자 4 | 1 | 2 | 5 | ? |

사용자가 이미 본 영화에 부여한 평점을 바탕으로 아직 보지 않은 영화의 평점을 예측한다

이터도 함께 제공되었습니다. 단, 테스트 데이터는 정답이 감추어져 있어서 참가자들은 무엇을 맞히고 틀렸는지 정확히 알 수가 없었습니다. 예측값을 제출하면 넷플릭스가 정확도를 계산해서 알려 줍니다. 정확도는 예측 평점과 실제 평점의 차이가 작을수록 높다고 할 수 있겠죠.

막대한 상금이 걸린 탓에 전 세계 곳곳에서 5,000팀 이상이 경진대회에 참여합니다. 대부분 협업 필터링 방식을 채택했죠. 그러나 처음 2년간은 아무도 10%의 벽을 넘지 못했습니다. 예측 대상 사용자와 취향이 가장 비슷한, 즉 비슷한 영화에 비슷한 평점을 준 이력이 있는 다른 사용자 몇 명을 찾아서 이들의 평균값으로 평점을 예측하는 기초적인 알고리즘을 주로 사용했기 때문이죠. 거대한 벽에 부딪힌 참가자들은 평점 데이터와 함께 첫 평가 시간, 평가 간격, 하루에 평가하는 빈도 등 더 많은 변수를 입력변수로 활용하게 됩니다. 또한 오늘날 추천 시스템에 활용되고 있는 훨씬 고도화된 머신러닝 기법들이 적극적으로 활용되기 시작합니다.

3년째인 2009년, 드디어 10%의 벽이 허물어지고 100만 달러가 수여됩니다. 그 주인공은 '벨코의 실용적 혼돈(Bellkor's Pragmatic Chaos)'이라는 기묘한 이름을 가진 팀이었습니다. '벨코, 대혼돈, 실용이론'이라

는 세 팀은 처음에는 각자 대회에 참가했으나, 우승을 위해 하나로 뭉칩니다. 팀을 하나로 뭉치면서 이름만 합친 것이 아니라, 각자 만들었던 예측 모델도 하나로 뭉쳤습니다. 이들이 제출한 우승 모델은 무려 700개가 넘는 예측 모델이 혼합된 것이었습니다.

**머신러닝의 장점은 하나의 예측 모델만을 고집할 필요가 없다는 것입니다.** 예측 성능만 향상될 수 있다면 이것저것 다 끌어 합쳐서 통합된 모델을 만드는 것이 가능합니다. 어떻게 합칠 것인가를 고민할 필요도 없습니다. 일단 합친 다음에 어떤 경우에 어떤 모델이 좋은 성능을 발휘하는지를 기계가 학습해서 알아서 찾아내기 때문입니다. 혼합된 머신러닝 모델을 앙상블(ensemble)이라고 부릅니다. 원래 앙상블은 음악에서의 합주를 뜻하는 말이죠. 개별 악기(머신러닝 모델)의 연주만으로도 아름다운 선율을 낼 수 있지만, 여러 악기가 함께 어우러져 더 큰 감동(예측 성능)을 선사하게 되는 것입니다.

그러나 우승팀의 예측 모델은 실제 넷플릭스 추천 시스템에 적용되지 못합니다. 예측 성능을 향상시키는 것에만 몰두한 나머지 너무나 많은 모델을 앙상블 하는 바람에 50억 개가 넘는 현업 데이터에 적용하기에는 무리였던 것입니다. 더 큰 문제는 따로 있었습니다. 주어진 데이터에만 맞추어 모델이 과하게 특수화되는 과적합(overfitting) 문제가 발생한 것이죠. 과적합 그림(285쪽 참고)에서 검은색 선 정도만 해도 두 그룹을 상당히 잘 구분할 수 있지만, 너무 잘하려는 나머지 초록색 선에 해당하는 모델을 만들게 되면, 이후 새로운 값이 주어졌을 때 제대로 예측할 수 없습니다. 마치 기출 문제를 푸는 방법에만 치중한 나머지 실제 시험에서는 점수를 잘 못 받는 꼴입니다.

넷플릭스 추천 시스템만의 고유한 강점은 사실 내용 기반 필터링

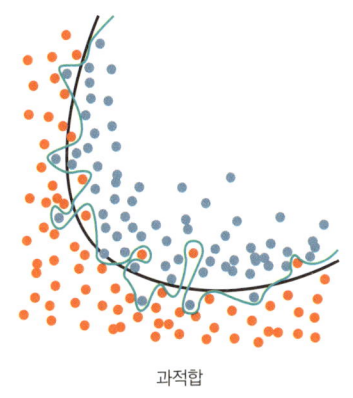
과적합

에 있습니다. 넷플릭스는 무려 7만 6,897개의 장르(genre)로 영화를 구분합니다. 웹브라우저 주소창에 netflix.com/browse/genre/n(n은 최대 다섯 자리 자연수)이라고 입력하면 각 장르에 속하는 모든 영화가 나타납니다(넷플릭스 로그인이 되어 있어야 합니다). 예를 들어 n이 2129이면 '1930년대 출간된 소설을 원작으로 하는 로맨틱 드라마', n이 2134이면 '소름 끼치는 영국 심리 스릴러'입니다. 사용자가 높은 평점을 부여한 영화와 같은 장르에 속하는 영화를 추천하는 것은 가장 간단한 내용 기반 필터링입니다.

하지만 넷플릭스는 이 정도로 만족하지 않습니다. 새로운 영화가 추가될 때마다 수십 명의 전문가가 꼼꼼히 영화 내용을 분석하여 일일이 태그(tag)를 답니다. 영화가 얼마나 잔인한지, 얼마나 로맨틱한지, 성적 수위는 어느 정도인지 등을 36쪽 분량에 달하는 매뉴얼을 활용하여 1~5점으로 점수를 매기는 것입니다.[18] 영화의 속성을 더 이상 나눌 수 없을 정도로 매우 세세하게 기록한다는 의미에서 '넷플릭스 양자 이론(Netflix Quantum Theory)'이라고도 부르는 이 작업을 통해 내용 기반 필터링을 수행하기 위한 입력변수가 생성되는 것입니다.

굳이 머신러닝 모델을 만들지 않고, 영화의 속성 점수를 바탕으로 유사도를 측정하여 추천을 할 수도 있습니다. 하지만 수많은 속성 변수 중에 실제로 평점에 영향을 미치는 변수는 몇 개 안 됩니다. 따라서 사용자가 기존에 본 영화의 속성변수(X)와 평점(Y)의 관계를 학습시켜 머신러닝 모델을 만들면 훨씬 정확한 예측이 가능합니다. 예를 들어, 어떤 사용자는 로맨틱한 정도가 높고, 성적 수위가 낮으며, 잔인함의 수준이 낮을수록 낮은 평점을 부여한다는 관계가 학습을 통해 발견되었습니다. 이 사용자가 아직 보지 않은 영화들의 로맨틱한 수준, 성적 수위, 잔인함 수준의 값을 모델에 입력하면 곧바로 평점을 예측할 수 있죠.

영화, 음악, 도서, 의류 등 상품의 종류는 다를지언정 추천 방식은 모두 비슷합니다. 기업들이 현재 활용 중인 추천 시스템은 세부 알고리즘은 조금씩 다를지라도 추천 방식 자체는 협업 필터링과 내용 기반 필터링이 기본입니다. 대부분 두 방식을 조합해서 사용하되, 고도화된 머신러닝 모델을 활용해서 성능 향상을 꾀하고 있는 것이죠(협업 필터링과 내용 기반 필터링 자체는 추천 알고리즘일 뿐, 머신러닝 기법이 아닙니다). 요즘은 사용자와 상품 정보뿐만 아니라 위치, 시간, 의도, 채널 등 사용 맥락(context)까지 고려하는 형태로 추천 시스템이 진화하고 있습니다.

## 어장 관리를 하려면 나무를 심어라

집에서 사용하는 인터넷 서비스 업체를 바꾸기 위해 고객센터에 전화를 걸어 해지 요청을 한 적이 있습니다. 그러나 장시간의 통화 끝에 해지에 실패하고 말았죠. 해지하지 않고 계속 쓰면 상품권도 주고 속도 업그레이드까지 해 준다는 제의에 홀딱 넘어간 것입니다. 한편으로는 그런 생각도 듭니다. 이만큼이나 해 줄 수 있으면 해지 요청하기 전에 진작해 줄 것이지! 기업에 매달 꼬박꼬박 요금을 지불하던 고객을 잃는 것은 미래 수익의 막대한 손실입니다. 새로운 물고기를 잡는 것보다 어장 속의 물고기를 놓치지 않는 것이 더 중요합니다.

사실 고객이 해지 의사를 밝힌 시점에는 이미 늦었습니다. 반드시 전화로 해지해야 하는 경우라면 전문 상담원이 바짓가랑이를 붙잡을 기회라도 있지만, 특별한 해지 절차가 필요 없는 경우에는 미리 낌새를 알아차리지 못하면 그대로 손실이 발생합니다. 앞에서 이야기한 바와 같이 요즘 게임회사들은 대부분 게임 자체는 공짜로 제공하되 유료 아이템 판매로 수익을 내는 Freemium 모델을 채택하고 있습니다. 게임을 계속하고 싶지 않으면, 그냥 접속하지 않으면 됩니다. 굳이 회원 탈퇴 절차를 거칠 필요가 없는 것이죠.

따라서 게임 업계에서는 어떤 고객이 조만간 이탈할 것인가를 예측하는 **이탈 예측(churn prediction)에 상당한 노력을 기울이고 있습니다.** 매일매일 접속하던 유저가 일주일에 다섯 번, 세 번, 한 번으로 그 횟수가 줄어들면 이탈할 가능성이 높다는 것 정도는 쉽게 예측할 수 있습니다. 문제는 왜 접속 횟수가 줄어 드는가를 알아내는 것입니다. 이유를 알아야 적당한 당근을 쥐어 주어 도망가지 못하도록 묶어 둘 수 있겠지요.

온라인 롤플레잉 게임(MMORPG) 서비스를 제공하고 있는 국내 한 게임사의 이탈 예측 사례를 살펴봅시다. MMORPG에서는 수많은 유저가 동시에 접속하여 각자의 캐릭터에 부여된 역할을 수행하는 방식으로 게임이 진행됩니다. 보통 길드(연맹)에 가입하여 다른 길드와 전투를 진행하게 되죠. 게임 이탈 예측의 출력변수는 명확합니다. 이탈 여부(Y)입니다. 0이면 유지, 1이면 이탈입니다. 특정 유저가 4주간 접속하지 않는 경우를 이탈로 정의하기로 합니다.

그렇다면 이탈을 설명할 수 있는 요인(X)에는 무엇이 있을까요? 접속 횟수, 플레이 시간, 캐릭터 개수, 월별 결제 금액, 유료 아이템 구매 횟수 등 유저 프로필 정보는 기본입니다. 경험치를 얼마나 획득했는지, 공격을 얼마나 자주 받았는지, 어떤 아이템을 얼마나 사용했는지, 캐릭터가 사망하고 부활한 횟수가 얼마인지 등 게임 내 활동 요인도 중요합니다. 또한 길드 가입 여부, 가입된 길드의 규모와 랭킹 등 길드 관련 변수와 함께 친구 수, 아이템 거래 내역 등 다른 유저와의 상호작용 변수도 고려해야 합니다.

직전 4개월에서 1개월 사이 세 달간 플레이한 3만여 명의 데이터를 이용하여 예측 모델을 만들고, 직전 한 달 데이터를 이용하여 성능을 테스트하였습니다. 사용한 머신러닝 기법은 분류 목적으로 많이 활용되는 의사결정나무(decision tree)입니다. 의사결정나무는 스무 고개 놀이와 비슷합니다. 주어진 질문에 순차적으로 답해 나가면서 규칙을 조합하여 정답을 찾아갑니다. 제일 상단의 뿌리에서 시작하여 각 마디에 위치한 조건의 만족 여부에 따라 가지가 갈리고, 또 다른 마디를 만나면서 가지가 점점 뻗어 나갑니다. 전체적으로 보면 나무를 뒤집어 놓은 형태가 되겠죠. 마지막에 도달하는 잎사귀에는 분류된 결과가 나타납니다.

최종 도출된 게임 이탈 예측 나무가 제시되어 있습니다(289쪽 참고). 가장 상단에는 예상대로 접속 횟수가 놓여 있습니다. **분석자가 정한 것이 아니라 기계가 데이터를 학습하여 스스로 선택한 것입니다. 수많은 변수들 중 이탈고객과 잔존고객을 일차적으로 가르는 가장 뚜렷한 기준이 접속 횟수라는 것이지요.** 하지만 일주일 평균 접속횟수가 4회 이상임에도 이탈한 고객들도 있고, 4회 미만임에도 잔존하는 고객들도 존재합니다. 더욱 정확하게 그룹을 구분할 수 있는, 즉 분류 결과의 순도(purity)를 높일 수 있는 변수들이 차례차례로 선택되어 마디에 나타납니다.

다음으로 선택된 변수 중 하나는 전투력이네요. 보유한 캐릭터의 전투력이 높으면 잔존할 확률이 높은 것으로 나타났습니다. 그러나 전투력이 낮다고 해서 바로 이탈로 이어지는 것은 아니네요. 유료 아이템 보유

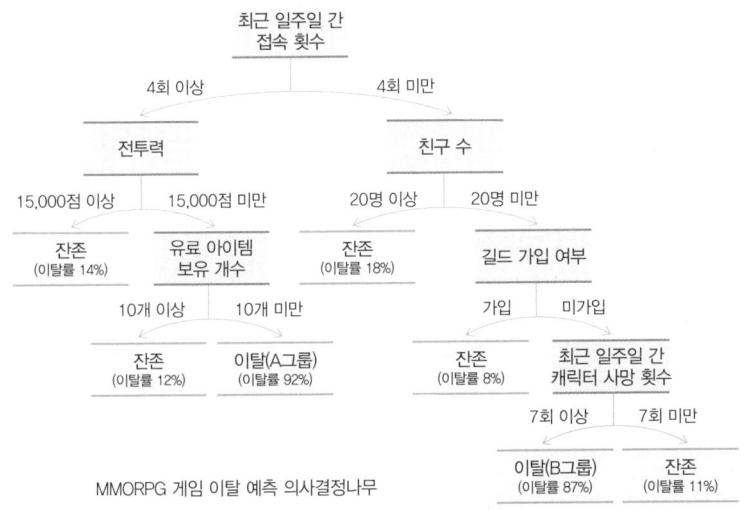

MMORPG 게임 이탈 예측 의사결정나무

개수가 많으면 조만간 전투력이 향상될 가능성도 높고 그동안 쏟은 돈이 아깝기도 해서 꾸역꾸역 계속 게임을 하는 유저들이 많은가 봅니다.

마지막 잎사귀에 제시된 분류 결과의 순도는 100%가 아닙니다. 접속횟수가 4회 이상이고, 전투력이 15,000점 미만이지만 유료 아이템을 10개 이상 보유한 고객들의 대부분은 잔존합니다. 하지만 이 중 12%는 이탈했습니다. 더 많은 요인을 추가로 고려하여 가지가 더 뻗어나간다면 순도를 100%에 가깝게 만들 수도 있지만, 그러면 모델이 너무 복잡해지고 해석이 어려워집니다. 따라서 충분한 인사이트를 얻을 수 있는 적당한 수준에서 가지치기(pruning)해야 합니다. 이 나무도 사실 다섯 단계까지 가지치기가 이루어진 것입니다.

나무에서 발견된 또 다른 인사이트는 MMORPG 특성상 다른 유저와의 상호작용이 매우 중요하다는 것입니다. 심한 우울증에 걸린 사람도 일상생활에서 주변 사람들과 긍정적인 관계를 지속한다면 극단적인 선택을 할 가능성이 줄어 듭니다. 게임에서도 마찬가지인가 봅니다. 게임에 흥미를 잃어 접속횟수가 4회 미만으로 줄어들었지만 친구가 많거나 길드에 가입되어 있으면 잔존할 확률이 높습니다. 그러나 친구도 많이 없고 소속된 길드도 없는 상황에서 계속 캐릭터가 죽게 되면 더 이상 게임을 할 맛이 나지 않아 이탈하게 되는 것이죠.

원인을 파악했으니 이제 대책을 마련해야 합니다. 현 시점에서의 고객 데이터를 대입하여 이탈 위험 고객들을 추려 낸 후, 이들에게 적당한 보상을 해 준다면 이탈을 막을 수도 있습니다. 그렇다고 모두 똑같은 아이템을 마구잡이로 뿌리는 것은 효과적이지 못합니다. 이탈 원인별로 세심한 케어가 필요합니다. A 그룹에게는 인기 있는 유료 아이템 몇 개를 선물함에 넣어 놓거나 전투력을 향상할 수 있는 특별 퀘스트를 제공합니다. B 그룹에게는 사망 시 즉시 부활할 수 있는 아이템을 무료로 지급합니다. 길드 가입 시 주어지는 혜택을 알려 주며 가입 가능한 길드도 추천합니다. 유저가 환영받을 만한 길드가 없다면 인공지능 길드에라도 가입시켜 길드원의 혜택을 받을 수 있게 합니다.

하지만 이러한 보상 정책도 기업 입장에서는 비용입니다. 최적의 보상 범위 및 보상 수준을 찾아내야만 고객이 잔존함으로써 얻을 수 있는 가치를 극대화할 수 있습니다. 유료 결제를 거의 한 적이 없고, 앞으로도 할 가능성이 낮은 고객에게 굳이 비싼 아이템을 조공으로 바쳐 가며 남아 있게 할 필요는 없습니다. 월 결제 금액이 10만 원인 고객에게는 5만 원 상당의 게임머니만으로도 이탈을 방지할 수 있겠지만 100만 원 결제 고객에게 5만 원 상당의 아이템을 주는 것은 생색내기에 그칠 가능성이 높습니다. 어떤 고객에게 얼마만큼의 보상을 제공했을 때 잔존 가치를 극대화할 수 있는지를 찾아내는 것 역시 머신러닝의 몫입니다.

## 보험 사기꾼이
## 머신러닝에 무릎을 꿇다

우리 회사 매출에 도움이 되는 '착한' 고객을 찾아내는 것도 중요하지만, 부정한 방법으로 회사의 이익을 갉아먹는 '나쁜' 고객을 찾아내는 것은 더 절실합니다. 머신러닝은 금융 업계의 부정 사용 탐지(fraud detection)에서도 진가를 발휘하고 있습니다. 신용카드 부정 사용을 예로 들어 봅시다. 평소에 월 30만 원도 사용하지 않는 카드로 어느 날 해외 명품 숍에서 500만 원이 결제되었습니다. 카드사는 신용카드 도용이나 분실로 인한 부정 사용이라고 판단하고 곧바로 사용 정지를 시킬 가능성이 높습니다. 그런데 부정 사용이 아닐 수도 있습니다. 카드 주인이 그동안 쓸 것 안 쓰고 열심히 돈을 모아 해외여행을 갔다가 큰맘 먹고 비싼 명품 가방을 샀을 수도 있죠. 그것도 모르고 일단 정지부터 시켜 놓으면 고객의 마음이 많이 상할지도 모릅니다.

카드 부정 사용의 패턴은 보통 이렇습니다. 처음부터 큰 금액을 결제하지 않습니다. 우선 편의점에서 음료수 한 캔이나 담배 한 갑을 사며 소액 결제를 시도해 봅니다. 문제없이 결제되었다면, 곧바로 30분 이내에 매우 큰 금액을 결제하거나 현금서비스를 이용하여 현금을 인출하는 식입니다. 이러한 순차적인 사용 패턴을 학습을 통해 익힌다면, 훨씬 정확하게 부정 사용을 색출해 낼 수 있겠죠.

18세기경 처음 등장했을 때부터 지금까지 보험회사들은 언제나 보험 사기와 끊이지 않는 전쟁을 벌이고 있습니다. 보험 사기가 가장 빈번히 일어나는 상품은 자동차 보험입니다. 고의로 상대방의 차를 들이받아 막대한 보상금을 타 내거나, 가해자와 피해자가 서로 공모하여 일부러 사고를 내고 보험금을 받는 경우가 대표적입니다. 그러나 이처럼 미리 계획한 보험 사기보다 사고 후에 우발적으로 사기 행위가 일어나는 경우가 더 많습니다. 바로 운전자 바꿔치기입니다. 운전자 바꿔치기의 유혹은 많은 경우 음주로부터 비롯됩니다. 음주 운전을 하다가 사고를 내는 바람에 옆자리에 동승한 배우자가 운전했다고 주장합니다. 거꾸로 운전을 안 해 놓고 했다고 우기는 경우도 있습니다. 회식이 끝나고 술을 안 마신 동료에게 대리운전을 부탁했다가 사고가 났다면, 보험 처리 때문에 본인이 운전했다고 신고하는 것이죠.

접수된 신청 건의 사기가 의심되면 보험회사는 보험사기 전담조사요원을 파견하여 현장 조사를 진행합니다. 하지만 한정된 인력으로 의심되는 모든 사고를 조사할 수는 없습니다. 조사를 실시했지만 정당한 접수로 밝혀져 허탕을 치는 경우도 많습니다. 따라서 보험사기 가능성이 매우 높은 사건들을 효과적으로 추려 낼 수 있다면, 사기 적발 가능성도 높아지고 회사의 불필요한 손실을 막을 수 있습니다.

이에 국내 한 손해보험사는 운전자 바꿔치기 여부를 예측하기 위한 머신러닝 모델을 개발했습니다. 설명변수(X)로는 보험상품별 계약 담보 및 보장 범위 등 계약 특성 변수, 사고 발생 정황과 관련된 사고 특성 변수, 접수 내용 및 상담 이력 등 접수 특성 변수 등 80개가 넘는 변수를 추렸습니다. 예측하고자 하는 바는 운전자 바꿔치기 여부(Y)입니다.

최근 3년간 자동차 보험금 청구 데이터 약 120만 건을 이용하여 머신러닝 모델을 만들었습니다. 30만 건의 데이터로 테스트를 해 보니, 가장 성능이 좋은 모델은 무려 99.8%의 정확도로 운전자 바꿔치기 여부를 예측할 수 있었습니다!

몇 가지 의미 있는 사실 또한 발견됩니다. (1) 보험 가입자의 사고 이력이 많고 면허 취소 이력이 있는 경우, (2) 고가의 자차 보험에 가입되어 있고, 운전 가능 범위가 가입자 1인으로 한정되어 있는 경우, (3) 사고 발생 후 접수까지 걸린 시간이 길수록, (4) 조수석 동승자가 안면 부상을 당했을 경우, (5) 단기운전자보험 근일자 사고인 경우, 바꿔치기 가능성이 높다는 것입니다.

(1)과 (2)는 이미 경험을 통해 알고 있었던 비교적 뻔한 사실입니다. (3) 역시 어느 정도 예상했습니다. 일단 사고가 발생한 후 대응 방법을 고민하며 거짓 시나리오를 쓰느라 시간이 좀 걸린 것이겠죠. 다만 (4)와 (5)는 새롭게 발견된 사실입니다.

급정거 시 운전자는 핸들에 얼굴을 부딪치게 되어 부상을 당하는 경우가 많지만, 조수석에 동승한 사람은 안전벨트를 매고 있었다면 얼굴을 다치는 경우가 거의 없습니다. 그럼에도 불구하고 조수석 동승자가 안면 부상을 입었다면 사실은 그 동승자가 진짜 운전자였을 가능성이 높은 것이죠. 단기운전자보험은 1년 단위로 가입하는 자동차 보험과는 달리 짧게는 하루부터 몇 달까지 단기간 운전자를 대상으로 보장이 이루어지는 보험입니다. 휴가철이나 명절에 다른 사람의 차를 운전할 일이 있거나 카셰어링과 렌터카를 이용하는 고객들이 주로 이용합니다. 그런데 보장 기간이 만료되고 얼마 지나지 않아 사고가 났습니다. 보험 처리가 가능할 줄 알고 알아봤더니, 바로 며칠 전에 만료되어 혜택을 못 받게 되는 것이죠. 어쩔 수 없긴 하지만 꽤나 억울합니다. 위험을 무릅쓰고 보험 혜택을 받을 수 있는 다른 사람이 운전했다고 주장을 하는 것이죠.

그런데 아무리 생각해도 모델의 정확도가 너무 높지 않나요? 정확도(accuracy)가 99.8%이라는 것은 1,000개 중에 2개만 틀리고 나머지 998개는 전부 맞혔다는 말입니다. 거의 신의 경지입니다. 하지만 겉으

|  | | 예측 | |
|---|---|---|---|
| | | 사기 | 정상 |
| 실제 | 사기 | 참 양성(true positive, TP) | 거짓 음성(false negative, FN) |
| | 정상 | 거짓 양성(false positive, FP) | 참 양성(true negative, TN) |

운전자 바꿔치기 혼동 행렬

로 드러난 정확도만 가지고 예측 모델의 성능을 판단해서는 안 됩니다. 사실 120만 건의 학습 데이터 중 운전자 바꿔치기 건수는 7,200여 건 (0.6%) 정도밖에 되지 않았습니다. **이 말인즉슨 눈 감고 대충 찍어도 모두 다 정상이라고만 예측하면 정확도가 99.4%가** 되는 것이죠. 정상과 사기가 대략 절반씩 있다면 정확도가 80%만 넘어도 매우 우수하다고 볼 수 있지만, 이처럼 한쪽으로 매우 쏠린 경우는 정확도가 99% 일지라도 그리 뛰어난 성능이라 할 수 없습니다.

　정확도보다는 오히려 이런 것이 더 궁금하지 않을까요? 과연 전체 사기 중에 사기를 얼마나 잡아내었는가? 사기 적발 비율이 낮다면 사기 고객으로부터 보험금을 환수하지 못하게 되니 돈이 줄줄 새게 되겠죠. 이러한 관점의 성능 지표를 재현율(recall)이라고 합니다. 실제 양성(사기) 중에 양성(사기)으로 예측한 비율(=TP/(TP+FN))을 뜻합니다. 이것도 중요할 것 같습니다. 사기라고 예측한 것 중에 진짜 사기는 어느 정도인가? 사기로 의심되어 조사원을 내보냈는데 사실은 정상이었다면, 불필요한 돈과 시간을 낭비한 것이 됩니다. 이것은 정밀도(precision)입니다. 양성(사기)으로 예측한 것 중에 실제 양성(사기)인 비율(=TP/(TP+FP))입니다.

　이 모델의 재현율과 정밀도는 80%, 84.2%로 매우 높게 나타났습니다. 실제 사기 100건 중에 80건을 찾아냈고, 사기로 예측한 100건 중에 84건이 적중했다는 의미입니다. 이는 기존에 활용하던 방법에 비해 각각 2배, 6배나 높은 수치였습니다. 머신러닝을 통해 개발된 운전자 바꿔치기 모델이 회사의 수익에 얼마나 기여를 했을지는 여러분의 상상에 맡기겠습니다.

… 지금까지 개인화 마케팅에만 초점을 맞추어 머신러닝의 적용 사례를 제시했지만, 이외에도 기업의 다양한 업무에 머신러닝이 적용되어 톡톡한 효과를 보고 있습니다. 인사관리(human resource management)를 예로 들면, 회사에 입사하여 업무를 잘할 신입사원을 선별하는 것은 우리 회사 제품을 살 확률이 높은 고객을 찾아내는 것과 유사합니다. 기존 사원이 입사할 때 제출했던 자기소개서와 직무기술서(X)를 현재 업무 성과(Y)와 학습시키면, 신입사원의 업무 능력을 예측할 수 있지요. 이직 위험이 높은 직원을 찾아내는 것은 이탈 고객 예측과 비슷합니다. 맡은 업무, 업무 성과, 팀원과의 관계, 연봉 등(X)을 이용하여 이직 여부(Y)를 예측하게 되는 것이죠.

머신러닝의 쓰임새는 기업 내부 업무를 돕는 것에만 한정되지 않습니다. 머신러닝이 각광받고 있는 근본적인 이유는 새로운 비즈니스 기회를 창출할수 있다는 점 때문입니다. 인공지능의 두뇌를 만드는 방법이 곧 머신러닝이기 때문이지요. 특히 머신러닝의 한 종류인 딥러닝(deep learning) 기술이 최근 급격히 발전하면서 새로운 비즈니스 기회들이 무궁무진하게 생겨나고 있습니다. 딥러닝을 이용한 인공지능 비즈니스, 다음 장에서 살펴보겠습니다.

**12**
▼

# 우리 이제 영어 공부
# 그만해도 될까요?

**AI가 선사하는 새로운 기회, 인공지능 비즈니스 (feat. 딥러닝)**

　우리나라 사람들에게 영어는 숙명과도 같습니다. 어릴 때부터 영어 유치원을 다니고, 초등학교 때는 해외 단기 연수를 떠납니다. 수능이든 내신이든 중고등학교 내내 영어를 놓을 수 없죠. 대학에 와서는 취업을 위해, 취업을 하고 나서는 승진을 위해 공인 영어시험 공부에 매진합니다. 비영어권 국가에 태어났다는 이유만으로 너무나 큰 노력을 들여야 합니다. 평생 영어 공부에 쏟는 시간과 돈을 다른 곳에 투자한다면 훨씬 여유롭고 행복한 삶을 살 수 있을 텐데 말이죠.
　언젠가부터 이공계 대학원생들도 영어로 논문을 쓰는 것이 당연한 일이 되었습니다. 영어로 어느 정도 읽고 말할 줄 아는 학생들도 막상 글을 쓰는 것은 쉽지 않은 일입니다. 그러다 보니 구글 번역기의 힘을 빌리

텍스트를 비추면 바로 번역되는 구글 렌즈

는 학생들이 종종 있습니다. 읽어 보면 금방 표가 납니다. 다시 써 오라고 돌려보낼 수밖에요. 하지만 요즘은 제가 오히려 권장합니다. 국문으로 정확하게만 써서 번역기에 넣으면, 금세 완벽한 영어 문장을 알려 줍니다. 생각보다 훨씬 만족스럽습니다. 구글 번역에 무슨 변화가 있었던 것일까요?

요즘은 스마트폰만 들고 있으면 해외여행이 두렵지 않습니다. 구글 번역 앱을 실행시켜 한국어로 말하면 100가지가 넘는 다른 언어로 실시간 번역이 되어 말까지 대신해 줍니다. 구글 렌즈(Google Lens) 앱을 켜고 스마트폰 카메라를 외국어로 된 간판이나 메뉴판에 가져다 대면 즉시 우리나라 말로 바꿔서 보여 줍니다. 개인 동시 통역사를 공짜로 데리고 다니는 것과 다를 바 없습니다. 기업 업무에도 실시간 번역이 속속 적용되고 있습니다. 외국 바이어나 해외 지사 외국인 동료와의 회의가 이제 두렵지 않습니다. 각자 모국어로 말하고 메시지를 보내도 실시간 통역이 이루어집니다. 영어로 말할 때보다 훨씬 정확하고 자신감 있게 내 뜻을 전달할 수 있게 되었죠.

여전히 많은 부모들이 영어 조기교육에 목을 매고 있지만, 글쎄요, 지금의 아이들이 사회에 진출할 때는 지금과 많이 다르지 않을까요? 유려한 영어 발음과 〈해리포터〉 원서를 술술 읽는 능력보다는 모국어를 정확히 이해하고 자기 생각을 논리적으로 담아 내는 것이 더 중요한 시대가 올 것입니다. 악기 한두 개를 적당히 다루거나, 운동 한두 개를 취미로 즐기듯, 영어도 교양 수준으로 적당히만 해도 살아가는 데 아무런 문제가 없지 않을까요?

몇 년 사이 구글 번역의 성능이 급격히 좋아진 이유는 머신러닝의 일종인 딥러닝 기술이 적용되었기 때문입니다. **딥러닝은 요즘 각광받고 있는 인공지능(artificial intelligence)의 핵심 기술입니다.** 번역뿐만 아니라 이미지 인식, 음성 인식과 같은 인공지능의 주요 영역들이 모두 딥러닝에 의해 급속한 발전이 이루어지면서, 과거에는 없었던 새로운 비즈니스 기회들이 생겨나고 있습니다. 딥러닝(deep learning), 그대로 번역하면 '깊게 학습한다'는 뜻인데 대체 뭐가 깊다는 것일까요?

## 규칙이냐 경험이냐, 기계에게 지능을 심는 방법

2016년 알파고 열풍은 일반 대중들에게 인공지능 시대가 이미 도래했음을 각인시켜 주는 계기가 되었습니다. 또한 인공지능이 영화 〈터미네이터〉에 나오는 로봇처럼 물리적인 실체가 아니라, 눈에 보이지 않는 알고리즘이라는 것도 일깨워 줬습니다. 최근에서야 인공지능이라는 용어가 대중화되어 많은 이들의 입에 오르내리고 있지만, 사실 인공지능에 대한 연구는 컴퓨터가 처음 개발되었을 때부터 이미 시작되었습니다. 다만 그 지름길을 아무도 몰랐기에 수많은 시행착오를 겪고 나서 이제야 우리 곁에 등장하게 된 것이죠.

인간처럼 생각하는 기계를 만들려면 인간이 학습하는 방식을 알아야 하겠죠. 어린아이가 언어를 습득하는 과정은 성인이 외국어를 배우는 방식과 전혀 다릅니다. 아이는 주변 사람으로부터 언어를 배웁니다. 보고 들으면서 무의식적으로 단어를 받아들이고, 단어 몇 개를 두서없이 나열하는 형태로 말문이 트이기 시작합니다. 문법을 따로 배우지 않아도 어느 시점이 되면 자연스러운 문장을 구사하게 되죠. 실수하면 부모의 피드백을 받아 바로잡기도 합니다. 하지만 성인이 외국어를 배울 때는 문법부터 배웁니다. 품사에는 무엇이 있는지, 문장 내에 품사를 어떤 순서로 배열해야 하는지, 규칙을 익힌 후에야 비로소 문장을 구사할 수 있습니다. 단어를 익힐 때도 마찬가지입니다. '사과=Apple'이라는 규칙을 외우는 것이죠.

초기 인공지능 학계는 두 진영으로 갈렸습니다. **한쪽은 성인이 외국어를 배우는 것처럼 '규칙'을 정의해서 기계에게 심어 주자고 주장했고, 다른 한쪽은 아이가 언어를 습득하는 과정처럼 기계에게 '경험'을 시켜야 한다고 생각했습니다.** 처음에는 전자가 우세했습니다. 1956년 미국 다트머스 대학에서 개최된 한 워크숍에서 인공지능이라는 단어가 처음 등장합니다. 이 워크숍에 참석한 학자들은 '만약 이러면 이렇게 하라(If-Then)'와 같은 규칙을 통해 인간처럼 생각하는 기계를 만들 수 있다고 생각했죠. 'A이면 B이다'라는 명제와 'B이면 C이다'라는 명제를 컴퓨터에 입력해 놓으면 'A이면 C이다'라는 판단을 내릴 수 있습니다. 연역(deduction)이라는 추론 방법입니다. 세상에 존재하는 모든 지식을 명제로 만들어 컴퓨터에 집어넣으면 연역을 통해 무엇이든 대답할 수 있다고 생각한 것이죠.

이런 방식으로 설계된 인공지능이 1980년대 각광받던 전문가 시스템(expert system)입니다. 전문가의 지식을 컴퓨터에 모조리 집어넣은 뒤, 규칙에 따라 지식을 조합하여 판단을 내리는 프로그램입니다. 질병에 관한 지식을 넣으면 의사가 됩니다. 법률 지식을 넣어 두면 변호사가 됩니다. 비즈니스 지식을 주입하면 경영 컨설턴트가 됩니다. 이때만 해도 인공지능은 곧 전문가 시스템을 말하는 것이었습니다.

하지만 전문가 시스템은 생각만큼 잘 작동하지 않았습니다. 사실 만드는 것 자체가 너무 어려웠습니다. 세상에 존재하는 지식은 너무나 방대합니다. 각종 서적과 논문, 전문가의 머릿속에 들어 있는 모든 지식을 일일이 명제로 바꿔서 집어넣기란 언뜻 생각해도 불가능한 일입니다. 더 큰 문제는 명제로 바꿀 수 없는 지식이 훨씬 많다는 것입니다. 의료 지식, 법률 지식, 경영 지식은 어렵긴 하지만 책으로 공부할 수 있는 명백하고 분명한 것들입니다. 이런 지식을 명시적 지식(explicit knowledge)이라고 합니다. 반면에 뛰는 법, 노래하는 법, 운전하는 법과 같이 우리가 따로 책을 펴고 공부하지 않더라도 경험을 통해 자연스레 체득하게 되는 지식이 있습니다. 이러한 지식을 암묵적 지식(implicit knowledge)이라고 부릅니다.

암묵적 지식은 말로 설명하기가 어렵습니다. 두 발 자전거 타는 법을 처음 배우는 아이에게, "몸에 힘을 빼고, 균형을 잡고, 자신 있게 페달을 밟으면 돼"라고 얘기한다고 해서, 금방 잘 탈 수 없습니다. **"우리는 우리가 말할 수 있는 것보다 많이 안다"**, 헝가리의 철학자 마이클 폴라니가 주장한 **이른바 폴라니의 역설(Polany's Paradox)입니다.** 규칙만 가지고는 인공지능을 만들 수 없는 근본적인 이유입니다.

한편, '규칙'이 아닌 '경험'을 통해 기계에게 지능을 심어 주고자 했던 연구자들은 비주류 취급을 받으면서도 묵묵히 연구를 이어 왔습니다. 규칙이 연역이라면 경험은 귀납(induction)입니다. 기계에게 간접 경험, 즉 수많은 데이터를 부여하고 이를 스스로 학습하여 해법을 찾도록 하

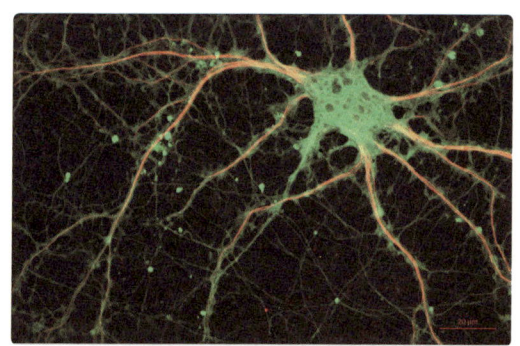

뉴런으로 구성되는 뇌의 거대한 신경망

는 것이죠. 바로 앞장에서 다룬 머신러닝의 접근 방법입니다.

　인간처럼 생각하는 기계를 만들기 위해 인간의 뇌를 흉내 내는 것은 어쩌면 가장 자연스러운 발상이 아닐까요? 머신러닝은 우리 뇌의 신경망을 모사하는 것에서부터 시작되었습니다. 인간의 뇌는 뉴런(neuron)이라 불리는 1,000억 개 이상의 신경세포가 연결된 거대한 망(network)으로 구성되어 있습니다. 각 뉴런은 시냅스(synapse)라는 연결 부위를 통해 다른 뉴런들로부터 신호를 전달받아 또 다른 뉴런들에게 신호를 보냅니다. 조선 시대의 봉화와 비슷합니다. 하지만 신호를 받았다고 무조건 내보내는 것은 아닙니다. 수많은 입력 신호를 시냅스의 연결 강도에 따라 조합하여 그 세기가 일정 수준의 임계값(threshold)을 넘어서야만 뉴런이 활성화되어 신호를 내보냅니다.

　인간은 기억력을 가지고 있지만, 뇌에는 컴퓨터의 메모리처럼 저장 장소가 따로 있는 것이 아닙니다. 뉴런과 시냅스의 연결 패턴을 바꾸는 방법으로 학습한 정보를 저장합니다. 책을 읽을 때마다, 수학 문제를 풀 때마다, 자전거를 탈 때마다, 어떤 뉴런들 간에는 관계가 강화되기도 하고, 어떤 뉴런들은 그 관계가 끊어지기도 하면서 학습 결과가 저장되는 것이죠. 이처럼 인간의 학습 과정에서 이루어지는 뇌 속의 신경망의 변화를 본뜬 것이 인공신경망(artificial neural network)입니다.

## 퍼셉트론에서 딥러닝까지, 인공신경망의 역사

가장 간단한 형태의 인공신경망은 단 한 개의 인공뉴런으로 구성된 퍼셉트론(perceptron)입니다. 여러 개의 입력 신호가 인공뉴런으로 들어오면 주어진 가중치에 따라 이를 조합하여 임계값을 넘으면 1, 아니면 0이라는 결과를 출력합니다. 가중치는 각 입력이 출력에 미치는 영향 정도라고 생각하면 됩니다. 예를 들어 고양이 사진에서 눈과 코와 귀와 입 부분을 각각 입력으로 넣고, 고양이라고 판단되면 1, 아니라면 0을 출력하게 합니다. 정답이면 가만히 둡니다. 하지만 고양이인데도 0이 나오거나 강아지를 넣었는데 1이라고 한다면, 오차를 줄여 정답을 출력할 수 있도록 일련의 알고리즘을 통해 가중치를 바꿔줍니다. 마치 인간이 학습을 하면 시냅스의 연결 강도가 바뀌는 것처럼 말이죠. 가중치를 조금씩 꾸준히 업데이트하다 보면 어느 시점부터는 높은 정확도로 고양이 여부를 인지하게 됩니다.

1958년에 제시된 퍼셉트론은 오늘날 딥러닝 혁명의 초석이 되었지만, 당시에는 큰 성과를 내지 못했습니다. 퍼셉트론은 뉴런이 하나인 단세포 생물입니다. 단세포 생물은 역시 똑똑하지 않았던 것이죠. 그렇다면 다세포 생물로 만들면 더 똑똑해지지 않을까요? 수많은 퍼셉트론을 연결하여 뉴런들이 얽히고설킨 네트워크를 만듭니다. 동그란 노드는 뉴런이며, 노드를 연결하는 화살표는 시냅스가 되는 것이죠.

그런데 여러 개의 퍼셉트론을 한 번에 계산하려면 중간에 하나의 층을 더 거쳐야 합니다. 입력층(input layer)과 출력층(output layer) 사이

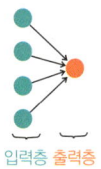
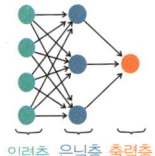
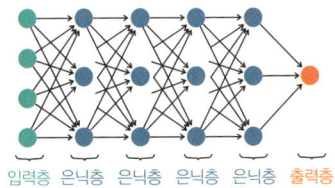

왼쪽부터 퍼셉트론, 얕은신경망, 심층신경망

에 숨어 있기에 은닉층(hidden layer)이라고 부릅니다. 층 하나가 늘어났더니 훨씬 성능이 좋아집니다. 대상을 잘게 쪼개어 담을 수 있는 그릇이 많아졌기 때문입니다. 그렇다면 층을 여러 개 쌓으면 성능이 더욱 더 좋아지지 않을까요? 은닉층이 늘어날수록 인공신경망의 깊이는 '딥(deep)'해집니다. 두 개 이상의 은닉층을 가진 인공신경망을 심층신경망(deep neural network)이라고 합니다. 그리고 **심층신경망을 학습하는 방법을 딥러닝이라고 부르는 것이죠. 따라서 개념적으로 딥러닝은 머신러닝의 한 종류인 인공신경망의 또 하나의 유형일 뿐입니다.**

사실 심층신경망에 대한 아이디어 자체는 이미 1980년대에 제시되었습니다. 그런데 왜 이제 와서야 딥러닝이 빛을 발하기 시작한 것일까요? 당시에는 어떤 한계가 있었을까요? 첫째, 학습 규칙을 찾아내지 못했습니다. 겹겹이 쌓인 수많은 노드의 연결 가중치를 한꺼번에 효율적으로 개선하기란 쉽지 않았던 것이죠. 학습이 덜 되거나, 과하게 되는 경우가 대부분이었습니다. 둘째, 학습 장비도 충분하지 않았습니다. 거대한 네트워크의 연결 구조를 조금씩 바꿔 가는 과정을 수도 없이 반복해야 하는데 당시 컴퓨터의 처리 속도로는 감당하기가 버거웠던 것입니다. 셋째, 학습 재료 또한 충분하지 않았습니다. 데이터가 많을수록 학습이 잘되는데, 아날로그 세상이었던 당시에는 충분한 양의 데이터를 확보할 수 없었던 거죠. 현실의 벽에 부닥친 인공신경망 연구는 1990년대 들어 혹독한 겨울을 맞이하게 됩니다.

하지만 2000년대 중반 들어 봄기운이 스며들며 인공신경망을 담보 상태로 가두었던 얼음이 조금씩 녹기 시작합니다. 주위의 조롱에도 굴하지 않고 묵묵히 인공신경망 연구를 수행해 온 딥러닝의 선구자들에 의해 심층신경망을 빠르고 효율적으로 학습시킬 수 있는 알고리즘들이 개발됩니다. 컴퓨터 처리 속도 또한 과거와는 비교가 어려울 정도로 빨라졌습니다. CPU(중앙처리장치)의 성능 향상도 물론 한몫했지만, 사실 딥러닝 처리 속도의 비약적인 향상은 고사양의 게임을 하는 데 주로 활용되던 GPU(그래픽처리장치)입니다. 그래픽카드의 칩인 GPU는 명령을 순차적으로 하나씩 처리하는 CPU와는 달리 병렬적으로 여러 작업을 동시에 처리하는 데 능합니다. 수많은 데이터를 반복하여 학습시키는 딥러닝에 제격인 것이죠! 공부할 거리가 없어서 걱정할 필요도 없게 되었습니다. 빅데이터 시대가 열리면서 학습 재료들이 여기저기서 쏟아지기 시작합니다. 알고리즘, 하드웨어, 데이터의 삼박자가 딱 맞아떨어지면서 딥러닝 혁명이라는 꽃이 피게 된 것입니다.

**딥러닝이 강력한 이유는 사람이 알려 주지 않아도 기계가 스스로 어떤 특성(feature)을 집중적으로 학습해야 하는지를 찾아낸다는 데에 있습니다.** 기존의 머신러닝은 기계가 학습해야 할 특성을 사람이 일일이 뽑아 줘야 했습니다. 예를 들어, 머신러닝을 통해 고양이를 판별하려면 귀의 생김새와 수염 유무, 털의 형태 등을 집중해서 보라고 사람이 지정해 줘야 합니다. 반면 딥러닝은 겹겹이 쌓인 은닉층을 통해 자동으로 중요한 특성을 찾아내 주기 때문에, 그냥 고양이 사진을 통째로 주기만 하면 되는 것이죠.[19]

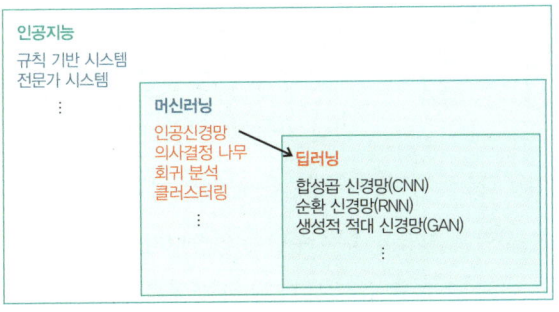

딥러닝, 머신러닝, 인공지능 관계

사람이 족집게 과외 교사가 되어 시험에 나올 부분을 알려 주고 공부를 시키는 것이 머신러닝이라면, 딥러닝은 사교육의 도움 없이 야간 자율학습만으로 시험을 잘 보는 학생입니다. 인간의 개입이 훨씬 줄어든 딥러닝이 진정한 의미의 인공지능에 더 가깝지 않을까요? 딥러닝의 이러한 특성은 이미지 인식, 음성 인식, 자연어 처리와 같은 분야에서 특출난 성과를 보여 주며, 인공지능 비즈니스라는 새로운 기회를 창출하게 됩니다.

그렇다고 딥러닝이 곧 인공지능이라고 오해해서는 안 됩니다. 최근 인공지능의 발전은 딥러닝이 견인하고 있지만, 전통적인 전문가 시스템도 여전히 중요한 역할을 담당하고 있습니다. 제 아들은 아침마다 네이버 인공지능 스피커 클로바(Clova)에게 "오늘 급식 메뉴는 뭐야?"라고 물어봅니다. 질문을 알아듣는 방식은 음성 인식 딥러닝입니다. 식품의약품안전처의 '식품안전나라'에 접속하여, 회원가입 시에 입력해 놓은 초등학교 이름을 검색해서, 급식 메뉴를 추출하는 것은 규칙 기반의 인공지능이죠. 또한 앞서 이야기한 것처럼 딥러닝은 머신러닝의 한 종류입니다. 요약하면, **인공지능 > 머신러닝 > 딥러닝**의 관계가 성립합니다.

## 스마트폰 카메라로
## 정보와 지식을 찍다

아이들과 봄꽃이 만발한 공원에 나들이를 하러 가는 것은 마냥 즐겁지만은 않습니다. 호기심 가득한 아이들이 쉴 새 없이 "이 꽃 이름은 뭐야?", "저 꽃은 뭐야?" 질문을 쏟으면, 저같이 꽃이라고는 장미밖에 모르는 사람은 진땀을 흘릴 수밖에 없습니다. 다행히 다음(Daum)의 꽃 검색을 알게 된 후부터는 봄나들이가 즐거워졌습니다. 스마트폰으로 꽃 사진을 찍기만 하면 곧바로 이름을 알려 주니, 아이들과 함께 꽃을 알아가는 재미가 생각보다 쏠쏠합니다. 친구가 새로 장만한 텀블러가 탐이 난다면, 네이버 쇼핑 렌즈로 사진을 찍어 곧바로 가격과 구매처를 찾아내어 주문합니다. 모두 딥러닝 기반의 이미지 인식을 통해 개발된 서비스들입니다. 이제 **스마트폰 카메라는 사진을 찍는 것에 그치지 않고 지식과 정보를 찍고 있습니다.**

이미지 인식은 퍼셉트론 시절부터 목표로 했던 인공지능의 첫 번째 임무였습니다. 사진 속의 사물을 구분하는 것은 컴퓨터에게 시각을 부여하는 것과도 같기에 오래전부터 컴퓨터 비전(computer vision)이라는 이름으로 연구가 이루어져 왔지요. 2012년 이미지넷(ImageNet)이 개최한 세계 최대 이미지 인식 경연대회에서 인공지능 역사의 한 획을 긋는 획기적인 사건이 일어납니다. 이 대회는 컴퓨터가 사진 속의 사물을 얼마나 잘 맞히는가를 겨룹니다. 단순히 개와 고양이를 분별하는 수준이 아닙니다. 참가팀들은 1,000개가 넘는 카테고리로 분류된 백만 장의 사진으로 기계를 학습시키고, 15만 장의 사진으로 테스트를 하여 정답률을 측정합니다(답은 하나만 제출하는 것이 아니라, 5개를 제출하여 이 중 정답이 있으면 정답으로 간주합니다).

이전까지는 정답률 75%를 넘지 못했습니다. 그런데 이 대회에 처음 참가한 토론토 대학의 제프리 힌튼(Geoffrey Hinton) 교수가 이끄는 슈퍼비전(Super Vision) 팀이 무려 84%의 정답률로 우승을 거머쥡니다. 1년을 공들여도 1% 향상하기가 쉽지 않았던 시절, 한 번에 10%를 향상시킨 슈퍼비전 팀의 믿기지 않는 성과에 참가자들이 모두 깊은 충격에 빠질 정도였습니다(2017년 대회에서는 정답률이 97.7%까지 향상됩니다). 슈퍼비전팀의 압도적인 승리의 비결은 딥러닝의 일종인 CNN(convolutional neural network, 합성곱신경망)이라고 불리는 알고리즘이었습니다.[20] CNN은 인간의 시신경이 사물을 받아들이는 방식을 모방한 딥러닝 모델입니다. 하나의 사진을 작은 구역으로 잘게 나누어 부분적인 특징을 찾아내고 이것을 종합하여 전체를 인식합니다.

　CNN의 강력함은 사진의 어떤 구역에서 사물의 특징을 추출해야 하는가를 알아서 찾아낸다는 것에 있습니다. 고양이, 사과, 자동차는 전혀 다른 특성을 가지고 있지만, 각각의 고유한 특성을 일일이 알려 주지 않아도 백만 장의 사진을 통해 스스로 학습함으로써 모두 분별해 낼 수 있죠. 이후 CNN은 이미지 인식 분야를 평정하게 됩니다. 현존하는 이미지 인식 서비스는 대부분이 CNN 알고리즘을 활용하고 있습니다. 하지만 고양이와 사람을 구별하는 정도로는 실생활에 써먹을 곳이 크게 없습니다. 사진 속의 얼굴을 보고 그 주인공이 누구인지는 분간할 수 있어야 하지 않을까요? 얼굴 인식 또는 안면 인식이라 부르는 기술입니다.

　지금 스마트폰을 꺼내어 구글 포토(Google Photo)를 열어 보시기 바랍니다. 사진첩 속 수백 장의 사진 속에 등장하는 모든 사람들이 하나하나 자동으로 구분되어 개별 폴더에 분류되어 있습니다. 심지어 훌쩍 커 버려서 몰라보게 달라진 조카의 10년 전 유치원 시절 사진과 고등학생이 된 현재의 사진이 같은 폴더에 분류되어 있는 것을 보면 경이롭기까지 합니다. 예전에는 친구와 함께 찍은 사진을 페이스북에 올린 후, 태그를 하고 싶으면 친구 목록에서 사진에 나온 친구를 직접 찾아야 했습니다. 하지만 요즘은 사진을 올리자마자 페이스북의 딥페이스(deep face) 알고리즘이 자동으로 친구를 찾아내어, 태그를 할지 말지를 묻습니다.

**더 이상 사진을 분류하기 위해 일일이 #을 넣고 해시태그를 달지 않아도 되는 것입니다.** 덕분에 이미지를 이용한 상품 검색과 추천도 진화하고 있습니다. 드라마 속 연예인이 입고 나온 땡땡이 무늬의 원피스에 꽂혔습니다. 대충 '러블리한 느낌의 루즈핏 도트 원피스'로 검색해 보지만, 상품 제목에 '도트 원피스'가 들어가 있거나, 판매업자가 '#러블리', '#루즈핏'이라고 태그한 옷들만 나올 뿐 찾을 수가 없습니다. 하지만 드라마 화면을 캡처하여 아마존의 의류 검색 서비스 스타일스냅(StyleSnap)에 업로드하면 아마존닷컴에서 팔고 있는 비슷한 스타일의 원피스가 주르륵 나타납니다. 정면 전신샷이 아니어도 됩니다. 커피숍 테이블에 비스듬히 앉아서 커피를 마시고 있는 사진이라도 원피스와 함께 옆에 놓인 가방과 신발까지 찾아 줍니다.[21] 아마존닷컴에 올라온 수백만 장의 패션 이미지를 CNN 기반의 딥러닝 알고리즘을 통해 학습시킨 덕분입니다.

온라인 패션 쇼핑몰 운영자에게 가장 번거로운 일은 옷의 속성을 표현해 줄 수 있는 태그를 다는 것입니다. 태그를 잘 달아야 검색 결과의 상위에 노출될 가능성이 높으니까요. '#러블리'라는 태그를 달지 않았다면 검색에 노출조차 되지 않습니다. 하지만 수백 개가 넘는 상품 하나하나마다 여러 개의 속성별로 태그를 일일이 다는 것은 매우 고통스러운 일입니다. 국내 패션 인공지능 스타트업 옴니어스(OMNIOUS)는 이미지 인식 기능을 이용하여 패션 상품에 자동으로 태그를 달아 주는 서비스

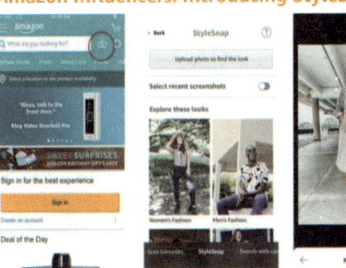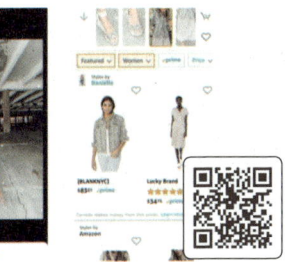

아마존 스타일스냅

를 쇼핑몰 업체에 제공하고 있습니다. 상품 사진만 넣으면 아이템의 종류와 색상, 무늬는 물론 재질이 벨벳인지 데님인지, 핏은 타이트한지 루즈한지, 페미닌 스타일인지 스트릿 스타일인지 등 13가지의 속성을 자동으로 태깅해 줍니다.

오프라인 쇼핑몰도 이미지 인식 기술로 변화하고 있습니다. 삼성페이 결제 시 스마트폰 안면인식을 이용하는 것처럼, 계산대나 키오스크에 카메라를 설치하여 얼굴만 갖다 대면 결제가 이루어지는 시스템이 오프라인 매장에 속속들이 도입되고 있습니다. 아예 계산대가 사라진 곳도 있습니다. 아마존이 운영하는 오프라인 무인매장 아마존고(Amazon Go)에서는 물건을 담은 뒤 계산하지 않고 매장을 빠져나오면 자동으로 계산이 이루어집니다. 천장에 달린 100여 개의 카메라가 고객이 진열대에서 상품을 꺼내는 동작을 인식해서 가상 장바구니에 추가합니다. 마음이 바뀌어 상품을 다시 내려놓으면 구매 목록에서 지워지니 걱정할 필요 없습니다. 쇼핑을 마치고 그대로 걸어 나오면(Just Walk Out), 앱을 통해 영수증이 발급됩니다.

아마존고에 적용된 저스트워크아웃 기술은 자율주행 자동차에 활

물건을 담아 나오면 자동 결제가 되는 아마존고

용되는 사물 인식 기술을 응용한 것입니다. 이미지 인식의 꽃은 자율주행 자동차이고, 자율주행 자동차의 핵심은 시각 지능입니다. 스스로 주행을 제어하기 위해서는 방향과 크기가 실시간으로 바뀌는 차선과 표지판을 인식하고, 전방의 차량과 보행자의 움직임을 포착해야 합니다. 어두운 밤이나 갑작스레 비가 내릴 때도 움직임을 정확히 인식할 수 있어야만 사고를 피할 수 있겠죠. 정지된 사진 속의 사물을 인식하는 것보다 난이도가 훨씬 높을 수밖에 없습니다. 보통 자율주행 자동차에는 정확한 사물 인식을 위해 레이더(RADAR)와 라이다(LIDAR)와 같이 전파와 빛을 이용한 영상 센서들을 활용합니다. 하지만 엔비디아(nVidia)와 같은 일부 기업들은 카메라로 수집된 이미지와 딥러닝 기술만을 이용해 마치 인간처럼 시각에 의해서만 주행하는 자동차를 구현하고 있습니다.

**우리 집에 같이 사는 개인 비서**

이미 우리 일상 깊숙이 침투한 가상 비서(virtual assistant)는 대표적인 인공지능 서비스입니다. 사용자와 대화를 한다는 측면에서 챗봇(chatbot)의 일종이지만, 문자를 입력하여 채팅하는 것이 아니라, 진짜 'Chat(잡담하다)' 하는 것입니다. 구글, 알렉사, 시리, 클로바, 카카오라는 서로 다른 이름의 가상 비서가 스마트폰 속에도 존재하고 집 안의 스피커에도 존재합니다. 내가 요구할 때마다 일정을 읊어 주고, 날씨를 알려 주고, 노래를 틀어 줍니다. 하지만 이 정도 기능만으로 비서로 대접해 주기에는 뭔가 부족하지 않나요?

장난감에 들어가는 건전지를 일주일 동안이나 교체해 주지 않아 아이의 원망을 들은 적이 있습니다. 아이가 말할 때마다 좀 이따 인터넷으로 주문해야지 생각해 놓고 바쁜 나머지 계속 깜빡한 것이죠. 요즘에는 그럴 일이 없습니다. 인공지능 스피커에게 "AAA 건전지 주문해 줘"라고 얘기하면 되니까요. 추천한 상품이 마음에 들어 "결제해 줘"라고 말하면 계정에 등록된 신용카드를 통해 결제가 이루어지고 등록된 주소로 배송이 됩니다. "지난번에 주문했던 피자 또 주문해 줘", 배달 음식 주문도 한마디면 끝납니다. 이른바 보이스 쇼핑(voice shopping)입니다.

말 한마디로 쇼핑하는 시대를 연 주인공은 일찍이 클릭 한 번으로 쇼핑하는 세상을 만들어준 아마존입니다. 에코 스피커 속에 살고 있는 인공지능 비서 알렉사를 통해 아마존닷컴에서 파는 모든 제품을 주문할 수 있습니다. 그러나 사실상 주문 대상이 되는 제품은 극소수입니다. 건전지 주문을 할 때 "에너자이저 알카라인 LR6 AAA 건전지 주문해 줘"라고 구체적으로 말하는 경우는 거의 없습니다. 건전지라고만 이야기했다면 어떤 브랜드의 어떤 제품을 살 것인가는 알렉사가 결정합니다. 알렉사는 기존에 구매했던 제품이나 가격, 배송 시간, 리뷰 평점 등을 통해 상품을 추천한다고 알려져 있습니다.

특별한 모델을 지정하지 않는다면 우선적으로 추천하는 상품은 아

아마존 인공지능 비서 알렉사를 이용한 보이스 쇼핑

마존 초이스(Amazon's Choice) 제품입니다.[22] **보이스 쇼핑이 활성화되면 상품 선택 권한의 상당 부분이 고객으로부터 인공지능 플랫폼 사업자로 이양될 가능성이 높습니다.** 앞으로는 구글 검색 상위에 노출되기 위해 광고비를 지불하는 것보다 아마존 초이스 배지를 달기 위해 노력하는 것이 더 중요하게 될지도 모릅니다. 많은 IT 공룡들이 너나 할 것 없이 인공지능 스피커에 막대한 투자를 하고 있는 이유입니다.

　쇼핑을 대신 해 주는 것도 좋지만 진정한 비서라면 일정 예약을 담당해야 하지 않을까요? 비서에게 5월 3일 10시에서 12시 사이에 미용실 예약을 부탁합니다. 비서는 미용실에 전화를 걸어 12시에 예약이 가능한지 묻습니다. 일정 확인을 위해 기다려 달라는 직원의 말에 '으-흠' 하며 추임새도 넣습니다. 안타깝게도 그 시간에는 예약이 다 찼다고 하네요. 그러면 10시와 12시 사이에 빈 시간이 있는지를 묻습니다. 커트만 받을 거라고 하니 다행히 12시는 가능하다고 합니다. 12시에 예약을 하고 결과를 보고합니다. 이상은 사람이 아닌 인공지능 비서 구글 어시스턴트가 직접 미용실 직원과 통화한 내용입니다. 일방적으로 묻고 답하는 기존의 대화형 인공지능을 넘어, 대화의 뉘앙스를 이해하며 사람과 자연스럽게 대화를 진행하는 단계까지 이르게 된 것입니다.

"We do not have a 12 pm available. The closest we have to that is a 1:15."

구글 듀플렉스로 하는 미용실 예약

인공지능 비서가 내 말을 알아듣고 원하는 것을 처리해 주는 과정은 세 가지 단계로 나뉩니다. 사람의 음성을 텍스트 형태로 바꿔주는 단계, 변환된 텍스트의 내용을 이해하고 처리하는 단계, 처리 결과를 다시 음성으로 내보내는 단계입니다. 첫 번째가 음성 인식, 두 번째는 자연어 처리, 세 번째가 음성 합성입니다. 하나씩 살펴봅시다.

**콜센터 직원이 된 유인나**

이미지 인식이 기계에게 시각을 부여했다면, 음성 인식(speech recognition)은 청각을 부여합니다. 음성 인식은 이미지 인식보다 훨씬 일상생활과 연관이 많습니다. 전화를 걸 때도, TV 채널을 변경할 때도, 네비게이션에게 목적지를 알려 줄 때도 그냥 말로 하면 됩니다. 사실 이러한 수준의 음성 인식은 예전에도 어느 정도 가능했었죠. 그러나 딥러닝이 적용되면서 정확도가 급격히 향상되었습니다. 예전에는 조용한 상태에서 정확한 발음과 일정한 속도로 또박또박 말해야 비로소 기계가 알아들을 수 있었다면, 요즘은 노래가 흘러나오는 와중에도 혀 짧은 소리를 내는 어린아이가 천천히 하는 말을 매우 높은 확률로 인식할 수 있습니다.

음성 인식은 사람의 말을 텍스트로 바꿔주기에 STT(speech to text)라고도 합니다. 과정은 이렇습니다. 소리는 파동으로 전달됩니다. 입력된 음파 곡선을 매우 잘게 나눈 뒤 각각의 좌표를 숫자로 바꿔서 저장합니다. 이른바 샘플링(sampling) 과정입니다. 샘플링 된 음성을 심층신경망에 집어넣어 학습을 시킵니다. 이때 주로 활용되는 딥러닝 모델은 RNN(recurrent neural network, 순환신경망)입니다.[23]

보통의 신경망은 인간의 뇌처럼 한 방향으로만 신호가 전달되지만, RNN은 출력 결과를 다시 입력으로 사용하기 때문에 순환이라는 이름이 붙었습니다. 즉, **RNN은 과거의 정보를 모두 기억하여 다음을 예측하기 때문에, 음성 인식뿐만 아니라 번역, 주가 예측과 같이 데이터에 순서가 존재하는 경우에 유용하게 쓰일 수 있습니다.** 음성 인식에서 RNN이 예측하고자 하는 것은 입력된 음성의 다음에 올 문자입니다. 예를 들어 'HEL'이라고 말했다면 다음에 'LO'가 와서 HELLO라고 말할 확률이 가장 높고, 'ICOPTER'가 연결되어 헬리콥터가 될 확률도 어느 정도 되겠지만, 'XYZ'라는 뜬금없는 문자가 출현할 확률은 0에 가까울 것입니다.

STT 기술을 가장 적극적으로 도입하고 있는 곳은 기업의 콜센터입니다. 콜센터에는 고객의 전화가 하루에도 수천 통씩 빗발칩니다. 콜센터 연결 시 항상 나오는 멘트처럼, 모든 고객과의 통화내용은 녹취되어 보관됩니다. 그러나 분쟁이 생겼을 때 증거로 활용하는 것 외에는 음성 형태의 녹취 파일을 가지고 딱히 할 수 있는 것이 없었습니다. 필요한 부분을 찾으려면 일일이 다 들어봐야 하기 때문이죠. 하지만 STT 기술을 이용하여 음성을 텍스트로 변환하면 쓰임새가 다양해집니다. 키워드 검색을 이용해 찾고 싶은 상담 내역을 금방 찾아낼 수도 있고, 고객들이 주로 문의하는 사항과 불만을 제기하는 요인이 무엇인지를 간단한 분석만으로 알아낼 수 있습니다. 어떤 종류의 불만을 가진 고객이 주로 이탈하는지 이탈 예측에도 활용될 수 있겠지요.

여러분은 검색을 할 때 무엇을 주로 사용하시나요? 대부분 구글 아니면 네이버라고 답하시겠지만, 요즘 10대들은 다릅니다. 궁금한 것이 있으면 유튜브부터 찾습니다. 검색 결과를 텍스트로 읽는 것보다 영상으로 보는 것이 훨씬 이해하기 쉬우니까요. 유튜브가 동영상 재생 사이트에서 검색 포털로 진화한지 오래입니다.

하지만 유튜브로 필요한 정보를 정확히 찾아내는 데에는 시간이 좀 걸립니다. 언젠가 문어숙회를 먹기 위해 집에서 직접 문어를 삶으려고 하는데, 몇 분 데쳐야 하는지 기억이 나지 않았습니다. 유튜브에서 "문어 데치는 시간"으로 검색하니 수십 개의 동영상이 뜨네요. 제일 위에 있는 것부터 클릭해 봅니다. 좋은 문어 고르는 방법부터 시작해서, 밀가루로 손질하는 방법, 부드럽게 삶으려면 무를 넣는 것이 좋은지 소주를 넣는 것이 좋은지까지 한참을 이야기하다, 10분이 지나서야 몇 분 데쳐야 하는지 알려 줍니다. 앗, 그런데 제가 삶으려던 것은 참문어인데, 영상 속의 문어는 대문어네요! 참문어 몇 분 삶아야 하는지는 알려 주지 않습니다. 좌절하며 다음 영상을 클릭했더니, 또다시 좋은 문어 고르기부터 시작합니다. 결국 네이버로 검색할 수밖에 없었죠.

동영상에 삽입된 음성을 텍스트로 전환하지 않고서는 키워드 검색을 통해 필요한 정보를 곧바로 찾기는 어렵습니다. 하지만 이스라엘의 음성 인식 스타트업 오디오버스트(Audioburst)는 오디오 파일로부터 직접 정보를 찾아내는 기술을 개발했습니다. 오디오 파일을 매우 잘게 나누어 각 구간마다 자동으로 태그를 다는 방식입니다. 구글 검색하듯 키워드를 입력하면 키워드가 음성으로 포함된 라디오와 팟캐스트가 검색될 뿐만 아니라, 키워드가 출현하는 지점까지 알려 줍니다. 바로 해당 지점으로 이동하여 필요한 정보를 들을 수 있는 것이죠. 이 기술이 좀 더 고도화되어 유튜브에 적용된다면, 유튜브는 곧 구글을 제치고 최강 검색 포털로 등극하게 될지도 모릅니다.

음성 합성(speech synthesis)은 음성 인식의 반대입니다. 콜센터에 연결되면 나오는 ARS 안내 멘트는 기계음입니다. 텍스트를 주고 목소리를 만드는 음성 합성을 통해 생성한 것이죠. **음성 인식과는 정반대이므로 TTS(text to speech)라고 부릅니다.** 그렇다고 단순히 STT 절차를 거꾸로 하면 TTS가 가능한 것은 아니지만, 음성 합성 역시 순서가 존재하기 때문에 RNN 모델이 주로 활용됩니다.

사실 ARS 안내 멘트나 건물 안내 방송과 같이 TTS는 이미 오래전부터 개발되어 다양한 영역에 활용되고 있습니다. 문제는 자연스럽지 않다는 것입니다. 조금만 들어봐도 사람이 아니라 기계가 말하고 있음을 알아차릴 수 있죠. 단어 하나하나를 음성으로 바꾸고 이를 순서대로 연결한 것이기 때문에, 명사와 조사가 자연스럽게 연결되지도 않고, 높낮이의 변화도 없습니다. 반면에 **딥러닝 기반의 음성 합성은 문장을 통째로 합성합니다.** 훨씬 자연스러울 뿐만 아니라, 누군가의 목소리를 충분히 학습하기만 한다면 그대로 흉내를 낼 수 있습니다.

배우 유인나가 직접 책을 읽어 준다면 어떨까요? 네이버와 YG엔터테인먼트는 〈동물농장〉, 〈데미안〉, 〈왕자와 거지〉 등 몇 개의 고전소설을 유인나의 목소리로 읽어 주는 오디오북을 출시한 바 있습니다. 그러나 실제로 유인나 씨가 모두 읽은 것이 아닙니다. 앞부분 일부를 제외하고는 네이버의 음성 합성 기술 nVoice를 이용하여 책의 문장을 유인나의 목소리로 합성한 것입니다. 유인나 씨가 매일 진행하던 라디오의 음성

데이터를 학습시켜, 호흡과 억양, 높낮이, 강세, 빠르기를 추출한 후, 텍스트와 합성해 마치 유인나 씨가 직접 말하듯 오디오 파일을 만든 것이죠. 과거에는 목소리 학습에 수십 시간의 데이터가 필요했지만, 요즘은 30분가량의 녹음 파일만 있으면 합성이 가능합니다. 엄마 아빠의 목소리로 동화책을 읽어주고, 애인의 목소리로 아침마다 알람이 울리고, 좋아하는 연예인이 내 일정을 알려 주는 것이 가능해진 것입니다. 어느 날 콜센터에 전화했더니 유인나가 대출 상담을 해 줄 날도 멀지 않았습니다.

**한국 – 서울**
**+ 도쿄 = 일본**

저는 웬만하면 콜센터에 전화를 잘 안 합니다. 1번부터 9번까지 음성 ARS 메뉴를 다 듣고 나서 번호를 누르고, 다음 번호를 또 누르고, 상담원과 연결될 때까지 시간이 한참 걸립니다. 겨우 연결되어 해결하고 싶은 내용을 실컷 설명하고 났더니, 담당이 아니라며 다른 상담원을 연결해 줍니다. 새로 연결된 상담원에게 같은 내용을 앵무새처럼 또다시 얘기하지만, 입사한 지 얼마 안 되어 잘 모른다며 팀장님께 문의 후 다시 전화를 주겠다고 합니다. 대체 어쩌라는 걸까요.

STT 기술로 고객의 말을 받아쓰기하는 데서 그치지 않고, 말뜻을 이해할 수도 있다면 콜센터는 어떻게 변할까요? 실시간으로 쏟아지는 고객의 문의사항에 정확히 대응할 수 있는 가이드라인을 상담사에게 곧바로 제공해 줌으로써 초보 상담사도 능숙하게 상담을 마칠 수 있을 것입니다. ARS 메뉴 번호를 끝까지 다 들어볼 필요 없이 연결되자마자 간단히 통화 목적을 이야기하면 곧바로 담당 상담사에게 연결해 줄 수도 있습니다. 아니면 아예 인공지능이 상담사가 될 수 있지 않을까요? 그러려면 기계가 고객의 말을 직접 알아들을 수 있어야 하겠

| 문서 | 단어 | | | | | |
|---|---|---|---|---|---|---|
| | 금리 | 대출 | 담보 | 인터넷 | 인증서 | |
| A | 3 | 2 | 3 | 0 | 0 | … |
| B | 3 | 3 | 4 | 0 | 0 | … |
| C | 0 | 0 | 0 | 2 | 4 | … |
| D | 0 | 0 | 0 | 2 | 5 | … |

단어 주머니

죠. 사람의 말을 기계가 이해하도록 하는 것을 자연어 처리(natural language processing)라고 합니다.

고객의 불만사항을 비슷한 것끼리 묶어서 몇 개의 유형으로 분류하고자 합니다. 클레임을 제기한 고객들과의 모든 통화 내용을 STT를 이용하여 각각의 문서로 전환했다고 합시다. 문서는 여러 개의 문장으로 구성되고, 문장은 또다시 여러 개의 단어로 이루어집니다. 문서의 내용이 비슷하다는 것을 어떻게 측정할 수 있을까요?

가장 간단한 방법은 문서를 단어 주머니(bag of words)로 표현하는 것입니다. 하나의 주머니에 문서에 포함된 모든 단어들을 집어넣고 흔들어 섞습니다. 그리고는 주머니에 그 단어가 몇 개 들어 있는지를 세어서 하나의 벡터(vector)로 나타냅니다. 벡터 간의 거리를 계산하는 공식을 이용하면 문서 간의 내용이 얼마나 유사한지를 측정할 수 있지요. 예를 들어 은행 콜센터에 들어온 네 건의 고객 문의사항이 앞서 나온 그림과 같이 단어 주머니로 표현되었다면, 문서 A와 B는 대출 관련 문의사항, 문서 C와 D는 인터넷 뱅킹 관련 문의사항이라는 것을 알 수 있습니다.

단어 주머니는 간단하긴 하지만 순서가 전혀 고려되지 않았기 때문에 제대로 된 의미를 파악하기 어렵습니다. '나는 너를 좋아한다'와 '너는 나를 좋아한다'는 정반대의 뜻을 가지고 있지만, 포함된 단어들이 모

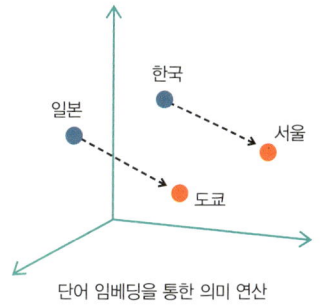

단어 임베딩을 통한 의미 연산

두 똑같기에 단어 주머니 방식을 이용하면 유사도가 100%가 됩니다. 이러한 문제점은 인공신경망을 이용한 단어 임베딩(word embedding) 기법을 적용함으로써 해결될 수 있습니다.[24]

**단어 주머니가 하나의 '문서'를 벡터로 표현한 것이라면 단어 임베딩은 하나의 '단어'를 벡터로 표현하는 것입니다.** "중국집에서 ___를 먹었다"라는 문장의 빈 곳에는 짜장면이나 짬뽕이 들어갈 수도 있고, 탕수육이 들어갈 수도 있습니다. 수많은 문장을 신경망에 던져 주고, 주변의 단어를 이용해서 가운데 들어갈 단어를 예측합니다. 충분한 학습이 이루어지면 단어 하나하나를 고차원의 벡터 형태로 표현할 수 있습니다. 짜장면, 짬뽕, 탕수육 모두 '중국집'과 '먹었다'라는 단어 사이에 자주 출현한다는 것을 학습하면, 이들은 비슷한 벡터값을 가지게 되어 좌표평면상의 가까운 곳에 위치하게 됩니다. 각 단어가 좌표값으로 표현되기 때문에 "한국 – 서울 + 도쿄 = 일본"과 같은 연산도 가능해집니다.

단어들의 벡터를 종합하면 문장이나 문서도 벡터로 표현할 수 있습니다. 임베딩된 문서를 신경망의 입력으로 넣어 주면 다양한 분류 작업이 가능합니다. 스팸 메일을 찾아내어 자동으로 스팸 메일함으로 보내기도 하고, 쉴 새 없이 쏟아지는 인터넷 뉴스 기사들의 카테고리를 실시간으로 분류할 수도 있습니다. 입사 지원자의 자기 소개서를 분석하여 우리 회사에 적합한 인재인가를 판단해 줄 수도 있고, SNS에 올라온 신제품에 대한 고객들의 리뷰 내용을 분석하여 긍정적인지 부정적인지를 판단할 수도 있습니다.

자연어 처리의 꽃은 기계번역입니다. 기계번역의 역사는 인공지능의 역사와 맥을 같이합니다. 과거 방식은 단어의 배열을 사람이 일일이 지정해 주어야 하는 규칙 기반 방식이었습니다. 하지만 2006년 처음 출시된 구글의 기계번역은 머신러닝 방식을 도입했습니다. 원문과 번역문을 짝 지어서 던져 주고 지도학습을 시킨 후, 높은 확률을 가지는 단어나 어구를 골라서 번역 문장을 완성시키는 식이었죠. 규칙 기반 방식에 비해서는 우수한 성능을 보였지만, 그대로 받아들이기에는 어딘가 많이 부족했습니다. 개별 단어나 어구별로 번역을 먼저 한 후에, 구문에 따라 퍼즐 맞추듯이 조합하여 문장을 완성하는 식이었기 때문에 어색한 표현이 많을 수밖에 없었습니다.

앞서 언급했듯 최근 구글 번역의 성능이 획기적으로 개선된 것은 딥러닝 방식을 도입했기 때문입니다. **신경망 기계번역이라 부르는 이 방식은 RNN을 활용하여 단어나 어구가 아닌 문장 하나를 통째로 번역합니다.** 어구별 번역 방식에 비해 오류가 60% 이상 감소되었다고 하는데[25], 체감상으로는 그 차이가 훨씬 더 큽니다. 요즘 기계번역은 거의 딥러닝 방식입니다. 네이버의 번역 서비스 파파고도, 카카오 i번역도 모두 신경망 기계번역을 이용합니다. 앞으로 번역 품질은 더 좋아질 수밖에 없습니다. 번역 데이터가 쌓이고 쌓일수록 인공지능은 더 똑똑해질 테니까요. 전문적인 학술 논문이나 미묘한 뉘앙스가 존재하는 문학작품이 아니라면, 언어의 장벽은 이미 상당 부분 무너져 내렸다고 해도 과언이 아닙니다.

기계번역의 성능이 향상됨에 따라 기업의 업무 생산성도 덩달아 향상되고 있습니다. 네이버가 만든 기업용 협업 도구인 라인 웍스(Line Works)의 업무용 메신저에서는 실시간 통역이 이루어집니다. 해외 지사의 외국인 직원과 대화할 때 그냥 한국인 직원과 대화하듯이 채팅을 해도 되는 것이죠. 해외 바이어에게 메일을 보낼 때도 더 이상 긴장할 필요가 없습니다. 그냥 우리나라 말로 쓰고 바이어의 모국어를 선택하면 번역되어 발신됩니다.

**위조지폐범과 경찰의 싸움을 통해 최신 패션 스타일을 만들다**

인공지능이 인간만큼 잘 보고 잘 듣게 되었지만, 여전히 많은 사람들은 기계가 인간을 뛰어넘을 수 없다고 생각합니다. 그 이유는 인간의 창의력 때문입니다. 새로운 무언가를 만들어 낼 수 있는 능력은 기계가 넘볼 수 없는 인간만의 고유 영역입니다. CNN과 RNN 같은 딥러닝 모델들도 결국은 데이터를 주고 인간이 지도학습을 시키는 것입니다. 이미지와 음성으로부터 주요 특성을 스스로 포착하는 비지도학습 요소가 포함되어 있긴 하지만, 결국 지도학습을 위한 사전 단계일 뿐입니다. 정답 라벨이 붙은 사진을 줘야 이미지를 판별해 낼 수 있고, 말소리와 함께 말의 내용을 함께 알려주어야만 음성을 텍스트로 바꿀 수 있습니다.

하지만 인간의 가르침 없이도 스스로 학습하며 창의성을 뽐낼 수 있는 인공신경망이 출현했으니, 그 이름은 GAN(Generative Adversarial Networks, 생성적적대신경망)입니다.[26] 2014년 캐나다 몬트리올 대학의 박사과정이던 이안 굿펠로우(Ian Goodfellow)가 지도교수인 요수아 벤지오(Yoshua Bengio)와 함께 개발한 GAN은 비지도학습 방식으로 진짜 같은 가짜를 쉽고 빠르게 만들어 낼 수 있습니다. 많은 전문가들에 의해 앞으로 인공지능의 특이점(singularity)을 가져올 획기적인 기술로 꼽히고 있지요.

경쟁하는 라이벌이 있어야 서로 자극을 주고받으며 발전이 이루어집

영화감독 조던 필의 영상을 버락 오바마에 입혀 만든 딥페이크 영상

니다. GAN은 생성자(generator)와 감별자(discriminator)로 불리는 두 개의 신경망을 서로 경쟁시킵니다. 예를 들어 지폐 위조범은 생성자고 경찰은 감별자입니다. 위조범은 경찰이 알아채지 못하도록 최대한 정교하게 위조지폐를 만들려고 하고, 경찰은 위조범에 놀아나지 않도록 위조지폐를 정확하게 감별하기 위해 노력합니다. 위조범은 적발된 위조지폐를 가지고 학습하고, 경찰은 적발하지 못한 위조지폐를 이용하여 학습합니다. 그러다 보면 위조지폐는 갈수록 정교해져서 진짜와 거의 똑같은 모습을 갖추게 됩니다.

    GAN은 위조지폐를 만들듯이, 실존하지 않는 인물이나 사물의 사진을 감쪽같이 만들어 냅니다. 흑백 사진을 컬러로 복원시키기도 하고, 간단한 스케치만으로도 유명 화가의 손을 거친 듯한 그림을 그려 줍니다. 실제로 GAN으로 그린 그림이 미술품 경매에서 5억 원이 넘는 가격에 팔리기도 했습니다. 오바마 미국 전 대통령이 트럼프 대통령을 '정말 머저리(dipshit)'라며 비하하는 동영상을 보신 적이 있나요? 유튜브에 올

GAN을 이용한 가방 디자인[29]

라와 한때 파장을 일으켰던 이 영상은 딥페이크(deep fake)라는 GAN 기반 알고리즘을 이용해서 만든 가짜 영상이었습니다. 음성합성처럼 목소리만 흉내 낸 것이 아니라, 입 모양의 변화까지 완벽히 구현했기 때문에 모두들 속아 넘어갈 수밖에 없었죠.

GAN은 사진과 그림뿐만 아니라, 시와 소설을 쓰기도 하고, 수학 논문을 작성하기도 합니다. 그렇다면 **GAN의 이러한 창작 능력은 비즈니스에서 어떻게 활용될 수 있을까요? 새로운 무언가를 만들어 내야 하는 일, 바로 신제품 개발입니다.** 패션 산업에서는 기획에서부터, 디자인, 생산, 유통을 거쳐 신상품이 매장에 판매되기까지는 보통 6개월 이상이 걸립니다. 요즘같이 금방금방 유행이 바뀌는 시대에 6개월은 너무 길죠. 최신 유행에 맞는 옷을 디자인했어도 매장에 풀릴 때 즈음에는 이미 한물 간 디자인이 될 수도 있습니다. 따라서 시장의 흐름을 빠르게 캐치하여 짧은 시간 안에 디자인을 끝내고, 빠른 유통과 대량생산을 통해 저렴한 가격으로 최신 유행 옷을 판매하는 패스트 패션(fast fashion)이 최근

급성장하였습니다. 자라(Zara)나 H&M과 같은 브랜드가 대표적입니다.

그러나 아무리 패스트 패션이라고 할지라도 디자이너가 최신 유행의 흐름을 분석하고 이를 반영하여 디자인하려면 최소 한 달은 걸리지 않을까요? 아마존은 GAN 기반의 의류 디자인 알고리즘을 활용하여 더 빠르게, 더 다양한 스타일의 옷을 만들어 내고 있습니다. SNS에 올라온 최신 유행 스타일을 학습시킨 후, 비슷한 스타일을 따르되, 출시된 적이 없는 새로운 디자인을 생성하는 것이죠.[28] 의류 부문에만 10개가 넘는 자체 브랜드(private brand)를 보유하고 있는 아마존은 GAN을 이용하여 패스트 패션을 더욱 패스트하게 변모시키고 있습니다.

창작 능력을 지닌 GAN의 출현은 인공지능의 가능성을 무한히 확장시키는 혁신적인 사건임에는 분명하지만, 한편으로는 찝찝한 마음이 생깁니다. **매우 정교한 가짜 이미지와 영상을 쉽고 빠르게 대량으로 만들어 낼 수 있는 GAN은 가짜 뉴스 생산에 최적입니다.** 단순한 텍스트가 아닌 가짜 이미지와 가짜 영상까지 갖춰진다면, 가짜 뉴스에 웬만하면 속아 넘어가지 않을까요? 딥페이크를 이용하여 K-POP 아이돌의 얼굴을 합성한 포르노 영상이 온라인에 대규모 유통되기도 했습니다. 심지어 미국에서는 원하는 배우의 얼굴을 합성한 영상을 돈을 받고 제작해 주는 회사가 등장하기도 했죠. 진짜 같은 가짜와 가짜 같은 진짜, 무엇을 믿어야 하고 믿지 말아야 할지 알 수 없는 세상이 다가오고 있습니다.

   … 인공지능이 가져올 부작용과 잠재적 위험을 모른 체해서는 안 되겠지만, 그렇다고 인공지능 자체를 무시하고 넘길 수도 없는 노릇입니다. 많은 이들의 기대만큼 인공지능이 새로운 가치를 만들어 내지 못할 수도 있고, 조만간 또 한 번의 인공지능의 겨울이 다가올지도 모릅니다. 하지만 현재까지 이루어진 발전만으로도, 이미 인공지능은 비즈니스 판도를 급격히 바꿔 가고 있습니다. 기업들에게 인공지능은 더

네이버의 인공지능 API 서비스

    이상 선택지가 아닙니다. 변화에 대한 두려움으로, 시류에 영합하지 않겠다는 자존심으로, 인공지능의 도입을 늦추는 것은 경영진들의 업무상 배임일지도 모릅니다.
    하지만 중소기업 입장에서는 쉽지 않습니다. 돈도 많이 들 것 같고 시간도 오래 걸릴 것 같아 선뜻 시작하기 어렵습니다. 그러나 인공지능은 대기업만이 누릴 수 있는 값비싼 첨단 기술은 아닙니다. 사실 인공지능은 다른 의미로 인간적입니다. 모두에게 열려 있습니다. 오늘 발표된 따끈따끈한 논문에 소개된 인공지능 신기술의 소스 코드가 깃허브를 통해 곧바로 모두에게 공개됩니다. 굳이 비슷하게 따라 만들 필요도 없습니다. 누군가 만들어 놓은 것을 가져다 쓰면 되니까요. 구글, 아마존, 페이스북과 같은 해외 기업뿐만 아니라, 네이버와 카카오와 같이 인공지능을 개발하고 있는 거의 대부분의 기업이 자사가 개발한 인공지능 기술을 API(Application Programming Interface, 응용 프로그래밍 인터페이스) 형태로 제공하고 있습니다.
    그렇다면 인공지능 기술은 대체 어디에 위치해 있을까요? 어디서 인공지능 API를 가져다 써야 할까요? 바로 클라우드입니다. 클라우드는 인공지능을 서비스처럼 가져다 쓸 수 있는 곳이자, 인공지능이 작동하는 곳이기도 하며, 인공지능이 학습할 수 있는 데이터를 모아 놓은 곳이기도 합니다. 그렇다면 인공지능이 학습할 수 있는 데이터를 수집하고, 인공지능이 지령을 전달하는 경로는 어디일까요? 다음 장의 주제인 사물인터넷이 하는 일입니다.

**13** ▼

# 스마트한 세상은
# 스마트한 인간을 원치 않는다
**연결하고 접속하라, 사물인터넷과 클라우드**

스마트폰 알람 소리에 잠에서 깨어 시계를 보니 평소보다 30분 이른 시각입니다. 새벽부터 내린 비에 출근길에 정체가 발생해서 서둘러 알람이 울렸나 봅니다. 좀 더 뒤척이고 싶지만 정확히 5분 후에 스마트 전동 블라인드가 걷히는 바람에 눈이 부셔 일어날 수밖에 없습니다. 욕실에 들어가 샤워기를 트니 적당히 데워진 따뜻한 물이 곧바로 쏟아집니다. 스마트 밴드를 착용하고 잠든 덕에 깨어난 시간에 맞춰 스마트 샤워기가 35도로 미리 물을 데워 놓은 것이죠. 샤워를 하고 나오니 스마트 커피 머신에서 때맞춰 내려진 커피향이 집안 가득 퍼집니다. 인공지능 스피커가 읊어주는 오늘의 일정을 들으며, 비오는 날씨에 맞게 스마트 옷장이 코디해 준 옷을 입습니다. 서둘러 집 밖으로 나오니 스마트 조명이 꺼지고 스마트 도어락은 부재 모드로 변경됩니다.

영화에서나 볼 수 있는, 앞으로 다가올 미래 언젠가의 모습이 아닙니다. 스마트홈이라는 이름으로 이미 성큼 다가온 누군가의 오늘 아침 일상입니다. 스마트홈 안을 들여다보면 스마트 TV, 스마트 냉장고, 스마트 에어컨, 스마트 오븐이 보입니다. 집 밖으로 눈을 돌려보면, 스마트 카, 스마트 그리드, 스마트 팩토리, 스마트시티, 스마트 팜이 있습니다. '스마트'가 빠지면 섭섭합니다. 어느 하나 스마트라는 이름이 붙지 않은 것이 없는 세상입니다.

그러나 우리가 쓰는 물건과 우리를 둘러싼 환경이 똑똑해진다고 해서 우리에게마저도 똑똑해지길 요구한다면 진정으로 스마트한 것이 아닙니다. 사용자에게는 더욱 피곤한 세상이 되겠죠. 사실 이런 관점에서 보면 스마트폰은 결코 스마트하지 않습니다. 피처폰에 비해 화면은 훨씬 복잡해졌고 조작 방법은 더 다양합니다. 앱스토어에 신용카드를 등록하고, 앱을 다운받아 설치하고, 회원 가입을 해야만 비로소 '스마트'한 기능을 사용할 수 있습니다. 여전히 많은 어르신들이 전화와 카카오톡 용도로만 스마트폰을 사용하고 있는 이유입니다. 스마트 세상이 정말 '스마트'해지는 날, 우리는 더 이상 스마트라는 단어를 사용하지 않게 될 것입니다.

진정 스마트하다고 말할 수 있으려면, 사용자에게 무엇을 기대하거나 요구하지 않고 스스로 판단하고 행동할 수 있어야 합니다. 그렇다고 굳이 거창한 인공지능이 필요한 것도 아닙니다. 현재 상황을 파악하여 정해진 규칙에 따라 대응만 하면 되는 것이니까요. "집을 나가면 불을 꺼라"는 스마트폰의 위치 센서와 집 안 조명이 서로 대화를 주고받기만 하면 됩니다. 따라서 **스마트 세상의 핵심은 '지능'이 아니라 '연결'입니다.** 현실 세계의 사물과 사물들이 연결되고, 현실 세계와 디지털 세계가 연결되어야 합니다. 모든 사물을 연결하여 실시간으로 정보를 주고받는 IoT(Internet of things, 사물인터넷)의 역할입니다.

## 유비쿼터스는 대체 어디로 사라진 것일까

IoT는 어느 순간 하늘에서 뚝 떨어진 개념은 물론 아닙니다. 현재의 IoT의 모습을 처음으로 가장 그럴듯하게 예견한 사람은 제록스 부설 팔로알토 연구소의 과학자 마크 와이저(Mark Weiser)입니다. 그는 1991년 발표한 〈21세기 컴퓨터(The Computer for the 21st Century)〉라는 논문에서 "가장 완벽한 기술은 눈에 드러나지 않는다. 컴퓨터는 조명 스위치, 온도 조절기, 오븐에 내장되어 세상이 돌아가도록 돕는다"며 미래의 컴퓨터를 예견했고[30], 이를 '유비쿼터스 컴퓨팅(ubiquitous computing)'이라고 불렀습니다.

네, 맞습니다. 2000년대 초반 떠들썩하게 회자되다가 이제는 기억 속에 잊혀져 간 '유비쿼터스'라는 개념이 처음으로 제시된 것입니다. 유비쿼터스는 '어디에나 있는(everywhere)'이라는 뜻을 가진 라틴어입니다. 마치 공기와 같이 어디에나 있기에 눈에 드러나지도 않고 인식하지도 못합니다. 즉, 유비쿼터스 컴퓨팅은 언제 어디서나 자유롭게 컴퓨터와 네트워크에 접속할 수 있는 환경을 말합니다.

언뜻 들어서는 IoT와 거의 비슷하지 않나요? 그 때문에 IoT라는 용어가 처음 출현한 2010년대 초반만 해도 많은 사람들이 IoT가 유비쿼터스에서 말만 바꾼 IT 업계의 마케팅 용어일 뿐이라고 폄하하기도 했습니다. 따지고 보면 틀린 말도 아니지만, 그래도 두 개념 간에는 관점의 차이가 존재합니다. 유비쿼터스는 사용자가 언제 어디서든 네트워크에 접속할 수 있어야 한다는 개념으로 '사람'의 입장에서 정의되었다면, IoT는 사물과 사물이 연결된다는 개념이기 때문에 '사물'을 중심으로 한 개념입니다. 집 안에서 사용자가 스마트폰으로도 인터넷에 접속할 수 있고, 에어컨으로도 인터넷에 접속할 수 있다는 것을 강조하면 유비쿼터스 관점입니다. 반면, 스마트폰으로 에어컨을 켜고 끄는 것에 초점을 둔다면 IoT 관점인 것이죠.

IoT를 사물 간의 연결로만 본다면 또 다른 조상이 있습니다. M2M(machine to machine, 사물지능통신)입니다. 주로 통신 분야에서 많이 쓰이는 M2M은 사람의 개입 없이 기기 간에 통신과 제어가 이루어지는 것을 뜻합니다. IoT와 M2M의 관계는 명확합니다. **M2M이 확장된 것이 IoT입니다.** M2M이 개별 기기들을 일대일로 연결하는 유무선 네트워크를 사용한다면, IoT는 각 기기가 인터넷이라는 하나의 거대한 네트워크에 연결되어 다른 모든 기기들과 다대다로 연결이 가능합니다. 자동차와 스마트폰을 블루투스로 연결하여 스마트폰 뮤직앱으로 음악을 듣는 것이 M2M이라면, 커넥티드카(connected car)가 5G 무선 인터넷망에 연결되어 주행 중에 넷플릭스로 영화를 보고, 이동 경로상의 카페에 커피를 주문하며, 실시간 교통상황을 수집하여 경로를 변경하는 것은 IoT입니다.

더 복잡하고 혼란스러우신가요? 그렇다면 그냥 IoT만 기억하면 됩니다. IoT의 개념과 범위가 계속 확장되어 이미 유비쿼터스와 M2M의 개념을 포괄하고 있기 때문에 전문가가 아니라면 굳이 구분할 필요는 없습니다. 심지어 사물뿐만이 아니라 생물을 포함한 지구상의 모든 것을 연결하는 만물인터넷(Internet of Everything)이라는 용어까지 등장했을 정도니까요.

유비쿼터스 시대의 서막을 알린 입는 컴퓨터, 웨어러블 디바이스(wearable device)는 IoT 시대로 접어들면서 본격적인 대중화가 이루어졌습니다. 주변에서 가장 흔히 볼 수 있는 웨어러블 디바이스는 단연 손목에 부착하는 스마트 워치 또는 스마트 밴드입니다. 스마트 워치와 같이 전화나 메시지 확인이 가능하면서도, 시계와 디스플레이를 단순화하여 배터리 소모량을 줄인 것이 스마트 밴드죠. 스마트 워치는 내장된 각종 센서를 이용하여 사용자의 움직임을 측정하고 생체 정보를 수집합니다. 걸음 수와 칼로리 소모량 등 운동량을 체크하고 기록하는 피트니스(fitness) 목적으로 사용되기도 하고, 자는 동안 뒤척이거나 깨어난 시간과 횟수를 기록하여 건강관리를 돕는 웰니스(wellness) 용도로 쓰이기도 하며, 심박수, 혈압, 심전도 등을 측정하여 건강 상태를 체크하는 헬스케어(healthcare) 목적으로도 활용됩니다.

웨어러블 디바이스는 스마트 반지, 스마트 글래스, 스마트 렌즈, 스마트 문신 등 우리 몸 구석구석에 착용이 가능하지만, 항상 디바이스를 맨몸에 직접 착용할 필요는 없습니다. 입고 있는 옷 위에 센서를 부착하는 것만으로도 훌륭한 웨어러블 디바이스가 탄생할 수 있습니다.

실전 육아에서 가장 어려운 점 중 하나는 기저귀를 제때 갈아 주는 것입니다. 대소변이 가득 찼는데도 기저귀를 갈지 않으면 발진이 일어나기도 하고 염증이 생기기도 하지요. 하지만 갈아줘야 할 타이밍을 정확히 잡아내는 것은 쉽지 않죠. 그렇다고 시도 때도 없이 기저귀를 갈아 주자니 번거롭기도 하고 비싼 기저귓값이 부담스럽습니다. 아기는 말을 못 하니 어쩔 수 없지만, 기저귀가 스스로 갈아 달라고 말을 해 주면 참 좋겠다는 생각은 육아를 경험한 부모라면 누구나 한번쯤 해 봤을 겁니다. 육아에 지친 아빠들이 뭉쳐서 설립한 국내 스타트업 모닛(Monit)은 이러한 상상을 현실로 만들었습니다. 모닛이 개발한 센서를 아기가 차고 있는 기저귀에 부착하면, 아기가 용변을 볼 때마다 소변과 대변을 구분하여 엄마·아빠의 스마트폰에 알람이 울립니다.

IoT가 바꿔 가는 우리 일상의 한 장면입니다. **지금까지는 우리가 사물에게 무언가를 요구했다면, 이제는 사물이 스스로 우리에게 말을 걸어 옵니다.**[31] 사물의 요구에 단순히 응하는 것만으로도, 스마트한 일상이 펼쳐지게 될 것입니다.

## 스마트홈과 스마트시티, 유토피아 혹은 디스토피아

사물을 인터넷에 연결하는 것은 마치 생명을 불어넣는 것과 같습니다. 서로 고립된 채 고유의 임무만을 묵묵히 수행하던 사물들이 마치 생물처럼 서로 반응을 하고 상호작용을 하면서 기존에는 없었던 새로운 가치를 만들어 냅니다. 연결이 되면 될수록 가치는 증가합니다. "연결된 기기가 증가하면 네트워크의 가치가 기하급수적으로 증가한다." 메칼프 법칙은 사물인터넷에서 더욱 위력을 발휘합니다. **연결을 통해 생성되는 가치는 새로운 비즈니스 기회를 창출합니다.** 그 기회는 우리가 사는 집에서부터 시작되어(스마트홈), 집들이 모인 도시에서 극대화됩니다(스마트시티).

요즘 전 세계 IT 기업들이 주도권을 잡고자 치열한 격전을 벌이고 있는 전장은 바로 우리가 살고 있는 집 내부입니다. 불과 얼마 전까지만 해도 집 안에 인터넷이 연결된 것이라고는 PC밖에 없었지만, 이제는 냉장고, 에어컨, 공기청정기, 정수기, 세탁기 등 가전제품은 물론, 전등, 보일러, 도어락 등 집 안에 있는 모든 것에 이름과 주소가 부여되어 서로 연결되어 있습니다. 냉장고 속에 있는 식품들의 종류와 유통기한을 보여

스마트홈 (동영상: SKT 스마트홈)

주는 스마트 냉장고, 자동으로 온도를 조절하는 스마트 에어컨 등 그 자체로도 스마트한 기능을 갖고 있지만, 스마트홈의 핵심은 역시 이들끼리 서로 연결되어 있다는 점입니다.

　초기 스마트홈 시장을 개척한 일등 공신 중의 하나는 필립스(Philips)의 스마트 조명 휴(Hue)입니다. 스마트폰으로 전등을 끄거나 설정한 시간에 자동으로 켜지는 것은 물론, 집 밖으로 나가면 조명이 자동으로 꺼집니다. 사실 휴는 집 꾸미기를 좋아하는 사람들 사이에서 매우 핫한 아이템입니다. 1,600만 컬러가 내장되어 터치 한 번으로 집안의 분위기를 내 마음대로 바꿀 수가 있기 때문이죠.

　하지만 몇 번 쓰다 보면 스마트폰을 열고 앱을 실행해 조명을 바꾸는 것도 번거롭습니다. 그냥 집 안 아무 데서나 말로 명령하는 것이 훨씬 편하겠죠. 인공지능 스피커가 스마트홈의 지휘자로 부상하게 된 이유입니다. 집 안에 연결된 IoT 기기들은 인공지능 스피커에게 음성으로 명령을 내려 제어가 가능합니다. 앞에서도 이야기했지만, 세계 인공지능 스

레시피를 통해 사물을 연결하는 IFTTT

피커 시장 1위를 차지하고 있는 아마존의 에코(Echo)는 1,200여 개 브랜드가 내놓은 4,000개 이상의 기기를 제어할 수 있습니다.

사람의 욕심은 끝이 없습니다. 잠자리에 들 때마다 알렉사를 호출해서 "불 꺼 줘", "티비 꺼 줘", "블라인드 내려 줘"라고 일일이 말하기도 귀찮습니다. "나 이제 잘래" 한마디만으로 취침 준비가 모두 끝난다면 훨씬 편하지 않을까요? IFTTT라는 앱을 이용한다면 내가 원하는 방식대로 나만의 스마트홈을 작동시킬 수 있습니다.

IFTTT(If This Then That)는 IoT 기기들에게 "만약 이러면(if this) 이렇게 하라(then that)"라는 주문을 걸어 줍니다. 서문에 제시된 스마트한 아침 일상도 IFTTT를 통해 구현된 것입니다. "아이폰(iPhone) 알람이 울리면, 5분 후에 블라인드 모션(Motion)을 올려 줘", "스마트 밴드 핏빗(Fitbit)이 기상 모드에 진입하면, 스마탭(SmarTap)이 물 온도를 36도로 맞추고, 20분 후에 지멘스 홈 커넥트(Gimens Home Connect) 커피머신은 커피를 내려 줘"하는 식이죠. IFTTT에서는 이런 명령을 레시피(recipe)라고 부릅니다. IoT 서비스를 맛있게 즐길 수 있는 요리법인 것이죠. 나만의 레시피를 직접 만들어서 사용해도 되고, IFTTT 사이트에 공유된 1만 개가 넘는 레시피를 다운로드받아 사용할 수도 있습니다.

연결의 범위를 집 밖으로 더 넓히면 스마트시티가 등장합니다. 스마

스마트시티 (동영상: 스마트시티를 가다, 핀란드 헬싱키)

트 교통 시스템은 실시간 교통 정보를 수집하여 스마트카와 주고받으며 교통 체증을 해소합니다. 스마트 그리드(smart grid)는 가구와 건물의 전력 소비량을 실시간으로 확인하고 향후 수요를 예측하여 에너지 낭비를 줄입니다. 스마트 가로등은 자동으로 밝기를 조절하는 것은 물론, 도시 곳곳에 설치되어 사고와 범죄 현장을 포착하여 즉시 경찰에 알립니다. 곳곳에 비치된 스마트 쓰레기통은 쓰레기가 가득 차면 환경미화원을 직접 호출합니다. 이처럼 IoT는 **교통 혼잡, 에너지 낭비, 범죄 노출, 쓰레기 포화 등 도시의 당면 문제를 해결하여 시민들의 쾌적하고 편리한 삶을 영위하도록 하는 스마트시티의 핵심 인프라입니다.**

그러나 스마트홈과 스마트시티가 마냥 긍정적인 것만은 물론 아닙니다. 나를 둘러싸고 있는 수많은 사물들이 서로 연결되어 있다는 것은 언제 어디서든 나를 훔쳐보고 감시할 수 있는 수많은 눈들이 존재한다는 것입니다. 인공지능 스피커 에코가 엿들은 가족 간의 사적인 대화 내용이 우연히 다른 집에 실시간 중계가 되는 해프닝이 발생하기도 했습니다. 집 안의 수많은 기기들이 서로 연결되어 있다는 것은 해커가 내 집에 침입할 수 있는 수많은 경로가 존재한다는 것입니다. 보안이 허술한 IoT 기기를 집에 설치하는 것은 도둑을 집으로 초대하는 것과 다를 게 없습니다.

개인의 프라이버시 침해보다 훨씬 더 치명적인 일들이 발생할 가능성도 배제할 수 없습니다. 지능형 교통 시스템이 해킹되어 도심 한복판의 신호등이 오작동하여 차들이 마구 뒤엉킨다면, 지능형 전력망인 스마트 그리드가 해킹되어 도시 전체가 정전이 된다면, 생각만 해도 아찔합니다. 스마트카가 해킹되어 운전자의 뜻과 관계없이 움직인다면, 스마트 도어락이 해킹되어 자는 사이 누군가 집으로 들어온다면, 생각만 해도 소름이 끼칩니다. 모두들 IoT가 스마트 세상이라는 유토피아(utopia)로 우리를 인도할 것이라고 생각하지만, 철저한 보안이 따라 주지 않는다면 그곳은 디스토피아(dystopia)일지도 모릅니다.

## 지구상의 모든 모래 알갱이에 이름을 붙이자

어두운 이야기는 접어 두고, 다시 현실적인 문제로 돌아옵시다. 모든 것이 연결된 IoT 세상을 만들기 위해서는 무엇이 필요할까요? 크게 세 가지 종류의 기술이 필요합니다. 바로 센서, 네트워크, 플랫폼입니다.

사물들을 인터넷에 연결하여 정보를 주고받기 위해서는 센서가 필요합니다. 센서는 본래 온도, 습도, 빛, 열, 소리, 동작 등 외부 자극을 감지하여 전기 신호로 바꾸는 센싱(sensing) 기능이 핵심입니다. 하지만 IoT에 활용되는 센서는 센싱 기능만으로는 부족합니다. **감지한 아날로그 신호를 디지털 신호로 바꿀 수 있어야 하고, 네트워크를 통해 외부로 전달할**

수 있어야 합니다. 만보계는 흔들림을 감지해서 걸음수를 측정하지만, 액정으로 걸음수를 확인하는 것이 전부입니다. 반면에 스마트 밴드는 걸음수, 칼로리 소모량, 심박수를 측정하여 스마트폰으로 내보내 주기 때문에 운동량을 기록하고 비교할 수 있습니다.

이처럼 통신 기능이 더 해진 센서를 스마트 센서라고 하며, 요즘은 반도체 칩까지 내장되어 자체적인 의사결정이 가능한 형태로 진화하고 있습니다. 센서의 종류는 영상을 인식하는 이미지 센서, 위치를 확인하는 GPS 센서, 회전 방향을 감지하는 자이로 센서를 비롯하여 지문 센서, 심박 센서, 근접 센서, 중력 센서 등 매우 다양합니다. 이 모든 센서들이 한 곳에 내장된 기기가 있으니, 그것은 바로 우리가 매일 들고 다니는 스마트폰입니다. 스마트폰만 해도 10개가 넘는 센서가 내장되어 있는데, 스마트카에는 훨씬 많은 센서들이 부착되어 있겠죠? IoT의 확산으로 인해 센서 기술도 급속히 발전하면서 초소형, 초경량, 초절전 센서들이 저렴한 가격에 보급되고 있습니다.

사물들이 감지한 정보는 네트워크를 통해 전달됩니다. 상대방의 이름을 알아야 사람들 간의 의사소통이 가능하듯이, 사물들이 정보를 주고받기 위해서는 고유한 이름을 가지고 네트워크에 연결되어야 합니다. 인터넷상에서의 이름이 바로 IP(Intenet Protocol) 주소입니다. PC나 노트북에만 주소를 할당하는 정도는 문제가 없을 것 같지만, 세상에 존재하는 모든 사물을 연결할 만큼 IP 주소가 과연 넉넉할까요?

최근 IP의 프로토콜이 IPv4에서 IPv6로 바뀌면서 인터넷 주소의 표현 방식이 32비트에서 128비트로 바뀌었습니다. 1비트는 0과 1, 두 개의 숫자를 나타낼 수 있기 때문에, 128비트로 표현가능한 주소의 개수는, $2^{128}$개입니다. 실감이 안 나죠? 정확히는 340,282,366,920,938,463

,463,374,607,431,768,211,456개입니다. 지구 전체의 모래 알갱이에 주소를 하나씩 할당해도 남을 만큼 큰 수이니 주소가 없을까 봐 걱정할 필요는 없습니다.

게다가 **사물인터넷** 이라고 해서 꼭 **IP 주소를 가지고 '인터넷'에 접속되어야 할 필요는 없습니다.** 무선이어폰과 스마트폰을 연결하는 블루투스(bluetooth), 음식물 쓰레기 버릴 때 사용하는 RFID(radio frequency identification), 버스에서 교통카드를 대면 작동하는 NFC(near field communication) 등 가까운 거리에서는 인터넷에 접속하지 않고도 정보를 주고받을 수 있는 무선통신 기술들이 이미 널리 쓰이고 있습니다.

백화점 매장 근처를 지나가기만 해도 내 스마트폰에 매장에서 쓸 수 있는 할인 쿠폰이 전송됩니다. 스타벅스의 사이렌 오더를 이용하여 미리 커피를 주문해 놓으면, 매장에 들어설 때부터 커피가 만들어지기 때문에 커피가 식을까 걱정하지 않아도 됩니다. 모두 블루투스 기반의 비콘(beacon)을 이용한 서비스입니다. 비콘은 최대 70m 내에 있는 디바이스와 교신이 가능하여 10m 수준의 NFC보다 인식 범위가 넓고, GPS에 비해 정확한 위치 파악이 가능하기 때문에 온라인과 오프라인을 연결하는 O2O 서비스에 널리 이용되고 있습니다.

센서로부터 수집된 데이터들은 네트워크를 타고 IoT 플랫폼으로 이동합니다. **IoT 플랫폼은 수집된 데이터를 저장하고, 분석하여, 명령을 내리는 곳입니다. IoT의 두뇌라고 생각하면 됩니다.** 앞에서(3장) '플랫폼'의 유형을 두 가지로 구분했던 것을 기억하시나요? 여기서 플랫폼의 의미는 '만남의 장소'가 아니라 '공통 기반'을 뜻합니다. IoT 플랫폼은 수많은 센서 및 디바이스가 모두 연결되어 서비스를 제공하기 위해 공통으로 활용되는 기반인 것이지요. 그렇다면 IoT 플랫폼은 어디에 위치해 있을까요?

IoT 센서와 네트워크는 눈에 잘 띄지는 않아도 우리 곁 어딘가에 위치하고 있지만, IoT 플랫폼은 하늘 위 구름 너머에 둥지를 틀고 있습니다. 바로 클라우드입니다.

**컴퓨팅 자원을 서비스화하다**   클라우드 하면 떠오르는 것은 네이버 클라우드나 구글 드라이브와 같은 개인용 스토리지 서비스들입니다. 스마트폰 속의 사진과 동영상, 중요한 문서 파일 등을 올려놓고 언제 어디서나 보고 수정할 수 있지요. 사실 어떻게 보면 예전에 많이 쓰던 웹하드와 비슷한 느낌입니다. 그러나 **기업에서 사용하고 있는 클라우드 서비스를 단순히 인터넷 저장소로만 생각해서는 안 됩니다. 기업 업무에 필요한 컴퓨팅 인프라와 기능의 처음부터 끝까지를 클라우드를 통해 제공받을 수 있습니다.**

과거에는 물을 가져다 쓰려면 우물을 파고 펌프를 설치해야 했습니다. 전기가 필요하면 자가 발전 설비를 만들고 돌려서 전기를 생산해야 했지요. 하지만 상하수도 시스템과 전력 인프라가 곳곳에 깔린 요즘은 수도꼭지를 틀면 물이 나오고, 전원 스위치를 누르면 불이 켜집니다. 물을 쓴 만큼만 수도세를 내고 전기를 쓴 만큼만 전기세를 내면 됩니다. 직접 다 갖추고 설치할 필요 없이, 사용한 만큼만 비용을 지불하는 것입니다.

컴퓨터를 이용하는 방식도 이렇게 바뀌어 가고 있습니다. 클라우드는 말 그대로 구름입니다. 맥주 이름이 아닙니다. 예전에는 인터넷을 종종 구름에 비유하고는 했죠. 2006년 구글의 CEO 에릭 슈미트(Eric Schmidt)가 인터넷으로 컴퓨팅 서비스를 제공한다는 의미로 클라우드 컴퓨팅이라는 용어를 처음 사용했습니다. 구름 위 어딘가에 서버와 저장소를 올리고, 소프트웨어와 데이터를 올립니다. 필요할 때 인터넷에 접속하여 사용합니다. 직접 서버를 마련하고, 프로그램을 설치하고, 데이터를 보관할 필요가 없습니다. 단지 필요한 것은 PC든, 스마트폰이든, 태블릿이든, 인터넷에 접속할 수 있는 기기뿐입니다. **하드웨어와 소프트웨어를 '제품'으로 구입하는 것이 아니라 컴퓨팅 '서비스'를 이용하는 것이죠. 한마디로 클라우드는 컴퓨팅 자원을 서비스화(Computing-as-a-Service)한 것입니다.**

컴퓨팅 자원을 서비스화하면 어떤 점이 좋을까요? 여러분이 1인 쇼핑몰 창업을 준비한다고 합시다. 예전 방식으로 쇼핑몰 사이트를 구축하기 위해서는 미리 구비해야 할 것이 많습니다. 서버 컴퓨터도 필요하고, 각종 소프트웨어도 필요합니다. 서버는 비쌉니다. 소프트웨어도 비쌉니다. 구매 비용뿐만 아니라 유지 보수 비용도 발생합니다. 쇼핑몰 사이트도 제작해야 합니다. 외주를 맡기면 더 비쌉니다. 왕년에 익힌 웹프로그래밍 실력을 직접 발휘해 보려 했지만, 회원관리부터 결제 시스템까지 너무 복잡해서 엄두가 나지 않습니다.

하지만 요즘은 굳이 이렇게 번거롭게 할 필요가 없습니다. 아마존의 AWS(Amazon Web Service)와 같은 클라우드 서비스를 이용하면 서버 임대부터 쇼핑몰 제작 도구, 결제 및 고객관리 솔루션이 모두 제공됩니다. 따로 사야 될 것도 없고, 해야 될 것도 없습니다. 서버를 둘 공간도 필요 없습니다. 그저 앞으로 사용하는 만큼만 돈을 내면 되는 것이죠.

기업의 전산 시스템을 구축하는 것은 1인 쇼핑몰과는 차원이 다릅니다. 한 대에 수천만 원을 호가하는 서버와 저장소를 대량으로 구매해서 회사 지하실 한 구석에 커다란 전산실을 만들어야 합니다. 하지만 클라우드를 이용하게 되면 이와 같은 초기 인프라 구축 비용이 전혀 들지 않

데이터 저장, 웹호스팅, 스트리밍 등 다양한 서비스를 제공하는 아마존웹서비스(AWS)

습니다. 유지·보수도 필요 없습니다. 나날이 업그레이드되는 하드웨어를 주기적으로 교체할 필요도 없고, 새로운 버전이 나올 때마다 소프트웨어를 직접 업데이트하지 않아도 되는 것이죠. 관리 인력도 필요가 없어집니다.

창업한 쇼핑몰이 생각보다 잘됩니다. 팔고 있던 티셔츠를 우연히 유명 아이돌이 입고 나오는 바람에 입소문을 타고 완판 행진이 이어집니다. 접속자가 갑자기 늘어나더니, 속도가 느려지고 급기야 서버가 다운됩니다. 전문 관리자가 없으니 사람을 불러 복구할 수밖에요. 그동안 참을성 없는 고객들은 다른 쇼핑몰로 이동해 버립니다. 기회비용이 발생하게 되는 것이죠. 반대의 경우도 있습니다. 쇼핑몰에 파리가 날립니다. 접속자가 하루에 열 명도 안 됩니다. 비싼 돈 주고 서버를 샀지만, 펑펑 놀고 있네요. 누구에게 빌려줄 수도 없는 노릇입니다.

하지만 클라우드를 사용하면 필요에 따라 즉각적으로 서비스 용량을 줄였다 늘렸다 할 수 있습니다. 접속자가 늘어나면 클릭 몇 번만으로 서버 용량을 확보할 수 있고, 줄어든다면 다시 반납하여 불필요한 비용을 줄일 수가 있는 것이죠. **클라우드가 주목받게 된 더 큰 이유는 바로 이러한 유연성(flexibility)에 있습니다.**

넷플릭스가 아마존 AWS에 둥지를 튼 이유도 이 때문이었습니다. 2008년 넷플릭스는 자체 데이터 센터 문제로 3일간 DVD 배송서비스가 중단되는 뼈아픈 경험을 하게 됩니다. 뿐만 아니라 향후 스트리밍 서비스 수요가 급증할 것으로 예상되지만 언제 얼마만큼이 필요할지 예측이 쉽지 않았습니다. 결국 넷플릭스는 AWS 클라우드로의 이민을 결심합니다. 2008년 8월부터 시작된 기나긴 여정은 2016년 마지막 데이터 센터가 문을 닫으면서 끝이 납니다. 덕분에 넷플릭스는 2012년부터 급증하기 시작한 가입자 수에 맞춰 유연하게 스트리밍 서비스를 제공할 수 있었습니다. 현재 넷플릭스는 150여 국가의 1억 5,000만 명의 회원에게 하루 동안 1억 시간의 영상을 스트리밍 형태로 제공하고 있습니다. 모두 AWS를 통해서 말이죠.

## 아메리카노를 먹듯 컴퓨팅 서비스를 즐기다

어떻게 보면 클라우드 컴퓨팅 서비스는 커피 전문점과 비슷합니다. 커피 전문점 덕분에 누구나 쉽게 원두 커피를 즐길 수 있게 된 것처럼, 클라우드 컴퓨팅은 누구나 쉽게 컴퓨팅 서비스를 이용할 수 있게 해 주니까요. 커피를 만들어서 마시는 과정은 대략 네 단계 정도로 나눌 수 있습니다.

1단계: 커피나무를 심고 재배합니다.

2단계: 수확한 생두를 볶아 원두로 만들고 분쇄하여 커피 가루를 만듭니다.

3단계: 커피 가루에 뜨거운 물을 붓는 핸드 드립 방식이나 머신으로 고온·고압을 이용하여 농축액을 추출하는 에스프레소 방식으로 커피를 만듭니다.

| 단계 | 커피 | 정보시스템 | 전통방식 | IaaS | PaaS | SaaS |
|---|---|---|---|---|---|---|
| 1단계 | 커피 재배 및 수확 | 인프라 구축 | 사용자 관리 | 클라우드 사업자 관리 | 클라우드 사업자 관리 | 클라우드 사업자 관리 |
| 2단계 | 로스팅 및 분쇄 | 프로그램 개발 | | 사용자 관리 | | |
| 3단계 | 내리기 | 프로그램 설치 | | | 사용자 관리 | |
| 4단계 | 마시기 | 프로그램 사용 | | | | 사용자 관리 |

커피에 비유한 클라우드 컴퓨팅 서비스 모델

4단계: 커피를 맛있게 먹습니다.

아주 오래전에는 커피를 먹기 위해 1단계부터 4단계까지를 전부 직접 해야 했습니다. 커피 한 잔 먹기 위해 해야 할 일들이 너무 많았죠. 하지만 지금은 그렇지 않습니다. 커피나무를 직접 재배할 필요는 전혀 없습니다. 생두를 구입하여 직접 볶고 갈아서 핸드 드립 방식으로 커피를 만들어 먹을 수 있으니까요(1단계 생략). 그러나 직접 로스팅을 하고 분쇄하려면 장비도 필요하고 귀찮기도 합니다. 그냥 마트에서 커피가루를 사다가 핸드 드립 도구를 이용하여 내려 먹어도 됩니다(1단계, 2단계 생략). 이것도 귀찮다면 그냥 카페에 가서 커피를 사 마시면 됩니다(1단계, 2단계, 3단계 생략). 가장 많은 사람들이 커피를 즐기는 방법이기도 하죠.

기업 업무에 사용되는 응용 프로그램을 사용하는 과정도 비슷하게 네 단계로 구분될 수 있습니다.

1단계: 서버, 저장소, 네트워크 장비 등을 구매하여 사내 컴퓨팅 인프라를 구축합니다.

2단계: 인프라 위에 소프트웨어 개발 환경을 구축하여 응용 프로그램을 개발합니다.

3단계: 개인 업무용 PC에 개발된 응용 프로그램을 설치합니다.

4단계: 응용 프로그램을 활용하여 업무를 수행합니다.

하지만 클라우드 서비스를 사용하면 처음부터 끝까지 모두 다 할 필요가 없습니다. 직접 서버와 네트워크를 구축하지 않고 임대하여 사용할 수 있습니다(1단계 생략). 소프트웨어 개발에 필요한 환경을 직접 구축하지 않고 누군가가 만들어 놓은 곳에서 개발이 가능합니다(1단계, 2단계 생략). 아예 개발도 하지 않고 설치도 없이 필요할 때마다 인터넷으로 접속하여 사용할 수도 있습니다(1단계, 2단계, 3단계 생략).

이처럼 **어떤 단계까지 사용자가 직접 하지 않고 서비스를 활용하는가에 따라 클라우드 컴퓨팅의 서비스 유형이 세 가지로 구분이 됩니다. IaaS, PaaS, SaaS가 바로 그것입니다.** 그냥 들으면 무슨 말인가 싶지만, 일단 이아스, 파스, 사스라고 읽으면 됩니다.

IaaS(Infrastructure-as-a-Service)는 서버와 저장소 등의 인프라를 빌려 주는 서비스입니다. 기업은 직접 데이터 센터를 구축할 필요가 없이 구름에서 필요한 만큼 꺼내 쓰면 됩니다. 그 대신 인프라 위에 운영체제를 설치하고 응용 프로그램을 개발해서 쓰는 것은 직접 해야 합니다. 앞서 언급한 아마존의 AWS, 마이크로소프트의 애저(Azure)가 대표적인 IaaS입니다. 국내에도 SKT, KT, LG유플러스 등 통신사들이 IaaS 서비스를 제공하고 있지요.

PaaS(Platform-as-a-Service)는 개발자들에게 개발 환경을 통째로 제공하는 유형입니다. 소프트웨어를 개발하기 위해서는 운영체제와 데이터베이스를 비롯하여 각종 개발도구를 모두 갖추어야 합니다. 그러다 보니 예전에는 모든 것이 갖추어진 회사 내에서만 개발 작업이 가능했습니다. 하지만 요즘은 커피숍에서 노트북만 가지고 코딩을 하는 개발자들을 종종 볼 수 있습니다. 인터넷 연결만 된다면 PaaS 서비스를 통해 모든 개발 환경을 갖출 수 있으니까요. 개발 경험이 없는 일반인들에게는 다소 생소하지만 구글 앱 엔진(Google App Engine)이 PaaS의 예입니다.

SaaS(Software-as-a-Service)는 여러분이 자주 사용하고 있는 서비스입니다. 말 그대로 소프트웨어를 서비스 형태로 제공한다는 의미입니다. 예전에는 소프트웨어를 '제품' 형태로 구매했습니다. 파워포인트를 사용하기 위해서는 개인용 MS 오피스 정품을 구매하여 박스를 뜯고 PC에 CD를 넣어 설치하여 사용하였죠.

이제는 PC를 포맷해도 굳이 오피스 프로그램을 새로 설치하지 않아도 됩니다. 클라우드 형태로 제공되는 MS 오피스 365는 집에서나 PC방에서나 친구 태블릿에서도 로그인하여 사용할 수 있습니다. 새로운 버전이 나와도 다시 구매하거나 업데이트할 필요가 없지요. 단, 매월 구독 요금을 지불해야 합니다. 돈 내고 쓰기 싫다고요? 그렇다면 웹 브라우저 주소창에 "slide.new"를 치고 구글 계정으로 로그인하여 구글 닥스(Google Docs)를 통해 곧바로 발표 자료를 만들 수 있습니다. 네이버 클라우드나 드랍박스와 같은 개인용 스토리지 서비스도, 지메일이나 네이버 메일과 같이 포털에서 제공하는 웹메일 서비스도, 사실은 모두 SaaS에 해당됩니다.

**컴퓨터를 엣지 있게 쓰는 방법**

클라우드 역시 마냥 좋은 점만 있는 것은 아닙니다. 가장 큰 문제는 불안함입니다. 클라우드 사업자들은 모두 우수한 보안 시스템을 갖추고 있다고 주장하지만, 잊을만 하면 한 번씩 클라우드 해킹 뉴스가 들리곤 합니다. 우리 회사의 비밀 데이터를 다른 기업의 관리하에 둔다는 것이 썩 내키지는 않습니다. 여전히 많은 기업이 선뜻 클라우드로 전환하지 못하는 가장 큰 이유 중의 하나입니다.

이도 저도 못하겠으면 중간을 선택하면 되겠죠. **보안이 염려된다면 기업이 독점으로 소유한 인프라를 바탕으로 클라우드 서비스를 운영하는 프라이빗 클라우드(private cloud)가 옵션이 될 수 있습니다.** 초기 투자비용을 절감할 수 있다는 퍼블릭 클라우드(public cloud)의 장점을 포기하는 대신, 클라우드의 유연성을 확보하면서도 보안성과 맞춤화라는 장점을 얻을 수 있습니다.

클라우드를 사용하면 할수록 잠금효과가 커지고 전환비용이 올라갑니다. 점차 많은 데이터가 클라우드에 쌓이고 업무 환경이 특정 클라우드에 최적화되어 있다면, 어떤 이유로든 다른 클라우드로 갈아타기는 쉽지 않습니다. 넷플릭스가 AWS로 이전할 때 단순히 동영상 콘텐츠만 Ctrl C+V 해서 옮긴 것은 아닙니다. 넷플릭스 성공의 핵심인 사용자 추천 시스템은 물론 사용자 정보가 담긴 데이터베이스와 복잡한 알고리즘으로 구성된 과금 시스템 등 모든 것을 옮겨야 했습니다. 이 때문에 이사를 완료하는 데 무려 7년이라는 시간이 걸린 거죠. 그사이 아마존은 넷플릭스와의 직접 경쟁에 뛰어듭니다. 영화 스트리밍 서비스인 아마존 프라임 비디오(Amazon Prime Video)를 출시한 것이죠.

그렇다고 빈정이 상한 넷플릭스가 또다시 AWS를 떠나 다른 곳에 둥지를 틀 수 있을까요? 이미 전환비용이 커질 대로 커져서 엄두를 내기가 쉽지 않습니다. 따라서 요즘에는 **여러 회사의 클라우드를 동시에 사용하는 멀티 클라우드가 대세입니다.** 한 사업자에게만 종속되다 보면, 협상력을 잃게 되니까요.

수도꼭지를 틀고 물을 쓰듯이 바뀌었다고 해서, 클라우드 서비스를 정말 물 쓰듯 쓰면 엄청난 비용을 각오해야 합니다. 초기비용이 전혀 들지 않는다는 점은 클라우드 서비스를 거부할 수 없게 만드는 강력한 유혹입니다. 요즘 거의 모든 스타트업이 클라우드 서비스를 이용하는 이유이기도 하죠. 하지만 매월 지불해야 하는 사용 요금이 결코 저렴하지는 않습니다. 따라서 사용량이 많아 어느 정도 규모의 경제를 누릴 수 있는 수준이 되는 대기업들은 여전히 막대한 유지·보수 비용을 지불하면서도 자체 인프라를 보유하고 있습니다.

물론 클라우드 서비스 시장 경쟁이 격화되면서 사업자들이 공격적으로 요금을 인하하는 바람에 예전에 비해서는 요금이 많이 저렴해지긴 했습니다. 특히 AWS는 60번이 넘는 요금 인하를 해 왔으며, 2017년부터 시간 단위가 아닌 초 단위로 요금을 부과하고 있습니다. 그러나 넷플릭스가 아마존에 매월 지불하는 클라우드 사용료는 250억 원이 넘는다고 알려져 있습니다.[32] 2008년 AWS로 이전을 결심한 시점에서 과연 넷플릭스는 이 정도 요금을 예상했을지 궁금합니다.

클라우드 컴퓨팅의 가장 큰 단점은 처리시간이 오래 걸린다는 것입니다. 제주도에 사는 네이버 클라우드 이용자가 자신의 클라우드 계정에 올려 놓은 사진을 클릭하면 춘천에 있는 네이버 데이터 센터 서버에 접속됩니다. 스마트폰 갤러리에 저장된 사진을 보는 것보다는 당연히 더 오래 걸립니다. 물론 모바일 인터넷 속도가 워낙 빨라져서 사진 한 장 보는 정도라면 속도의 차이를 체감하기는 어렵습니다. 그러나 1ms(1,000분의 1초)와 같은 매우 짧은 시간 내에 정보를 주고받아야 하는 자율주행 자동차나, 불량품이 발생하면 즉시 공정을 멈추어야 하는 스마트 제

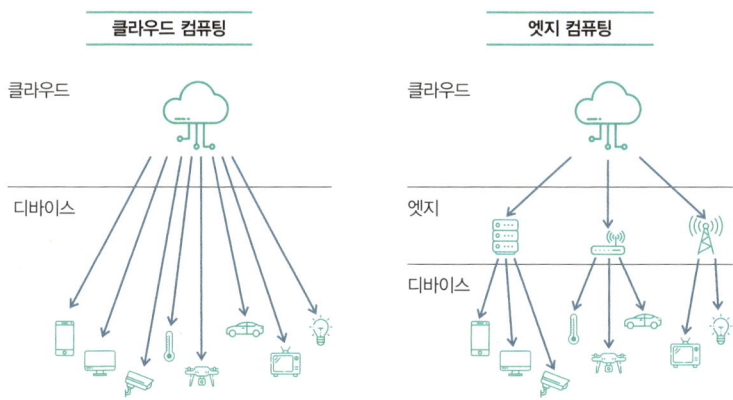

클라우드 컴퓨팅과 엣지 컴퓨팅 비교

조 시스템에서는 엄청난 차이를 가져옵니다. 자칫 클라우드에서의 정보 전달이 지체되면 치명적인 사고가 발생하거나 엄청난 양의 불량품이 순식간에 쌓이고 말겠죠.

엣지 컴퓨팅(edge computing)은 이러한 문제를 해결하기 위해 등장하였습니다. **엣지 컴퓨팅은 중앙의 클라우드에 데이터를 모으기 전에, 스마트폰이나 IoT 기기 등 각 단말기와 물리적으로 가까운 네트워크의 가장자리에서 데이터를 분석하고 처리한 후, 그 결과만 클라우드로 보냅니다.** 따라서 속도가 훨씬 빨라질 뿐만 아니라, 모든 데이터가 중앙 클라우드에 집중되어 발생하게 되는 과부하 문제가 해결되어 서비스 지연이 줄어듭니다.

엣지 컴퓨팅을 클라우드 컴퓨팅과 대비하여 포그(fog) 컴퓨팅이라고 부르기도 합니다. 구름이 높은 하늘 위에 떠 있는 반면, 안개는 지표면 바로 위에 존재하기 때문이지요. 그렇다고 구름이 사라졌다는 의미는 아닙니다. 클라우드 컴퓨팅이 "클라우드-기기"로 구성되어 있다면, 엣지 컴퓨팅은 "클라우드-엣지-기기" 구조를 의미합니다. 기존의 구름과 땅 사이에 안개가 새로 낀 것이라고 보면 됩니다.

그러고 보면 컴퓨팅의 역사는 집중과 분산의 반복입니다. 처음 컴퓨터가 탄생했을 때는 그 크기가 웬만한 건물보다 커서 컴퓨터를 사용하기 위해서는 컴퓨터가 있는 곳으로 가야만 했습니다. 중앙에서 모든 것을 처리했던 것이죠. 이후 PC가 보급되고 인터넷이 발전하면서 가정과 사무실로 컴퓨팅 자원이 분산됩니다. 그러다 클라우드 컴퓨팅이 대세로 자리 잡으면서 또다시 중앙으로 집중이 시작됩니다. 하지만 한곳에 모아서 처리했다가 다시 내보내다 보니 속도가 느려진다는 문제가 생깁니다. 또다시 엣지 컴퓨팅을 통해 가장자리로 분산이 이루어진 것입니다.[33] 엣지 컴퓨팅은 클라우드 컴퓨팅의 단점을 보완하고 보다 정교하게 발전시킨 모델로서 제2의 클라우드 혁명으로 주목 받고 있습니다.

… IoT가 바꿔 가고 있는 세상의 변화를 실감할 수 있기 위해 스마트 워치, 스마트홈, 스마트시티 등 우리가 실생활에서 쉽게 접할 수 있는 사례를 들었지만, 사실 IoT가 가장 활발히 도입되어 이미 톡톡한 효과를 보고 있는 곳은 다름 아닌 산업 현장입니다. 공장 안에 존재하는 모든 부품, 제품, 설비, 장치에 센서를 부착하여 공장 내부를 엑스레이로 보듯이 훤히 들여다 봅니다. 공정이 잘 돌아가고 있는지, 불량품이 발생하지는 않았는지, 설비가 고장 나지는 않을지를 실시간으로 확인하고 조치를 취합니다. 공장에서 IoT가 어떻게 생산성을 높이고 있는가는 워낙 할 이야기가 많기 때문에, 다음 장의 스마트 제조에서 더 자세히 다루도록 합시다.

## 14

# 현실판 심시티가 공장에 온다
### 똑똑한 공장이 만드는 나만의 제품, 스마트 제조

도시 건설 시뮬레이션 게임인 심시티(SimCity)는 1989년 처음 출시된 이래 지금까지도 많은 팬을 확보하고 있습니다. 가상 도시의 시장이 되어 하나부터 열까지 내 뜻대로 도시를 건설하고 운영해 볼 수 있다는 것이 심시티의 묘미죠. 나름대로 수립한 도시 계획하에 도로를 깔고, 전력망도 구축하고, 아파트도 건설합니다.

  하지만 현실이나 게임이나 모두가 행복한 도시를 만들기는 쉽지 않습니다. 경제발전이 우선이라며 세금을 올리고 공장만 주야장천 지었더니, 시민들이 폭동을 일으킵니다. 깜빡하고 소방서와 경찰서를 짓지 않으면 방화와 약탈이 여기저기 일어나 시민들이 다른 도시로 이주해 버립니다. 그래도 괜찮습니다. 생각대로 안 되면 그 즉시 게임을 종료하고

GE의 디지털 풍력단지

저장한 파일을 불러오기 하여 과거로 다시 돌아가면 되니까요.

현실에서는 도로 시스템을 잘못 설계해서 심각한 교통 체증이 일어나도, 아파트 밀집 구역이 공장의 소음과 분진으로 뒤덮여도 어찌할 방법이 없습니다. 심시티처럼 리셋을 하고 처음부터 다시 시뮬레이션을 해 볼 수 있다면, 훨씬 살기 좋은 도시를 만들 수 있을 텐데 말이죠. 현실은 현실이고 게임은 가상일 뿐입니다.

하지만 꼭 그렇지만은 않을 수도 있습니다. 도시 건설이 아닌 공장 건설에 실제로 심시티 방식을 도입하고 있는 기업이 있습니다. GE가 건설하는 풍력발전단지의 풍력터빈은 쌍둥이를 하나씩 가지고 있습니다.[34] 쌍둥이들은 발전단지 내에서는 보이지 않습니다. 프레딕스(Predix)라는 GE의 클라우드 플랫폼에서만 볼 수 있지요. GE는 풍력발전단지를 조성하기 전에 IoT 센서를 이용하여 발전 부지의 환경을 정밀하게 측정합니다. 주변 지형은 물론 바람의 방향까지 고려하여 디지털 공간으로 복제합니다. 그러고는 심시티를 하듯 풍력 터빈들의 위치를 이곳저곳으로 바꿔 봅니다. 하나의 터빈이 어떻게 작동하는가에 따라 다른 터빈들의 효율이 달라지고, 발전단지 전체의 생산량이 달라지기 때문입니다. 시뮬레이션을 통해 전력 생산량을 최대화할 수 있는 터빈 배열을 도출하는 것이죠.

풍력발전단지가 완공되었다고 해서 끝이 아닙니다. 발전이 이루어지는 내내 디지털 세계의 발전단지는 현실 세계의 발전단지를 복제합니다. 풍력 터빈에 부착된 센서로부터 실시간으로 현장 데이터를 수집하여 지속적으로 동기화가 이루어집니다. 시시각각 변화하는 풍향과 풍속을 반영하여 풍력 에너지 생산량을 최대화할 수 있도록 20여 개의 터빈 설정값을 바꿔줍니다. 이처럼 **현실 세계의 공장을 디지털 세계에 똑같이 복제한 것을 디지털 트윈(digital twin)이라고 부릅니다.** 디지털 트윈은 4차 산업혁명의 요체인 스마트 제조(smart manufacturing)의 핵심 기술입니다.

스마트 제조는 말 그대로 똑똑하게 만든다는 것이고, 스마트 공장(smart factory)은 똑똑하게 만들기 위한 시스템입니다. 그럼 대체 똑똑하게 만든다는 것은 무슨 뜻일까요? 스마트 제조에 대한 정의는 너무 다양하고 제각각이라 한마디로 정리하기는 어렵지만, 저는 **스마트 제조를 간단히 '지능화된 생산 시스템으로 맞춤형 제품을 생산하는 것'으로 정의**하려고 합니다. 스마트 공장의 두 가지 키워드, '맞춤화'와 '지능화'에 대한 이야기를 시작해 봅시다.

### 제조업의 영원한 딜레마, 대량생산과 맞춤화

지금까지도 그래 왔고 앞으로도 변하지 않을 모든 제조 기업의 영원한 과제는 "저렴한 비용으로 질 좋은 제품을 만드는 것"입니다. 그러나 현실적으로 '저비용'과 '고품질'은 공존하기 어렵습니다.

서로 상충 관계(trade-off)에 있기 때문이죠. 품질을 올리자면 비용이 들고, 비용을 낮추면 품질이 떨어집니다.

저비용, 즉 생산 단가를 낮추기 위해서는 똑같은 제품을 가급적 많이 만들어서 팔면 됩니다. 생산설비를 갖추는 데 들어가는 초기비용은 100개를 만드나 1만 개를 만드나 똑같이 들어가는 고정비용입니다. 따라서 많이 만들면 만들수록 고정비용이 제품 하나 하나에 분산되어 결국 한 개를 생산하는 데 들어가는 비용은 낮아집니다. 또한 많이 만들다 보면 분업이 가능해져 생산성이 올라가고, 한 번에 많은 재료나 부품을 구매하게 되면 구매 단가도 저렴해지겠지요. 이를 **규모의 경제**(economies of scale)라고 부릅니다. **생산 규모가 커질수록, 즉 대량생산(mass production)이 이루어질수록 비용이 절감되는 것을 말합니다.**

대량생산의 시초는 자동차의 대중화 시대를 열었던 포드(Ford)의 모델 T입니다. 당시 자동차는 부유층의 전유물이었습니다. 손으로 일일이 만들었기 때문에 한 대에 2,000달러가 넘을 정도로 비쌀 수밖에 없었죠. 자동차 가격이 저렴해질 수 있었던 비결은 의외로 소 도축장에서 발견됩니다. 우연히 도축장에 방문한 헨리 포드(Henry Ford)는 작업자가 한자리에 서서 천장에 설치된 모노레일에 매달려 움직이는 고깃덩어리를 차례로 손질하는 것을 보고, 이를 자동차 생산에 적용하기로 합니다. 바로 컨베이어 시스템입니다. 컨베이어 벨트를 따라 자동차가 이동하고 작업자를 고정 배치해서 부품을 조립하게 했더니, 차 한 대가 출고되는 시간이 12시간에서 1시간 반으로 획기적으로 줄어듭니다. 당연히 생산 비용도 대폭 감소하여 가격 인하가 가능해졌습니다. 출시 초기 825달러였던 모델 T의 가격이 295달러까지 떨어지면서 집마다 자동차가 들어서기 시작합니다.[35]

모델 T를 생산하는 컨베이어 라인

컨베이어 벨트를 도입하여 일관 작업을 통해 소품종을 대량으로 생산하는 포드의 방식은 생산 시스템 수준을 넘어 '포드주의(Fordism)'라는 일종의 경영철학으로까지 발전하였습니다. 그러나 **포드주의는 '저비용'을 성공적으로 실현하였지만 '고품질'과는 거리가 멀었습니다.** 포드가 남긴 유명한 말이 있습니다. "누구나 각자 원하는 색깔의 자동차를 가질 수 있다. 단, 원하는 색이 검은색인 경우에만." 모델 T는 검은색밖에 없었습니다. 검은색이 도장 후 가장 빨리 말랐기 때문이죠. 빨간색 자동차를 타고 싶은 사람도, 파란색 자동차를 타고 싶은 사람도 검은색 외에는 선택의 여지가 없었습니다.

흔히 "품질이 좋다"라고 할 때는 기능이 우수하다거나, 고장 없이 오래 쓸 수 있다거나, 아니면 튼튼하다는 것을 의미합니다. 어렵게 말하면 성능, 신뢰성, 내구성이죠. 물론 이 요인들도 품질을 결정하는 중요한 요소이기는 하지만, 품질의 근본적인 정의는 더 포괄적입니다. 품질이 좋다는 것은 제품이 원래 의도하였던 바를 제대로 달성하였다는 것을 의미합니다. 과거에는 제조 과정만을 놓고 품질을 이야기했습니다. 원래 정의된 규격(spec)대로 제품이 만들어졌는가에만 관심이 있었던 것이죠. 품질 검사를 통해 규격에 비해 크기가 작다거나 무게가 무겁다면 불량품, 그렇지 않으면 양품으로 판단합니다.

하지만 요즘은 생산이 아닌 설계 관점에서의 품질을 더 중요하게 여깁니다. 소비자가 어떤 제품을 사는 이유는 그 제품이 내가 필요로 하는 무언가를 충족시켜 줄 수 있을 것이라고 기대했기 때문입니다. **약속대로 고객의 요구사항을 제대로 충족시켜 줄 수 있도록 처음부터 제대로 설계가 되어야지만 품질이 좋다고 이야기할 수 있습니다.** 이런 관점에서 보면 포드의 모델 T는 기존의 다른 자동차보다 속도가 빠르고, 고장이 덜 나고, 차체가 튼튼할지언정 결코 품질이 좋다고 할 수는 없습니다. 다양한 색을 원하는 고객들의 요구사항을 충족시키지는 못했으니까요.

1970년대에 접어들면서 포드주의는 한계를 드러내게 됩니다. 고객들의 목소리는 다양해지고, 경쟁 기업이 늘어나면서, 더 이상 저렴하게 만드는 것만으로는 시장에서 살아남기 힘들어진 것입니다. 대량생산을 통해 저렴하게 만들어 놓은들 팔리지 않으면 재고로 남게 되어 엄청난 관리 비용이 발생합니다. 따라서 고객이 원하는 것을, 고객이 원하는 때에, 고객이 원하는 만큼 공급하는 새로운 생산방식이 대안으로 떠오르게 됩니다. 일본의 도요타가 처음 도입했기에 도요타 생산방식(Toyota Production System)이라고 부르는 이 방식의 핵심은 적시생산, 즉 JIT(Just in Time) 시스템입니다.

JIT는 미리 완제품을 만들어 놓지 않고 부품만 가지고 있다가 주문이 들어오면 그때부터 동시적이고 병렬적으로 조립을 시작해 빠른 시간 내에 자동차를 만드는 방식입니다. 따라서 주문에 맞춰 부품을 선택하여 조립할 수 있기 때문에 다양한 종류의 완제품을 생산할 수 있을 뿐만 아니라, 주문이 들어올 시에만 생산을 하기 때문에 불필요한 재고가 발생하지 않아 낭비를 최소화할 수 있습니다. 린(lean) 생산이라고 부르기도 합니다. 린 스타트업(6장)의 이름도 여기서 유래된 것이지요.

도요타의 획기적인 생산 방식 역시 도요타주의(Toyotism)이라는 경영철학으로 발전하게 됩니다. 1970년대 들어 일본이 미국을 제치고 세계 제1의 자동차 강국으로 도약함에 따라, 도요타주의는 우리나라를 포함한 전 세계로 확산됩니다. 그러나 여전히 근본적인 문제는 풀리지 않았습니다. 도요타주의는 소품종 대량생산에서 다품종 소량 생산이라는 제조 패러다임 변화의 포문을 열기는 했지만, 맞춤화보다는 낭비를 제거하여 비용을 줄이는 데 더 큰 비중을 두었습니다. 소비자들이 선택할 수 있는 몇 가지 옵션이 주어지기는 했지만, 각기 다른 수많은 고객들의 입맛을 맞추는 것은 여전히 불가능했던 것입니다.

## 개인화 생산의 서막이 열리다

'저비용'과 '고품질'의 딜레마는 곧 '표준화'와 '맞춤화'의 딜레마입니다. 1990년대부터 접어들면서 이 딜레마를 해결하기 위한 움직임이 활발히 이루어지기 시작했습니다. 대량생산과 맞춤화를 동시에 달성하여 각각의 장점을 모두 취하는 대량 맞춤화(mass customization)가 그것입니다[36]. **대량 맞춤화는 제품이나 서비스를 개별 고객의 요구사항에 맞게 맞춤화하되, 비용은 대량생산과 비슷한 수준으로 유지하는 것을 목적으로 합니다.**

대량으로 생산해야 규모의 경제를 통해 비용 절감이 가능하다고 했는데, 많이 만들지 않고 어떻게 비용을 비슷한 수준으로 만들 수 있을까요? 그 해답은 규모의 경제가 아닌, 범위의 경제(economies of scale)로부터 찾을 수 있습니다. **범위의 경제는 생산 범위가 넓을수록, 즉 다양한**

종류의 제품을 함께 생산함에 따라 발생하는 비용 절감 효과입니다.

범위의 경제를 누리기 위한 하나의 방법은 제품의 모듈화입니다. 모듈(module)은 전체를 구성하는 한 부분을 뜻합니다. 그렇다고 단순히 '부품'은 아닙니다. 각 모듈은 고유의 기능을 가지고 있으면서 독립적으로 설계됩니다. 모듈 구조(357쪽 참고)에서는 2~7 중 어느 하나의 모듈을 수정한다고 해도 다른 모듈에 영향을 주지 않으며, 제품 전체의 기능이 바뀌지 않습니다. 반면에 왼쪽과 같이 통합 구조로 설계된 제품은 7개의 부품 중 하나를 바꾸면 연결된 다른 부품들이 영향을 받아 제품이 작동하지 않거나 전면적인 재설계가 필요하게 됩니다.

모듈 구조는 레고 블록을 떠올리면 쉽게 이해할 수 있습니다. 각 레고 블록은 하나의 모듈입니다. 보통의 로봇 장난감은 통합 구조로 만들어졌기 때문에 서로 다른 5개의 로봇을 만들려면 5개의 금형이 필요합니다. 반면 레고를 이용하여 로봇을 만들면 똑같은 레고 블록들을 가지고 수백·수천 가지의 로봇을 만들 수 있습니다. 즉, 표준화된 모듈로만 제품을 설계하면 모듈을 바꾸는 것만으로도 다양한 제품을 생산할 수 있는 것이죠. 그러면서도 각 모듈은 서로 다른 제품에 공통적으로 쓰이기 때문에, 대량생산을 통해 비용을 절감할 수 있게 되는 것입니다.

**모듈화가 대량 맞춤화에 적합한 또 다른 이유는 지연 전략(postponement strategy)이 가능하기 때문입니다.** 미국의 컴퓨터 제조업체 델(Dell)은 대량 맞춤화의 교과서입니다. 주로 유통업체에 PC를 납품하던 델은 전자 상거래가 확산되던 1996년부터 인터넷 사이트 Dell.com을 통해 개인 고객에게 직접 PC를 판매하기 시작했습니다. 직접 판매 모델은 중간의 유통 과정이 사라져 보다 저렴한 가격에 공급이 가능하다는 장점도 있었지만, 더 중요한 것은 각 고객이 원하는 사양을 100%로

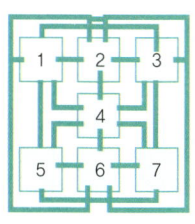 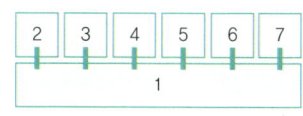

통합 구조와 모듈 구조

반영한 맞춤화 PC 판매가 가능해졌다는 것입니다. 지금이야 인터넷 쇼핑몰에서 원하는 사양을 골라 조립 PC를 구매하는 것이 일반화되었지만, 당시 PC 시장에서는 컴팩(Compaq)이나 IBM 등의 완제품 PC가 주류였기에 맞춤화가 거의 이루어지지 않았습니다.

반면 델은 CPU, 메인보드, 하드디스크, 비디오 카드 등 본체에 들어갈 부품은 물론, 모니터, 키보드, 스피커 등 주변기기까지 PC의 모든 구성품들을 고객이 직접 선택할 수 있게 해 주었습니다. 고객의 주문이 접수되고 나서야 재빨리 각 모듈을 조립하여 최종 제품을 생산하였고, 세계 어디든 주문 후 5일 이내에 고객의 집으로 PC가 배송되었습니다. 이처럼 최종제품의 생산 시점을 가능한 한 고객의 주문시점까지 늦추는 것을 지연 전략(postponement strategy)이라고 합니다. 2001년 컴팩을 제치고 델이 세계 PC 시장 1위로 등극하게 된 비결은 지연 전략 덕분이었고, 지연 전략을 효과적으로 구현할 수 있었던 것은 PC가 대표적인 모듈화 제품이기 때문입니다.

모듈화를 통해 대량 맞춤화를 실현함으로써 저비용과 맞춤화 사이의 딜레마가 어느 정도 해결된 것은 사실이지만, 모듈 자체는 여전히 표준화되어 있기 때문에 내 맘대로 바꿀 수는 없습니다. 대량 맞춤화가 아닌 개인 맞춤화, 즉 개인화 생산(personalized production)은 여전히 어려웠던 것이죠. 하지만 요즘 들어 실마리가 풀리기 시작했습니다. 오래 전에 출현한 3D 프린팅 기술이 이제 꽤 쓸 만해졌기 때문입니다.

## 3D 프린팅으로 만드는 세상에 하나밖에 없는 자동차

영화 〈트랜스포머4〉를 보면 사막의 모래 바람을 휘날리며 멋진 경주용 자동차가 등장합니다. 흔히 볼 수 없는 독특한 모양새를 가지고 있습니다. '랠리 파이터(Rally Fighter)'라는 이름을 가진 이 자동차는 2007년 미국에서 설립된 로컬 모터스(Local Motors)라는 회사에서 만들었습니다.

로컬 모터스가 자동차를 만드는 방식은 기존의 자동차 제조업체들과 처음부터 끝까지 다릅니다. 로컬 모터스에는 디자이너가 아예 없습니다. 각 지역에 살고 있는 사람을 뜻하는 '로컬(local)'이라는 이름에서 알 수 있듯이, 세계 곳곳에 퍼져 있는 1만여 명의 디자이너가 로컬 모터스의 객원 디자이너가 되어 자신만의 자동차 디자인을 응모합니다. 응모한 디자인을 대상으로 50만 명이 넘는 자동차 애호가들이 투표를 하여 신차 콘셉트을 선정합니다. 선정된 콘셉트에 맞는 차체 설계와 부품 선택, 인테리어 구조 역시 수많은 엔지니어가 참여하여 결정됩니다. 한마디로 **자동차 설계를 크라우드소싱하는 것이죠.**

최종적으로 도출된 디자인이 마음에 들면, 누구나 나만의 차를 주문할 수 있습니다. 직접 참여했다는 점에서 뿌듯하긴 하겠지만, 투표 한 번 했다고 맞춤화라고 볼 수는 없겠죠? 로컬 모터스는 오픈 소스 형태로 디자인 결과물을 공유하기 때문에, 내 취향에 맞게 클릭 몇 번만으로 차체 디자인이나 인테리어를 바꿔 주문하는 것이 가능합니다.

이처럼 세상에서 단 하나뿐인 나만의 자동차를 생산할 수 있는 비법은 3D 프린팅입니다. 예전에는 '3D'라고 하면 영화가 떠올랐는데, 요즘은 3D 프린터가 먼저 떠오릅니다. 아직 이른 단계이기는 하지만 3D 프린팅으로 음식도 만들고, 약도 만들고, 사람의 장기도 만드는 세상입니다.

3D 프린팅은 기존의 제조 방식과 근본적으로 다릅니다. 입체적인 미술 작품을 만드는 조소에는 조각과 소조의 두 종류가 있지요. 소조는 찰흙과 같은 부드러운 재료를 안에서 밖으로 살을 붙여가며 만드는 반면, 조각은 대리석과 같은 단단한 재료를 밖에서 안으로 깎아서 만듭니다. 기존의 제조방식은 깎아서 만드는 조각에 가깝습니다. 금속이나 플라스틱 등의 재료를 선반이나 밀링 머신과 같은 공작기계로 깎아서 만들거나, 복잡한 형태를 가진 제품의 경우 금형을 만들고 액체 상태의 재료를 부어서 굳힙니다. 반면 3D 프린팅은 소조와 비슷합니다. 2차원의 면을 쌓아 3차원의 입체를 만들듯이, 물건을 여러 층으로 잘게 나누어서 한 층씩 쌓아가며 만들기 때문에 적층 가공(additive manufacturing)이라고 부릅니다. 적층 방식을 사용하게 되면 깎아서 만들 때보다 훨씬 정밀한 가공이 가능할뿐더러, 속도도 빠릅니다.

**가장 큰 장점은 유연성입니다.** 컴퓨터로 설계한 CAD(computer-aided design) 도면을 필요에 따라 조금씩 수정해서 집어넣으면 서로 다른 제품들이 생산됩니다. 깎는 재료와 방향, 모양별로 서로 다른 절삭 기계 수십 대를 구비하여 제품마다 생산라인을 만들 필요가 없습니다. 상당한 비용이 들어가는 금형을 일일이 따로 제작하지 않아도 되는 것이죠. 똑같은 제품을 100개 만드나, 다른 제품을 100개 만드나 비용의 차이가 그리 크지 않습니다. 비용은 대량생산과 똑같이 유지하면서 서로 다른 수많은 제품들을 만드는 것, 오랜 딜레마를 해결할 수 있는 개인화 생산의 가능성이 3D 프린터로부터 움트기 시작했습니다.

3D 프린터로 만든 자동차, 스트라티

　로컬 모터스는 2014년 세계 최초로 3D 프린터를 이용하여 전기 자동차를 만드는 데 성공합니다. '스트라티(Starti)'라는 이름의 자동차 가격은 2,000~3,000만 원 선입니다.[37] 기존의 전기 자동차보다 결코 비싸지 않습니다. 3D 프린팅을 이용하여 차체를 제작하기 때문에 디자인이 제각각이어도 추가 비용이 들지 않습니다. 컴퓨터에 도면을 입력한 후 탄소섬유와 플라스틱 혼합재를 집어넣고 프린트 버튼을 누르면 이틀도 안 되어 차체가 생산됩니다. 완성된 차체에 포드나 GM 등에서 미리 주문한 엔진이나 브레이크, 기어와 같은 부품을 조립하면 차량 한 대가 뚝딱 완성되는 것이죠.

　그러다 보니 로컬 모터스의 생산 공장은 우리가 흔히 생각하는 자동차 공장과는 전혀 다른 모습을 하고 있습니다. 축구장만 한 크기에 기다란 컨베이어 벨트, 다양한 설비와 작업자들이 상주하는 공장이 아닙니다. 마이크로 팩토리(micro factory)라 불리는 로컬 모터스의 공장은 정말 '마이크로' 합니다. 500평 남짓 되는 공간에는 차체를 만들기 위한 3D 프린터와 프린팅된 외형을 매끄럽게 다듬는 트리머(trimmer), 그리고 두세 명의 작업자가 전부입니다. 고객이 주문하면 생산에 들어가기

싱기버스 아이폰 케이스

때문에 부품 재고가 쌓여 있지도 않습니다.

최근 3D 프린팅 핵심 특허들의 보호 기간이 만료됨에 따라 많은 기업들이 3D 프린팅 기술 개발에 뛰어들고 있습니다. 덕분에 가정용 3D 프린터 가격도 어느새 PC만큼 저렴해졌습니다. 3D 모델링에 익숙하지 않아도 싱기버스(Thingiverse)와 같이 3D 제품의 설계도를 공유하는 사이트로부터 원하는 디자인을 다운로드받을 수 있습니다. 아직은 3D 프린터로 생산할 수 있는 소재가 한정되어 있지만, **스마트폰 플라스틱 케이스 정도는 도면을 다운받아 내 입맛에 맞게 수정하여 집에서 만들어 쓸 수 있는 시대가 이미 도래한 것입니다.** 제조업의 오랜 숙원인 진정한 의미의 개인화된 생산이 조금씩 모습을 드러내고 있습니다.

## 증기기관, 전기, 컴퓨터, 그리고 가상물리시스템

맞춤화에 대한 이야기는 여기까지 하고, 이제 지능화로 넘어갑시다. 제조의 지능화에 대해 말하려면 4차 산업혁명 이야기를 꺼내지 않을 수 없습니다. 4차 산업혁명, 이제는 귀에 딱지가 생길 정도로

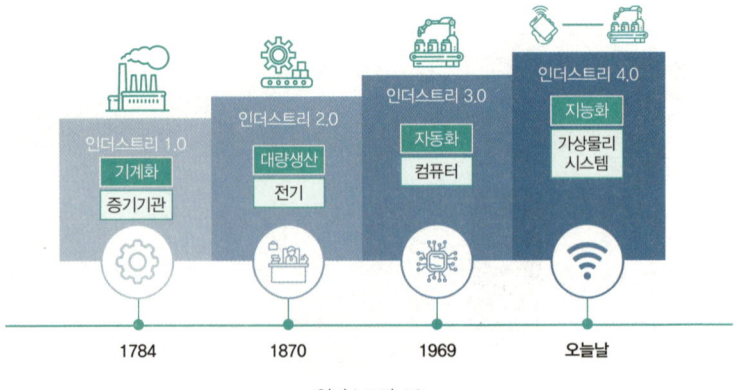

인더스트리 4.0

식상한 단어가 되었지만, 그래도 수많은 사람들이 입을 모아 이야기하는 것을 보면 과거와는 다른 어떤 움직임이 일어나고 있는 것은 분명합니다. 4차 산업혁명이라는 용어 자체는 2016년 스위스 다보스에서 열린 세계 경제포럼에서 처음 언급되었지만, 사실 그 원조는 2012년 발표된 독일의 '인더스트리 4.0(Industrie 4.0)' 전략입니다. 전통적인 제조 강국인 독일은 미래 제조업을 주도하여 국가 경쟁력을 향상시키기 위한 핵심 정책으로 인더스트리 4.0 전략을 범정부 차원에서 적극 추진 중에 있습니다.

여기서 잠깐, 인더스트리, 즉 산업은 정확히 무엇을 뜻하는 것일까요? 경제학에서는 서비스 산업, IT 산업, 실버 산업 등 비슷한 상품이 팔리는 시장의 집합을 산업이라고 말합니다. 그러나 본래 산업이라는 단어는 가내 수공업의 반대 개념으로 생겨난 것입니다. 집에서 손으로 물건을 만드는 것이 아니라 공장에서 기계를 이용하여 물건을 만드는 형태를 산업이라고 칭한 것이죠. 즉, 산업은 곧 제조업을 뜻했습니다. 흔히 산업을 1차, 2차, 3차로 분류하지만, 사실 본래 의미의 산업은 2차 산업인 제조업만 해당되는 셈입니다.

4차 산업혁명이 경제 및 사회 전반을 아우르는 변화를 뜻하기는 하지만, 우리가 산업혁명(industrial revolution)이라고 부르는 것은 모두 제조업에서의 거대한 변화를 의미합니다. 다시 말해 인더스트리 4.0은 곧 제조업 4.0입니다. 4차 산업혁명을 매우 광범위한 사회현상의 변화로 설명하는 경우가 많은데, 사실 그 본질은 제조업에 있는 것이죠.

　4.0에 대해 설명하려면 아무래도 1.0부터 이야기를 시작해야 할 것 같습니다. 18세기 말 영국에서 시작된 1차 산업혁명의 핵심은 '기계화'입니다. 증기기관이 발명된 덕분에 사람이 아닌 기계의 힘을 빌려 무언가를 만들 수 있게 된 것이죠. 20세기 전후로 이루어진 2차 산업혁명에서는 앞에서 이야기한 대로 컨베이어 벨트가 도입되어 '대량생산'이 가능해졌고, 컨베이어 벨트를 작동시킬 수 있었던 것은 전기(electricity) 덕분이었습니다. 1970년대부터 시작된 3차 산업혁명의 핵심은 '자동화'입니다. 컴퓨터와 각종 전자 장비가 생산 공정에 도입되어 공장 자동화가 이루어진 것이죠. CAD/CAM과 같이 컴퓨터를 이용한 설계와 제조가 이루어지고, 프로그래밍을 통해 기계를 제어하는 PLC(programmable logic controller)가 도입되면서 점차 공장에서 사람들이 사라지게 되었습니다. 또한 컴퓨터통합생산시스템(CIM), 제조실행시스템(MES) 등의 정보시스템이 출현하면서 공장을 통합적이고 유기적으로 관리할 수 있게 있게 되었습니다.

　이처럼 정보통신기술(ICT)을 이용하여 공장을 자동화하려는 시도는 이미 1970년대부터 시작되어 이제는 상당한 수준에 이르렀습니다. 따라서 스마트 공장을 단순히 "ICT를 활용하여 고도로 자동화된 공장" 정도로 정의한다면 공장 자동화(factory automation)와 별 차이가 없습니다. 로봇을 100% 도입하여 무인화된 공장이 스마트 공장이라고 오해하는 경우가 많은데, 그렇다면 반도체 공장은 이미 스마트 공장입니다. 자동화와 무인화가 스마트 공장의 중요한 요소이기는 하지만, 핵심은 다른 곳에 있습니다. 3차 산업혁명에서의 자동화 공장과 4차 산업혁명의 스마트 공장 사이의 근본적인 차이는 바로 '지능화'입니다.

기계화, 자동화, 지능화 모두 사람을 기계로 대체하여 공장의 생산성을 높이기 위한 것이라는 점은 같지만, 무엇을 대체하는가는 다릅니다. 1차 산업혁명에서의 기계화는 사람의 '힘'을 기계의 힘으로 대체했습니다. 3차 산업혁명의 자동화는 사람의 '작업'을 기계의 작업으로 대체한 것입니다. 그렇다면 4차 산업혁명의 지능화는 무엇을 대체한 것일까요? 사람의 '판단'을 기계의 판단으로 대체한 것입니다.

자동화된 공장의 로봇은 사람이 짜 놓은 대로 같은 작업을 반복할 수는 있지만, 작업 환경과 공정 상태에 맞게 스스로 작업 내용과 순서를 조정하지는 못합니다. 작업자가 일일이 개별 공정을 확인하고 경험과 직관에 따라 판단을 내릴 수밖에 없습니다. 하지만 공장 전체의 생산성 향상을 위해서는 개별 공정뿐만 아니라 전체 공정이 어떻게 돌아가고 있는지를 실시간으로 종합적으로 파악할 수 있어야 합니다. 실시간으로 수집되는 데이터를 쌓아만 놓는 것이 아니라, 데이터를 분석하여 현 상황에서의 최적 대안을 즉각 도출해야 합니다. 도출된 방안을 내일 또는 다음 주기에 적용하는 것이 아니라, 실시간으로 피드백을 주어 곧바로 현재 공정에 반영할 수 있어야 합니다. 이것이 스마트 공장이 추구하는 제조의 지능화입니다.

1차 산업혁명에서의 기계화를 위해 증기기관이, 2차 산업혁명에서의 대량생산을 위해 전기가, 3차 산업혁명에서의 자동화를 위해 컴퓨터가 있었다면, 4차 산업혁명의 지능화를 위한 핵심 기술은 물리적인 현실 세계와 디지털의 가상 세계를 연결하는 가상물리시스템(cyber-physical system)입니다. 공장이라는 물리적 공간을 디지털 세계로 그대로 가져와서, 알고리즘과 시뮬레이션을 통해 최적의 대안을 도출하고, 이에 따라 다시 현실의 공장을 제어함으로써 지능화가 이루어지게 되는 것입니다.

**디지털 트윈, 제조 공정을 리허설하다**

얼떨결에 끌려간 스크린 골프장에서 처음 스윙을 했을 때가 기억이 납니다. 매트 위에 놓고 친 공이 그냥 몇 미터 앞의 스크린을 때렸을 뿐인데, 스크린 속에 펼쳐진 페어웨이를 가르며 멀리 뻗어 나가는 모습을 보니 마치 실제 골프장에서 라운딩을 하는 것과 같은 착각이 느껴집니다. 스크린 골프는 매우 기초적인 가상물리시스템이라고 할 수 있습니다. 실내 스크린 골프장이라는 현실 세계와 디지털 세계의 가상 골프 코스가 연결된 것이죠.

그러나 스크린 골프장에서 좋은 점수를 기록했다고 해서 그것이 본인의 실력인 줄 알고 자신만만하게 실제 라운딩을 나갔다가는 망신을 당하기 십상입니다. 스크린 라운딩과 실제 라운딩은 생각보다 차이가 크니까요. 실제 골프 코스에서는 평지처럼 보이는 곳도 미세하게 경사진 경우가 많고, 잔디의 길이도 들쑥날쑥합니다. 게다가 시시각각 바람의 방향이 바뀌고 습도와 온도가 달라지니 에어컨과 공기청정기가 구비된 쾌적한 스크린 골프장에서의 라운딩과는 차원이 다릅니다. 골퍼의 스윙 모션과 공이 날아가는 방향을 측정하는 센싱 기술이 많이 발전하기는 했지만, 실제로 공이 날아가는 궤적과 거리를 정확히 반영하기는 여전히 쉽지 않습니다. 무엇보다 **진정한 의미의 가상물리시스템이라면, 같은 시각 실제 골프장에서의 날씨와 잔디 상태가 스크린 골프에도 그대로 반영되어**

지멘스 암베르크 공장

야 합니다.

　가상물리시스템의 성공 여부는 당연히 가상 시스템이 물리 시스템과 얼마나 잘 연동이 되는가에 달려 있습니다. 독일 암베르크에 위치한 지멘스(Siemens) 공장에는 두 가지 조립 라인이 있습니다. 하나는 실제 조립 라인이고, 다른 하나는 디지털 조립 라인입니다. 실제 공장의 제품, 공정, 설비를 통째로 복제하여 가상 세계에 또 다른 공장을 구축한 것이죠. 디지털 조립 라인은 지멘스가 자체 개발한 마인드 스피어 (MindSphere)라는 플랫폼상에 위치합니다.[38] **가상물리시스템의 궁극적인 모습은 물리 세계와 가상 세계가 정확히 일치하는 디지털 트윈입니다.**

　단순히 모양과 크기를 똑같이 본떠서 만드는 것으로는 부족합니다. 생산 공정에서 발생하는 물리적인 현상을 그대로 재현할 수 있어야 하고, 실시간으로 변화하는 공장의 상황을 정확히 파악하여 그대로 반영할 수 있어야 합니다. 따라서 IoT는 가상물리시스템의 핵심 기술입니다. 공장 내 모든 부품, 제품, 설비, 장치에 센서를 부착하여 실시간으로 데이터를 수집해야만 디지털 트윈이 작동할 수 있습니다.

    수집된 데이터는 가상 공장이 존재하는 클라우드로 이동합니다. 클라우드에 구현되어 있는 인공지능 알고리즘은 현재 상황에서 최적의 방안을 도출하여 현실 세계의 공장에 지시를 합니다. 단, 중대한 문제가 감지되었을 경우에는 클라우드로 넘어가서 분석될 때까지 기다릴 시간이 없습니다. 그 사이 기계가 오작동하거나 불량품이 쌓인다면 막대한 손실이 발생하겠죠. 이런 경우는 현장에서 즉시 공정을 중지시키는 명령이 내려져야 합니다. 이를 위해서는 클라우드 컴퓨팅이 아닌 엣지 컴퓨팅이 필요하겠네요. 이전 장에서 다뤘던 모든 기술들이 총출동했습니다.

    정보 수집이 원활히 이루어지지 않거나 피드백이 제때 전달되지 못하면 즉각적인 피해가 발생하기 때문에 산업 현장에서 활용되는 IoT, 클라우드, 인공지능 기술들은 매우 높은 신뢰성이 요구됩니다. 스크린 골프장 수준의 시스템으로는 실제 산업 현장을 제어할 수는 없으니까요. 따라서 산업 현장에서 적용되는 이 기술들을 특별히 산업 IoT, 산업 클라우드, 산업 지능이라고 부르기도 합니다.

    디지털 트윈이 구현되면 제조 공정의 리허설이 가능해집니다. 조립 라인의 어떤 작업에서 정체가 발생하고 있는지, 작업 순서와 기계 배치를 바꾸면 어떻게 되는지, 설비의 설정값을 얼마로 해야 가장 효율적인 생산이 가능한지를 파악하여 공정에 적용할 수 있습니다. 실제 공장에서 기계를 새로 추가하거나 배치를 바꾸는 실험을 하는 것은 엄청난 비용이 들지만, 디지털 세상에 존재하는 가상 공장에서는 마우스 클릭 몇 번만으로 가능하게 되는 것입니다. 마치 심시티를 하는 것처럼 말이죠.

    공정이 시작되면 실시간으로 현장의 변화를 모니터링하고 데이터를 수집하여 디지털 트윈을 업데이트합니다. 실시간 동기화 (synchronization)가 이루어지는 것입니다. **현실의 공장이 곧 가상의 공장이고, 가상의 공장이 곧 현실의 공장입니다.** 시시각각 변하는 상황에 따라 제어가 이루어지고, 공정 상태를 고려하여 조업 지시가 내려집니다. 설비상태를 고려하여 불량품이 나올 것 같으면 생산을 중단시키고, 불량이 발생하였다면 그 즉시 알아채고 원인을 파악하여 조치를 취합니다.[39] 클릭 몇 번으로 불량이 어떤 라인에서 언제 생산됐는지 확인하고, 해당 라인의 생산 속도를 변경하고, 불량품에 문제가 된 부품을 교체할 수 있습니다.

이렇게 공장을 운영하는데 생산성이 향상되지 않을 수 없겠죠? 디지털 트윈이 구축된 지멘스의 암베르크 공장은 PLC 시매틱(SIMATIC)이라는 공장 자동화 기기를 생산합니다. 이 공장의 조립 라인은 직접 만든 시매틱 장비 수백 개를 이용해 공정을 제어합니다. 자동화 핵심 장비를 생산하는 라인에 완벽한 자동화를 구현해서 모범을 보이고 있는 것이죠. 이 공장은 제품 몇 종류만을 대량생산하는 곳이 아닙니다. 6만여 개의 글로벌 고객사들의 서로 다른 수요에 맞추어 1,000가지가 넘는 버전의 제품을 만들고 있습니다.[40] 그럼에도 불구하고 이 공장의 양품률은 무려 99.99885%입니다. 100만 개를 만들면 불량품이 12개에 불과한 수준입니다. 가상 공간에 살고 있는 쌍둥이가 없었다면 상상할 수 없었던 꿈의 수치입니다.

**공장을 엑스레이로 투시하자**

가상물리시스템을 이용하여 불량품을 줄이고 생산성을 높일 수 있는 이유는 현실의 공장이 디지털 세계 속에서 '가시화'되었기 때문입니다.

기존의 공장은 깜깜한 암실과도 같았습니다. 거대한 암실에서 군데군데 손전등을 비추듯이 일부 공정에 대해서만 몇 개의 샘플을 추출하여 품질 검사를 수행합니다. 불량품을 모두 잡아내기는 불가능할뿐더러, 어디서 불량이 발생했는지 찾기도 어렵습니다. 기계가 고장 나면 정확한 원인은 모른 채 두드려서 소리를 듣거나 눈대중으로 관찰해서 어림짐작으로 어설픈 땜질 처방을 해야 했습니다. 하지만 **가상물리시스템은 엑스레이(X-ray)를 투과시킨 것처럼 공장을 속속들이 보여 줍니다.** 어디에 불량품이 놓여 있는지, 어떤 부품이 문제인지, 어느 공정에서 발생했는지, 어떤 설비가 제대로 작동하지 않는지를 알 수 있게 된 것입니다.

자동화가 이루어진 오늘날의 공장에서는 대부분의 작업을 기계설비가 수행하기 때문에, 기계설비의 유지·보수는 생산성을 결정하는 중요한 요인입니다. 기계설비 역시 사람처럼 수명이 있기에 언젠가는 고장이 나기 마련입니다. 오랜 시간 사용함에 따라 마모가 생기고, 피로해지고, 변형이 일어납니다. 얼마 사용하지 않았어도 갑작스러운 외부 환경의 변화로 인해 문제가 발생할 수도 있습니다. 어느 한 부분에라도 결함이 발생하면 기계설비는 제 기능을 발휘하지 못하게 되어 불량품을 생산하게 되거나, 아예 고장이 나서 멈춰 버리기도 합니다.

문제가 발생하면 수리를 해야 되겠죠? 고장이 난 후에 수리를 하는 것을 사후 정비(breakdown maintenance)라고 합니다. 사후 정비에만 의존하다 보면 갑작스레 큰 손실이 발생하게 됩니다. 고장 수리 비용도 만만치 않지만, 더 큰 손실은 기회비용입니다. 고장이 나서 수리하는 동안 제품을 생산하지 못하기 때문에 시장 공급이 늦어져 매출이 줄어들게 됩니다. 불량품이 생산되어 행여 최종 소비자까지 전달된다면 기업 이미지가 실추되고 매출에 악영향을 미칠 것입니다.

따라서 사태가 발생한 후에 수습하기보다는 일이 벌어지기 전에 조치를 취하는 것이 바람직합니다. 그래서 대부분의 공장에서는 정해진 주기에 따라 일정 시간 동안 생산을 멈추고 설비를 점검하거나 부품을 교체하는 예방 정비(preventative maintenance)를 수행합니다. 고장이 나기 전에 예방 주사를 놓는 것이죠. 예방 정비에서 가장 중요한 문제는 얼마나 자주하느냐 하는 것입니다. 자주 할수록 비용이 많이 듭니다. 아직 쓸 만한 부품도 교체해 버리는 낭비가 발생하기도 하고, 정비를 하려면 생산을 멈춰야 하기 때문에 기회비용이 발생합니다. 그렇다고 너무 뜸하게 하면 그사이 고장이 발생할 가능성이 커지겠죠. 그래서 지난 수십 년간 품질관리를 연구하는 사람들은 복잡한 확률 모형을 이용하여 최적의 예방 정비 주기를 찾는 데에 열중해 왔습니다.

하지만 언제 고장이 날 것인가를 알 수 있다면 이야기가 달라집니다. 설비의 상태를 계속 모니터링하며 기다렸다가 조만간 고장이 날 것이라고 판단되면 그때 정비를 하면 되니까요. 이를 예지 정비(predictive maintenance)라고 합니다. 가상물리시스템 덕분에 예지 정비의 정확도는 급격히 향상되었습니다. 예전에는 설비의 사용 시간, 생산량, 작업 강도 등 오랜 기간에 걸쳐 수집된 사용 이력 이외에는 고려할 수 있는 데이터가 없었지만, 설비에 부착된 다양한 센서로부터 진동, 소음, 압력, 온도 등 고장의 직접적인 징후라고 할 수 있는 설비의 상태 데이터를 실시간으로 수집하여 예측에 활용할 수 있게 되었으니까요.

**설비의 상태 변수들과 고장의 관계를 머신러닝 알고리즘으로 학습시켜 예측 모델을 만들고, 실시간으로 수집되는 상태 데이터를 이 모델에 집어넣어 고장 확률을 산출합니다.** 일정 수준을 넘어서는 고장 확률을 보이는 설비에 대해서는 즉각 정비를 수행하게 됩니다. 정비 주기가 도래했더라도 고장 확률이 낮으면 굳이 예방 정비를 수행하지 않아도 되는 것이죠. 불필요한 정비 비용과 고장으로 인한 기회비용을 줄이면서 불량률도 감소시키는 마법, 머신러닝은 스마트 제조에서도 지능화의 핵심 도구로써 그 위력을 발휘하고 있습니다.

… 생각보다 현실의 벽은 높았습니다. 독일 안스바흐에 위치한 아디다스의 '스피드 팩토리(speed factory)'는 지멘스의 암베르크 공장과 함께 스마트 공장을 이야기할 때면 빠지지 않고 등장하던 주인공이었습니다. 독일 내 아디다스 공장이 1993년 마지막으로 문을 닫은 지 23년 만에 모국에 다시 둥지를 틀었기에 더욱 화제가 되었죠. 3D 프린팅을 통해 맞춤화된 운동화를 생산하던 이 공장은 아쉽게도 4년간의 실험을 마치고 2020년 문을 닫게 됩니다. 아직은 3D 프린팅이 사람의 손을 따라가기에는 역부족이었던 것이죠. 맞춤화된 운동화를 생산하는 속도는 기존보다 훨씬 빨라졌지만, 대량생산은 역시 어려웠던 것입니다.

첫술에 배부를 순 없습니다. 비록 스피드 팩토리는 눈물을 머금고 일단 후퇴했지만, 아디다스의 새로운 시도는 개인화 생산의 싹을 틔운 것만으로도 충분한 역할을 했습니다. 앞으로 3D 프린팅 기술이 더욱 고도화된다면 아디다스의 실험은 언젠가 빛을 보게 될 것이 분명합니다.

맞춤화가 이제 막 싹을 틔운 수준이라면, 지능화의 잎은 이미 하나씩 돋아나고 있습니다. 맞춤화는 생산 방식을 전면 바꾸는 것이지만, 지능화는 기존의 시스템 위에 가상물리시스템을 얹는 것이기 때문에, 상대적으로 쉽습니다. 국내 제조 기업들도 속속들이 스마트 제조를 도입하고 있습니다. 중국에 밀려 점점 경쟁력을 잃어 가던 우리나라 기업들에게 지능화를 통한 스마트 제조는 새로운 기회입니다. 비록 출발은 다소 늦었지만, 우리나라 제조업은 근로자수 대비 산업용 로봇 대수가 여전히 세계 최고 수준일 정도로 자동화에서 앞서 있습니다. 스마트 제조의 선도 사례가 조만간 우리나라 기업에서 나올 수 있기를 기대해 봅니다.

에필로그

# 융합의 시대, 기술의 눈으로 경영을 그리다

    고등학교 1학년 말, 인생 최초로 중대한 갈림길을 마주했습니다. 이과와 문과 중 하나를 선택해야만 했던 것이죠. 양쪽 모두 흥미가 있었던 터라 꽤 오랜 시간 동안 고민했지만, 한문 수업을 안 들어도 된다는 말 한마디에 주저 없이 이과를 택했습니다. 대학에 진학하며 학과를 선택할 때는 전혀 고민이 없었습니다. 이과 전공이지만 문과 소양을 필요로 하는, 흔히 '공대의 경영학과'로 (잘못) 알려진 산업공학과가 저에게 딱 맞을 거라는 확신이 들었기 때문입니다. 이후 대학원에 가서 선택한 전공은 산업공학 내에서도 경영학에 더욱 가까워진, 기술과 경영의 매개 역할을 수행하는 기술경영이라는 학문이었습니다.
    그렇게 공학과 경영학의 경계선을 드나들다 보니, 스스로 생각해도 정체가 모호합니다. 시스템의 최적화를 추구하는 산업공학과의 교수, 기업의 기술전략 수립을 도와주는 기술경영 컨설턴트, 빅데이터로부터 비즈니스 인사이트를 찾아내는 데이터 과학자. 그럴듯하게 포장하자면 이 정도입니다. 하지만 포장지를 벗기면 드러나는 민낯은 민망합니다. 공과 대학교수라고 하기에는 제조 현장의 경험이 부족하고, 정통 경영학을 전공한 것은 아니기에 비즈니스의 다양한 기능을 아우르지 못하며, 데이터 과학자라고 하기엔 최신 머신러닝 알고리즘을 따라가기 벅찹니다.

하지만 생각보다 이러한 모호함이 그 나름대로 쓸모가 있는 듯합니다. 문어발이 꼭 나쁜 것만은 아니더군요. 여러 군데 발을 담그다 보니 그 깊이는 깊지 않을지언정, 물웅덩이 간의 확연한 온도 차를 알아챌 수 있게 되었고, 물줄기들이 어디서 합류해야 좀 더 빨리 바다로 나아갈 수 있는지를 찾아낼 수 있는 안목이 생겼습니다. 인류학자 제임스 스콧(James Scott)이 말했듯, 경계 지역에서 일어나는 일을 알아야 중심부에서 벌어지는 일의 본질을 꿰뚫어 볼 수 있습니다. 접경은 중심부에서 가장 멀리 떨어진 변방이기도 하지만, 서로 마주한 두 세계를 연결하는 교통의 요충지입니다. 무엇보다 새로운 세계(흔히 융합이라 부르는)가 생겨나는 발상지이기도 합니다.

이 책에는 요즘 비즈니스 세상의 수많은 유행어가 담겼지만, 사실 금세기 최고 유행어는 단연 '융합'입니다. 기술 융합, 산업 융합, 학제 간 융합 그리고 융합 인재 양성까지. 무언가 합치기만 하면 대단한 것이 될 것처럼 야단들입니다. 융합의 광풍을 지켜보다 보면 의문이 들기도 합니다. 융합이 진짜 필요하기는 한 건지, 그저 허울 좋고 포장하기 좋은 단어는 아닌지, 실체도 없는 무언가를 좇으며 많은 사람을 힘들게 하는 것은 아닌지 말입니다.

어렸을 적 명절 연휴 마지막 날에는 저녁 식탁에 앉기가 두려웠습니다. 남은 명절 음식을 처치한다는 명분으로 각종 전과 생선, 야채를 한데 넣은 섞어찌개가 식탁에 오르기 때문이죠. 섞어찌개의 국물 맛은 참으로 설명하기 어려운 어색한(?) 맛이었고, 지금 먹고 있는 것이 생선전인지 배추전인지 알 수 없을 정도였습니다. 하지만 부대찌개는 다릅니다. 햄과 소시지, 김치와 두부, 라면 사리가 조화롭게 어우러져 각자가 가진 맛의 잠재력을 최대한 끌어올립니다. 멸치육수에 풀어진 김칫국물을 머금은 소시지는 그냥 먹을 때와는 비교할 수 없을 만큼 진한 풍미를 자랑합니다.

섞어찌개가 '불협'이라면 부대찌개는 '융합'입니다. 단순히 섞는다고 해서 융합이 아닙니다. 무질서하게 섞여 고유한 정체성을 잃어버리게 된다면 그것은 융합이 아닙니다. 그냥 '니맛도 내맛도 아닌' 것이죠. 맛있는 퓨전 요리를 만들려면 식재료들이 가진 맛과 향을 정확히 알고 있어야 할 뿐 아니라, 재료 본연의 맛은 살리면서 요리 전체의 감칠맛을 극대화해 줄 수 있는 레시피가 필요합니다.

저는 기술과 경영이 만나는 접경 지역에 서서, 두 세계가 가진 서로 다른 특성을 조화롭게 융합함으로써 비즈니스 가치를 극대화할 수 있는 레시피를 연구해 왔습니다. IT 회사의 개발자와 함께, 자동차 회사의 엔지니어와 함께, 제약 회사의 연구원과 함께, 유망 기술로부터 비즈니스 기회를 발굴하고, 과학적인 경영 기법을 적용하여 기술의 잠재력을 끌어내는 일들을 수행했습니다. 그 과정에서 융합의 위력을 체감할 수 있었습니다. 개발한 레시피로 맛있는 요리가 만들어질 때마다, 융합이라는 것이 피상적 가치가 아닌 진정으로 추구해야 할 옳은 방향이라는 것을 확신하게 되었습니다.

4차 산업혁명이 됐든, 디지털 트랜스포메이션이 됐든, 현재 급속하게 진행되는 모든 변화의 본질은 융합입니다. 기술의 융합은 시장의 융합으로, 또다시 산업의 융합으로 번져 나가 기술과 경영 간의 더 긴밀한 융합을 요구합니다. 기술을 모르고서는 비즈니스의 동력을 찾아낼 수 없고, 비즈니스에 이용되지 못하는 기술은 사장될 수밖에 없습니다.

저처럼 경계에 있는 사람들은 복잡한 융합의 미로에서 방향을 안내해 주는 이정표 역할을 할 뿐, 미로 속을 헤쳐 나가 새로운 가치를 발견해야만 하는 주인공은 기술과 경영의 중심부에 위치한 사람들입니다. 경영 세계에 자리 잡은 경영자와 관리자도, 기술 세계에 살고 있는 엔지니어와 개발자도, 다른 세계의 문을 두드리고 담을 넘어가야 합니다. 담을 아예 허물고 섞이자는 것이 아닙니다. 담을 낮춰 서로를 넘나들며 다른 세계를 이해할 수 있는 시각을 갖추자는 것입니다. 기술과 경영이 융합된 요즘 비즈니스 세상을 한눈에 조망할 수 있는 보다 넓은 시각을 형성하는 데 있어, 이 책이 조금이나마 도움이 되었기를 바랍니다.

한 권의 책을 내는 것에 이토록 많은 품이 들 줄 몰랐습니다. 최대한 쉽게 풀어 쓰려고 노력했지만, 서로 다른 관심사와 배경지식을 가진 사람들이 함께 읽을 수 있는 교양서를 만들겠다는 생각은 철없는 욕심이었음을 깨닫게 되었습니다. 간단하게 설명하려다 보니 무리해서 일반화한 부분도 있고, 다소 어렵게 느껴지는 부분도 있습니다. 그럼에도 무사히 '정주행'을 마친 독자 여러분께 감사드립니다. 정성을 다해 책을 펴 내주신 넥서스 관계자 여러분께도 깊은 감사를 전합니다.

1년 반가량의 집필 기간은 오롯이 혼자서 한 권의 책을 쓰기에는 내공이 많이 부족함을 절감하게 된 시간이었습니다. 다행히 가까이에 계시는 훌륭한 분들의 도움으로 무사히 이 책을 세상에 내놓을 수 있게 되었습니다. 언제나 든든한 동료로서 지지를 보내 주시는 서울과기대 산업공학과 교수님들은 수시로 조언을 청할 때마다 저의 부족한 지식과 경험을 흔쾌히 보충해 주셨습니다. 머신러닝 관련 최신 자료를 제공해 주시고 감수까지 맡아 주신 고려대학교 강필성 교수님께도 감사를 드립니다. 일일이 언급하기는 어렵지만, 이 책의 밑거름이 된 비즈니스 현장의 문제를 함께 해결할 기회를 제공해 주신 현업 관계자 분들께도 고맙다는 말씀을 드리고 싶습니다.

대학에서 근무하는 가장 큰 보람은 자랑스러운 제자들을 곁에 둘 수 있다는 점입니다. 부족한 지도를 받고도 현장에 나가서 맹활약하고 있는 혁신경영연구실 졸업생들, 책 집필을 이유로 소홀했던 지도교수를 믿고 따라와 준 재학생들에게 고마움을 전합니다. 특히 박재범 수석과 강전학 대리는 생생한 현장의 사례를 책에 담을 수 있게 도와주었고, 이새롬 양과 김성희 양은 자료 정리의 부담을 덜어 주었습니다. 저 또한 누군가의 제자로서 학문의 자세를 익혔고, 세상을 바라보는 눈을 키웠습니다. 이 책에 녹아 들어간 지식과 통찰의 대부분은 국내 기술경영 분야의 선구자이시자 대학원 시절 은사님이신 박용태 교수님으로부터 비롯한 것입니다. 언제나 감사드립니다.

책 쓴다는 핑계로 늦게 들어오는 아빠를 기다리다 잠들기 일쑤였던 아이들에게는 미안함이 앞섭니다. 아들 준용과 딸 윤채에게 이 책을 빌려 사랑의 마음을 전합니다. 책 집필의 가장 큰 피해자(?)임에도 불구하고, 첫 번째 독자로서 날카로운 지적과 함께 자신감을 북돋아 준 사람이 있습니다. 책 집필 기간 내내 따뜻한 격려와 지지를 보내 준 아내 보람에게 사랑과 감사를 전합니다.

공릉동 연구실에서
이학연

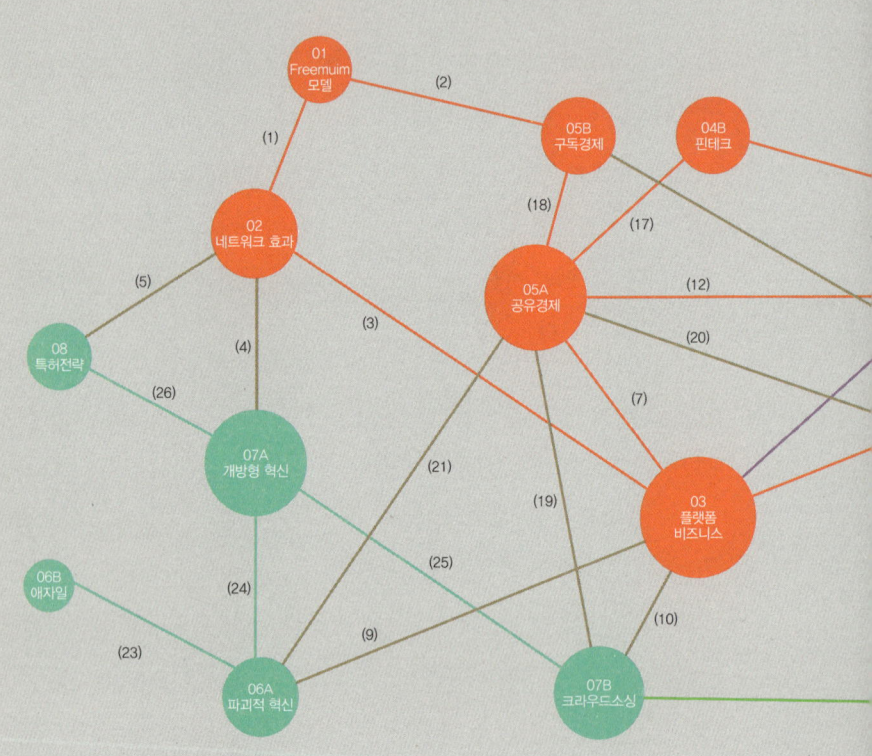

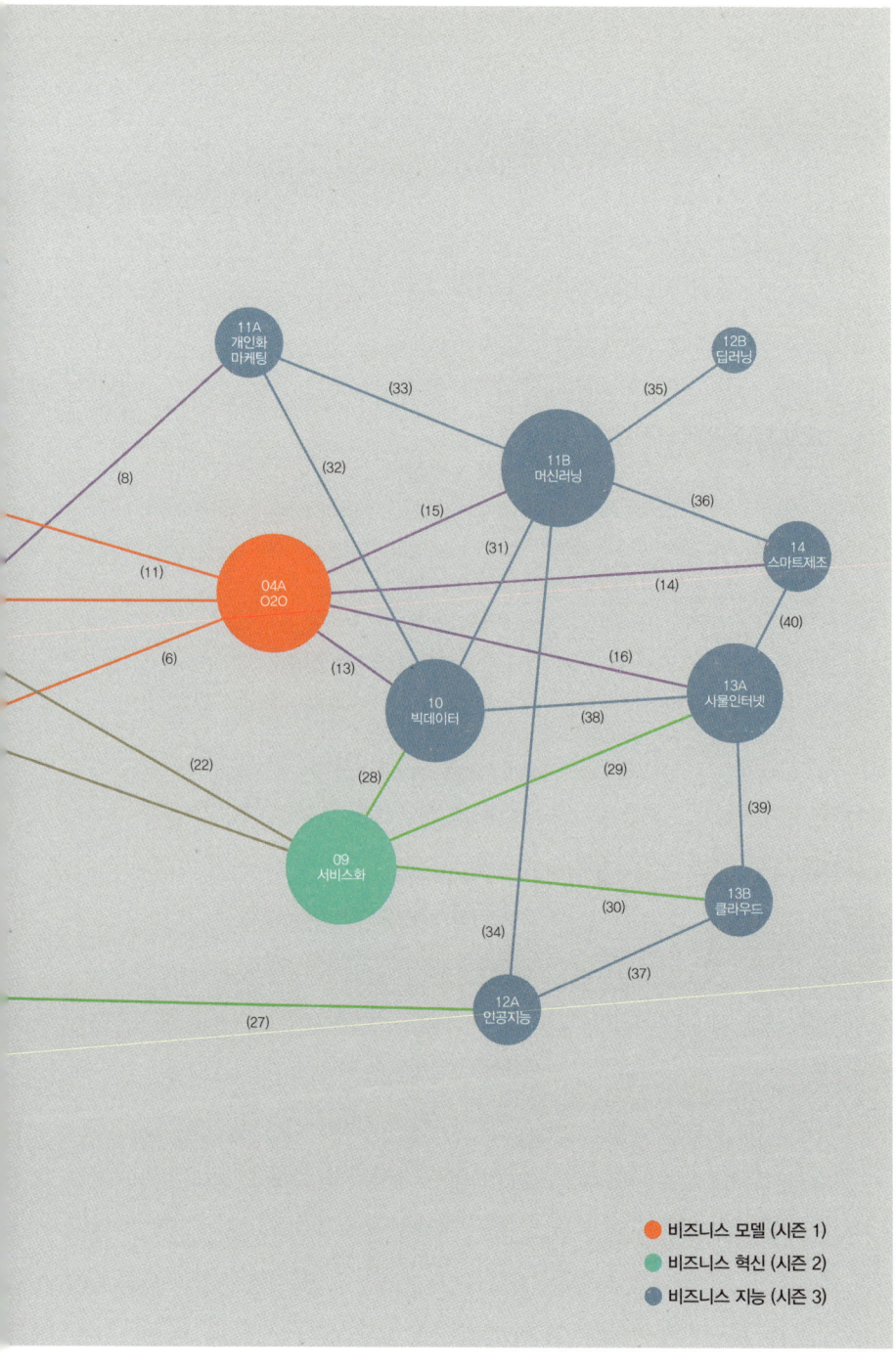

## 비즈니스 키워드 연관관계

1 Freemium 모델은 단시간 내에 충분한 고객을 확보하여 네트워크 효과를 선점할 수 있는 효과적 전략
2 정기적으로 비용을 지불하며 Freemium 서비스의 유료 기능을 이용하면 구독경제
3 플랫폼 비즈니스 성공의 핵심은 교차 네트워크 효과를 달성하는 것
4 개방을 통해 경쟁기업 및 사용자를 끌어들임으로써 네트워크 효과를 극대화할 수 있음
5 보유 기술의 네트워크 효과를 극대화하기 위해서는 개방형 특허전략이 필요함
6 O2O 온디맨드는 오프라인의 공급자와 소비자를 온라인 플랫폼으로 연결하는 플랫폼 비즈니스
7 공유경제는 빌려 주는 자와 빌리는 자를 연결하는 플랫폼 비즈니스
8 플랫폼 비즈니스 기업은 모든 고객의 구매 데이터를 보유하고 있으므로 개인화 마케팅이 기본 전략임
9 플랫폼 비즈니스는 충분한 자원 없이도 네트워크 효과만으로 기존 기업을 무너뜨릴 수 있어 파괴적 혁신이 빈번하게 발생함
10 크라우드소싱은 수요자와 공급자를 연결해 주는 플랫폼 비즈니스
11 대표적인 핀테크 서비스인 모바일 간편결제는 O2O 거래를 가능케 하는 핵심 요소
12 공유경제는 오프라인에서 일어나는 공유 활동을 온라인 플랫폼을 통해서 연결함
13 오프라인 고객의 빅데이터를 수집하는 것이 O2O의 장점이자 핵심 목적
14 오프라인 공장을 온라인으로 옮겨 놓은 것이 스마트 제조의 가상물리시스템
15 머신러닝은 O2O 서비스의 동적 가격 책정을 위한 핵심 알고리즘
16 오프라인의 물리적 상태를 온라인 디지털 세상으로 복제하기 위한 필수 도구가 사물인터넷
17 공유경제의 한 유형인 크라우드펀딩은 대표적인 핀테크 서비스
18 공유 대가를 일회성으로 지불하지 않고, 월정액 요금 등 정기적 형태로 지불하면 구독경제
19 공유경제의 한 유형인 크라우드펀딩은 크라우드소싱의 한 종류이기도 함
20 사용자가 제품을 소유하지 않고 서비스 형태로 빌려 이용하는 것이 공유경제

21 공유경제로의 소비 패러다임 변화는 소유 경제하의 전통 기업을 무너뜨리고 파괴적 혁신을 가져옴
22 일회성 제품 거래를 정기적 서비스 제공으로 바꾼 것이 구독경제
23 애자일은 파괴적 혁신에 당하지 않기 위해 민첩하게 변화하려는 기업들의 움직임
24 파괴적 혁신에 당하지 않기 위한, 또는 파괴적 혁신을 달성하기 위한 대표적인 혁신 전략이 개방형 혁신
25 크라우드소싱은 개방형 혁신 2.0 패러다임의 구체적 움직임
26 인사이드아웃 개방형 혁신으로 수익을 창출하기 위해서는 효과적인 특허전략 수립이 선행되어야 함
27 인공지능 기술 개발에 소셜 개발(크라우드소싱)이 큰 비중을 차지함
28 빅데이터를 수집하여 맞춤형 서비스를 제공하는 것이 서비스화의 핵심
29 사물인터넷을 통해 수집되는 실시간 데이터는 제품의 서비스화를 위한 필수 요건
30 하드웨어와 소프트웨어 등 컴퓨팅 자원을 서비스화한 것이 클라우드
31 머신러닝은 빅데이터로부터 비즈니스 가치를 이끌어 내는 핵심 기술
32 고객 빅데이터는 개인화 마케팅의 주재료
33 머신러닝은 개인화 마케팅을 수행하기 위한 기초 기술
34 인공지능 구현을 위한 경험적 접근법이 머신러닝 (머신러닝 ⊂ 인공지능)
35 딥러닝은 머신러닝의 하위 기법인 인공신경망의 한 형태 (딥러닝 ⊂ 머신러닝)
36 머신러닝은 스마트 제조를 위한 지능화의 핵심 기술
37 클라우드는 인공지능 플랫폼이 존재하는 곳이자, 인공지능이 학습하기 위한 데이터를 저장해 놓는 장소
38 사물인터넷은 오프라인 빅데이터를 수집하기 위한 기반 기술
39 사물인터넷으로부터 수집된 데이터는 클라우드에 쌓이며 사물인터넷 플랫폼이 작동하는 곳이 클라우드
40 스마트 제조의 지능화를 위해서는 공장의 현황 및 상태를 사물인터넷을 통해 실시간으로 수집해야 함

## 참고문헌

### SEASON 1

1. Carmody, B. (2017) Freemium Is About Marketing & Innovation, Not Pricing, Inc., https://www.inc.com/bill-carmody/freemium-is-about-marketing-amp-innovation-not-pricing.html
2. IGAWorks (2016). 2016 상반기 Google Play 게임 카테고리 결산 보고서.
3. 노상규 (2015). 네트워크 효과: 사용자 관계가 가치를 만든다. 오가닉 미디어랩, https://organicmedialab.com/2015/07/09/network-effects-focus-on-links-not-on-nodes/
4. Gladwell, M. (2006). The Tipping Point: How Little Things Can Make a Big Difference. Little, Brown and Company.
5. Reliable WhatsApp Statistics Compilation for Business 2020. Landbot. https://landbot.io/blog/latest-whatsapp-statistics-compilation/
6. 노상규 (2015). 네트워크 세상의 경쟁, 수확체증, 승자 독식: 디지털 세상에는 0과 1만 존재한다. 오가닉 미디어랩, https://organicmedialab.com/2015/08/16/competition-in-network-business/
7. 정지훈 (2010). 거의 모든 IT의 역사. 메디치미디어.
8. Moazed, A. & Johnson, N. L. (2016). Modern Monopolies: What it Takes to Dominate the 21st Century Economy. St. Martin's Press.
9. Van Alstyne, M. W., Parker, G. G., & Choudary, S. P. (2016). Pipelines, platforms, and the new rules of strategy. Harvard Business Review, 94(4), 54-62.
10. 남대일, 김주희, 정지혜, 이계원, 안현주 (2018). 성공하는 스타트업을 위한 101가지 비즈니스 모델 이야기, 2018 에디션. 한스미디어.
11. Parker, G. G., Van Alstyne, M. W., & Choudary, S. P. (2016). Platform revolution: how networked markets are transforming the economy and how to make them work for you. WW Norton & Company.
12. Roberts, B., &Berg, N. (2012). Walmart: Key insights and practical lessons from the world's largest retailer. Kogan Page Publishers.
13. Evans, D. S. (2009). How catalysts ignite: the economics of platform-based start-ups. Platforms, markets and innovation, 99-128.
14. 황지현 (2015). O2O, 커머스를 넘어 On-Demand Economy로. 디지에코 보고서, KT경제경영연구소.
15. Teixeira, T. S. & Piechota, G. (2019). Unlocking the Customer Value Chain: How Decoupling Drives Consumer Disruption. Currency.
16. Roose, K. (2017). Best Buy's Secrets for Thriving in the Amazon Age. The New York Times, https://www.nytimes.com/2017/09/18/business/best-buy-amazon.html
17. 김형택 (2015). 옴니채널&O2O 어떻게 할 것인가?. e비즈북스.
18. 통계청 (2019). 2019년 9월 및 3분기 온라인쇼핑 동향, https://kostat.go.kr/portal/korea/kor_nw/1/12/3/index.board?bmode=read&aSeq=378421

19  Clement, J. (2019). United States: e-commerce share of retail sales 2013-2021. Statista. https://www.statista.com/statistics/379112/e-commerce-share-of-retail-sales-in-us/
20  Airbnb (2015). Using Data to Help Set Your Price, https://blog.atairbnb.com/using-data-to-help-set-your-price/
21  How Uber's Dynamic Pricing Model Works, https://www.uber.com/en-GB/blog/uber-dynamic-pricing/
22  리카이푸 (2019). AI 슈퍼파워. 이콘.
23  Lessig, L. (2008). Remix: Making Art and Commerce Thrive in the Hybrid Economy. Penguin.
24  https://turo.com/en-us/list-your-car
25  고준호 & 기현균 (2015). 공유도시 상징사업 나눔카 효과평가와 서비스의 운영방향. 서울연구원 정책과제연구보고서, 1-77.
26  Chen, T., Fenyo, K., Yang, S., & Zhang, J. (2018). Thinking inside the subscription box: New research on e-commerce consumers. McKinsey & Company.
27  Tzuo, T., & Weisert, G. (2018). Subscribed: Why the Subscription Model Will be Your Company's Future-and what to Do about it. Penguin.

## SEASON 2

1  Christenson, C. (1997). The innovator's dilemma. Harvard Business School Press.
2  박용태 (2008). 이젠 테크노경영이다. 나비장책.
3  Rogers, E. M. (2003). Diffusion of Innovations, 5th edition. Free Press.
4  김상훈 (2013). 하이테크 마케팅. 박영사.
5  Moore, G. A. (2014). Crossing the Chasm, 3rd edition, Harper Business.
6  Christensen, C. M., Raynor, M. E., & McDonald, R. (2015). What is disruptive innovation. Harvard business review, 93(12), 44-53.
7  Aldred, J. (2016). The World's First Digitial Camera, Introduced by the Man Who Invented It. Photography, https://www.diyphotography.net/worlds-first-digital-camera-introduced-man-invented/
8  Christensen, C. & Raynor, M. (2013). The innovator's solution: Creating and sustaining successful growth. Harvard Business Review Press.
9  Manifesto for Agile Software Development, http://agilemanifesto.org/
10  Ries, E. (2011). The Lean Startup: How Today's Entrepreneurs Use Continuous Innovation to Create Radically Successful Businesses. Crown Books.
11  Maurya, A. (2012). Running Lean: Iterate from Plan A to a Plan That Works, 2nd edition. O'Reilly Media.
12  Kinberg, H. (2016). Making sense of MVP (Minimum Viable Product) — and why I prefer Earliest Testable/Usable/Lovable. Crisp's Blog. https://blog.crisp.se/2016/01/25/henrikkniberg/making-sense-of-mvp
13  Rigby, D. K., Sutherland, J., & Noble, A. (2018). Agile at scale. Harvard Business Review, 96(3), 88-96.
14  Davenport, T. H. & Patil, D. J. (2012). Data Scientist: The Sexiest Job of the 21st Century.

Harvard Business Review. October 2012, https://hbr.org/2012/10/data-scientist-the-sexiest-job-of-the-21st-century

15  B2B International. Thoughts on New Product Development.
16  Chesbrough, H. (2003). Open Innovation: The New Imperative for Creating and Profiting from Technology. Harvard Business School Press.
17  Chesbrough, H. (2003). The era of open innovation. MIT Sloan Management Review, 44(3), 34-41.
18  Marcello, R., Carroll, G., Vadnerkar, G., & Volini, A. (2015). Executing an open innovation model: Cooperation is key to competition for biopharmaceutical companies. Deloitte Report.
19  Huston, L., & Sakkab, N. (2006). Connect and develop: Inside Procter & Gamble's new model for innovation. Harvard Business Review, 84(3), 58-66.
20  Curley, M., & Salmelin, B. (2012). Open Innovation 2.0: A New Paradigm. OI2 Conference Paper.
21  Antorini, Y. M., Muñiz Jr, A. M., & Askildsen, T. (2012). Collaborating with customer communities: Lessons from the LEGO Group. MIT Sloan Management Review, 53(3), 73.
22  Robertson, D. & Breen, B. (2014). Brick by Brick: How LEGO Rewrote the Rules of Innovation and Conquered the Global Toy Industry. Currency.
23  한국지식재산연구원 (2015). 지식재산과 경영전략 - 기업의 IP 전략에 따른 생존 및 성과 분석, 기초연구과제보고서.
24  Shapiro, C. (2000). Navigating the patent thicket: Cross licenses, patent pools, and standard setting. Innovation Policy and the Economy, 1, 119-150.
25  Masnick, M. (2012). There Are 250,000 Active Patents That Impact Smartphones; Representing One In Six Active Patents Today. Techdirt, https://www.techdirt.com/articles/20121017/10480520734/there-are-250000-active-patents-that-impact-s
26  Heller, M. (2008). The Gridlock Economy: How Too Much Ownership Wrecks Markets, Stops Innovation, and Costs Lives. Basic Books.
27  Baines, T. S. et al. (2007). State-of-the-art in product-service systems. Proceedings of the Institution of Mechanical Engineers, Part B: Journal of Engineering Manufacture, 221(10), 1543-1552.
28  Park, Y., Geum, Y., & Lee, H. (2012). Toward integration of products and services: Taxonomy and typology. Journal of Engineering and Technology Management, 29(4), 528-545.
29  Clancy, H. (2014). How GE generates $1 billion from data. October 2014, https://fortune.com/2014/10/10/ge-data-robotics-sensors/
30  김옥기 (2018). 데이터과학 무엇을 하는가?, 이지스퍼블리싱.
31  Applegate, L. M., Austin, R. D., & Collins, E. (2005). IBM's Decade of Transformation: Turnaround to Growth. Havard Business School Case Collection.
32  Palmisano, S. J. (2008). A smarter planet: the next leadership agenda. IBM, November, 6, 1-8.
33  IBM (2018). 2018 Annual report. IBM.

# SEASON 3

1. Lyman, P. & Varian, H. R. (2003). How Much Information? 2003, http://groups.ischool.berkeley.edu/archive/how-much-info-2003/
2. DOMO (2018). Data Never Sleeps 6.0. https://www.domo.com/solution/data-never-sleeps-6
3. Reinsel, D., Gantz, J., & Rydning (2018). The Digitization of the World From Edge to Core. IDC.
4. Disk Drive Prices 1955-2019. https://jcmit.net/diskprice.htm
5. Rasool, A. (2019). What Happens within a Minute Over the Online World? Domo's Annual Inforgraphic Shows Fascinating Findings. https://www.digitalinformationworld.com/2019/07/data-never-sleeps-7-infographic.html
6. 이정환 (2018). 시청률을 넘어: 코코파이의 탄생배경. Broadcasting Trend & Insight, 15호 (2018년 2호).
7. Watson IoT (2017). Descriptive, predictive, prescriptive: Transforming asset and facilities management with analytics. IBM paper, https://www.ibm.com/downloads/cas/3V9AA9Y5
8. 조영선 (2014). 넷플릭스의 빅 데이터, 인문학적 상상력과의 접점. 정보통신정책연구원, ICT 포커스, 1호 (2014년 3월).
9. Carr, D. (2013). Giving Viewers What They Want. The New York Times, https://www.nytimes.com/2013/02/25/business/media/for-house-of-cards-using-big-data-to-guarantee-its-popularity.html
10. 문성길 (2017). 넷플릭스하다. 북저널리즘.
11. Logan, V. (2017). Information as a Second Language: Enabling Data Literacy for Digital Society, Gartner Research.
12. 조성준 (2019). 세상을 읽는 새로운 언어, 빅데이터. 21세기북스.
13. Duhigg, C. (2012). How Companies Learn Your Secrets. The New York Times, https://www.nytimes.com/2012/02/19/magazine/shopping-habits.html?pagewanted=9&_r=1&hp
14. Vanderbilt, T. (2013). The Science Behind the Netflix Algorithms That Decide What You'll Watch Next. Wired, https://www.wired.com/2013/08/qq-netflix-algorithm/
15. Patel, N. How Netflix Uses Analytics To Select Movies, Create Content, and Make Multimillion Dollar Decisions, https://neilpatel.com/blog/how-netflix-uses-analytics/
16. Anderson, C. (2007). The Long Tail: How Endless Choice is Creating Unlimited Demand. Random House.
17. Aggarwal, C. C. (2016). Recommender Systems, Springer.
18. Madrigal, A. C. (2014). How Netflix Reverse-Engineered Hollywood. The Atlantic, https://www.theatlantic.com/technology/archive/2014/01/how-netflix-reverse-engineered-hollywood/282679/
19. Le, Q. V. (2013). Building high-level features using large scale unsupervised learning. In 2013 IEEE International Conference on Acoustics, Speech and Signal Processing (pp. 8595-8598).
20. Krizhevsky, A., Sutskever, I., & Hinton, G. E. (2012). Imagenet classification with deep convolutional neural networks. In Advances in Neural Information Processing Systems

(pp.1097-1105).

21 Joita, B. (2019). Amazon's Style Snap Helps You Get The Look You Always Dreamed Of, Techthelead, https://techthelead.com/amazons-style-snap-help-you-get-the-look-you-always-dreamed-of/

22 황지영 (2019). 리테일의 미래. 인플루엔셜.

23 Mikolov, T., Karafiát, M., Burget, L., Černocký, J., & Khudanpur, S. (2010). Recurrent neural network based language model. In Eleventh Annual Conference of the International Speech Communication Association.

24 Mikolov, T., Chen, K., Corrado, G., & Dean, J. (2013). Efficient estimation of word representations in vector space. arXiv preprint arXiv:1301.3781.

25 Wu, Y. et al. (2016). Google's neural machine translation system: Bridging the gap between human and machine translation. arXiv preprint arXiv:1609.08144.

26 Goodfellow, I. et al. (2014). Generative adversarial nets. In Advances in Neural Information Processing Systems (pp.2672-2680).

27 Karras, T., Aila, T., Laine, S., & Lehtinen, J. (2017). Progressive growing of GANs for improved quality, stability, and variation. arXiv preprint arXiv:1710.10196.

28 Kinght, W. (2017). Amazon Has Developed an AI Fashion Designer. MIT Technology Review, August 2017, https://www.technologyreview.com/s/608668/amazon-has-developed-an-ai-fashion-designer/

29 Isola, P., Zhu, J. Y., Zhou, T., & Efros, A. A. (2017). Image-to-image translation with conditional adversarial networks. In Proceedings of the IEEE Conference on Computer Vision and Pattern Recognition (pp.1125-1134).

30 Weiser, M. (1991). The Computer for the 21 st Century. Scientific American, 265(3), 94-105.

31 Stephenson, W. D. (2018). The Future is Smart: How Your Company Can Capitalize on the Internet of Things and Win in a Connected Economy. AMACOM.

32 How much does Netflix spend on Amazon AWS?

33 Simsek, G. (2018). Edge Computing and the Future of the Cloud. Software Engineering Daily, September 2018.

34 Kellner, T. (2015). Wind in the Cloud? How the Digital Wind Farm Will Make Wind Power 20 Percent More Efficient. GE Reports, September 2015, https://www.ge.com/reports/post/119300678660/wind-in-the-cloud-how-the-digital-wind-farm-will-2/

35 자동차 생활 (2008). Ford Model T – 자동차의 대중화 시대 선언, https://www.carlife.net/bbs/board.php?bo_table=cl_4_1&wr_id=1095

36 Pine II, B. J. (1993). Mass Customization: The New Frontier in Business Competition. Harvard Business School Press.

37 김경민 (2015). 3D 프린터로 전기차 만드는 로컬 모터스... 컨베이어벨트 없이 자동차 생산 '뚝딱'. 매경 이코노미 1826호, https://www.mk.co.kr/news/economy/view/2015/10/944656/

38 SIEMENS. Digitalization in industry: Twins with potential. https://new.siemens.com/global/en/company/stories/industry/the-digital-twin.html

39 신동민, 정봉주, 조현보 (2017). 스마트제조. 이프레스.

40 Stephenson, W. D. (2018). The Future is Smart: How Your Company Can Capitalize on the Internet of Things and Win in a Connected Economy. AMACOM.

# Business
# Netflixing

경영을 넷플릭스하다